S O M ...

D0005666

MONTRÉAL

QUÉBEC

OUTAOUAIS / OTTAWA

RÉGIONS

© communications voir inc. dépôt légal: bibliothèque nationale du québec. bibliothèque nationale du canada 355, rue sainte-catherine ouest, 7e étage, montréal (qc) h3b 1a5, tél.: (514) 848 0805 sans frais: 1 877 631 8647

AVANT TV5, MARIE CROYAIT
QUE LA GASPACHO SE DANSAIT.

TV5

WWW.TV5.CA

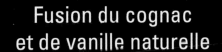

Fusion du cognac
et de vanille naturelle

Par la Maison Grand Marnier®

Envoûtant.

À TABLE !

Quelle belle année! Que de belles découvertes et que de bonnes surprises! Cette année encore, la récolte est excellente. Vous retrouverez dans le *Guide Restos Voir* quatre sections distinctes: Montréal, Québec, Outaouais/Ottawa et Régions. Dans la section Régions, nous avons regroupé des adresses selon les régions administratives du Québec. Découvrez dans chaque section d'intéressantes tables pour parsemer vos itinéraires gourmands.

L'ÉDITION 2007 DU GUIDE RESTOS VOIR PRÉSENTE PRÈS DE 800 MAISONS INSCRITES À SON PALMARÈS, DONT UNE CENTAINE DE TABLES Y APPARAISSANT POUR LA PREMIÈRE FOIS.

Beaucoup de nouveautés donc et toujours la même indépendance et la même rigueur de notre équipe de critiques qui permet aux gastronomes de disposer d'un outil fiable et agréable pour planifier leurs sorties au restaurant.

Lorsque nous visitons les établissements apparaissant dans le *Guide Restos Voir*, nous signalons généralement notre passage au personnel, après avoir mangé et payé l'addition. Pour être encore plus précis, nous vous indiquons la date de cette visite. Ceci permet également de valider que nos visites se font effectivement selon le calendrier prévu.

Bonne lecture, bon appétit, et maintenant: «À table!»

COLLABORATEURS

SOUS LA DIRECTION DE JEAN-PHILIPPE TASTET
critiques alix renaud, christine moisan
et elyette **curvalle**, sophie **dufour**, paul **gagné**, normand
grondin, andrée **harvey**, isabelle **lafontaine**, sandra o'connor,
anne **pélouas**, claude **richard**, clémence **risler**,
claude **rousseau**, gil **thériault**

accords vins et mets nick hamilton

COMMUNICATIONS VOIR

président-éditeur pierre paquet
vice-président exécutif michel fortin
vice-présidente services administratifs nathalie bastien
coordonnatrice marketing & communications
sylvie chaumette
adjointe de direction annie roy
coordonnatrice de rédaction chantal forman
directeur ventes nationales paul king cassar
directeur artistique luc deschambeault
directrice de production marylène richard
infographes rené despars et christian gravel
photographe alexandre choquette
internet mathieu st-laurent, mathieu poirier,
dominique cabana
correctrice constance havard

questions et commentaires guiderestos@voir.ca

L É G E N D E

N nouveauté

↑ amélioration de la cuisine

♟ terrasse

⊖ carte des vins recherchée

♦ apportez votre vin

☆ DERNIÈRE COTE ATTRIBUÉE

★ COTE ACTUELLE

CUISINE		
★★★★★	grande table
★★★★	très bonne table, constante
★★★	bonne table
★★	petite table sympathique
★	correcte mais inégale

SERVICE		
★★★★★	traitement royal
★★★★	professionnel
★★★	vif et efficace
★★	décontracté
★	quel service?

DÉCOR		
★★★★★	exceptionnel
★★★★	très beau décor
★★★	soigné
★★	confortable
★	presque inexistant

ET L'ADDITION, S'IL VOUS PLAÎT

Les prix indiqués — midi ou soir — sont pour deux personnes, excluant taxes, service et boissons. Il s'agit, bien évidemment, d'un prix moyen que le lecteur devra ajuster en fonction de son appétit, de sa soif et de sa générosité à l'endroit du personnel en salle. Dans tous les cas, les prix apparaissant ici sont le reflet de ce qu'ils étaient lors de notre visite.

Quant aux établissements ouverts ou fermés à midi ou en soirée, compte tenu du fait que nombre d'entre eux modifient leurs heures d'ouverture sans préavis, il nous est impossible de fournir cette information avec certitude. Les ouvertures, midi et soir, indiquées ici le sont donc au meilleur de notre connaissance au moment d'aller sous presse. Il est toujours préférable de téléphoner pour s'assurer des heures d'ouverture réelles.

W W W . V O I R . C A /
G U I D E R E S T O S

L'ACCÈS AU GUIDE RESTOS VOIR SUR INTERNET, UN PLUS GRATUIT !

Tous les détenteurs d'un exemplaire du *Guide Restos* imprimé ont gratuitement accès à la version électronique *www.voir.ca/guiderestos*.

POUR OBTENIR L'ACCÈS INTERNET

Inscrivez vos coordonnées et surtout votre courriel sur le coupon du concours Guide Restos Voir (page 13). En plus de participer au concours, vous obtiendrez un accès complet d'un an au *Guide Restos Voir* sur Internet. Notez que le coupon est valable toute l'année pour l'obtention de votre accès Internet, même si la date limite pour participer au concours est dépassée.

TROIS BONNES RAISONS DE VOUS BRANCHER SUR WWW.VOIR.CA/GUIDERESTOS

› Vous faites votre sélection par Nom, Quartier ou Région, Origine, Qualité de la cuisine, Prix, Apportez votre vin;

› Vous devenez critique gastronomique et inscrivez votre propre évaluation des restaurants que vous visitez;

› Vous bénéficiez d'une mise à jour continue: les nouvelles adresses, les fermetures d'établissements…

PROFITEZ AUSSI DU BULLETIN D'INFORMATION DU GUIDE RESTOS VOIR (ABONNEMENT GRATUIT)

› Un bulletin convivial que vous recevez chaque lundi par courriel;

› La réponse en direct de notre équipe de chroniqueurs à une de vos questions;

› L'accès en primeur aux critiques qui paraîtront seulement dans le *Guide Restos Voir 2008* et qui sont signalées toute l'année dans le bulletin.

plus de détails sur www.voir.ca/guiderestos

7

GR 2007

COUPS DE CŒUR

QUE DE TABLES EN UNE ANNÉE! DES BONNES, DES TRÈS BONNES ET CERTAINES EXCEPTIONNELLES. CES COUPS DE CŒUR VONT À DES TABLES QUI LE MÉRITENT EN EFFET CAR, À LA QUALITÉ DE LA CUISINE, AU SOIN APPORTÉ AU DÉCOR ET AU SERVICE ATTENTIONNÉ, ELLES AJOUTENT UN SOUCI RÉEL DE CRÉER UNE AMBIANCE CONFORTABLE, CHALEUREUSE ET ACCUEILLANTE. EN PLUS DE L'ESTOMAC, LE CŒUR DES CLIENTS EST DONC CHOYÉ. COMMENT NE PAS AIMER ALLER AU RESTAURANT DANS CES CONDITIONS.

MONTRÉAL

JOE BEEF

Les rues de la Petite-Bourgogne semblent revivre depuis que David McMillan, Frédéric Morin et Allison Cunningham y ont parqué leur petit resto. Joe Beef est en effet le genre d'endroit susceptible d'illuminer un quartier un peu désuet. La cuisine des deux ex-starlettes des nuits de la *Main* est effectivement lumineuse comme la présence en salle de leur associée. Le seul défaut de la maison est sans doute son succès qui rend l'endroit presque inaccessible tant le carnet de réservations est rempli. Succès amplement mérité ici. ★★★★ P. 45

SOUPESOUP

Caroline Dumas fait des soupes. Elle fait aussi des sandwichs ingénieux. Et des salades amusantes. Et des desserts aussi médiatisés que succulents. Elle et toute son équipe de joyeux elfes et elfettes font surtout des heureux, les habitués ayant presque leur rond de serviette ici. Soupes glacées pour rafraîchir les canicules montréalaises, soupes brûlantes pour ranimer les journées de froidure cruelle. En toutes saisons, bonheurs simples. ★★★ P. 65

TRI EXPRESS

La perte de monsieur Tri Du, disparu du paysage gastronomique montréalais pendant quelques mois, a attristé toutes celles et tous ceux qui appréciaient sa cuisine si méticuleuse et si différente des sushis soporifiques servis ailleurs. Il vient prouver, avec son mignon comptoir à sushis, que la catégorie «Plats à emporter» peut receler des trésors. Avec un peu de chance, vous pourrez manger chez lui, à l'une de ses 12 places assises, et l'admirer sculpter avant de savourer. Sinon, vous pourrez rapporter le tout à la maison et être le héros de votre famille et de vos invités. Portez votre kimono le plus chic car les petites bouchées de monsieur Du sont de la plus belle mouture. ★★★★ P. 191

LE « F »

Il y avait déjà Vasco da Gama. Le F partage la même porte d'entrée. Le Vasco était un coup de cœur l'an passé. Le F mérite la même place cette année. Annick Bélanger, la propriétaire, continue d'avoir de bonnes idées et son personnel déploie des trésors de générosité pour que les clients en profitent dans les meilleures conditions; Marc-André Jetté, le chef, en cuisinant pour ce F des plats justes et réconfortants, et Katy Paquette, en salle, en veillant au déroulement harmonieux de tout. Une des joies des petits matins d'été lorsque la terrasse est montée dans la bonne humeur. ★★★★ P. 93

GARDE-MANGER

L'art de créer un lieu à partir de trois fois rien ou presque. Charles Hughes, le chef, et sa bande de joyeux illuminés ont réussi à lancer cet endroit différent avec leur énergie superbe, leur bonne humeur et leur cuisine décoiffante. Le décor est attachant, mélange de 19e siècle et de planète Mars, le service, vibrant et l'ambiance générale est un harmonieux mélange des meilleurs tableaux de Brueghel et des restos hyper-branchouilles des grandes métropoles. Pour oiseaux de nuit plus portés sur les vibrations d'une Ducati Monster que sur le cuir des limousines. ★★★★ P. 44

CUISINE & DÉPENDANCE

Jean-Paul Giroux avait un très bon petit restaurant un peu perdu dans les Laurentides. Il l'a fermé, quelle tristesse. Il a ouvert, avec son amie Danielle, Cuisine & dépendance à l'été 2006, quelle joie! Joie pour toutes celles et tous ceux qui aiment la cuisine soignée, intelligente et généreuse de ce timide grand chef. Il met ici toute cette application et tout ce souci de bien faire les choses que nous avions tant aimés à son ancienne adresse. Sa nouvelle est voisine de l'Espace Go. Nul doute que les abonnements vont décoller cette année. ★★★★ P. 42

LA TARTINE

Le Théâtro Outremont n'avait jamais rien vu de semblable. Une belle grande table, des fleurs fraîchement coupées, de la lumière, des jeunes gens dynamiques et travaillant avec beaucoup de sérieux. Ian Perrault a aidé Alexandra Castonguay à installer ici un contenu aussi beau que le contenant. Des soupes hyper-soignées, de belles salades, des grilled cheese revisités, et bien sûr des tartines aux noms empruntés au quartier. Aux beaux jours, la terrasse attire les gens du coin, désireux de manger ici des choses différentes et toujours préparées avec grand soin. ★★★★ P. 49

suite en page **dix**

plus de détails sur www.voir.ca/guiderestos

M SUR MASSON

Le pari est osé: créer une étape pour gourmands gourmets rue Masson, entre la 5ᵉ et la 6ᵉ. Les trois mousquetaires qui tentent cette aventure sont bien connus des fines fourchettes locales puisque l'on a fréquenté avec plaisir leurs assiettes à feu La Bastide, au Mile-End ou chez le traiteur Pimientos. Cette toute petite salle a été ressuscitée et connaît une très belle deuxième vie grâce à la cuisine allumée du duo Jean-François Vachon – Martin Filiatreault et au travail en salle de Philippe Lisack. Dans le fond, ce n'est pas si loin que ça, le 2876, rue Masson. ★★★★ P. 55

QUÉBEC

LA MAMOUNIA

Un couscous, une salade ou un simple bol de soupe, et vous voilà plongé dans un univers de souks, de scènes de rues ou de dédales où flottent des odeurs de thés, d'épices et de grillades. Magie, peut-être. Celle d'un décor authentique, qui ne montre aucune prétention, et celle d'une cuisine qui pourrait se les permettre toutes. ★★★ P. 260

ÉCLECTIQUE

Il porte bien son nom, ce resto qui a pris calmement son élan avant de gravir d'un seul bond plusieurs échelons! La cuisine de Stéphane Breton se veut curieuse à tout point de vue. Elle intrigue et déroute par ses audacieux rapprochements, réinterprétant avec discernement le butin puisé à même les tendances les plus diverses. ★★★ P. 223

MONTEGO RESTO CLUB

Le palais, autant que les yeux, trouve son compte dans ce décor où rien n'a été laissé au hasard. Dressées avec grand soin, les assiettes ne se contentent pas d'être belles: on vous y sert une cuisine aussi gourmande qu'inventive, parfois même audacieuse, à quoi fait honneur une cave récemment renouvelée du tout au tout. ★★★★ P. 229

LA NOCE

Tout nouveau, certes, mais ses proprios ne s'improvisent pas restaurateurs, car ils ont à leur crédit plusieurs années d'expérience de la cuisine et de la salle à manger, ce dont leur établissement porte un excellent témoignage. La carte vous dépayse à peine. Certains mets surprennent parfois, mais tous séduisent assurément: on s'y laisse prendre et on en redemande. ★★★ P. 238

OUTAOUAIS-OTTAWA

FLEUR DE SEL

Hull

Un décor élégant dans une petite maison de brique du Vieux-Hull. Une chef, Lucie Maisonneuve, végétarienne depuis toujours, inventive et enjouée. Une cuisine fine, innovatrice, fraîche. Le menu, exclusivement végétarien le midi, ajoute poissons et fruits de mer à la carte du soir, et fait bien des heureux. Une autre belle preuve que l'on peut manger végé sans manger frustré! ★★★ P. 277

EIGHTEEN

Marché By, Ottawa

L'espace est imposant, élégant, branché. On y vient pour le 5 à 7, le tête-à-tête, le lunch d'affaires. Le menu concocté par Will Renaud est souvent étonnant, toujours inspirant, gambadant allègrement dans les plates-bandes de toutes les cuisines du monde, mais avec des ingrédients glanés chez les petits producteurs locaux. Une table qu'on se plaît à découvrir et redécouvrir, au cœur du marché By. ★★★★ P. 277

RÉGIONS

MAISON VINOT

Saint-Georges-de-Beauce, Québec

Cette auberge-restaurant s'est donné une mission simple et louable: mettre en valeur les produits de la région et vous rappeler qu'il fait bon vivre. On s'en rend compte dès l'accueil souriant des proprios et du personnel. Gourmande et généreuse, la cuisine vous le confirme. Et, pour parachever votre bonheur, il y a cette salivante carte des vins composée presque exclusivement d'importations privées. ★★★ P. 310

LE PRIVILÈGE

Chicoutimi, Saguenay–Lac-Saint-Jean

Son nom lui va on ne peut mieux car s'asseoir à cette table est un véritable privilège. Lauréate du prix du meilleur livre de cuisine au monde catégorie femme chef avec son ouvrage *Un privilège à votre table*, Diane Tremblay envoûte tous les sens avec sa fascinante cuisine intuitive, originale et colorée. Un rendez-vous gastronomique étonnant. ★★★★ P. 342

plus de détails sur www.voir.ca/guiderestos

GR 2007

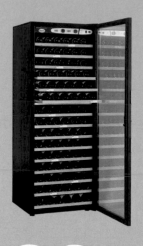

CONCOURS
GUIDE RESTOS VOIR
2007

COUREZ LA CHANCE DE GAGNER:

TROIS CERTIFICATS-CADEAUX *GRANDES TABLES DU QUÉBEC* DE 200$ CHACUN. Voir la liste des restaurants participants pages 143 et 344.

ET LE **GRAND PRIX** › UN CELLIER D'UNE VALEUR DE 5 000$ OFFERT PAR VINUM DESIGN.

www.vinumdesign.com

**PARTICIPEZ AU CONCOURS GUIDE RESTOS VOIR 2007
ET OBTENEZ UN ACCÈS COMPLET D'UN AN AU GUIDE RESTOS
SUR INTERNET.**

Prénom . . . . .Nom . . . .

Âge . . . . . . Adresse . . . .

. . . .

Ville . . . . Code postal . . . .

Région . . . . Téléphone ( ) . . . .

Courriel * . . . .

**COCHEZ VOTRE CHOIX DE DEUX RÉGIONS PARMI
LES SIX PROPOSÉES POUR LES CERTIFICATS-CADEAUX
*GRANDES TABLES DU QUÉBEC.***

Six prix seront gagnés et consistent chacun en trois certificats-cadeaux de
200 $ pour des restaurants situés dans les régions suivantes:

☐ Saguenay   ☐ Québec   ☐ Mauricie
☐ Estrie   ☐ Montréal   ☐ Outaouais/Ottawa

Voir la liste des restaurants participants pages 143 et 344.

ENVOYEZ VOTRE BULLETIN DE PARTICIPATION PAR LA POSTE À:
Communications VOIR inc. – Concours Guide Restos Voir 2007
355, rue Sainte-Catherine Ouest, 7ᵉ étage
Montréal (Québec) H3B 1A5

Le concours se termine le 24 mai 2007 à 23h59 (HE).
Aucun fac-similé ou photocopie acceptés.
Le concours est ouvert aux résidents légaux du Québec âgés de
18 ans et +. Règlements complets disponibles sur demande et sur
www.voir.ca/**guiderestos**

* Pour obtenir votre accès complet et gratuit au *Guide Restos Voir* sur
Internet, il suffit de nous renvoyer ce coupon avec votre adresse courriel.
Notez que le coupon est valable toute l'année pour l'obtention
de votre accès Internet, même si la date limite pour participer au
concours est dépassée.

Les six gagnants des certificats-cadeaux *Grandes Tables du Québec*
seront réunis lors d'un événement en juin 2007 pour procéder au tirage
au sort du Grand Prix. Valeur totale approximative des prix: 8 600 $

www.voir.ca/**guiderestos**

SAQ.com
Vos produits préférés livrés à la maison

PRENEZ GOÛT
À NOS CONSEILS
SAQ

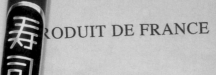

VIN D'ALSACE ｜ 寿司 ｜ PRODUIT DE FRANCE

RIESLING

2003

SUSHI

PRENEZ GOÛT
À NOS **CONSEILS**

SAQ

SAINT-JUSTIN
DEPUIS
1895
SINCE

la seule eau minérale pétillante de notre
terroir mise en bouteille de verre à la source

L'UNIQUE

courriel : ogem@qc.aira.com   téléphone : 514.482.7221

Vivez la Passion Vinexpert!

Vivez tout le plaisir de déguster un vin de qualité, savoureux, élégant et harmonieux, que vous aurez créé vous-même.

Vivez la joie et la fierté de partager ces vins avec parents et amis, à la maison ou au resto.

Vivez pleinement les moments agréables passés à vous adonner à votre nouveau hobby passionnant...

L'expérience Vinexpert vous attend!

vinexpert.com

La nouvelle tentation du terroir québécois

À savourer en apéritif ou en complément au foie gras, aux fromages fins et aux desserts.

SAQ +734269

375 ml
PRODUIT DU QUÉBEC
PRODUCT OF QUÉBEC

DOMAINE
Pinnacle
Cidre de glace – Ice Cider
150 chemin Richford • Frelighsburg (Québec) J0J 1C0
tél: 450.298.1226 • **www.domainepinnacle.com**

La Blanche DES BLANCHES

CHEVAL BLANC
La Blanche
341 mL

La modération a bien meilleur goût.

LES BRASSEURS RJ
1 888 253-8330
www.brasseursrj.com

À mesure que grandit la popularité du vin et que s'élargit l'intérêt de la clientèle, la question des harmonies vins et mets prend toujours plus d'importance. Réussir un mariage gastronomique parfait au restaurant est un défi intéressant, d'autan plus que le même mets prendra une allure considérablement différente d'un établissement à l'autre. Toutefois, avec quelques recommandations de base, on peut réussir des combinaisons gourmandes fort réjouissantes avec pratiquement toutes les cuisines du monde. C'est pourquoi la SAQ s'est jointe au Guide Restos Voir 2007 pour vous offrir un petit mode d'emploi ultra simplifié d'accords vins et mets.

Au début de chaque section, vous trouverez une fiche de référence relative au type de cuisine dont il est question. Un court texte donne d'abord quelques indications générales sur le type de vins approprié aux cuisines nationales. Ensuite, une série de plats typiques sont mis en parallèle avec des styles de vins pouvant leur convenir. Sachant que les convives autour d'une même table mangent rarement tous la même chose, ce genre d'indications ouvertes laissent d'autant plus de marge de manœuvre. Proposant un petit coup de pouce au dîneur, ce système le laisse choisir selon son budget, son inspiration du moment et lui permet ainsi d'acquérir plus d'autonomie et d'assurance dans l'exercice des accords vins et mets.

Alors, bon appétit et santé!

guide restos voir 2007

PRENEZ GOÛT
À NOS **CONSEILS**

SAQ

MONTRÉAL

vins & mets

AFRIQUE

Pour cette section, dominée par la cuisine nord-africaine aromatique, épicée, robuste et délicate à la fois, les vins d'accompagnement devront offrir richesse et maturité. Puisque l'acidité est rarement au rendez-vous, les vins gorgés de soleil, débordant de saveurs mûres et richement parfumés feront parfaitement l'affaire. Invariablement, les vins rouges marocains, algériens et tunisiens sont de mise. Quant aux blancs et autres rouges, les vins des pays du Nouveau Monde viticole plairont à merveille.

COUSCOUS ROYAL
Rouges nord-africains, shiraz Australie ou Afrique du Sud, merlot Chili

POULET AUX OLIVES
Chardonnay Californie, viognier Languedoc, beaujolais-villages France

MÉCHOUI
Malbec Argentine, cabernet sauvignon Chili, coteaux-du-languedoc France, navarre Espagne

OJJA (RAGOÛT RELEVÉ DE TUNISIE)
Rouges tunisiens, cabernet sauvignon Californie, syrah Afrique du Sud

BAKLAVAS AU MIEL ET À L'EAU DE ROSE
Muscat-de-beaumes-de-venise, gewurztraminer vendanges tardives France

PRENEZ GOÛT
À NOS **CONSEILS**

SAQ

Les Rites berbères *Mohand Yahiaoui, chef-propriétaire*
Page 31

AFRIQUE

Des plats intenses et parfois envahissants tant les parfums y sont puissants. Les goûts sont d'une diversité extrême qui reflète celle de ce continent qui, du nord au sud et d'est en ouest, propose des cuisines distinctes et affirmées. Parmi les saveurs et produits phares des restaurants de cette section, on retrouve l'eau de rose et l'eau de fleur d'oranger, la cannelle et le miel, le citron confit et la harissa. Mais il serait utopique de vouloir dresser ici la liste exhaustive des éléments représentatifs de ces cuisines si variées.

À Montréal, la plupart des établissements de la section Afrique sont en fait des restaurants nord-africains. Couscous donc et tajines, méchoui, bricks et pastillas sont au programme. Cette omniprésence reflète bien la réalité démographique de la Métropole qui accueille une majorité d'Africains en provenance des pays du Maghreb. Quelques rares restos présentant certaines cuisines du reste du continent ont réussi à se classer dans le *Guide*. Pour le plus grand bonheur de tous les gastronomes curieux, évidemment.

AFRIQUE
ABIATA

| | | | | MIDI | — |
| | | | | SOIR | **55 $** |

	2007	**PLATEAU MONT-ROYAL**
CUISINE	★★★ ★★★	3435, RUE SAINT-DENIS
SERVICE	★★★ ★★★	(514) 281-0111
DÉCOR	★★★ ★★★	2005-04-05

Voilà une bien agréable surprise gastronomique. Un resto éthiopien qui a de la tenue, sobre et élégant sans être ennuyant, à la cuisine relevée mais sans être totalement décoiffante. Ici, les épices sont omniprésentes sans avoir pour seul objectif d'étouffer les saveurs des plats, comme c'est trop souvent le cas lorsqu'on use et abuse du piment rouge. Les viandes sont longuement mijotées, les légumes rares mais savoureux et tous les plats sont servis accompagnés d'une crêpe humide et légèrement collante qui sert d'ustensile (vous pouvez aussi utiliser vos doigts mais le résultat est moins probant...). Le tartare façon Abiata est particulièrement émouvant et respecte parfaitement la tradition très carnivore de ce coin d'Afrique qui gagne à être découvert. Service sympathique.

AFRIQUE
AU COIN BERBÈRE

| | | | | MIDI | — |
| | | | | SOIR | **50 $** |

	2007	**PLATEAU MONT-ROYAL**
CUISINE	★★★ ★★★	73, AVENUE DULUTH EST
SERVICE	★★★ ★★★	(514) 844-7405
DÉCOR	★★ ★★	2006-05-04

Au Coin berbère, le patron est fier de sa cuisine, et avec raison. Les saveurs tranchées et la puissance des arômes de ses couscous bien mijotés, accompagnés d'une semoule digne de ce nom, roulée par des mains expertes et savamment relevée par un bouillon corsé et quelques merguez dangereusement épicées, font manifestement les délices de sa clientèle d'habitués. On appréciera également le service sympathique, bon enfant, les préparations présentées séparément dans des plats en terre cuite et l'addition très raisonnable. Une curiosité: le couscous au lapin, qui vaut certainement le détour.

AFRIQUE
AU TAROT

| | | | | MIDI | — |
| | | | | SOIR | **40 $** |

	2007	**PLATEAU MONT-ROYAL**
CUISINE	★★★ ★★★	500, RUE MARIE-ANNE EST
SERVICE	★★★ ★★★	(514) 849-6860
DÉCOR	★★★ ★★★	2005-05-02

Monsieur Nouredine vous accueille dans son petit restaurant comme si vous faisiez partie de la famille. Avec les prix d'ami qu'il pratique, tous ses clients veulent rapidement faire partie de sa famille. Ils reviennent d'ailleurs régulièrement, et sans faillir, depuis l'ouverture il y a presque un quart de siècle au coin des rues Marie-Anne et Berri. Beaucoup de couscous, des merguez grillées impeccablement, de juteuses côtelettes d'agneau, beaucoup de tajines et quelques autres plats mijotés inspirés de la Kabylie natale, mais aussi de toute la côte nord de l'Afrique. Une cuisine simple, des plats en portions gargantuesques. Beaucoup de sourires aussi et de la chaleur comme là-bas. Et si vous habitez le Plateau, comble de bonheur les soirs d'hiver, il livre avec ponctualité.

AFRIQUE
CHEZ BADI

MIDI **30 $**
SOIR **55 $**

2007

CENTRE-VILLE
1675, BOULEVARD DE MAISONNEUVE
OUEST (514) 932-6144

CUISINE	★★★	★★
SERVICE	★★★	★★
DÉCOR	★★	★★

2005-11-19

À des lieues de l'image folklorique que projettent certains restos nord-africains, Chez Badi joue la carte de l'authenticité. Pour la danse du ventre, prière de s'adresser ailleurs. Le décor, oscillant entre les ambiances bistro et café, est dominé... par la télé. Le menu est long (on y retrouve même, signe des temps, des tapas), mais on a vite fait de vous orienter vers les spécialités marocaines habituelles. Sans être irréprochables ni égaler ceux de quelques maisons concurrentes, le tajine au citron confit et aux olives et le couscous se laissent manger agréablement. Le service est décontracté, l'accueil, chaleureux. Belle occasion de s'initier au narguilé (pipe à l'eau), auquel même les non-fumeurs invétérés n'ont rien à redire.

AFRIQUE
EL MOROCCO

MIDI **50 $**
SOIR **70 $**

2007

CENTRE-VILLE
3450, RUE DRUMMOND
(514) 844-6888

CUISINE	★★★	★★★
SERVICE	★★★	★★★
DÉCOR	★★★	★★★

2006-03-12

El Morocco propose de la cuisine juive marocaine, kascher il va sans dire, ce qui est en soi une rareté. Au menu, on trouve évidemment les salades marocaines, justement réputées, et quelques incontournables, comme la pastilla, les tajines et les couscous. La maison se spécialise par ailleurs dans les grillades, dont elle propose un alléchant éventail. Simplicité et savoir-faire sont au rendez-vous. À noter, les présentations soignées et le service attentif. Décor épuré, fondé en grande partie sur de jolis objets décoratifs, notamment de sympathiques dromadaires (pas des vrais, qu'on se rassure). Gardez-vous de la place pour les délicieuses pâtisseries marocaines, complément du thé à la menthe. De quoi finir sur une note très sucrée.

AFRIQUE
ÉTOILE DE TUNIS

MIDI **15 $**
SOIR **40 $**

2007

ROSEMONT–PETITE-PATRIE
6701, AVENUE DE CHÂTEAUBRIAND
(514) 276-5518

CUISINE	★★★	★★
SERVICE	★★	★★
DÉCOR	★★	★★

2005-12-01

Il y a près de 20 ans que Mohamed et sa souriante épouse tiennent le fort dans ce coin de Montréal qui a vu passer des familles de toutes origines. Le décor, à défaut de faire honneur à l'architecture et à la culture foisonnante du Maghreb, affiche un kitsch très occidental et rassurant — un trait que partage la cuisine généreuse du propriétaire. Les bricks, les couscous variés, la salade méchouia et l'ojja (un ragoût assez goûteux) ont l'avantage de flirter avec l'abondance, mais manquent un peu de pimpant. On souhaiterait en effet que chaque bouchée évoque le soleil de la Tunisie, mais pour cela, il faudra infuser au tout un peu d'énergie, et y laisser souffler le vent du renouveau. C'est ce que l'on souhaite à tous, pour le plaisir de tous.

AFRIQUE
LA GAZELLE

MIDI **30 $**
SOIR **45 $**

	2007		
CUISINE	★★★	★★★	
SERVICE	★★	★★	
DÉCOR	★★	★★	

PLATEAU MONT-ROYAL
201, RUE RACHEL EST
(514) 843-9598

2005-03-08

On trouvera difficilement meilleur couscous à Montréal. L'agneau ou le poulet sont savoureux, la semoule de blé est tendre et délicatement parfumée et le bouillon, parfaitement épicé. Le brick à l'œuf – un autre incontournable de la cuisine maghrébine – est également à la hauteur de la situation: servi dans une enveloppe craquante sous la dent avec au cœur un jaune d'œuf chaud et coulant enveloppé d'un hachis bien relevé. Et puis on retrouve plusieurs perles dans le menu, comme ces pastillas, cette rafraîchissante salade à l'orange et à la cannelle ou cette intense soupe algérienne à base de lentilles. Bref, on sent qu'il y a un chef derrière les marmites! En salle, l'accueil est simple et débonnaire, et si le décor ne casse rien (on s'interroge encore sur la peau de boa constrictor épinglée au mur…), vous mettrez tout cela en veilleuse dès que le plat de merguez sera déposé sous votre nez. Bonne sélection de vins algériens et prix raisonnables.

AFRIQUE
LA KHAÏMA

MIDI **20 $**
SOIR **40 $**

	2007		
CUISINE	★★★	★★★	
SERVICE	★★	★★	
DÉCOR	★★	★★	

MILE-END
142, RUE FAIRMOUNT OUEST
(514) 948-9993

2005-08-23

Dans l'art d'évoquer l'ailleurs, Atigh est l'un des meilleurs. Qu'il accueille ses clients chez lui vêtu de son beau boubou bleu, ou qu'il erre en nomade dans la ville à vendre ses jus d'hibiscus, le propriétaire de La Khaïma nous transporte dans un paysage de couleurs et de sable. Autour du thé à la menthe qu'il sert avec ses histoires de jeunesse, le désert de sa Mauritanie natale s'anime. Jadis installé dans un local minuscule sur l'avenue du Parc, Atigh a jugé que le «petit resto» avait besoin d'espace; le restaurateur a donc planté sa tente dans un local plus grand, rue Fairmount. Au menu, toujours rien de terriblement compliqué, mais deux ou trois plats bien choisis: salade aux parfums de cumin et de fleur d'oranger, maffé et pastilla. Voyage très économique.

AFRIQUE
LE KERKENNAH

MIDI **20 $**
SOIR **45 $**

	2007		
CUISINE	★★	★★	
SERVICE	★★★	★★★	
DÉCOR	★★	★★	

AHUNTSIC
1021, RUE FLEURY EST
(514) 387-1089

2005-05-07

La Promenade Fleury s'est requinquée ces derniers temps. Les enseignes défraîchies ont été décrochées, certains boutiquiers ont quitté, remplacés par la jeune garde. La promenade refleurit! Pendant ce temps, l'impassible Kerkennah n'a pas bougé d'un iota, le modeste décor et la famille Rabah demeurent… Faisant figure d'original parmi les bistros d'usage, cafés branchés et casse-croûte de tout acabit, ce Tunisien propose des grillades variées et plusieurs déclinaisons de couscous, le tout moins relevé qu'on l'aurait espéré, mais servi en portions plus qu'abondantes. Les bricks, chaussons à la pâte magnifiquement légère farcis à l'œuf, au thon ou à la chair de goberge (annoncée comme du «crabe» au menu), valent le détour. L'amabilité nord-africaine faisant son œuvre, on passe ici un moment agréable, tout en douceur…

AFRIQUE
LE NIL BLEU

| | | MIDI | — |
| | | SOIR | **45 $** |

	2007		**PLATEAU MONT-ROYAL**
CUISINE	★★★ ★★★		3706, RUE SAINT-DENIS
SERVICE	★★ ★★		(514) 285-4628
DÉCOR	★★★ ★★★		2006-01-12

Avec toutes les images télévisées des divers désastres humanitaires en Éthiopie au fil des ans, on a peine à croire que ce pays d'Afrique ait des spécialités culinaires... C'est pourtant le cas, comme en témoigne Le Nil bleu. Pour franchir la porte de ce resto unique à Montréal, il faut cependant laisser ses préjugés sur le palier. Ici, par exemple, on mange avec les doigts. Au centre de la table, on dépose devant vous une grande assiette dont le fond est recouvert d'une crêpe de millet. Sur cette crêpe, pointent de petits monticules de savoureux cubes de viande mijotés – bœuf, agneau et poulet – dans des sauces bien épicées. On se sert de la crêpe, qu'on découpe en morceaux, pour porter la nourriture à sa bouche. L'expérience se vit au cœur d'un décor de style jungle. Dépaysement garanti.

AFRIQUE
LE PITON DE LA FOURNAISE

| | | MIDI | — |
| | | SOIR | **80 $** |

	2007		**PLATEAU MONT-ROYAL**
CUISINE	★★★ ★★★		835, AVENUE DULUTH EST
SERVICE	★★★ ★★★		(514) 526-3936
DÉCOR	★★★ ★★★		2006-05-02

Le type de resto «Apportez votre vin» où vous voudrez apporter une bouteille vraiment différente. Et bonne aussi puisque la cuisine du Piton de la Fournaise l'est. La cuisine de l'île de la Réunion (pieuvre, requin et autres poissons relevés d'épices créoles et accompagnés de rougails, préparations typiques à base de lime, de tomate, de piment et de gingembre) préparée par le chef Maurice permet de voyager avec le sourire. Et si vous voulez dépasser le stade du sourire et rire franchement, embarquez dans la douce folie de Jean-Pierre, le patron, sympathique verbomoteur qui mène son affaire avec clairvoyance et beaucoup de sérieux tout en rigolant.

AFRIQUE
LES RITES BERBÈRES

| | | MIDI | — |
| | | SOIR | **80 $** |

	2007		**PLATEAU MONT-ROYAL**
CUISINE	★★★ ★★★		4697, RUE DE BULLION
SERVICE	★★★ ★★★		(514) 844-7863
DÉCOR	★★★ ★★★		2006-06-19

Il faut vraiment connaître l'adresse pour savoir qu'il y a ici un restaurant. Les «pipoles» croisés à cette table très discrète la connaissent bien et savent aussi qu'il s'agit sans doute du meilleur couscous en ville. En plus de ses splendides variétés de couscous – semoule aérienne, parfumée, quasi irréelle –, Mohand Yahiaoui, le chef-propriétaire, propose chorbas, salades berbères, poulets aux olives et autres méchouis occasionnels. Malgré les ans, il a toujours cet œil presque lubrique devant la bouteille de Vosne-Romanée apportée par le client pour arroser son plat avec dignité, et acceptera, si son épouse Sylvie est absente, d'en prendre un petit verre avec le client généreux. En été, la terrasse sous la vigne vierge est une oasis sur le Plateau.

Accords
vins & mets

AMÉRIQUE DU NORD

Difficile de cerner la cuisine nord-américaine. Une fusion de toutes les cuisines du monde (asiatique, française, cajun, québécoise, etc.) où tout est possible. De la fine gastronomie jusqu'à la cuisine familiale, en passant par les grillades et le poulet frit, voici tout un défi en matière de mariages vins-mets. Il s'agit, évidemment, d'y aller cas par cas. Les vins du Nouveau Monde viticole, des États-Unis et du Canada en tête, s'imposent.

HOMARD AUX AGRUMES
Sauvignon Nouvelle-Zélande, riesling Canada, sancerre France

TOURTIÈRE DU LAC-SAINT-JEAN
Meritage Californie, merlot Canada, coteaux-du-languedoc France

HAMBURGER DE BISON
Cabernet Californie ou Canada, shiraz Australie

STEAK DE THON
Pinot noir Californie ou Oregon, morgon et moulin-à-vent France

TARTE AU CITRON VERT (KEY LIME PIE)
Sauvignon blanc late harvest Chili, asti-spumante Italie

PRENEZ GOÛT
À NOS **CONSEILS**

SAQ

Les Chèvres *Stelio Perombelon, chef et Patrice Demers, chef pâtissier*
Page 56

AMÉRIQUE DU NORD

À la question: «Existe-t-il une cuisine nord-américaine?», on a longtemps été tenté de répondre: «Yes, sir!» sans trop vraiment savoir ce qu'elle était et en espérant pouvoir s'abstenir de fournir des détails. Ce n'est certes plus le cas aujourd'hui et la cuisine québécoise est à l'avant-garde de ce changement. La première caractéristique du style de cette cuisine est sans aucun doute l'absence de barrières. Tout est possible et l'on redéfinit des classiques en les déstructurant (parfois même en les dynamitant) pour les restructurer de façon originale.

À Montréal, les établissements de la section Amérique du Nord sont tenus par de jeunes chefs curieux, dynamiques, inventifs et qui ont à cœur de transmettre leur passion pour la cuisine. Ce sont ces établissements qui suscitent le plus de curiosité chez les visiteurs et qui s'attirent le plus gros des commentaires admiratifs des gastronomes de passage chez nous. Aux grandes maisons établies sont venus s'ajouter de nombreux petits établissements ouverts dans des locaux improbables et dans des quartiers hors des circuits battus.

AMÉRIQUE DU NORD
À L'OS

MIDI —
SOIR **100 $**

	2007			**MILE-END**
CUISINE	★★★	★★★		5207, BOULEVARD SAINT-LAURENT
SERVICE	★★★	★★★		(514) 270-7055
DÉCOR	★★★	★★★		2005-03-17

Beau, bon, très cher. Trois mots qui résument un passage dans cet autre bistro où apporter son vin n'est pas nécessairement synonyme d'économie! Or, l'atmosphère est gourmande dans cette salle immaculée de blanc où la cuisine ouverte laisse échapper un fumet de luxe. Déchiré entre les prix exorbitants et l'ambiance de charme rehaussée par le service affable, le client se laissera finalement séduire par les jolies pièces de boucherie (filet mignon à l'os grillé, côte de porc en croûte de pistaches, carré d'épaule d'agneau caramélisé aux figues) et autant de créatures marines délectables (bar du Chili au paprika fumé, steak de thon en croûte d'épices, morue noire trois façons). Montées avec art, les assiettes expliquent presque le vertige de l'addition! Inspirante carte des eaux.

AMÉRIQUE DU NORD
ANISE

MIDI —
SOIR **120 $**

	2007			**MILE-END**
CUISINE	★★★★★	★★★★★		104, AVENUE LAURIER OUEST
SERVICE	★★★★★	★★★★★		(514) 276-6999
DÉCOR	★★★★	★★★★		2005-09-01

Dans le firmament gastronomique de chez nous, Anise continue de briller comme une étoile du berger. Pour de l'anis étoilé, c'est parfait. Parfaite également, la cuisine tout en puissance de la chef Racha Bassoul, toujours créative, toujours renouvelée, toujours étonnante. Une cuisine de sentiments, de textures, de goûts. Des épices maniées avec la délicatesse et l'application d'une orfèvre et qui, ici, prennent leur envol vers la stratosphère. Cette table est une exception dans le paysage montréalais justement par le traitement si plein de délicatesse qu'on y fait des mystères de l'Orient. Le décor reste l'un des plus reposants en ville et la carte des vins, un modèle de subtilité et de classe. Le service est au diapason de la cuisine de madame Bassoul.

AMÉRIQUE DU NORD
AQUA TERRA

MIDI —
SOIR **80 $**

	2007			**PLATEAU MONT-ROYAL**
CUISINE	★★★★	★★★★		285, AVENUE DU MONT-ROYAL EST
SERVICE	★★★	★★★		(514) 288-3005
DÉCOR	★★★	★★★		2005-05-17

Il faut agir avec discernement lorsque vient le temps de se sustenter sur la très animée avenue du Mont-Royal, car les endroits «lookés» se montrent décevants plus souvent qu'autrement. Depuis l'ouverture d'Aqua Terra, son équipe dynamique n'a pas tenue pour acquise sa clientèle branchée et a su travailler son menu de manière à le renouveler. La carte étoffée présente aujourd'hui des qualités qui la démarquent clairement de ses compétiteurs. Servant aussi bien des sushis qu'une cuisine nord-américaine d'inspiration française, la maison travaille avec sérieux et soin, apportant une attention particulière à la présentation des plats. Les combinaisons amusantes et inventives prouvent que la cuisine «fusion» peut aussi avoir bon goût.

AMÉRIQUE DU NORD
AREA

MIDI —
SOIR **120 $**

	2007	
CUISINE	★★★★★ ★★★★★	
SERVICE	★★★★ ★★★★	
DÉCOR	★★★★ ★★★★	

VILLAGE
1429, RUE AMHERST
(514) 890-6691

2006-03-04

Area est une des tables les plus agréables à fréquenter à Montréal quand on exerce le métier de critique. En effet, toutes les choses qui font la qualité d'un restaurant y sont traitées avec soin et déférence. Au fil des ans, le talent d'Ian Perreault, le très médiatisé chef de la maison, se confirme et s'affine. Dans le quasi-désert gastronomique du Village, cette table constitue une rafraîchissante oasis. De l'amuse-bouche jusqu'au dessert, des assiettes impeccables, allumées, créatives et raffinées. Des produits irréprochables, une technique maîtrisée et un talent confirmé donnent une des meilleures adresses en ville. Le fait que le service soit aujourd'hui moins rigide et plus souriant constitue également un soulagement et contribue au plaisir de passer à table ici.

AMÉRIQUE DU NORD
AU PIED DE COCHON

MIDI —
SOIR **90 $**

	2007	
CUISINE	★★★★ ★★★★	
SERVICE	★★★★ ★★★★	
DÉCOR	★★★★ ★★★★	

PLATEAU MONT-ROYAL
536, AVENUE DULUTH EST
(514) 281-1114

2005-05-03

En moins de temps qu'il ne lui en faut pour vous faire prendre quelques livres, ce Pied de cochon a acquis le statut «Mérite le détour» dans les meilleurs guides touristico-gastronomiques. On vient ici pour l'exubérance, la fougue et la générosité de la cuisine de Martin Picard, le chef-propriétaire. La belle salle est toujours bourdonnante, pleine de bonnes odeurs de cuisine, de rires, de plateaux de service virevoltants, pleine de vie en somme. On vient ici quand on a vraiment faim: côte de cochon heureux, steak de cerf et frites et cette poutine au foie gras dont on ne dira jamais assez de bien. L'été, le chef et son équipage offrent des plateaux de fruits de mer; pantagruéliques, il va sans dire. Carte des vins allumée, service tout en gentillesse et en justesse. Excès bien contrôlés et plaisir incontrôlable.

AMÉRIQUE DU NORD
AUX DERNIERS HUMAINS

MIDI **30 $**
SOIR **35 $**

	2007	
CUISINE	★★★ ★★★	
SERVICE	★★★ ★★★	
DÉCOR	★★★★ ★★★	

VILLERAY
6950, RUE SAINT-DENIS
(514) 272-8521

2005-11-25

Ce petit établissement lumineux et sympathique emprunte ce qu'il y a de meilleur aux vieilles recettes à succès des années 70: sandwichs frais et généreux, croque-ceci et croque-cela, soupes maison, salades copieuses, burgers bien joufflus, le tout offert à des prix plus que concurrentiels. Il y a bien ici et là quelques hésitations en cuisine, mais la bonne volonté et le sourire du personnel conjugués à la conscience résolument altermondialiste des proprios créent une étonnante et joyeuse harmonie. Bel endroit pour déjeuner en groupe. Attention: seul l'argent comptant est accepté!

AMÉRIQUE DU NORD			MIDI	**35 $**
AUX DEUX MARIE			SOIR	**35 $**

	2007		
CUISINE	✩✩ ★★	**PLATEAU MONT-ROYAL**	
SERVICE	✩✩✩ ★★	4329, RUE SAINT-DENIS (514) 844-7246	
DÉCOR	✩✩✩ ★★★		2006-04-21

Si les maisons de torréfaction se multiplient comme les petits pains et les poissons du Christ ces jours-ci, les Montréalais demeurent fidèles à leurs classiques, comme celui-ci, qui entretient l'obsession des caféphiles depuis 1994. On propose ici un riche éventail de cafés, préparés par des *baristas* allumés et fiers de leurs œuvres d'art. Grains torréfiés à la perfection et moulus à la minute; dosage parfait; mousse onctueuse: c'est la jouissance en tasse! Curieusement, on n'a pas daigné conférer la même force de frappe aux casse-croûte. Sandwichs, pizzas et salades ont beau n'évoquer aucun exotisme, d'autres établissements ont prouvé qu'ils pouvaient transcender le banal par une composition inventive et colorée. On se rattrape avec les desserts, qui laisseront un souvenir agréable en bouche.

AMÉRIQUE DU NORD			MIDI	—
BISTRO L'ENTREPONT			SOIR	**90 $**

	2007		
CUISINE	✩✩✩✩ ★★★	**PLATEAU MONT-ROYAL**	
SERVICE	✩✩✩✩ ★★★	4622, RUE HÔTEL-DE-VILLE (514) 845-1369	
DÉCOR	✩✩✩ ★★★		2006-09-11

«Pas d'Interac, ni de cartes de crédit. Argent liquide et MasterCard seulement.» Au moins, dès la réservation, on sait à quoi se préparer. Le ton très cavalier, à la limite de l'impertinence téléphonique, pourrait amuser s'il était suivi de prestations aussi éblouissantes en salle. Ce n'est malheureusement pas le cas. Coincés dans un décor mignon mais vraiment étriqué, on voit défiler des assiettes tantôt très réussies, tantôt très ordinaires. La cuisine de L'Entrepont a déjà été inspirée. Aujourd'hui, elle fluctue. Et le soir de notre visite impromptue, elle fluctuait nettement vers le bas. Une mauvaise soirée? Certains détails nous permettent d'en douter: légumes d'accompagnement uniformément insignifiants d'une assiette à l'autre, plats exagérément salés, etc. Déception. À suivre.

AMÉRIQUE DU NORD			MIDI	**35 $**
BISTRO ON THE AVENUE			SOIR	**70 $**

	2007		
CUISINE	✩✩ ★★	**WESTMOUNT**	
SERVICE	✩✩✩ ★★★	1362, AVENUE GREENE (514) 939-6451	
DÉCOR	✩✩✩ ★★★		2005-04-18

Le Bistro on the Avenue (nom qui, déjà, plante le décor) reproduit non sans un certain bonheur l'ambiance du bistro parisien revu et corrigé par New York. La jolie salle en long, qu'égaient des affiches et des inscriptions en français (mais oui!), se termine par une mezzanine au plafond orné d'un beau vitrail. La cuisine, si elle fait quelques incartades du côté des classiques de la cuisine française (steak frites, cassoulet), se réfugie dans ce qu'on appellera, faute de mieux, les spécialités nord-américaines (des sandwichs et des salades, par exemple). Tout n'est pas réussi, mais les résultats sont honnêtes et le service, sympathique. Enfin, il règne là une animation susceptible de porter un coup fatal aux clichés concernant Westmount.

AMÉRIQUE DU NORD
BRUNOISE

	2007		PLATEAU MONT-ROYAL	MIDI —
			3007, RUE SAINT-ANDRÉ	SOIR **80 $**
CUISINE	★★★★	★★★★	(514) 523-3885	
SERVICE	★★★★	★★★★		
DÉCOR	★★★★	★★★★		2006-01-18

Ouverte en 2003, cette maison s'est immédiatement classée parmi les bonnes tables de Montréal. Et s'y maintient. En fait, côté cuisine, on n'est plus très loin d'une cinquième étoile, ce qui, pour un établissement de cette taille, constituerait tout un exploit. Quoi qu'il en soit, la cuisine de Michel Ross est toujours aussi réussie. Plats originaux, belles textures, maîtrise technique, cette cuisine contemporaine fait la part belle aux meilleurs produits disponibles sur nos marchés. Beaucoup de travail aussi afin de mettre en valeur la qualité des produits et le talent des cuisiniers. Service élégant, même dans ses occasionnels trébuchements. Une rareté. Les clients apprécient sans aucun doute, l'endroit est plein en permanence. Adresse chaudement recommandée.

AMÉRIQUE DU NORD
BU

	2007		MILE-END	MIDI —
			5245, BOULEVARD SAINT-LAURENT	SOIR **80 $**
CUISINE	★★★★	★★★★	(514) 276-0249	
SERVICE	★★★	★★★		
DÉCOR	★★★★	★★★★		2005-04-20

BU est rapidement devenu l'une des adresses les plus courues en ville. Le succès de l'endroit tient pour beaucoup au travail acharné de Patrick Saint-Vincent qui a su monter une cave magnifique et qui renouvelle son inventaire avec créativité. Mais l'achalandage s'explique aussi par l'amélioration marquée de la cuisine qui propose aujourd'hui des créations plus intéressantes et plus distinctes. Le soir, les 2 onces et 4 onces aidant, l'addition a tendance à grimper rapidement dans la stratosphère. Au moins est-ce pour une expérience très agréable et pour des moments de qualité. À voir la belle énergie qui se dégage de l'élégante salle, on sent que les patrons ont visé juste. Et que les clients apprécient.

AMÉRIQUE DU NORD
CAF & BOUFFE

	2007		VILLERAY	MIDI —
			171, RUE VILLERAY	SOIR **50 $**
CUISINE	★★	★★	(514) 277-7155	
SERVICE	★★	★★		
DÉCOR	★★★	★★★		2006-05-02

C'est minuscule, c'est mignon comme tout, le service est souriant et la cuisine, parfois hésitante mais jamais prétentieuse, balance entre le Sud et le Nord, les pâtes et les viandes, la France et l'Italie. Mais c'est surtout l'ambiance presque familiale qui plaît, avec la patronne aux fourneaux dans sa cuisine lilliputienne et les grandes fenêtres ouvertes sur ce quartier métissé, où les francophones de souche sont de moins en moins dominants et les rues de plus en plus colorées. Sympathique petite table; et étape extrêmement reposante. P.-S.: argent comptant seulement.

AMÉRIQUE DU NORD
CAFÉ DAYLIGHT FACTORY

MIDI **30 $**
SOIR ___

	2007	
CUISINE	★★★ ★★★	**CENTRE-VILLE**
SERVICE	★★★ ★★★★	1030, RUE SAINT-ALEXANDRE
DÉCOR	★★★★ ★★★★	(514) 871-4774

2006-02-06

Ce Café Daylight Factory constitue une étape privilégiée dans le Vieux-Montréal pour qui aime la table et apprécie arroser un repas simple de crus de qualité. Simple ne voulant pas dire sans intérêt, loin de là. Car la simplicité des assiettes de cette maison laisse voir des qualités appréciables. Les meilleurs produits du marché travaillés avec beaucoup de talent, des plats d'une joyeuse inventivité, et un service d'une délicatesse exquise. Quand on met le tout dans un local lumineux, installé au rez-de-chaussée de la toute première tour comptant dix étages à Montréal, bâtie au début du vingtième siècle, on obtient une adresse. Et quand on sait que les promoteurs de cette maison sont les propriétaires du toujours impeccable BU, on est sûr que le passage ici sera inoubliable.

AMÉRIQUE DU NORD
CAFÉ HOLT

MIDI **60 $**
SOIR ___

	2007	
CUISINE	★★★★	**CENTRE-VILLE**
SERVICE	★★★★	1300, RUE SHERBROOKE OUEST
DÉCOR	★★★★	(514) 842-5111

2006-01-28

Dans ce café, un peu caché au niveau inférieur du chic magasin Holt Renfrew, tout est très beau, très bon et très bien fait. La maison fait venir de Paris en exclusivité le pain de la maison Poilâne et sert des tartines magnifiques. Et quelques salades tout aussi alléchantes. Et aussi quelques desserts irrésistibles. Côté cuisine, tout est impeccable et l'on se surprend à redécouvrir combien on aime les tartines quand elles sont préparées avec autant de goût. Décor lumineux et service on ne peut plus distingué. Apportez quand même votre belle tirelire rebondie pour déjeuner ici, tout coûte si cher de nos jours. Au moins, vous êtes assurés ici d'en avoir pour votre argent.

AMÉRIQUE DU NORD
CAFÉ MÉLIÈS

MIDI **40 $**
SOIR **90 $**

	2007	
CUISINE	★★★★ ★★★★	**PLATEAU MONT-ROYAL**
SERVICE	★★★ ★★★	3530, BOULEVARD SAINT-LAURENT
DÉCOR	★★★★ ★★★★	(514) 847-9218

2005-02-16

Malgré les changements majeurs — chef, structure de salle, etc. — qui nuisent habituellement à la qualité d'une adresse, le Café Méliès maintient le cap. En fait, pour être honnête, on devrait dire qu'il s'améliore globalement: la salle est plus dégagée, la carte aussi, et ce qui est fait en cuisine a conservé la rigueur et le style original, grâce au dynamisme de Hugues Voyer, chef de céans. Bien sûr, on tombe à l'occasion dans quelques excès inhérents au boulevard Saint-Laurent, mais dans l'ensemble, cette maison propose une prestation très au-dessus de ce que l'on trouve dans le quartier.

plus de détails sur www.voir.ca/guiderestos

GR X 38 2007

AMÉRIQUE DU NORD
CAFÉ MOUSSE

MIDI **20 $**
SOIR **20 $**

	2007	
CUISINE	★★	★★
SERVICE	★★	★★
DÉCOR	★★	★★

ROSEMONT–PETITE-PATRIE
2522, RUE BEAUBIEN EST
(514) 376-8265

2005-01-03

L'idée est excellente et unique en son genre: soulager les honnêtes citoyens de la pénible et déprimante tâche de laver leur linge sale en public en couplant resto et buanderie dans le même espace. C'est vrai que la cuisine, faite de sandwichs, paninis, deux œufs bacon et de quelques spécialités mexicaines, ne casse rien. Mais l'ambiance très bon enfant, le décor sympathique, la jeunesse et l'enthousiasme du service et surtout la possibilité de payer pour qu'on lave ses bas pendant qu'on sirote un bon café effacent bien quelques péchés véniels. Prix étudiants, service Internet et journaux quotidiens disponibles en tout temps.

AMÉRIQUE DU NORD
CAFÉ SANTROPOL

MIDI **20 $**
SOIR **25 $**

	2007	
CUISINE	★★	★★
SERVICE	★★	★★
DÉCOR	★★★	★★★

PLATEAU MONT-ROYAL
3990, RUE SAINT-URBAIN
(514) 842-3110

2006-04-30

La stabilité est parfois une vertu. C'est en tout cas vrai lorsque, comme ici, elle garantit une qualité de produit égale au fil des ans. Ces immenses sandwichs et ces pantagruéliques salades n'ont en effet pas pris une ride malgré les années. Le style de restauration demeure strictement le même et lorsque s'ajoutent quelques nouveautés à la carte des classiques plats granos de la maison, on s'assure qu'elles s'inscrivent bien dans la tendance baba cool privilégiée ici. On ne s'en plaindra pas puisque le Café Santropol constitue toujours un lieu de détente et de grignotage reposant. Et les foules se pressent pour communier à l'autel du ginseng, du gingembre et de la bergamote. Aux beaux jours, quelques effluves de patchouli flottent aussi sur la belle terrasse. *Peace, man!*

AMÉRIQUE DU NORD
CAFÉ TITANIC

MIDI **30 $**
SOIR ___

	2007	
CUISINE	★★★	★★★
SERVICE	★★★	★★★
DÉCOR	★★	★★★

VIEUX-MONTRÉAL
445, RUE SAINT-PIERRE
(514) 849-0894

2006-02-16

On est ici au royaume du *comfort food* de qualité. L'endroit est suffisamment branché pour que l'on retrouve tout ce que le Vieux-Montréal compte de belle jeunesse gourmande. Les moins jeunes y viennent aussi depuis plus de 20 ans déguster une cuisine simple en apparence et d'une inventivité remarquable. Bien sûr, il y a les classiques qui ont fait la réputation de la maison, assortiment de légumes grillés, ragoûts généreux et goûteux, quiches rustiques et sandwichs savoureux. Ou ces desserts un peu excessifs dans leur générosité, irrésistibles gâteaux au chocolat ou aux carottes. Mais il règne surtout ici une belle atmosphère de convivialité qui donne de l'appétit à tout le monde. Étape à privilégier lorsque l'on cherche une table sans complication dans le quartier. Argent comptant ou chèques seulement.

plus de détails sur www.voir.ca/guiderestos

AMÉRIQUE DU NORD
CAMELLIA SINENSIS

MIDI **20 $**
SOIR **20 $**

	2007		**CENTRE-VILLE**
CUISINE	★★	★★	351, RUE ÉMERY
SERVICE	★★	★★	(514) 286-4002
DÉCOR	★★★	★★★	

2005-04-16

Oubliez les salons de thé poussiéreux, les dames anglaises aux coiffures incertaines et les conversations shakespeariennes qui distillent un léger ennui: les vrais amateurs de thé vont chez Camellia Sinensis. D'abord parce que cette maison a la plus fabuleuse carte de thés à Montréal: des blancs, des jaunes, des bruns, des verts et des noirs, le tout décliné dans une demi-douzaine de nationalités différentes. Et puis l'ambiance et le service très (trop?) baba cool siéent parfaitement au recueillement nécessaire lorsqu'on infuse quelques-unes de ces rares et précieuses feuilles de thé fermenté à l'odeur indéfinissable. Mais attention, hormis quelques gâteaux, biscuits secs et scones savamment sélectionnés, il n'y a rien d'autre à se mettre sous la dent sur place. À la porte voisine, le proprio offre une vaste sélection de thés, un magnifique assortiment de jolies petites théières et la possibilité de s'inscrire à des cours de dégustation.

AMÉRIQUE DU NORD
CHEZ JOSÉ CAFÉ

MIDI **25 $**
SOIR **25 $**

	2007		**PLATEAU MONT-ROYAL**
CUISINE	★★	★★	173, AVENUE DULUTH EST
SERVICE	★★	★★	(514) 845-0693
DÉCOR	★	★	

2006-03-09

Nulle part ailleurs qu'à l'intersection exacte des mondes francophone et anglophone on ne peut trouver ce genre d'établissement... Un peu granola, un peu militant, 100 % altermondialiste, 200 % montréalais pure laine, Chez José Café propose une cuisine simple et généreuse et surtout entièrement faite maison. Le menu est court mais satisfaisant: omelettes, empañadas, sandwichs, crêpes, tartelettes, viennoiseries et un choix étourdissant de smoothies aux fruits. Mobilier bancal, décor approximatif et ambiance relaxante. Le resto ouvre tôt — autour de 7 h — et ferme tôt — vers 18 h. Argent comptant seulement.

AMÉRIQUE DU NORD
CHEZ L'ÉPICIER

MIDI **40 $**
SOIR **90 $**

	2007		**VIEUX-MONTRÉAL**
CUISINE	★★★★	★★★★	311, RUE SAINT-PAUL EST
SERVICE	★★★★	★★★★	(514) 878-2232
DÉCOR	★★★★	★★★★	

2005-06-09

Il n'y a ici que de belles et bonnes surprises. Normal, puisque l'on retrouve aux fourneaux Laurent Godbout, l'un des meilleurs chefs québécois de l'heure. Dans les assiettes: originalité (comme ce sorbet à l'estragon, d'une étonnante fraîcheur), audace, grande maîtrise de l'art culinaire, harmonie et raffinement. En prime, une belle sélection de vins présentée live par une sympathique sommelière, et un décor élégant sans prétention. Que demander de plus? En sortant, vous pouvez repartir avec des produits gourmets, des plats dont certains sont issus des cuisines, ou encore avec le livre de recettes du chef. Pourquoi ne pas essayer de reproduire chez vous quelques classiques de Chez l'Épicier? Le défi est lancé!

AMÉRIQUE DU NORD **CLUNY**			MIDI SOIR	**30 $**

	2007		**VIEUX-MONTRÉAL**
CUISINE	★★★	★★★	257, RUE PRINCE
SERVICE	★★★	★★★	(514) 866-1213
DÉCOR	★★★★	★★★★	

2005-02-15

Lieu fréquenté par la petite faune (habillée en noir) de la cité du multimédia, Cluny offre tous les midis de la semaine un plat mitonné du jour, un potage, des antipasti misti composés de légumes frais grillés, un assortiment de sandwichs et de paninis. Les portions sont généreuses, l'approche, très *comfort food*. Une galerie d'art contemporain (l'ancienne fonderie Darling) jouxte la salle à manger dont le mobilier est composé d'artefacts récupérés du bâtiment industriel durant sa rénovation. On complète le repas par une bouteille issue de la courte carte des vins, et un dessert sympa comme le fameux petit pot de crème au chocolat (cochon!) dont la recette a été dévoilée à l'émission *À la di Stasio*. Le tout est servi par un personnel amical et déluré.

AMÉRIQUE DU NORD **COBALT**			MIDI SOIR	**30 $** **40 $**

	2007		**VIEUX-MONTRÉAL**
CUISINE	★★★	★★★	312, RUE SAINT-PAUL OUEST
SERVICE	★★★	★★★	(514) 842-2960
DÉCOR	★★★	★★★	

2006-04-06

Tout avait commencé avec quelques sandwichs servis dans des pains ciabatta et quelques salades amusantes. Cette maison tient le cap et sert des plats du jour soignés et réconfortants. On a beau se trouver dans un lieu branché avec fond sonore à l'avenant et bar où se dégustent bières et cocktails créatifs, la cuisine est toujours traitée ici avec respect. La palette des choix offerts est sans doute un peu réduite, mais au moins les plats proposés sont préparés avec beaucoup d'aplomb et d'à-propos. Et ce sympathique petit café conserve toujours, avec son décor un peu sombre, un attribut remarquable: la bonne humeur. Le personnel y est en effet d'une touchante amabilité. Jazz ou musique classique en soirée à l'occasion.

AMÉRIQUE DU NORD **COCAGNE**			MIDI SOIR	— **60 $**

	2007		**PLATEAU MONT-ROYAL**
CUISINE	★★★★	★★★★	3842, RUE SAINT-DENIS
SERVICE	★★★★	★★★★	(514) 286-0700
DÉCOR	★★★★	★★★★	

2005-12-07

Il y a, en restauration comme ailleurs, des mystères insolubles. Le peu d'achalandage de cette maison en est un. Sans doute impressionnées par le souvenir de Toqué! qui vécut ici de grands moments, les foules hésitent à pousser la porte de ce très joli bistro. Quelle erreur! Il y a en effet derrière ces fourneaux un vrai bon chef, inventif et téméraire. Alexandre Loiseau propose des plats soignés, allumés ou sages, et toute son équipe, en cuisine comme en salle, semble marcher au diapason de son inspiration fertile. De belles bouteilles choisies avec amour et vendues à prix d'ami, un décor reposant signé Jean-Pierre Viau et un service tout en douceur complètent le plaisir que l'on a à s'asseoir ici pour souper. Profitez du calme, tant que ça dure.

AMÉRIQUE DU NORD
CONFUSION TAPAS DU MONDE

MIDI **30 $**
SOIR **60 $**

	2007		CENTRE-SUD
CUISINE	★★★★	★★★★	1637, RUE SAINT-DENIS
SERVICE	★★★	★★★	(514) 288-2225
DÉCOR	★★★★	★★★★	2005-12-02

À ce niveau, la rue Saint-Denis est un grand désert gastronomique ou, au mieux, une ode pathétique à la restauration rapide citadine. La présence de ce restaurant au nom étrange — et pas vraiment flatteur, avouons-le — n'en est que plus appréciable. Ici, on trouve en effet de beaux petits plats soignés, des combinaisons inventives et des mélanges étonnants. Ces tapas, qui ressemblent davantage à des petits plats très gastronomiques qu'à d'ordinaires bouchées espagnoles, sont préparées avec grand soin et dénotent un goût très sûr des gens en cuisine. Cadre extrêmement sympathique, personnel attentionné et politique de prix très raisonnable compte tenu de la qualité des propositions dans l'assiette complètent les visites ici. Qui se feront de plus en plus nombreuses, à n'en pas douter.

AMÉRIQUE DU NORD
CUBE (HÔTEL SAINT-PAUL)

MIDI **50 $**
SOIR **140 $**

	2007		VIEUX-MONTRÉAL
CUISINE	★★★★★	★★★★★	355, RUE MCGILL
SERVICE	★★★★	★★★★	(514) 876-2823
DÉCOR	★★★★	★★★★	2006-02-15

Depuis sa création, le Cube a toujours figuré dans le haut du palmarès des meilleures tables de Montréal. Il est aujourd'hui sur le podium avec une médaille au cou. Or, argent ou bronze? Peu importe lorsque l'on est rendu à un tel niveau. Le chef Éric Gonzalez maîtrise son art d'une façon exceptionnelle. De l'amuse-bouche au dessert, on connaît une suite ininterrompue de moments de grâce. Cuisine fine, inventive, impressionnante de technique et touchante de générosité. Comme devant un tableau de grand peintre, on est heureux. Simplement. Le travail en salle s'est hissé d'un cran et épaule à présent la cuisine. Très belles propositions côté cave, difficiles à refuser. Midi ou soir, un passage ici reste un moment de vrai bonheur pour qui aime la table.

AMÉRIQUE DU NORD
CUISINE & DÉPENDANCE

MIDI **30 $**
SOIR **80 $**

	2007	PLATEAU MONT-ROYAL
CUISINE	★★★★	4902, BOULEVARD SAINT-LAURENT
SERVICE	★★★★	(514) 842-1500
DÉCOR	★★★★	2006-08-26

Ouverte à la fin de l'été 2006, cette maison voisine de l'Espace Go a tout ce qu'il faut pour faire un bœuf, comme disent les théâtreux français. D'abord un vrai chef, aussi modeste que talentueux. Jean-Paul Giroux ne cuisine pas, il fait la cuisine, ce qui implique une forte dose de sentiment. Il apporte une grande maîtrise technique acquise dans les meilleurs restos obscurs de la vieille France et décline des plats très Nouvelle-France. De l'entrée au dessert, un passage à sa table est une suite de bonheurs. Ensuite une vraie patronne, généreuse et passionnée par son métier. Elle accueille, materne amoureusement le client et appuie son personnel en salle avec beaucoup d'efficacité. Comme les deux ont repensé de fond en comble leur restaurant, et en ont fait un très bel endroit, on sait que les foules vont se presser ici. À fort juste titre.

AMÉRIQUE DU NORD
DECCA77

MIDI **50$**
SOIR **120$**

	2007		
CUISINE	★★★	★★★★	
SERVICE	★★★	★★★★	
DÉCOR	★★★★	★★★★	

CENTRE-VILLE
1077, RUE DRUMMOND
(514) 934-1077

2006-04-20

Un vrai bon chef, c'est bien. Deux, c'est très bien. Decca77 vous en donne trois pour le prix de deux. Le client appréciera. Ce ménage à trois fonctionne parfaitement et le trio de toques a réussi à trouver une belle harmonie qui se reflète dans les assiettes. Cuisine inventive, produits impeccables, interprétations lumineuses et distrayantes. La salle est bien sûr un peu pompeuse, genre hall de gare très chic, et le service va de très précis à flou intense, mais un passage à cette table figure en tête de liste des escapades recherchées par les gastronomes d'ici ou d'ailleurs. À ce joyeux équipage en cuisine, se joint un quatrième mousquetaire qui, avec ses créations allumées et parfois hilarantes, prolonge au moment du dessert le plaisir éprouvé pendant le reste du repas.

AMÉRIQUE DU NORD
DELI LESTERS

MIDI **25$**
SOIR **25$**

	2007		
CUISINE	★★★	★★★	
SERVICE	★	★	
DÉCOR	★	★★★	

OUTREMONT
1057, AVENUE BERNARD OUEST
(514) 276-6095

2006-03-31

Ce *delicatessen* tout droit sorti des années 40 nous convie à un fascinant voyage dans le temps. Tables en Arborite, banquettes de cuirette, murs en préfini, collection de boîtes de métal, caisse enregistreuse à «pitons», comptoir en *stainless steel*: tous les ingrédients sont réunis pour constituer un véritable décor de cinéma. Un peu plus et on verrait Woody Allen se pointer. Le sympathique Billy, propriétaire issu de la troisième génération, a su préserver la tradition en servant les mêmes smoked meats à l'ancienne que préparait son grand-père. Mais il a su également se renouveler en vendant ces mêmes smoked meats sous vide, par Internet! Sur le menu de ce royaume des carnivores, on offre également des club rolls (sandwichs de viandes variées sur pain au sésame) et la fameuse root beer Stewart's.

AMÉRIQUE DU NORD
DEUX

MIDI **30$**
SOIR **80$**

	2007		
CUISINE	★★★	★★★	
SERVICE	★★★	★★★	
DÉCOR	★★★★	★★★	

PLATEAU MONT-ROYAL
2, RUE SHERBROOKE EST
(514) 843-8881

2005-12-14

Les midis dans ce joli petit resto de coin de rue restent une aubaine. Pour quelques dollars, on peut en effet se sustenter avec des plats de qualité. Dans cette section de la *Main*, c'est un quasi-miracle. Le soir par contre, la formule a changé. On dégustait autrefois ici de superbes bouchées et des tapas originales. Apparemment, la formule n'attirait pas les foules; on en a donc changé. Et de chef par la même occasion. Le petit nouveau propose des assiettes plus gastronomiques qui devraient satisfaire les clients exigeants. Les prix sont restés à peu de choses près les mêmes et le service attentionné itou. Et, pour un établissement de si petite taille, on peut dire que le décor est particulièrement réussi.

AMÉRIQUE DU NORD
GARAGE CAFÉ

MIDI **20 $**
SOIR **35 $**

		2007	**VERDUN**
CUISINE	★★	★★	275, AVENUE HICKSON
SERVICE	★★★	★★★	(514) 768-4630
DÉCOR	★★	★★	

2005-11-25

Le jour, ce petit bistro sympa accueille une clientèle jeune et familiale qui s'attable devant des hamburgers aux noms évocateurs de «4 x 4», «Chevy» ou «Semi-automatique», tout en sirotant des boissons gazeuses dans des pots Mason à anse. Le menu offre aussi des pizzas, des sandwichs, des grillades, des pâtes et quelques plats du jour. Le soir, le resto prend des airs de pub avec ses habitués qui se réunissent autour du bar et de ses pompes à bière. Au son d'une musique groovy, les jeunes cuisiniers n'ont d'autre désir que de satisfaire une clientèle décontractée, quitte à tourner parfois les coins ronds. Mais comme le client ne s'attend pas à plus, car on ne lui a pas fait miroiter autre chose, il ressort satisfait de sa visite ici.

AMÉRIQUE DU NORD
GARDE-MANGER

MIDI —
SOIR **90 $**

	2007	**VIEUX-MONTRÉAL**
CUISINE	★★★★	408, RUE SAINT-FRANÇOIS-XAVIER
SERVICE	★★★★	(514) 678-5044
DÉCOR	★★★★	Ⓝ ◉

2006-08-24

Ce Garde-manger constitue une surprise de taille dans le Vieux-Montréal, où l'on trouve la plus forte proportion de tables bancales. Ouvert à la mi-2006 par une bande de jeunes énervés talentueux, le Garde-manger est un lieu, comme on dit de nos jours. Beaucoup de monde, donc, et du très beau monde, une ambiance très new-yorkaise, tendance Meat Packing District, et surtout, surtout, une cuisine. Beaucoup de caractère et d'originalité. Un évident souci de bien faire les choses, même les plus simples, pour que le client sorte de table heureux. De belles réalisations avec les produits de la mer traités ici en rois, des idées de desserts amusantes, le tout dans un décor post-trash revampé et dans lequel on se sent bien.

AMÉRIQUE DU NORD
GLOBE

MIDI —
SOIR **100 $**

		2007	**PLATEAU MONT-ROYAL**
CUISINE	★★★★	★★★★	3455, BOULEVARD SAINT-LAURENT
SERVICE	★★★★	★★★★	(514) 284-3823
DÉCOR	★★★★	★★★★	◉

2005-06-09

Au royaume de l'excès, le Globe trône en bonne place. Tout ici est très au-dessus de ce à quoi un esprit calme s'attend. Le lieu, les gens qui l'habitent et la cuisine qui y est servie. La salle est très belle et ce long comptoir, très invitant. Le personnel féminin, et dans une certaine mesure le masculin, ébloui par ce côté très glamour qu'on voit plus souvent dans les défilés de mode que dans les restaurants. Gentillesse en plus. Et la cuisine tient ses promesses, parce que si l'on cherche à combler de fines bouches ou de féroces appétits, on n'est jamais déçu à cette table. Les meilleurs produits et l'excellent travail des cuisiniers sous la houlette de Frédéric Morin donnent un charme certain à cet endroit très achalandé et très bruyant où il est de bon ton d'être vu, de très bon ton même au moment de la frénésie du grand cirque de la Formule 1.

AMÉRIQUE DU NORD
GRENADINE

MIDI —
SOIR **70 $**

		2007		CENTRE-VILLE
CUISINE	★ ★ ★	★ ★ ★		2004, AVENUE DE L'HÔTEL-DE-VILLE
SERVICE	★ ★	★ ★		(514) 287-0099
DÉCOR	★ ★	★ ★		

2005-06-11

Ce qui frappe d'emblée, chez Grenadine, c'est la brièveté de la carte, choix qu'explique peut-être l'exiguïté de la cuisine ouverte. On n'a retenu que la formule «table d'hôte» (excluant le dessert), et les prix sont corrects, d'autant que vous apportez votre vin. La cuisine donne dans la fusion, sans excès, même si elle fait preuve d'audace et d'inventivité (elle marie, par exemple, de grosses crevettes à une crème fouettée parfumée au cari piquant à souhait et sert le foie gras en crème brûlée). Le plus beau, c'est que les propositions tiennent la route! Dans cette petite salle aux couleurs vives, il faut accepter de se serrer les coudes et, face à un service par moments hésitant, s'armer de patience. Le jeu, dans ce cas, en vaut la chandelle.

AMÉRIQUE DU NORD
HOLDER

MIDI **50 $**
SOIR **80 $**

		2007		VIEUX-MONTRÉAL
CUISINE	★ ★ ★	★ ★ ★ ★		407, RUE MCGILL
SERVICE	★ ★ ★	★ ★ ★		(514) 849-0333
DÉCOR	★ ★ ★ ★	★ ★ ★ ★		

2005-11-04

Une étoile de plus au palmarès de cette belle brasserie du Vieux-Montréal. Elle s'appelle Jean-Philippe Saint-Denis et occupe le poste éreintant de chef dans ces cuisines très animées. Depuis son arrivée ici, la carte a beaucoup évolué. Entendons-nous, c'était très bon avant, mais certaines faiblesses et lacunes limitaient l'envol vers des hauteurs comparables à celle des plafonds de la maison. De petits plats bien pensés et bien exécutés sont venus corriger la situation. Bien sûr, l'ambiance est toujours aussi débridée, et certains soirs, il faut vraiment avoir l'ouïe fine pour s'entendre mastiquer. Mais tous ces *beautiful people* dans ce décor très réussi rendent le brouhaha supportable. Et le service continue à rouler avec aplomb.

AMÉRIQUE DU NORD
JOE BEEF

MIDI —
SOIR **80 $**

		2007		PETITE-BOURGOGNE
CUISINE	★ ★ ★ ★	★ ★ ★ ★		2491, RUE NOTRE-DAME OUEST
SERVICE	★ ★ ★ ★	★ ★ ★ ★		(514) 935-6504
DÉCOR	★ ★ ★ ★	★ ★ ★ ★		

2005-09-19

David McMillan et Frédéric Morin sont tombés dans la marmite quand ils étaient petits. Depuis, ils se vengent en préparant des plats irrésistibles pour leurs clients. Ils viennent d'ouvrir une toute petite maison au cœur de la Petite-Bourgogne. Comme ils aiment beaucoup Montréal et son histoire, ils ont appelé l'endroit Joe Beef. Il fallait y penser. Comme ils connaissent leurs limites, ils se sont associés avec Allison Cunningham qui, elle, est tombée dans la grâce et l'élégance quand elle était petite. On ne doute pas que les gastronomes se déplaceront ici. La cuisine y est magnifique comme un coucher de soleil sur un plat de côtes ou un pantagruélique pot-au-feu. Cuisine excessive et attachante, beau petit choix de vins. Longue vie à Joe!

AMÉRIQUE DU NORD
LA BÊTE HUMAINE

MIDI ——
SOIR **80 $**

	2007	**OUTREMONT**
CUISINE	★★★★	1637, AVENUE VAN HORNE
SERVICE	★★★★	(514) 278-0001
DÉCOR	★★★★	

2006-02-03

Quelle belle idée que ce petit restaurant. Dans ce coin de la ville où l'on trouve peu d'endroits où poser une fourchette originale, La Bête humaine représente une aubaine. Une cuisine allumée, avec la présence d'un chef qui l'est tout autant, un service à point et un décor digne de mention. On vient ici, bien sûr, pour la cuisine de Simon Laplante, mais aussi pour cette ambiance relaxe et sympathique qui caractérise les bonnes maisons. Pierrades et ardoises de la semaine, desserts divertissants et carte des vins passionnante, tout est là pour que le client soit heureux. Il l'est apparemment et en nombre croissant, le plaisir attirant toujours les foules.

AMÉRIQUE DU NORD
LA BINERIE MONT-ROYAL

MIDI **20 $**
SOIR **25 $**

	2007	**PLATEAU MONT-ROYAL**
CUISINE	★ ★	367, AVENUE DU MONT-ROYAL EST
SERVICE	★★ ★★	(514) 285-9078
DÉCOR	★★ ★★	

2006-03-10

Véritable institution, La Binerie n'a plus besoin de présentation. On la fréquente donc par nostalgie, curiosité ou habitude. Popularisée par le film *Le Matou*, elle permet de renouer avec les spécialités québécoises traditionnelles, tourtière, ragoût de boulettes, sauce aux œufs, fèves au lard, macaroni à la viande, galettes de sarrasin et pouding chômeur. Rien de très léger. Le décor a été refait au milieu du siècle dernier et le long comptoir-lunch est toujours bordé par un chapelet de tabourets en cuirette. Dominant le tout, un crucifix bienveillant protège également les cuisines... Les recettes n'ont pas changé non plus; depuis 1938, selon la légende. Le seul petit problème, c'est que les bûcherons se font rares à Montréal.

AMÉRIQUE DU NORD
LA CHRONIQUE

MIDI **60 $**
SOIR **130 $**

	2007	**MILE-END**
CUISINE	★★★★★ ★★★★★	99, AVENUE LAURIER OUEST
SERVICE	★★★★★ ★★★★★	(514) 271-3095
DÉCOR	★★★★ ★★★★	

2005-03-19

La Chronique fêtait ses 10 ans en 2005. Certains anniversaires ne trompent pas et ce n'est pas un hasard que ce petit local, somme toute assez anonyme, soit devenu au fil des ans une adresse primée et prisée. Deux noms derrière cette histoire réussie: Marc de Canck, chef-propriétaire de l'endroit, et Olivier de Montigny, chef de cuisine. Ce dernier tient avec beaucoup de brio le flambeau quand les bras meurtris de De Canck le sont trop. Très belle cuisine du marché, créative et généreuse, déraisonnable par sa richesse et irrésistible par sa volupté; un repas ici est toujours une fête. Côté service, le personnel de La Chronique dose avec perspicacité et professionnalisme. Côté carte des vins, choix éclairés et pouvant vider votre portefeuille en un clin d'œil. Pour une bonne cause, évidemment.

AMÉRIQUE DU NORD
LA CROISSANTERIE FIGARO

| | MIDI | 25 $ |
| | SOIR | 40 $ |

	2007		MILE-END
CUISINE	★★★	★★★	5200, RUE HUTCHISON
SERVICE	★★★	★★★	(514) 278-6567
DÉCOR	★★★★	★★★	

2006-03-29

Un coin de rue dans ce quartier vaut son pesant d'or. On se trouve en effet dans ce que les agents immobiliers appellent «Outremont-adjacent», c'est vous dire... Pourtant, la cuisine ici garde une certaine légèreté et suscite la bonne humeur des clients. Il faut dire que ce qui est proposé dans cette croissanterie améliorée est sans prétention et préparé avec goût et application. À défaut de génie créatif. Sandwichs, salades, assiettes brunchs et autres babioles sont complétés en soirée par une honnête table d'hôte. Midi et soir, les foules se pressent et, dès que le temps le permet, la vibrante terrasse du Figaro est un haut lieu particulièrement prisé par notre belle jeunesse. Et par les moins jeunes tout autant.

AMÉRIQUE DU NORD
LA GRAND-MÈRE POULE

| | MIDI | 30 $ |
| | SOIR | ___ |

	2007		PLATEAU MONT-ROYAL
CUISINE	★★★	★★★	1361, AVENUE DU MONT-ROYAL EST
SERVICE	★★★	★★★	(514) 521-4419
DÉCOR	★★★	★★★	

2005-02-13

Le brunch du dimanche devant une gigantesque assiette surchargée de fruits, d'œufs bénédictine, de saucisses, de bacon et de pain doré arrosé d'un quart de litre de sirop d'érable est en voie d'entrer au panthéon des institutions culinaires québécoises. La chaîne de restos La Grand-mère Poule y est certainement pour quelque chose. Sans rien révolutionner, son menu propose les classiques du genre en plus de quelques combinaisons audacieuses et d'une variété impressionnante de petits extras. Tout est bien fait, savoureux, le service est efficace malgré l'affluence importante et, surtout, l'ambiance est sympathique. Tous ces petits paniers et ces petites poules en tous genres accrochés au plafond et aux murs, et ces caquètements qui se font entendre dès qu'on ouvre la porte des toilettes... c'est tellement charmant! Les enfants adorent. Les clients se régalent. On aime La Grand-mère Poule.

AMÉRIQUE DU NORD
LA LOÏE

| | MIDI | 50 $ |
| | SOIR | 80 $ |

	2007	VILLAGE
CUISINE	★★★	1351, BOULEVARD RENÉ-LÉVESQUE EST
SERVICE	★★★	(514) 5271016
DÉCOR	★★★★	

2006-02-02

L'omniprésence de Radio-Canada et de ses solides fourchettes continue d'attirer les jeunes restaurateurs dans le quartier. Personne ne s'en plaindra; surtout lorsqu'ils travaillent bien, comme c'est le cas ici. Le produit proposé est en effet très au-dessus de ce qui constitue le gros du paysage gastronomique du quartier. Ici, une belle cuisine vient soutenir les attentes élevées créées chez le client par un décor allumé et une façon très sympathique de servir. Des plats très soignés, cuisine d'inspiration française, américanisée ou québécisée avec beaucoup de goût. Reste à voir si l'on tiendra la distance, ce qui est aussi rare dans le coin. Pour l'instant en tout cas, cette Loïe fait une très belle impression.

AMÉRIQUE DU NORD
LA MONTÉE DE LAIT

MIDI **40 $**
SOIR **100 $**

		2007	**PLATEAU MONT-ROYAL**
CUISINE	★★★★	★★★★	371, RUE VILLENEUVE EST
SERVICE	★★★★	★★★★	(514) 289-9921
DÉCOR	★★★	★★★★	2005-10-15

Il y a peu d'adresses dans ce guide où les changements se suivent aussi rapidement et où une amélioration n'attend pas l'autre. Très peu. La Montée de lait en est une. En trois ans, le décor a changé, la carte a changé et le chef a changé. Et dans les trois cas, pour le mieux. Hugo, le «pétulant» propriétaire, ne change pas, lui, et c'est très bien comme ça. En cuisine, Martin Juneau et Ségué Lepage réussissent de petits chefs-d'œuvre, des plats à la fois délicats et puissants. Midi et soir, ils offrent à leurs clients de splendides découvertes et de magnifiques voyages au pays des produits les plus allumés. La très belle carte des vins, montée avec un mélange remarquable d'équilibre et d'audace, demeure un attrait supplémentaire. Beaucoup de constance et du très beau travail partout.

AMÉRIQUE DU NORD
LA MOULERIE

MIDI **40 $**
SOIR **80 $**

		2007	**OUTREMONT**
CUISINE	★★	★★	1249, AVENUE BERNARD OUEST
SERVICE	★★	★★★	(514) 273-8132
DÉCOR	★★	★★★	2005-10-19

Côté gastronomie, on trouve de tout dans le bel arrondissement d'Outremont: du très bon et de l'incroyablement mauvais. La Moulerie se situe à égale distance des deux. Petits plats sans surprise ni éclat; service correct, mais variable; décor sans doute beau lors de l'ouverture, mais qui a vieilli sans s'améliorer. La cuisine est ennuyeuse, moules ou autres, et manque étonnamment de tonus. Même les plats de moules les plus ensoleillés sur la carte plongent le client le moindrement gourmet dans un soporifique ennui. Bien sûr, comme l'emplacement est parfait, la clientèle vient et revient. La terrasse en été est, il faut bien l'avouer, l'une des mieux exposées de l'avenue Bernard. On doute vraiment que tout ce beau monde vienne ici pour les plaisirs de la table.

AMÉRIQUE DU NORD
LA PARYSE

MIDI **20 $**
SOIR **30 $**

		2007	**CENTRE-SUD**
CUISINE	★★★	★★★	302, RUE ONTARIO EST
SERVICE	★★★	★★★	(514) 842-2040
DÉCOR	★★★	★★★	2006-06-10

Dans ce quartier où les bonnes tables se comptent sur les doigts d'une main, La Paryse fait figure de havre. Depuis plus d'un quart de siècle, un exploit. On cultive ici l'art de bien faire les petites choses afin de hausser de plusieurs crans ce fast-food tant décrié. Classiques hamburgers donc, frites impeccables et moelleux végéburgers constituent le gros de la carte. Et assurent, très justement, le succès de la maison. On cultive également ici l'art de servir le sourire, ce qui constitue toujours un gros plus. En 25 ans, cette maison a pris suffisamment d'assurance pour devenir chaleureuse et la patronne, en voie de béatification, va même aujourd'hui jusqu'à proposer plusieurs petits crus d'importation privée, à des prix d'ami. Patience dans la file d'attente qui rime avec succès.

AMÉRIQUE DU NORD
LA PETITE MARCHE

MIDI **30 $**
SOIR **35 $**

	2007		PLATEAU MONT-ROYAL
CUISINE	★★	★★	5035, RUE SAINT-DENIS
SERVICE	★★	★★★	(514) 842-1994
DÉCOR	★★	★★	

2006-01-07

Voici un café-bistro qui vise de toute évidence à combler un grand nombre de convives. D'abord parce que sa salle à manger, que la dominance des boiseries rend fort accueillante, peut en accueillir plusieurs; et autant les couples que les petits groupes y trouveront leur aise. Puis par son menu d'inspiration française et italienne qui ne dépasse pas les limites du conventionnel, mais qui est si vaste qu'on a du mal à arrêter son choix entre ces crêpes-repas, ces pizzas ou tous ces plats de la table d'hôte (près de 25 propositions) composés de viandes, poissons ou fruits de mer. À moins d'avoir un appétit féroce, on déplorera le débordement de générosité des portions. Le personnel dévoué et sympathique et les petits prix excusent les diverses lacunes relevées ici et là, en ce qui concerne la cuisson ou les assaisonnements.

AMÉRIQUE DU NORD
LA QUEUE DE CHEVAL

MIDI **100 $**
SOIR **180 $**

	2007		CENTRE-VILLE
CUISINE	★★★	★★★★	1221, BOULEVARD RENÉ-LÉVESQUE
SERVICE	★★★	★★★★	OUEST (514) 390-0090
DÉCOR	★★★★	★★★★	

2006-08-22

Les maisons qui ont du caractère ne laissent personne indifférent. La Queue de cheval a beaucoup de caractère et est donc soit louangée, soit cordialement détestée. Si vous aimez les gros steaks, les grosses portions, les grosses tables et les gros restaurants, vous louangerez le travail ici est accompli de façon irréprochable et vous trouverez les meilleurs steaks en ville, excellents choix de pièces de viande, coupes judicieuses et impeccables grillages. Si la frime vous insupporte, vous m'en voudrez de ne pas vous avoir avertis. Sous ces hauts plafonds, il faut en effet jouer le jeu et soutenir le regard d'acier des gros bras venus ici pour un moment de plaisir à table. Ils ont souvent aussi un gros cœur; souriez, ça marche. Dans tous les cas, apportez votre tirelire des 10 dernières années.

AMÉRIQUE DU NORD
LA TARTINE

MIDI **20 $**
SOIR **40 $**

	2007	OUTREMONT
CUISINE	★★★★	1248, AVENUE BERNARD OUEST
SERVICE	★★★	(514) 278-3637
DÉCOR	★★★	

2006-04-05

Avec un nom pareil, on s'attend à trouver des tartines. Erreur, on trouve ici beaucoup plus et beaucoup mieux. En effet, en plus de magnifiques tartines, de belles petites soupes et des «grille-fromage» très réussis font longuement hésiter avant de faire un choix. Les produits sont impeccables et les préparations, soignées comme on aimerait qu'elles le soient tout le temps. Avec son décor gentiment branchouille et la délicatesse de son personnel, cette petite maison prend sa place dans le peloton des bonnes adresses de l'avenue Bernard. Aux beaux jours, la grande terrasse constitue déjà un point de rencontre privilégié par les amateurs de petits plats bien tournés. Quand le travail est ainsi bien fait, on ne peut qu'applaudir. Ouvert au printemps 2006. À suivre.

	2007		MIDI	40 $

AMÉRIQUE DU NORD
LA TAVERNE SUR LE SQUARE

MIDI **40 $**
SOIR **80 $**

		2007	**WESTMOUNT**
CUISINE	★★★ ★★★		1, WESTMOUNT SQUARE
SERVICE	★★★ ★★★		(514) 932-0211
DÉCOR	★★★ ★★★		2005-04-02

La Taverne sur le Square ne fait pas consensus, mais ses partisans, qui apprécient cet élégant bistro aux accents résolument urbains, y viennent pour le service attentif et décontracté ainsi que pour les plats maîtrisés et savoureux. La maison fait depuis toujours la part belle aux pâtes qui, ici, ne servent pas qu'à modérer l'addition: il s'agit au contraire de préparations presque toujours savantes, originales et satisfaisantes. À noter la prédilection du chef pour les viandes braisées, accompagnées de sauces goûteuses. Lorsqu'il y a affluence, la jolie salle en long devient cependant bruyante. Si bruyante en fait que l'on a peine à reconnaître *Moondance* de Van Morrison, ce qui est tout de même regrettable sur le plan gastronomique.

AMÉRIQUE DU NORD
LAÏKA

MIDI **30 $**
SOIR **40 $**

		2007	**PLATEAU MONT-ROYAL**
CUISINE	★★ ★★		4040, BOULEVARD SAINT-LAURENT
SERVICE	★★★ ★★★		(514) 842-8088
DÉCOR	★★★ ★★★		2006-03-06

Bien sûr, la cuisine reste encore ici à la traîne de l'ambiance sonore exceptionnelle créée par la maison. Mais l'on mange mieux qu'hier au Laïka (et moins bien que demain, espérons-le). De petits plats pas compliqués, midi ou soir et les fins de semaine, des brunchs d'une générosité exemplaire. Toutefois, le mélomane gourmand regrettera sans aucun doute que la qualité remarquable de la trame musicale ne soit pas soutenue par une prestation équivalente dans les assiettes. Ça viendra sûrement un jour, tous les autres éléments ayant été améliorés au fil des ans.

AMÉRIQUE DU NORD
L'ANECDOTE

MIDI **30 $**
SOIR **40 $**

		2007	**PLATEAU MONT-ROYAL**
CUISINE	★★ ★★★		801, RUE RACHEL EST
SERVICE	★★ ★★★		(514) 526-7967
DÉCOR	★★★ ★★★		2006-03-08

La carte est longue et propose des plats distrayants et souvent réussis. Pourtant, on vient ici, encore et encore, pour mordre à pleines dents dans un hamburger juteux. On picore des frites croustillantes et on noie le tout dans le machin rouge qui ne veut jamais sortir de la bouteille. Et on est heureux. Surtout si l'on a eu la bonne idée d'inviter les enfants, petits ou grands, qui, eux, trempent méticuleusement chaque frite dans le ketchup et couvrent la table de miettes et de sauce. Le service est d'une touchante gentillesse et le décor conserve ce charme suranné qui donne à l'endroit tout son charme.

AMÉRIQUE DU NORD
L'ASSOMMOIR

MIDI —
SOIR **80 $**

	2007	
CUISINE	★ ★ ★ ★	
SERVICE	★ ★ ★ ★ ★ ★	
DÉCOR	★ ★ ★ ★ ★ ★ ★ ★	

MILE-END
112, AVENUE BERNARD OUEST
(514) 272-0777

2005-03-03

Clientèle dégourdie, serveurs au sourire perpétuel, musique branchée, projections «bollywoodiennes» et un bottin de cocktails proposant plus de cent potions aguichantes caractérisent ce bel endroit au confluent du bar à tapas, du bistro et du resto exotique. On déplorait auparavant la qualité moyenne des plats; commentaire qui semble avoir trouvé une oreille attentive. Si la carte demeure brouillonne, on constate des améliorations dans l'assiette. Le chouriço est cuit à point; les chips de plantain sont agréables; les ceviches présentent la fraîcheur voulue... On aimerait toutefois que le goût du poisson ne soit pas masqué par cet amoncellement de garnitures. Car la simplicité, comme la modération, a parfois bien meilleur goût... Histoire à suivre!

AMÉRIQUE DU NORD
L'ATELIER

MIDI **40 $**
SOIR **80 $**

	2007	
CUISINE	★ ★ ★ ★	
SERVICE	★ ★ ★	
DÉCOR	★ ★ ★ ★	

MILE-END
5308, BOULEVARD SAINT-LAURENT
(514) 273-7442

Ⓝ 🅴

2006-07-11

Un petit local très joliment décoré; aux murs, de magnifiques photos noir et blanc des fournisseurs que l'on reconnaît et qui rassurent puisqu'ils travaillent très bien; un fond sonore très contemporain et, détail déterminant, des assiettes aussi éclairées que tout le reste. Les propriétaires de cet atelier nouvelle vague ont l'habitude de bien faire les choses, comme ils le montrent dans leurs autres maisons, À l'os, O'thym, etc. Ici, deux jeunes chefs travaillent avec les meilleurs produits locaux. Midi et soir, l'ambiance s'installe à cette nouvelle adresse. Comme la cuisine y est vraiment réussie, on ne doute pas que l'endroit devienne rapidement un lieu très prisé des gastronomes.

AMÉRIQUE DU NORD
LE 8ᴇ CIEL

MIDI **30 $**
SOIR **80 $**

	2007	
CUISINE	★ ★ ★ ★	
SERVICE	★ ★ ★ ★	
DÉCOR	★ ★ ★	

CENTRE-SUD
1256, RUE ONTARIO EST
(514) 525-2213

Ⓝ 🅴

2006-05-25

De bien belles assiettes se passent ici. On sert déjà de très bons plats au 7ᵉ ciel, alors au 8ᵉ, vous pouvez imaginer. Dans un tout petit local, joliment aménagé, des jeunes gens amateurs de bonnes choses préparent des petits plats soignés et pas compliqués. De belles omelettes et de souples risottos à midi pour quelques piécettes et des plats plus élaborés mais tout en fraîcheur et en spontanéité le soir. La simplicité voulue de la maison se retrouve dans l'ambiance générale autant que sur les tables. Et le soir, il est vivement recommandé de réserver si l'on veut pouvoir participer à la fête tant l'endroit a de partisans qui en ont fait leur lieu de retrouvailles gastronomiques; un concept qui n'est quand même pas fréquent dans le quartier.

AMÉRIQUE DU NORD
LE BLEU RAISIN

MIDI —
SOIR **120 $**

	2007		**PLATEAU MONT-ROYAL**
CUISINE	★★★	★★★	5237, RUE SAINT-DENIS (514) 271-2333
SERVICE	★★★	★★★	
DÉCOR	★★★	★★★	2005-03-29

Aux prises avec une crise identitaire, Le Bleu Raisin a longtemps hésité avant de trouver la formule qui le ferait décoller. Rouverte sous le même nom en décembre 2004, la maison aura en fait dû attendre ses nouveaux propriétaires, Carol et Fred, pour prendre de l'assurance. Qui connaît le tandem pour son travail au restaurant La Prunelle sait déjà que le premier est un joyeux drille, verbomoteur sautillant et efficace, et que le deuxième est un talentueux chef qui ne manque pas d'inspiration. Résultat? Leur nouvelle adresse est un lieu convivial où les papilles sont titillées par des associations de goûts étonnantes. L'ardoise raconte les choix de la semaine, des plats d'inspiration française travaillés avec des produits du Québec. Très belle addition au carnet des gastronomes curieux.

AMÉRIQUE DU NORD
LE BOUCHON DE LIÈGE

MIDI **30 $**
SOIR **80 $**

	2007		**VILLERAY**
CUISINE	★★★★	★★★★	8497, RUE SAINT-DOMINIQUE (514) 807-0033
SERVICE	★★★★	★★★★	
DÉCOR	★★★	★★★	2005-03-31

Ce petit resto de quartier figurait parmi les coups de cœur du *Guide Restos Voir* 2005. Ce qui nous a séduits l'an dernier a tenu la route cette année. Le chef s'inspire toujours des produits frais du marché pour réaliser des plats avec soin et un grand souci d'originalité. Des exemples: en entrée, un chowder aux pépites de maïs et de crevettes de la Gaspésie; en plat principal, une aile de raie façon BBQ servie sur un lit de salade mixte. Le service est chaleureux et sans prétention. Le décor grège, rehaussé par une touche de rouge sur les murs, est éclatant de sobriété. La maîtrise de l'art de la table se vérifie par le choix des assiettes, belles et blanches, des verres et des couverts, impeccables. Que demander de plus? Que ça continue dans la même veine!

AMÉRIQUE DU NORD
LE CAFÉ DES BEAUX-ARTS

MIDI **60 $**
SOIR —

	2007		**CENTRE-VILLE**
CUISINE	★★★★	★★★	1384, RUE SHERBROOKE OUEST (514) 843-3233
SERVICE	★★★	★★	
DÉCOR	★★★★	★★★★	2005-10-29

Compléter une visite au Musée des beaux-arts avec une halte ici rend la chose encore plus intéressante. En effet, la délicate houlette de Richard Bastien, chef exécutif de deux autres très belles maisons de la région — Le Mitoyen à Laval et le Leméac à Outremont, pour ne pas les nommer —, a donné un bel élan à cette cuisine assez improbable. À trop vouloir exécuter, les chefs se brûlent parfois. On sent ici un certain relâchement tant dans les assiettes, presque cuisine hôtelière dans leur harnachement, que dans le service un peu blasé, un peu crispé sur la *punch-clock*. On ne doute pas que la houlette rectifie rapidement. On l'espère vivement car on aimait beaucoup l'endroit, un peu trop à l'envers lors de notre dernière visite. À suivre.

AMÉRIQUE DU NORD
LE CAFÉ DU NOUVEAU MONDE

| | | | MIDI | **30 $** |
| | | | SOIR | **80 $** |

2007 | **CENTRE-VILLE**
CUISINE ★★★★ ★★★★ | 84, RUE SAINTE-CATHERINE OUEST
SERVICE ★★★★ ★★★★ | (514) 866-8669
DÉCOR ★★★★ ★★★★ | 2005-03-18

Bien sûr, les soirs de représentation au TNM, vouloir souper ici avant 20 heures est un peu hasardeux. Et hors de question sans réservation. Mais la table du Café du Nouveau Monde est aujourd'hui devenue une belle réussite. On sent beaucoup de soin apporté aux petites choses et les résultats sont éloquents. Petite restauration en bas et cuisine plus classique en haut. Aux beaux jours, la cohue pour une place en terrasse témoigne de l'intérêt des amateurs. Et, en tout temps, la faune est toujours de bonne humeur. Comme le personnel, jeune et plein d'enthousiasme, qui suit le tempo dicté par le flot des visiteurs. Les midis, beaucoup de beau monde des bureaux voisins, venus goûter une cuisine sage et sans théâtralité. Les soirs de première, il faut absolument y être vu en bonne compagnie.

AMÉRIQUE DU NORD
LE CARTET

| | | | MIDI | **30 $** |
| | | | SOIR | **40 $** |

2007 | **VIEUX-MONTRÉAL**
CUISINE ★★★ ★★★ | 106, RUE MCGILL
SERVICE ★★★ ★★★ | (514) 871-8887
DÉCOR ★★★ ★★★ | 2005-03-17

Tout avait commencé par un petit comptoir de restauration rapide de luxe et quelques rayons d'épicerie fine; c'était déjà pas mal. Aujourd'hui, c'est beaucoup mieux. Le Cartet est en effet devenu une belle petite adresse où prendre un repas complet et siroter un excellent espresso. La clientèle, branchouille de la cité du multimédia, a remplacé les cols bleus de l'ancien quartier des Récollets qui apportaient leurs sandwichs aux cretons à la *shop*. Des petits plats servis sur de longues tables que l'on partage. On lie connaissance avec ses voisins de table en se passant la salière et la bouteille d'eau. La qualité de la cuisine se maintient et l'arrivée d'un chef pâtissier pourrait ouvrir la porte à de bien bonnes choses. Même aux moments de surexcitation du midi, endroit dont se dégage une certaine sérénité.

AMÉRIQUE DU NORD
LE CHOU

| | | | MIDI | — |
| | | | SOIR | **80 $** |

2007 | **OUTREMONT**
CUISINE ★★★ ★★★ | 1205, AVENUE VAN HORNE
SERVICE ★★★★ ★★★★ | (514) 270-2468
DÉCOR ★★★★ ★★★★ | 2005-10-19

À Outremont, ménager chèvres et chou donne parfois de bons résultats. Claude Beausoleil, dynamique chevrier, Stelio Perombelon, impeccable chef et Patrice Demers, héroïque pâtissier, ont tout le talent requis pour faire les deux. À côté de leurs très belles Chèvres, on trouve donc ce petit Chou, mignon comme tout. Potelé et attendrissant avec ses petits prix et ses jolis plats qui incitent à la débauche. Cuisine reposante de simplicité et touchante de sincérité. Des plats pour quelques dollars et un petit pot de crème dont on rêve les nuits torrides de pleine lune. Le service est fait avec une remarquable délicatesse et une gentillesse égale pour tous. Figure dans la courte liste des restos montréalais où je vais pour le plaisir.

AMÉRIQUE DU NORD
LE CLUB CHASSE ET PÊCHE

MIDI **50 $**
SOIR **110 $**

	2007	VIEUX-MONTRÉAL
CUISINE	★★★★★ ★★★★★	423, RUE SAINT-CLAUDE
SERVICE	★★★★ ★★★★	(514) 861-1112
DÉCOR	★★★★ ★★★★	2005-02-03

Claude Pelletier est sans l'ombre d'un doute l'un des meilleurs chefs de Montréal. Technique, intuition, goût, esthétique, tout dans sa cuisine ravit. Midi et soir, il réussit à attirer les gourmets dans l'ex-Fadeau, un peu oublié et perdu dans le Vieux-Montréal. Ouvert début 2005, Le Club Chasse et Pêche représente aujourd'hui une étape incontournable dans l'itinéraire gastronomique montréalais. Le service est assuré avec beaucoup d'aplomb par un personnel allumé, sous la houlette d'Hubert Marsolais dont on a pu apprécier l'impeccable travail depuis des années dans diverses excellentes maisons. Et le décor est si intelligemment pensé qu'on en vient à oublier qu'on se trouve dans un demi-sous-sol. Carte des vins impressionnante par son opulence et son originalité.

AMÉRIQUE DU NORD
LE COIN G

MIDI **30 $**
SOIR **60 $**

	2007	VILLERAY
CUISINE	★★★ ★★★	8297, RUE SAINT-DOMINIQUE
SERVICE	★★★ ★★★	(514) 388-1914
DÉCOR	★★★ ★★★	2006-04-18

Dans les guides sérieux, on appelle une maison comme celle-ci «restaurant de quartier». L'appellation correspond assez bien à la réalité. À midi, les travailleuses et travailleurs du coin y viennent prendre un petit repas rapide, alors qu'en soirée, la clientèle est plutôt constituée de gens habitant le quartier. Midi et soir, on retrouve au Coin G les mêmes attributs qui en font une adresse recommandable, le sérieux figurant en tête de liste de ces belles qualités. Accueil et service se font dans la bonne humeur et l'on trouve dans les assiettes de belles petites choses réconfortantes. À midi pour une somme dérisoire; le soir, pour quelques dollars de plus si l'on arrose un peu de jus de raisin fermenté. Une maison qui vieillit bien.

RIQUE DU NORD
LE G (HÔTEL LE GERMAIN)

MIDI **50 $**
SOIR **80 $**

AMÉ

	2007	CENTRE-VILLE
CUISINE	★★★ ★★★	2050, RUE MANSFIELD
SERVICE	★★★ ★★★	(514) 849-2050
DÉCOR	★★★★ ★★★★	2005-09-09

La famille Germain fait toujours très bien les choses. En hôtellerie bien sûr, mais aussi en restauration. L'arrivée aux cuisines de ce petit havre de paix en plein cœur de Montréal de jeunes chefs sortis de l'Auberge Hatley s'inscrit parfaitement dans cette démarche. On peut désormais savourer ici de petits plats très bien pensés, préparés avec beaucoup de soin et présentés de façon à s'harmoniser avec le cadre élégant. La mezzanine de cet hôtel-boutique du centre-ville est en effet un vrai bijou de dépaysement. Lorsque les fauteuils profonds et peu pratiques pour manger auront été changés, on viendra souvent s'asseoir ici pour apprécier la table car elle y est vraiment très agréable.

AMÉRIQUE DU NORD
LE M SUR MASSON

		MIDI	**40 $**
		SOIR	**80 $**

	2007	ROSEMONT–PETITE-PATRIE
CUISINE	★★★★	2876, RUE MASSON
SERVICE	★★★★	(514) 678-2999
DÉCOR	★★★★	**N** **🍴**
		2006-06-30

Assistera-t-on à une renaissance de la rue Masson, longtemps restée en désuétude après avoir été une artère bourdonnante pendant des années? C'est le pari qu'ont fait trois jeunes gens à la mi-2006 en ouvrant ce très joli petit resto de quartier entre la 5e et la 6e Avenue. Le pari risque fort d'être gagné car la cuisine servie ici constitue une des très belles surprises de l'année que les gourmets du coin apprécieront, alors que ceux d'ailleurs en ville accepteront sans doute de se déplacer. De très belles assiettes donc, représentatives de cette nouvelle cuisine québécoise, enlevée et enlevante, mettant de l'avant les produits de chez nous, traités avec beaucoup d'ingéniosité et de talent. L'impeccable service en salle ajoute encore au plaisir de venir ici, midi ou soir.

AMÉRIQUE DU NORD
LE QUARTIER

		MIDI	**40 $**
		SOIR	**80 $**

	2007	CENTRE-VILLE
CUISINE	☆☆☆ ★★★	1001, SQUARE VICTORIA
SERVICE	☆☆☆ ★★★	(514) 875-9669
DÉCOR	☆☆☆ ★★★	**☂**
		2005-09-13

Vous éviterez de venir ici pour un petit lunch intime ou pour un repas incognito. Le Quartier a les dimensions d'un terrain de football et bourdonne comme une ruche très laborieuse. Beaucoup d'énergie dans la salle et de très jolies choses dans l'assiette. En fait, des choses beaucoup plus jolies que ce à quoi on craint d'être exposé dans un lieu aussi vaste. Assiettes montées avec doigté et heureux mariages de saveurs. Cuisine très nord-américaine et ambiance très montréalaise, un peu excitée et perdant parfois le sens des proportions. Le service est assuré avec une diligence et un empressement dignes de mention. Pour les amateurs du genre, soirées remarquablement hyper-énervées les jeudis. Même renseignement pour ceux qui aiment le calme et choisiront donc un autre soir.

AMÉRIQUE DU NORD
L'ENCHANTEUR

		MIDI	**20 $**
		SOIR	**40 $**

	2007	VILLERAY
CUISINE	☆☆ ★★	7331, RUE HENRI-JULIEN
SERVICE	☆☆ ★★	(514) 273-4766
DÉCOR	☆☆☆ ★★★	**☂**
		2005-01-10

Cet Enchanteur applique la formule magique qui assure le succès de tant de troquets de quartier: un menu de restauration rapido-santé où trônent les omelettes, les burgers, les salades et quelques plats «bistro», le tout honnêtement exécuté; un local attrayant et intime situé à l'ombre d'une église, loin du tintamarre des grandes avenues mais facile d'accès; et des prix qui, sans frôler l'aubaine, demeurent très raisonnables. On aimerait parfois être Merlin et accélérer le service d'un coup de baguette — car c'est quelque peu éparpillé et brouillon aux heures de pointe... Dans l'attente, on peut toujours promener l'œil sur l'intéressante sélection d'œuvres d'artistes locaux qui ornent les murs couleur grenadine.

AMÉRIQUE DU NORD			MIDI	**25 $**
LES BELLES SŒURS			SOIR	**35 $**

	2007		**PLATEAU MONT-ROYAL**
CUISINE	★★	★★	2251, RUE MARIE-ANNE EST
SERVICE	★★	★★	(514) 526-1574
DÉCOR	★★	★★	2005-11-25

On aime Les Belles Sœurs, ce snack-bar un peu bohème qui est devenu le rendez-vous des artistes, des célibataires et des désœuvrés du Plateau. On aime ses burgers copieux, ses frites bien croquantes, ses hot-dogs et guédilles bien grasses, ses croques géants, ses salades santé et sa bière bien fraîche. Et l'on aime aussi l'ambiance décontractée, sans prétention ni fausse modestie, que les deux proprios, d'authentiques Drummondvilloises, ont réussi à installer entre les murs de leur petit resto de quartier. De plus, miracle!, on trouve aisément de la place pour se garer dans les environs immédiats...

AMÉRIQUE DU NORD			MIDI	—
LES CHÈVRES			SOIR	**140 $**

	2007		**OUTREMONT**
CUISINE	★★★★★	★★★★★	1201, AVENUE VAN HORNE
SERVICE	★★★★	★★★★	(514) 270-1119
DÉCOR	★★★★	★★★★	2005-04-18

L'une des adresses les plus sûres en ville. Claude Beausoleil a réussi à créer une ambiance détendue, chaleureuse et pleine de dignité en salle. En cuisine, Stelio Perombelon et sa brigade pour le côté salé, ainsi que Patrice Demers et son équipe côté sucré, accomplissent de grandes choses. Une cuisine inventive, allumée, stimulante et pleine de surprises. Des très bonnes, toujours des très bonnes. La qualité de la cuisine se confirme au fil du temps qui passe. On peut regretter que le choix de vins au verre soit aussi limité et ne corresponde pas à la générosité du reste de la maison, mais ça viendra sûrement avec le temps. Pour l'immédiat, un souper pris ici figure parmi les excellents moments passés à table, décor chaleureux de Jean-Pierre Viau et service attentionné inclus.

AMÉRIQUE DU NORD		MIDI	**40 $**
LES DEUX SINGES DE MONTARVIE		SOIR	**80 $**

	2007	**OUTREMONT**
CUISINE	★★★★	176, RUE SAINT-VIATEUR OUEST
SERVICE	★★★★	(514) 278-6854
DÉCOR	★★★★	2006-02-08

Règne dans cette maison une belle ambiance. Celle des endroits tenus par des gens talentueux et passionnés. Carte du midi courte et claire. Carte du soir plus longue et tout aussi articulée. Le menu bistro du midi permet un ravitaillement de qualité pour une poignée de piécettes. Le soir, comme partout, si vous laissez le vigneron en vous prendre le contrôle, redoutez le pire côté addition, la carte des vins étant plutôt sexy. Ici, comme dans beaucoup de ces nouveaux établissements, on a accordé beaucoup d'attention au décor. Qui est très réussi, il faut bien le dire. La cuisine est plus sage. Le client y trouve son compte.

AMÉRIQUE DU NORD
LES GOURMETS PRESSÉS

MIDI **25 $**
SOIR **40 $**

	2007	
CUISINE	★★★	★★★
SERVICE	★★★	★★★
DÉCOR	★★	★★★

SAINT-HENRI
3911, RUE SAINT-JACQUES
(514) 937-6555

2006-05-12

Cette petite maison reste au fil des ans une oasis dans un quartier qui a de la difficulté à reprendre son souffle. Oasis de fraîcheur puisque les produits utilisés ici semblent sortis du marché la minute même. Oasis de qualité aussi car le soin apporté à la préparation de tous les plats, des plus simples aux plus techniques, est toujours irréprochable. Dans un décor amusant, simple et plutôt joli, les clients manifestent un plaisir évident à se retrouver à cette adresse. Et le service, élément non négligeable, est toujours d'une touchante amabilité et d'une grande délicatesse. Une de ces tables que le *Guide Restos* vient visiter autant pour le plaisir que par obligation professionnelle. C'est vous dire.

AMÉRIQUE DU NORD
LES INFIDÈLES

MIDI ——
SOIR **110 $**

	2007	
CUISINE	★★★★	★★★★
SERVICE	★★★	★★★
DÉCOR	★★★	★★★

PLATEAU MONT-ROYAL
773, RUE RACHEL EST
(514) 528-8555

2005-07-28

Si on pouvait dîner ici tous les soirs, on soutiendrait sans remords cette délicieuse hérésie. Innovation et originalité décrivent la cuisine pécheresse de ce petit resto... carrément divin! Cuisson impeccable des coupes de gibier, foie gras affolant, salades allumées et éclatante présentation générale des plats; on reprochera toutefois à la maison ses quelques incongruités: fleurs de plastique en guise de décoration, traces douteuses sur les murs et service très aléatoire du vin. Sans mentionner qu'on n'accepte que la carte de crédit MasterCard, une fidélité un peu mal dirigée, aux prix demandés. Ne quittez surtout pas avant d'avoir essayé les desserts, question d'adoucir la note qui, elle, risque d'être plutôt salée.

AMÉRIQUE DU NORD
MAAMM BOLDUC

MIDI **20 $**
SOIR **20 $**

	2007	
CUISINE	★★	★★
SERVICE	★★	★★
DÉCOR	★	★

PLATEAU MONT-ROYAL
4351, AVENUE DE LORIMIER
(514) 527-3884

2005-04-14

Bienvenue au Royaume du Greasy Spoon qui s'assume! Dans cette propriété quelque peu laissée à l'abandon, les explorateurs feront avec joie l'ascension de l'Everest de la Poutine, admirant au passage les chutes de la Sauce Brune et les éboulis du Fromage en Grains qui fait «couic». En mal de sensations fortes? Jeunes et moins jeunes prendront leur pied au domaine du munificent Bolduc Burger. Les lève-tôt ne sont pas en reste, puisque les sentiers du Petit-Déjeuner du Camionneur sont ouverts tous les jours. Amants du vert, sachez aussi que certains espaces santé vous sont réservés — laitues et soya y poussent en abondance. Ajoutez à cela des guides relax et serviables, et vous êtes en route pour une aventure assez sympathique... et très «plateauesque».

AMÉRIQUE DU NORD
MBCO

MIDI **20 $**
SOIR **40 $**

	2007		CENTRE-VILLE
CUISINE	★★★	★★★	1447, RUE STANLEY
SERVICE	★★★	★★★	(514) 284-0404
DÉCOR	★★★★	★★★★	

2005-05-08

Cette boulangerie bon chic bon genre a tout pour attirer les regards: un design à tout casser, des toques blanches immaculées et une vitrine gourmande alléchante. Sans mentionner la clientèle touristique et locale huppée qui en fait un endroit digne des grandes métropoles branchées. Située à deux pas du gym le plus chic en ville, cette sandwicherie de luxe est aussi le rendez-vous des sportifs gourmets venus s'y ragaillardir. Les prix font un peu bondir, mais la qualité et la quantité justifient. Au menu, viennoiseries, variations sur le bagel (au fromage de chèvre), salades, sandwichs et *pita wraps* éclatent de saveurs. Un bémol: la main un peu lourde sur l'huile. Service courtois et excellent café.

AMÉRIQUE DU NORD
MEATMARKET

MIDI **20 $**
SOIR **60 $**

	2007		MILE-END
CUISINE	★★★	★★★	4415, BOULEVARD SAINT-LAURENT
SERVICE	★★★	★★★	(514) 223-2292
DÉCOR	★★★★	★★★★	

2005-08-16

Une autre maison où l'on sent le dynamisme de jeunes entrepreneurs québécois ayant bonne fourchette, beaucoup de goût artistique et un sens aigu des affaires. Autour du thème de la viande, beaucoup de déclinaisons astucieuses. Un comptoir pour emporter chez soi les produits maison, un décor très réussi et une ambiance générale agréable comme on le voudrait partout. Le tout est politiquement incorrect en restant dans les limites du raisonnable, amusant et très bien fait. Viandes, marinades, sandwichs et salades portent une claire signature Meatmarket. On souhaite qu'ils retrouvent la recette des frites. Débrouillards comme ils sont, on ne doute pas que ce soit fait avant même que l'encre ne sèche dans cette édition du *Guide Restos Voir*.

AMÉRIQUE DU NORD
MESQUITE

MIDI **40 $**
SOIR **60 $**

	2007		NOTRE-DAME-DE-GRÂCE
CUISINE	★★	★★	3857, BOULEVARD DÉCARIE
SERVICE	★★	★★	(514) 487-5066
DÉCOR	★★	★★★	

2006-01-05

On vient ici pour découvrir les spécialités du Sud des États-Unis: pâté de crabe créole, viande BBQ fumée au bois de mesquite, crevettes tigrées à la vanille, Key lime pie, pouding au pain de La Nouvelle-Orléans, pour ne nommer que quelques plats. L'établissement est divisé en deux sections: la salle à manger et le bar, tous deux unis par des haut-parleurs qui diffusent la même musique. Certains soirs, on se demande si on est dans une brasserie ou dans un resto, plusieurs ingrédients réunis devenant des incitatifs à boire de la bière: le «deux pour un», la bouffe épicée, les sauces sucrées, la panure, les côtes levées (pas les meilleures) et l'atmosphère. La clientèle, hybride, est en majorité anglophone. En fermant les yeux, on se croirait aux États.

AMÉRIQUE DU NORD
MESS HALL

MIDI **35 $**
SOIR **80 $**

	2007	
CUISINE	★★★	★★★
SERVICE	★★★	★★★
DÉCOR	★★★	★★★

WESTMOUNT
4858, RUE SHERBROOKE OUEST
(514) 482-2167

2005-02-18

Dans cette section de l'arrondissement de Westmount, la rue Sherbrooke foisonne de pas de portes invitant à se restaurer. Comme c'est plutôt chic en général, on est tenté en permanence quand on a faim. Vous n'êtes quand même pas obligé de succomber au chant de toutes les sirènes. Si vous le devez, celles qui sont aux fourneaux chez Mess Hall font plutôt bien la cuisine. Rien pour placer Westmount sur la liste des Meilleures tables de Nouvelle-France, mais c'est quand même très acceptable. Des plats soignés, des produits de très bonne qualité traités avec un certain à-propos, un service attentionné, un décor relativement chaleureux et une facture somme toute raisonnable. Que veut-on de plus?

AMÉRIQUE DU NORD
MOISHES

MIDI **40 $**
SOIR **140 $**

	2007	
CUISINE	★★★★	★★★★
SERVICE	★★★★	★★★★
DÉCOR	★★★	★★★★

PLATEAU MONT-ROYAL
3961, BOULEVARD SAINT-LAURENT
(514) 845-3509

2006-05-11

Moishes fait partie du paysage montréalais depuis quelques décennies, depuis 1938 exactement. On y vient pour les énormes steaks qui ont fait la réputation de la maison. Réputation méritée, puisque l'on mange effectivement ici les meilleures grillades disponibles, bien choisies, bien vieillies, bien grillées. Moishes sert aussi d'autres plats amusants, mais c'est vraiment pour les viandes que l'on vient ici, filets mignons gigantesques, contre-filets pantagruéliques, surlonges gargantuesques. Le portier en habit à la porte laisse présumer que la visite pourra vous coûter une petite fortune. C'est tout à fait possible, mais au moins, ici, vous serez assuré de recevoir des plats de qualité en échange de vos économies.

AMÉRIQUE DU NORD
NEWTOWN

MIDI **30 $**
SOIR **110 $**

	2007	
CUISINE	★★★	★★★
SERVICE	★★★	★★★
DÉCOR	★★★★	★★★★

CENTRE-VILLE
1476, RUE CRESCENT
(514) 284-6555

2005-01-21

Ce ne serait pas tout à fait la rue Crescent s'il n'y avait pas un peu d'esbroufe dans les plats et un peu d'obséquiosité dans le service. L'endroit est toutefois plus sympathique que la moyenne de ce que l'on trouve sur cette artère. Dans le repaire de Jacques Villeneuve, on a surtout affaire à une cuisine honnête qui, si elle ne s'évade jamais trop loin des valeurs sûres — celles de sa clientèle friquée, à tout le moins —, livre généreusement la marchandise: le filet de bœuf Newtown, couronné de foie gras, s'il ne remporte pas de prix de créativité, est impeccablement exécuté. Idem pour les foies de volaille, intelligemment interprétés sur le thème du flan. Mais on ne pourra vraiment toucher le bonheur que lorsque l'établissement aura cessé de gonfler les prix, par exemple en facturant les légumes et féculents à part...

AMÉRIQUE DU NORD
NU ART CAFÉ

	MIDI	**20 $**
	SOIR	**40 $**

	2007		**VERDUN**
CUISINE	★★	★★	3780, RUE WELLINGTON
SERVICE	★★	★★	(514) 762-1310
DÉCOR	★★	★★	2006-01-13

Le moins qu'on puisse dire de ce café, c'est qu'il ne succombe pas à la mode design qui prévaut dans les restos branchés du centre-ville. Ses murs peinturlurés et sculptés se métamorphosent au gré des expositions, lui donnant un air de café culturel régional. La petite carte, aux trois quarts végé, suggère des sandwichs aux noms évocateurs de Chagall et Renoir, Brel, Gainsbourg et Aznavour. On y sert aussi des salades et des petits-déjeuners. Le soir, l'ardoise exhibe une table d'hôte de cinq ou six plats — pâtes, pizza, couscous, etc. — à prix d'ami. Côté cuisine par contre, ce n'est pas ici qu'on épatera la galerie. La clientèle de quartier fréquente ce café d'abord et avant tout pour y savourer son atmosphère décontractée, à l'abri du tumulte de la ville.

AMÉRIQUE DU NORD
NUEVO

	MIDI	**25 $**
	SOIR	**40 $**

	2007	**PLATEAU MONT-ROYAL**
CUISINE	★★★	775, AVENUE DU MONT-ROYAL EST
SERVICE	★★★	(514) 525-7000
DÉCOR	★★★	2006-06-30

Ne vous laissez pas rebuter par le côté «faunesque» de l'établissement ni par la mention «supperclub»: on sert ici des tapas au fond plutôt classiques. Bien sûr, il y a des boules à facettes, des banquettes en demi-lune et des balançoires au bar, mais le décor est plutôt beau (presque malgré lui), l'ambiance agréable, le service avenant. À l'arrière, on trouve une terrasse couverte. La cuisine s'inspire plus ou moins librement de la tradition espagnole, et les prestations sont à la fois convaincantes et joliment présentées. Gardez-vous de la place pour les churros, exquis beignets généreusement saupoudrés de sucre que, pour quelques «pesetas du Plato», vous prenez plaisir à tremper dans le chocolat fondu... et à terminer à la petite cuillère.

AMÉRIQUE DU NORD
Ô CHALET

	MIDI	**30 $**
	SOIR	**70 $**

	2007		**VILLAGE**
CUISINE	★★★★	★★★★	1393, BOULEVARD RENÉ-LÉVESQUE EST
SERVICE	★★★	★★★	(514) 527-7070
DÉCOR	★★★	★★★	2005-04-27

Sortez vos chemises à carreaux et votre appétit rural. De dynamiques jeunes gens au sens de l'humour bien aiguisé ont ouvert cette version très urbaine du chalet mythique. Sans les maringouins, ni les bouchons pour se rendre au fond du bois. Désopilant concept face au très peu bucolique blockhaus de la SRC. Aux fourneaux, deux jeunes *bucks* tout aussi inventifs que leurs collègues en salle. Ça donne une cuisine généreuse, ébouriffée et extrêmement distrayante; des plats très campagne revisités par de jeunes chefs ayant fait leurs classes chez de très bons chefs, moins jeunes mais tout aussi allumés. Ambiance relax et surprises agréables de l'entrée jusqu'à la sortie. Service souriant et juste assez décontracté et chaleureux pour que l'on croie vraiment au concept de ce chalet.

AMÉRIQUE DU NORD   MIDI **30$**
OLIVE & GOURMANDO
       SOIR —

	2007		**VIEUX-MONTRÉAL**
CUISINE	★★★★	★★★★	351, RUE SAINT-PAUL OUEST
SERVICE	★★★	★★★	(514) 350-1083
DÉCOR	★★★	★★★	2005-03-15

On entre ici pour un café ou un thé noir et l'on repart repu de brioches divines, de sandwichs aux parfums de mangue et de fines herbes ou de mille autres choses quasi illégales. Ouvert en août 1998, Olive & Gourmando est devenu beaucoup plus qu'une boulangerie. Les produits sont excellents, le travail en cuisine est accompli avec beaucoup de sérieux et l'endroit ne désemplit pas. Les midis endiablés où l'on se presse pour une table ou une place au comptoir sont redéfinis ici comme des moments de joie. Tous les pains sont des cadeaux à apporter à ses meilleurs amis et le midi, on goûte les élucubrations culinaires très réussies des cuisiniers en sirotant un petit verre de rouge sur un air de jazz ou au son de la voix de Vanessa Daou. Branché comme ça? N'importe quand.

AMÉRIQUE DU NORD   MIDI **30$**
ORIGINE
       SOIR **60$**

	2007		**VIEUX-MONTRÉAL**
CUISINE	★★★	★★★	2, RUE DE LA COMMUNE OUEST
SERVICE	★★★	★★★	(QUAI KING-EDWARD) (514) 807-0162
DÉCOR	★★★	★★★	2005-08-31

Du mois de mai au mois de septembre, les touristes en goguette et autres gastronomes curieux de passage dans le Vieux-Port disposent d'une nouvelle adresse où se sustenter élégamment. Très belle terrasse donnant sur le départ du boulevard Saint-Laurent, belle petite salle lumineuse, ambiance décontractée et carte rassurante, plats du jour, tapas, sandwichs et autres petits desserts aguichants. Lumineuse également, cette cuisine préparée avec soin à partir de produits bios. Des assiettes montées intelligemment et bien présentées; des produits de très bonne qualité, légumes, fromages, poissons; un service souriant et avenant. On en vient à se chercher de nouvelles excuses pour passer dans le coin et à souhaiter le retour du mois de Marie.

AMÉRIQUE DU NORD   MIDI **40$**
PIER GABRIEL
       SOIR **90$**

	2007	**VIEUX-MONTRÉAL**
CUISINE	★★★	39, RUE DE LA COMMUNE EST
SERVICE	★★★	(514) 396-4673
DÉCOR	★★★	2006-05-18

Au cours des dernières années, cette petite maison a abrité beaucoup de projets intéressants. Ce Pier Gabriel est le dernier en date. On souhaite qu'il reste en affaires plus longtemps que certains de ses prédécesseurs. Le décor a été refait de fond en comble, et la cuisine a des prétentions un peu plus élevées qu'au préalable. Elle réussit parfois à faire oublier que nous nous trouvons au cœur du Montréal touristique où tout ce qui brille n'est pas or. Le service est d'une grande amabilité et, dès que les petits ajustements requis auront été apportés, on pourra inscrire la maison sur la liste des tables «À visiter absolument». Ouverture au printemps 2006. À suivre avec intérêt.

AMÉRIQUE DU NORD
PULLMAN

MIDI —
SOIR **70 $**

	2007		**CENTRE-VILLE**
CUISINE	★★★	★★★	3424, AVENUE DU PARC
SERVICE	★★★★	★★★★	(514) 288-7779
DÉCOR	★★★★	★★★★	

2005-09-03

Parfois, de jeunes établissements trouvent rapidement leur place sur le devant de la scène montréalaise. Pour les bonnes raisons, bien entendu. Pullman fait partie de ceux-là. Un décor chaleureux, mille détails astucieux, une splendide carte des vins et une atmosphère détendue. Toutes ces belles qualités se retrouvent dans les assiettes et sur les élégants petits plateaux où sont proposées des bouchées inspirées des tapas et préparées avec ce que la production locale propose de mieux. Entrés pour prendre un verre, on ressort après un repas très allumé.

AMÉRIQUE DU NORD
PUR

MIDI **45 $**
SOIR **80 $**

	2007	**VIEUX-MONTRÉAL**
CUISINE	★★	626, RUE D'YOUVILLE
SERVICE	★	(514) 845-0001
DÉCOR	★★★★	

2006-05-16

Sur la devanture de ce très bel endroit, on lit «Grill – Sushi – Lounge». Comme dit le proverbe: «Qui trop embrasse, mal étreint», et tout ceci devrait mettre en alerte le client amateur de bonnes tables. Non que ce soit franchement mauvais, la cuisine est plutôt honnête, mais si l'on vient prendre un repas d'affaires ici, on peut avoir l'impression de s'être trompé de fuseau horaire, tant le personnel semble sorti d'une boîte de nuit ou d'ailleurs, mais pas d'un restaurant en tout cas. Le décor est par contre tout à fait splendide et ajoute en cela même à la déception de manger ici puisqu'il est si beau que l'on s'attend à goûter des choses exceptionnelles, servies par du personnel au sommet de son art. Ce qui n'est pas le cas. Ouvert au printemps 2006. À suivre.

AMÉRIQUE DU NORD
RÉSERVOIR

MIDI **40 $**
SOIR **60 $**

	2007		**PLATEAU MONT-ROYAL**
CUISINE	★★★★	★★★★	9, AVENUE DULUTH EST
SERVICE	★★★	★★★	(514) 849-7779
DÉCOR	★★★	★★★	

2006-01-06

Les dynamiques jeunes gens qui ont ouvert cette maison n'ont reculé devant aucun effort pour plaire à leurs futurs clients. Y compris installer les grandes cuves intégrées au décor de cette microbrasserie où l'on prépare de splendides «blanches, pale ales, bitter ales, cream ales et noires». En cuisine, Samuel Pinard mitonne avec beaucoup d'aplomb de petites choses qui donnent de grands frissons. Créativité, bon goût et maîtrise technique. Des plats simples en apparence et d'une belle complexité quand on s'y arrête. On s'y arrête d'ailleurs de plus en plus nombreux, à midi autant que le soir. Rendez-vous préféré d'à peu près tout ce que la ville compte de jeunes cuisiniers talentueux tendance baveux, venus ici se détendre en mangeant intelligent.

AMÉRIQUE DU NORD
RESTAURANT GAULT

MIDI **50 $**
SOIR **70 $**

	2007		**VIEUX-MONTRÉAL**
CUISINE	★★★	★★★★	449, RUE SAINTE-HÉLÈNE
SERVICE	★★★★	★★★★	(514) 904-1616
DÉCOR	★★★★	★★★★	2006-02-03

Sur le plan de l'esthétique, le rez-de-chaussée de l'Hôtel Gault est une réussite. Même le grand mur de béton armé est désarmant. Sur quelques tables dressées avec élégance, on sert midi et soir des choses tout aussi distinguées. À midi, de petits plats très sympathiques et en soirée, des plats plus élaborés. En tout temps, service attentionné et prévenant. Peu connue, cette adresse reste encore assez peu achalandée pour qu'il soit très agréable de venir y manger de temps à autre. Et puis, il y a quelque chose de magique à déguster des petits plats gastronomiques dans l'édifice qui abrita le premier YMCA en Amérique du Nord. Le souvenir de tous ces braves gens ahanant sous l'effort rend la gourmandise encore plus jouissive.

AMÉRIQUE DU NORD
RESTAURANT INC.

MIDI **40 $**
SOIR **65 $**

	2007	**VILLAGE**
CUISINE	★★★	1800, RUE SAINTE-CATHERINE EST
SERVICE	★★	(514) 523-6245
DÉCOR	★★★	2006-04-27

Il y a d'excellentes idées dans ce très moderne et très branché resto du Village qui a ouvert récemment ses portes. Le décor d'abord, dégagé et lumineux, tout bois et métal, d'une blancheur immaculée, qui tranche radicalement avec sa situation géographique d'une grande pauvreté architecturale (coin Papineau et Sainte-Catherine...). Et puis la table, car même si le menu n'a rien de renversant, il a le mérite d'être taillé sur mesure pour la clientèle du Village. Préparations simples, relevées, et avec suffisamment de panache pour séduire cette clientèle haute en couleur, joyeuse et plus portée sur la fête des sens au sens large que culinaire en particulier. Une adresse qui a du potentiel et qui, on l'espère, vieillira bien.

AMÉRIQUE DU NORD
RESTAURANT LE MONTCLAIR

MIDI **30 $**
SOIR **60 $**

	2007		**VILLE SAINT-LAURENT**
CUISINE	★★★	★★★	747, BOULEVARD DÉCARIE
SERVICE	★★★	★★★	(514) 747-3227
DÉCOR	★★★★	★★★★	2005-02-12

Au menu de cet élégant bistro, au décor chic et contemporain, on trouve de tout: des pizzas, des pâtes, des grillades et, signe des temps, des plats asiatiques. Mais on aurait tort de n'y voir qu'une tentative de plaire à tout le monde, car en cuisine, on fait preuve d'une maîtrise certaine: tant du côté du steak frites que des linguinis à la grecque, le pari est tenu. En fait, il n'y a qu'au chapitre des entrées, correctes sans plus, qu'on souhaiterait plus de recherche. À noter: une carte des vins qui peut faire faire des folies et la terrasse aménagée sur le trottoir, fort courue à la belle saison. Une visite ici est par ailleurs l'occasion de prendre le pouls de l'agréable artère commerciale qu'est le boulevard Décarie à Saint-Laurent.

AMÉRIQUE DU NORD
ROBIN DES BOIS

MIDI **30 $**
SOIR **70 $**

	2007	**PLATEAU MONT-ROYAL**
CUISINE	★★★	4403, BOULEVARD SAINT-LAURENT
SERVICE	★★★	(514) 288-1010
DÉCOR	★★★★	 2006-08-30

Rayon de soleil dans le monde très business de la restauration, Robin des bois s'annonce comme «resto bienfaiteur». Tout un programme. Les clients semblent adhérer à cette bonne cause puisque l'on se presse aux tables de ce nouveau restaurant très plateauesque par ailleurs. Il faut dire qu'en cuisine travaille une jeune chef passée par les meilleures classes — celles de Toqué! par exemple — et qui en a retiré beaucoup. Myriam Pelletier, puisque c'est son nom, a une conception très particulière de la cuisine; celle qu'elle offre est très généreuse, tendance végétarienne, très portée sur les produits locaux bios. Le personnel, composé en majorité de bénévoles, prend ses quarts avec bonne humeur et assure le service avec une gentillesse qui pallie les occasionnelles lacunes professionnelles.

AMÉRIQUE DU NORD
ROSALIE

MIDI **60 $**
SOIR **120 $**

	2007	**CENTRE-VILLE**
CUISINE	★★★★ ★★★★	1232, RUE DE LA MONTAGNE
SERVICE	★★★★ ★★★★	(514) 392-1970
DÉCOR	★★★★ ★★★★	2005-03-31

C'est beau, c'est grand, c'est fort. Le personnel féminin en charge du service semble sorti d'une agence de mannequins et le décor — intérieur ou en terrasse aux beaux jours — appelle une certaine dose de frime de votre part. Si vous acceptez de jouer le jeu, l'endroit est plutôt plaisant et peut, à l'occasion, franchir la barre du très bon en cuisine. On a souvent tendance à pécher par excès de zèle et les assiettes sont parfois surchargées, mais les habitués finissent la leur avec entrain. Lorsque les cuisiniers sont en forme, la maison tient le haut du pavé car les produits achetés au marché par Cédric et Alex, respectivement chef du midi et chef du soir, sont toujours ce qu'il y a de meilleur à portée de la main. Garer sa Lamborghini devant la porte est un must. Moins de 220 chevaux, n'y pensez même pas.

AMÉRIQUE DU NORD
S LE RESTAURANT

MIDI **40 $**
SOIR **100 $**

	2007	**VIEUX-MONTRÉAL**
CUISINE	★★★ ★★★	125, RUE SAINT-PAUL OUEST
SERVICE	★★★ ★★★	(514) 350-1155
DÉCOR	★★★★ ★★★★	2005-01-07

En mettant le chef Stève Bruneau aux commandes des fourneaux, la direction du S a donné le coup de barre qu'il fallait pour que l'hôtel Saint-Sulpice ait un restaurant gastronomique digne de ce nom. Autrefois chef adjoint au Reine-Élisabeth, Stève Bruneau déploie son talent au S depuis juin 2004. Finesse, inventivité, respect des produits régionaux et mariages de saveurs agréables et étonnants: voilà qui décrit bien son interprétation lumineuse de la gastronomie. Cela donne des petits bijoux comme une soupe aux oignons au cidre de pomme et cheddar vieilli, ou encore une délicate terrine de caille et poire. Quand le tout est servi par un personnel avenant, dans un décor design et confortable, on a tous les ingrédients pour passer un bon moment.

AMÉRIQUE DU NORD
SALOON BISTRO-BAR

MIDI **25 $**
SOIR **50 $**

	2007	VILLAGE
CUISINE	★★	1333, RUE SAINTE-CATHERINE EST
SERVICE	★★	(514) 522-1333
DÉCOR	★★	

N

2006-03-02

C'est l'un des restos les plus fréquentés du Village: toujours bondé, toujours légèrement électrique, à l'image de ce quartier qui fait plus dans le cuir que dans la dentelle, dans la grande assiette bien garnie que dans le petit plat bien mitonné. Au menu? Beaucoup, beaucoup de plats, trop peut-être (il y a quand même une limite à ce qu'un frigo peut contenir!). Mais entre les demi-succès et les échecs notoires, on trouve plusieurs efforts dignes de mention et quelques plats vraiment savoureux. Bref, on ne s'ennuie pas, la faune est colorée, le service agréable et rapide. Quant à la gastronomie...

AMÉRIQUE DU NORD
SIMPLÉCHIC

MIDI ——
SOIR **65 $**

		2007	VERDUN
CUISINE	★★★★	★★★★	3610, RUE WELLINGTON
SERVICE	★★★	★★★	(514) 768-4224
DÉCOR	★★★	★★★	

2005-05-14

Quelle belle adresse que ce Simpléchic, sympathique maison pourtant située à un carrefour un peu ingrat de la rue Wellington! Notre maman avait raison — il ne faut pas se fier aux apparences. En effet, une fois la porte franchie, la salle petite et un peu sombre, où tranchent les nappes et les serviettes blanches en tissu, respire le bon goût. Impression qui se confirme dès la mise en bouche et se poursuit jusqu'au dessert. On a affaire à une cuisine maîtrisée, imaginative mais sobre, à des présentations soignées et à un service courtois et professionnel. Le plus beau, c'est que les tables d'hôte proposées (il n'y a pas de plats à la carte) offrent au gastronome économe (par choix ou par obligation) un rapport qualité-prix exceptionnel.

AMÉRIQUE DU NORD
SOUPESOUP

MIDI **25 $**
SOIR **25 $**

		2007	PLATEAU MONT-ROYAL
CUISINE	★★★	★★★	80, AVENUE DULUTH EST
SERVICE	★★★	★★★	(514) 380-0880
DÉCOR	★★★	★★★	

2005-11-05

Certaines maisons sont inscrites dans le carnet secret des bonnes adresses où l'on aime venir quand on veut se faire du bien. À l'âme autant qu'au corps. Soupesoup se trouve en haut de cette liste. Tout est simple et semble avoir été préparé spécialement pour vous. De belles petites soupes et des sandwichs originaux, quelques desserts comme on en mangeait quand on était enfant. Caroline Dumas, la patronne, semble mettre dans sa cuisine tout l'amour d'une mère pour ses enfants. Pas étonnant qu'on trouve autant d'aficionados installés, l'air rêveur, devant leur bol et leur assiette, vidés méticuleusement. Service tout aussi chaleureux que le reste. On aime beaucoup. Ouverture au début 2004 d'une deuxième adresse: 174, rue Saint-Viateur Ouest — (514) 271-2004. Même bonheur qu'à la première.

AMÉRIQUE DU NORD
TAZA FLORES

MIDI —
SOIR **50 $**

	2007		MILE-END
CUISINE	★ ★ ★	★★★	5375, AVENUE DU PARC
SERVICE	★ ★ ★	★★★	(514) 274-5516
DÉCOR	★ ★ ★	★★★	

2005-02-11

Les tapas sont à la mode. À Montréal, beaucoup de monde semble vouloir s'y essayer. Souvent avec plus ou moins de bonheur. Le propriétaire de Taza Flores réussit plutôt bien en proposant des plats inspirés de son Maroc natal ou sortis de son imagination délirante. Une clientèle jeune et de bon goût vient ici prendre une bière ou un verre de vin en grignotant des petites choses délicieuses. Sans prétendre aux plus hautes sphères de la gastronomie internationale, la cuisine de Taza Flores est extrêmement sympathique. On sent beaucoup de cœur dans ces petites assiettes, le service est fait avec grâce et la musique rappelle que l'on n'est plus au temps des Beatles, ni en Catalogne.

AMÉRIQUE DU NORD
TOI, MOI ET CAFÉ

MIDI **30 $**
SOIR **30 $**

	2007		MILE-END
CUISINE	★	★	244, AVENUE LAURIER OUEST
SERVICE	★ ★ ★	★★★	(514) 279-9599
DÉCOR	★ ★	★★	

2005-01-21

Le moins que l'on puisse dire de ce café-bistro de l'avenue Laurier, c'est qu'il est populaire. Lorsqu'on se limite à la nourriture qu'on y sert, on ne comprend pas immédiatement pourquoi les gens font la queue pour s'y sustenter. Les petits-déjeuners sont préparés avec beaucoup trop d'approximations pour qu'on les qualifie même de convenables: par exemple, servir en accompagnement des fruits «frais» flétris est carrément faire insulte à l'intelligence des clients. Comment expliquer alors l'achalandage à toutes les heures de la journée? Force est d'admettre que l'ambiance est plutôt sympa, le service souriant, la terrasse agréable et le café vraiment excellent. Si seulement on pouvait harmoniser la cuisine avec l'ensemble de la prestation, la file en vaudrait peut-être la chandelle.

AMÉRIQUE DU NORD
TOQUÉ!

MIDI —
SOIR **180 $**

	2007		VIEUX-MONTRÉAL
CUISINE	★★★★★	★★★★★	900, PLACE JEAN-PAUL-RIOPELLE
SERVICE	★★★★★	★★★★★	(514) 499-2084
DÉCOR	★★★★	★★★★★	

2006-04-29

Que dire sur Toqué! qui ne l'ait déjà été. Que le restaurant fait maintenant partie de la prestigieuse chaîne Relais & Châteaux; que Normand Laprise est constamment honoré par de nouveaux prix. Oui, bien sûr. Mais il faut surtout dire, haut et fort, que cette maison a atteint aujourd'hui un niveau de qualité remarquable. Technique et sensibilité dans les assiettes, professionnalisme digne en salle, tout concourt à faire de cette adresse un incontournable absolu. Les meilleurs produits, traités avec art par monsieur Laprise, son brillant second et une brigade allumée, prennent ici des airs de repas de rois. Le travail de madame Lamarche en salle commence lui aussi à porter fruit et l'on sent dans ce bel espace une chaleur nouvelle qui a remplacé chez le personnel la crispation pompeuse qui jadis exaspérait le client.

AMÉRIQUE DU NORD
TRIBECA TAPAS & MARTINIS

MIDI —
SOIR **60 $**

	2007		**NOTRE-DAME-DE-GRÂCE**
CUISINE	★★	★★	5557, AVENUE MONKLAND
SERVICE	★★	★★	(514) 223-1411
DÉCOR	★★★	★★★	

2005-06-29

Le village Monkland n'est pas Tribeca, certes, mais ce coin de NDG est devenu vachement chic et de bon goût. L'emprunt du nom du quartier hyper-branché de New York n'a donc rien d'innocent. Tribeca, en effet, est désormais le lieu de rassemblement d'une faune jeune qui vient étancher sa soif (pour ne pas dire sa bohème) à grand renfort de potions au contenu parfois déroutant. Comme accompagnements, on lui propose un vaste choix de tapas qui empruntent gaiement aux cuisines du monde, même s'il y a aussi des plats principaux et une table d'hôte. Les résultats sont inégaux, mais pas inintéressants. Dans ce cas, l'ambiance lounge, la musique forte et la terrasse, auxquelles s'ajoute le service décontracté, valent à elles seules le déplacement.

AMÉRIQUE DU NORD
VASCO DA GAMA

MIDI **25 $**
SOIR **40 $**

	2007		**CENTRE-VILLE**
CUISINE	★★★★	★★★★	1472, RUE PEEL
SERVICE	★★★	★★★★	(514) 286-2688
DÉCOR	★★★★	★★★★	

2006-01-05

Comme avec beaucoup de ses entreprises, Carlos Ferreira a réussi ici un joli coup. Amener sa clientèle de chez Ferreira à venir de temps en temps déguster un petit sandwich ou une salade légère chez Vasco. Entendons-nous, on parle ici de sandwich de luxe, comme ce burger de thon, habillé d'une légère sauce tartare à l'huile fumée, de quelques feuilles de roquette et d'éclats de tomate. Et salades et desserts sont soignés et préparés avec les produits les plus frais du marché. À midi, il règne ici une atmosphère qui rappelle celle des maisons chic des capitales européennes. La qualité de la cuisine y joue certainement un rôle aussi important que les élégants tailleurs des belles clientes. Service extrêmement courtois; efficacité portugaise. Ouvert jusqu'à 19 h.

AMÉRIQUE DU NORD
VERSES (HÔTEL NELLIGAN)

MIDI **65 $**
SOIR **100 $**

	2007		**VIEUX-MONTRÉAL**
CUISINE	★★	★★	100, RUE SAINT-PAUL OUEST
SERVICE	★★★★	★★★★	(514) 788-4000
DÉCOR	★★★	★★★	

2005-08-19

Au figuré, le mot «rouler» peut prendre plusieurs sens. Rouler de table est presque agréable quand on a trop, mais bien mangé; se faire rouler, par contre, est un déplaisir sans ambiguïté. C'est malheureusement la dernière forme qu'on retiendra de son expérience à cette adresse. L'excès de gourmandise n'est certainement pas un risque que l'on courra ici, car il n'est nulle part ailleurs que dans les prix. De l'entrée au café, on semble se payer la tête du client. À 24 $, lorsque l'on cherche la chair du demi-homard dans l'assiette, on n'a pourtant pas envie de rigoler; la roquette, quant à elle, tristounette dans sa vinaigrette sans goût, n'inspirait pas meilleure humeur. À part le service professionnel et connaisseur, la liste des déceptions s'allonge tristement dans ce restaurant d'hôtel prétentieux. Dommage.

AMÉRIQUE DU NORD
VERSION LAURENT GODBOUT

MIDI **45 $**
SOIR **90 $**

	2007		**VIEUX-MONTRÉAL**
CUISINE	★★★★	★★★★	295, RUE SAINT-PAUL EST
SERVICE	★★★	★★★	(514) 871-9135
DÉCOR	★★★★	★★★★	

2005-04-21

Laurent Godbout accomplit du très bon travail depuis des années. L'affluence à son restaurant Chez l'Épicier prouve que les fines fourchettes le suivent avec intérêt. Elles seront donc heureuses d'apprendre l'ouverture en 2005 du dernier-né du prolifique chef. Dans son nouveau Version Laurent Godbout, on découvre des interprétations autour du thème de la cuisine ibérique. Produits impeccables, préparations allumées, jeux des textures et des goûts. On prône le partage entre convives, dans l'esprit des plats de cette région de l'Europe. Le décor et le service sont à la hauteur des espérances du propriétaire. Les gastronomes devraient profiter ici d'une nouvelle très bonne table dans le Vieux-Montréal.

AMÉRIQUE DU NORD
VERTIGE

MIDI ——
SOIR **120 $**

	2007	**PLATEAU MONT-ROYAL**
CUISINE	★★★★	540, AVENUE DULUTH EST
SERVICE	★★★★	(514) 842-4443
DÉCOR	★★★★	

2006-01-26

Nouvelle venue avenue Duluth, cette maison s'est glissée début 2006 entre deux bonnes adresses; ça en fait trois en trois pas de portes, un record en ville. Premier restaurant du chef Thierry Baron (ex-Jongleux Café, Chorus et Ferreira), Vertige propose ce que ce jeune chef fait de mieux. Une cuisine très soignée, méticuleuse au point d'être véritablement vertigineuse dans certains plats. Comme ce n'est pas tous les jours qu'on éprouve le vertige à table, on ne s'en plaint pas. Décor et service sont ici ce qu'ils devraient toujours être: un support discret à la cuisine. Et le service ajoute cette touche de gentillesse qui distingue les très bonnes maisons.

AMÉRIQUE DU NORD
WILENSKY

MIDI **12 $**
SOIR ——

	2007		**MILE-END**
CUISINE	★	★★	34, AVENUE FAIRMOUNT OUEST
SERVICE	★	★★	(514) 271-0247
DÉCOR	★	★★★	

2006-08-19

On parle ici de véritable institution. Fondée en 1932, la maison a été rendue célèbre mondialement par Mordecai Richler et son *Duddy Kravitz*, publié à Londres et à Boston en 1959. Ce n'est certes pas la recherche culinaire qui donne ses étoiles à ce comptoir à sandwichs, le terme même de gastronomie sonnant creux entre ces murs. Ceci dit, on aime ou l'on n'aime pas mais si l'on aime, on aime beaucoup. Et, à observer le ballet des belles voitures sport ou des camionnettes de cols bleus s'arrêtant quelques instants pour ramasser le lunch, on est beaucoup à aimer beaucoup. Il faut jouer le jeu et, en souriant envers et contre tout, on arrive à trouver un certain charme à ce spécial au baloney et au goût du Coke-cerise.

AMÉRIQUE DU NORD
XO

MIDI **60 $**
SOIR **120 $**

	2007		**VIEUX-MONTRÉAL**
CUISINE	★★★★★	★★★★★	355, RUE SAINT-JACQUES
SERVICE	★★★★	★★★★	(514) 841-3111
DÉCOR	★★★★★	★★★★★	2005-09-19

Finalement, il y a dans ces murs luxueux une cuisine en parfaite harmonie avec le cadre. La même remarque s'applique au service qui, jusqu'à récemment, était aussi incohérent que les casseroles. Une carte magnifique disions-nous donc, avec des menus bien pensés, bien réalisés et qui font honneur aux nouveaux responsables des cuisines de l'endroit. Carte très française d'inspiration avec beaucoup de place laissée aux meilleurs produits locaux donnant une vigueur particulière aux assiettes; splendides, comme tout ce qui vous entoure. On est ici très loin des lounges et autres demi-sous-sols obscurs recyclés en restos branchouilles. Luxe, calme et volupté, version montréalaise. Double changement de chef en 2006. À suivre...

AMÉRIQUE DU NORD
YOYO

MIDI —
SOIR **100 $**

	2007		**PLATEAU MONT-ROYAL**
CUISINE	★★★	★★★	4720, RUE MARQUETTE
SERVICE	★★★	★★★	(514) 524-4187
DÉCOR	★★★	★★★	2006-04-05

Certainement l'un des meilleurs restaurants «Apportez votre vin» à Montréal. Le chef connaît ses classiques et les exécute avec soin, tout en se permettant quelques touches de folie douce et d'ingrédients recherchés. Un vrai chef, quoi. Les assiettes sont généreuses, tout en étant très esthétiques. Le menu ne propose pas de table d'hôte, uniquement des entrées, plats de résistance et desserts à la carte. La note, un peu salée, en est le reflet. Les serveurs «jouent» à être serveurs, ce qui peut devenir assez rapidement agaçant; un peu de simplicité et d'authenticité ne ferait pas de tort. Le restaurant étant souvent bondé, le chef doit offrir deux services les fins de semaine, l'un à 18 h et l'autre à 21 h, au risque de frustrer ceux qui aimeraient étirer leur soirée.

ET L'ADDITION, S'IL VOUS PLAÎT

Les prix indiqués — midi ou soir — sont pour deux personnes, excluant taxes, service et boissons. Il s'agit, bien évidemment, d'un prix moyen que le lecteur devra ajuster en fonction de son appétit, de sa soif et de sa générosité à l'endroit du personnel en salle. Dans tous les cas, les prix apparaissant ici sont le reflet de ce qu'ils étaient lors de notre visite.

Quant aux établissements ouverts ou fermés à midi ou en soirée, compte tenu du fait que nombre d'entre eux modifient leurs heures d'ouverture sans préavis, il nous est impossible de fournir cette information avec certitude. Les ouvertures, midi et soir, indiquées ici le sont donc au meilleur de notre connaissance au moment d'aller sous presse. Il est toujours préférable de téléphoner pour s'assurer des heures d'ouverture réelles.

GR1603

Accords
vins & mets

AMÉRIQUE LATINE/ANTILLES

Dualité évidente: les Latinos servent beaucoup de grillades dans une cuisine épicée, élaborée à partir de féculents et aux accents de fraîcheur, notamment la coriandre et la lime. La gastronomie antillaise offre des poissons et des fruits de mer épicés et est heureusement atténuée par un brin de douceur typique des Îles. Les rouges solides aux saveurs intenses et mûres du Nouveau Monde se marieront à merveille à la cuisine d'Amérique latine, tandis que les blancs nerveux, voire vifs comme le sauvignon et le riesling, rafraîchiront les palais excités par la chaleur des Antilles.

ACRAS DE MORUE
Sauvignon Nouvelle-Zélande, riesling Alsace

EMPAÑADAS AU BŒUF
Merlot Chili, grenache Australie, primitivo Italie

GUACAMOLE
Sauvignon Californie, sancerre et bordeaux blanc France

POULET MOLE
Petite syrah Mexique, zinfandel Californie

FEIJOADA
Minervois France, nero d'avola Italie

PRENEZ GOÛT
À NOS **CONSEILS**

SAQ

Raza *Mario Navarette, chef-propriétaire*
Page 77

AMÉRIQUE LATINE/ANTILLES

Cuisine de féculents, rustique, légèrement épicée pour l'Amérique latine; cuisine épicée, forte en poissons et en féculents également, beaucoup de sucré-salé pour les Antilles. Ici encore, un feu d'artifice de saveurs: des dizaines de variétés de piments, doux, légèrement épicés ou carrément explosifs, du cacao, de la muscade, du sucre de canne, de la vanille et de la noix de coco. Des plats mijotés et des accompagnements inusités dans des assiettes qui font voyager. Aux traditionnels tacos, burritos et autres enchiladas qui composaient autrefois le paysage de cette section, sont venus s'ajouter des plats plus divertissants, feijoadas, acras, pupusas ou mole poblano.

Compte tenu de la relative proximité de ces régions par rapport à Montréal et du nombre de ressortissants originaires d'Amérique latine et des Antilles qui ont élu domicile dans la Métropole, on est un peu étonnés de la brièveté de la liste des établissements regroupés dans cette section. On voit par contre émerger aujourd'hui quelques tables audacieuses et extrêmement soignées qui remontent la moyenne maintenue jadis assez basse par une multitude de petits comptoirs de restauration rapide sud-américaine plutôt quelconques.

AMÉRIQUE LATINE-ANTILLES
BARROS LUCO

MIDI **20 $**
SOIR **20 $**

	2007	
CUISINE	★★ ★★	
SERVICE	★ ★★	
DÉCOR	★ ★	

PLATEAU MONT-ROYAL
5201, RUE SAINT-URBAIN
(514) 270-7369

2005-12-08

Bistro de quartier et d'habitués, le Barros Luco est le genre d'endroit où l'on mange son empañada dans une assiette en carton en lisant le journal des Chiliens de Montréal, tout en suivant la conversation en espagnol au comptoir. On ferme les yeux, on est ailleurs, dans un quartier de Santiago. Quelques tables et la simplicité d'un comptoir à sandwichs, beaucoup de lumière aussi et une ambiance familiale. La cuisine est honnête — choix de lomitos, churrascos, alfajores et autres chacareros —, les portions fort copieuses et les prix plus que raisonnables. Le classique pâté au maïs constitue un petit repas à lui seul que l'on peut accompagner d'un vin maison et d'un gâteau de chez Kilo. Pour un petit en-cas ou des plats du jour nourrissants et pas chers avec un zeste d'Amérique du Sud.

AMÉRIQUE LATINE-ANTILLES
BURRITO VILLE

MIDI **20 $**
SOIR **20 $**

	2007	
CUISINE	★★ ★★	
SERVICE	★ ★	
DÉCOR	★★ ★★	

NOTRE-DAME-DE-GRÂCE
5893, RUE SHERBROOKE OUEST
(514) 484-2777

2005-07-13

Voilà un exemple du genre de resto dont on rêve: de tout petits moyens, une salle minuscule mais plutôt jolie, une cuisine lilliputienne, quelques tables seulement, mais de l'idéalisme à revendre. Le menu, à l'avenant, est d'une brièveté saisissante. On fait en gros dans le «sandwich» ou le «wrap» à la mexicaine. Pour vous faire patienter, on vous offre les chips de maïs et la salsa. Les propositions, en plus d'être savoureuses, sont végétariennes. Par surcroît, on privilégie les produits biologiques et on pratique autant que possible le commerce éthique et équitable. Le genre d'initiative qui fait du bien à l'âme, au tour de taille et au portefeuille. On sort de là repu, l'esprit en paix et la conscience tranquille.

AMÉRIQUE LATINE-ANTILLES
CABAÑAS

MIDI **25 $**
SOIR **25 $**

	2007	
CUISINE	★★ ★★	
SERVICE	★ ★	
DÉCOR	★ ★	

VILLERAY
1453, RUE BÉLANGER EST
(514) 725-7208

2005-06-17

Si vous entrez ici en quête de raffinement ou d'une ambiance lounge, vous risquez d'être déçu. Mais pour retrouver l'atmosphère des pupuserias visitées en sol latino, c'est la bonne adresse! Les nappes et les fleurs en plastique, les caisses de boissons gazeuses empilées dans un coin et la publicité du débosseleur local vous convaincront qu'ici, on ne gaspille pas votre argent sur la déco. La cuisine y est par contre rigoureusement authentique et les proprios, originaires du Cabañas, région rurale du Salvador fortement touchée par la guerre, ne lésinent pas sur les portions. L'endroit parfait pour s'enfiler un plus qu'abordable gueuleton. On y organise même un concours du plus gros mangeur de pupusas!

AMÉRIQUE LATINE-ANTILLES
CAFÉ MI BURRITO

	MIDI	**25$**
	SOIR	**35$**

	2007	**VILLAGE**
CUISINE	★★	1327, RUE SAINTE-CATHERINE EST
SERVICE	★★	(514) 525-8138
DÉCOR	★★★	**Ⓝ** 2005-12-01

Dans un décor moderne, lumineux et dépouillé qui tranche avec le style *rancheros* qu'on retrouve habituellement dans les établissements du genre, Café Mi Burrito, une nouvelle adresse, propose une cuisine mexicaine traditionnelle, parfois savoureuse mais assez inégale, qui se cherche toujours un genre dans ce quartier où le look des serveurs et le volume de la musique sont les principaux arguments de vente de la plupart des restaurateurs. Avec un zeste de piment et un peu plus d'arômes dans l'assiette, le client y trouverait probablement son compte et pourrait revenir plus souvent. À suivre.

AMÉRIQUE LATINE-ANTILLES
ECHE PA ECHARLE

	MIDI	**35$**
	SOIR	**65$**

		2007	**VILLERAY**
CUISINE	★★★	★★★	7216, RUE SAINT-HUBERT
SERVICE	★★	★★★	(514) 276-3243
DÉCOR	★★	★	2006-04-18

On va s'amuser avec Eche: dans le Nord du Pérou, c'est ce qu'on comprendrait avant de passer la porte de ce resto où l'ambiance est effectivement à la fête. Le propriétaire – ce fameux M. Eche – mitonne des plats avec des produits importés de son pays natal, comme ces immenses grains de maïs grillés. Les rafraîchissants ceviches sont très recommandables et le lait de tigre, potion (aphrodisiaque, dit-on) parfumée à la coriandre et au citron vert, est un détour obligé! Grillades de tous types complètent le menu, accompagnées de sauces épicées et savoureuses. Et on ne peut passer sous silence l'orgueil national: le Pisco Sour, digestif fouetté à base d'eau-de-vie. On vous traite ici comme un dieu inca, mais attention à la facture, qui grimpe rapidement.

AMÉRIQUE LATINE-ANTILLES
EL SOMBRERO

	MIDI	**20$**
	SOIR	**35$**

	2007	**VILLERAY**
CUISINE	★★	550A, RUE BÉLANGER
SERVICE	★★	(514) 272-0888
DÉCOR	★★	**Ⓝ** 2006-01-15

Petit resto de quartier sans prétention, au décor modeste, faisant preuve d'un grand dynamisme. L'accueil est chaleureux, on vous aide à déchiffrer un menu plus compliqué qu'il n'y paraît à première vue, et l'on n'hésite pas à vous faire des recommandations judicieuses. Au menu, des classiques, genre quesadillas, des plats moins convenus, par exemple les costras, sorte de croûtes au fromage, et quelques spécialités bien apprêtées, loin, fort heureusement, des excès et des raccourcis de l'envahissante cuisine tex-mex. On se consolera de l'absence de *cerveza* en sirotant d'agréables boissons maison, comme l'eau de Jamaïca, un thé glacé au parfum d'hibiscus, et l'eau d'Horchata, un «lait» sucré à base de riz, offertes au verre ou en pichet.

AMÉRIQUE LATINE-ANTILLES
JEAN'S

MIDI **20 $**
SOIR **20 $**

	2007		NOTRE-DAME-DE-GRÂCE
CUISINE	★★	★★	5914, RUE SHERBROOKE OUEST
SERVICE	★★	★★	(514) 223-6204
DÉCOR	★	★	

2005-07-12

D'accord, le resto, qui fait aussi office d'épicerie, ne paie pas de mine, et l'ambiance, en dépit des accents entraînants de la musique, est limitée. Sans compter qu'il n'y a que quelques tables. Pourtant, on se sent vite en bonnes mains. Et pour cause. C'est maman qui prépare tout, tandis que sa charmante fille se charge de la finition des plats. Défilent au menu les «polouries», petites boules de pâte frites, les doubles, le «king fish», obligatoirement accompagné de tranches de plantain et d'un mélange de riz et de haricots secs, sans oublier les «rotis», crêpes dans lesquelles on emmaillote un succulent curry. À noter, la version «végétarienne» aux crevettes et à la citrouille. Exactement, nous dit-on, comme sur le bord des routes de Trinidad.

AMÉRIQUE LATINE-ANTILLES
KALALU

MIDI —
SOIR **60 $**

	2007	PLATEAU MONT-ROYAL
CUISINE	★★	4331, RUE SAINT-DENIS
SERVICE	★★★	(514) 849-7787
DÉCOR	★★	

2005-09-09

Rue Saint-Denis, Kalalu pique la curiosité en annonçant de la «cuisine fusion des Caraïbes». La carte est moins «fusion» qu'on pourrait le penser. On a affaire à des plats à la mode des Îles (Haïti et, notamment, la région de l'Artibonite), métissée par nature. La salle, un peu sombre, fait contraste avec la cuisine ensoleillée, à moins que, en saison, vous ne profitiez de la petite terrasse. Outre les plats à la carte, on trouve une table d'hôte et des formules dégustation, idéales pour une initiation à des plats peu banals, comme le porc griot et autres «chiquetailles», et même un menu pour enfants. Le service, enveloppant, fait de son mieux pour faire oublier une certaine lenteur en cuisine. Soin méticuleux apporté au choix de boissons.

AMÉRIQUE LATINE-ANTILLES
LA HACIENDA

MIDI —
SOIR **80 $**

	2007		OUTREMONT
CUISINE	★★★	★★★	1148, AVENUE VAN HORNE
SERVICE	★★★	★★★	(514) 270-3043
DÉCOR	★★★	★★★	

2005-09-13

La Hacienda continue de porter avec fierté son sombrero au milieu des innombrables bérets de ce coin de Van Horne très restaurants français. Un petit sombrero simple et de bon goût, comme le travail de la famille Mier y Teran qui fait rouler la maison. La cuisine du papa, enchiladas, tacos, sopas et l'un des meilleurs guacamoles en ville, et le service de la maman et du petit, enfin tout est relatif à six pieds, trois pouces. S'attabler ici est toujours un plaisir, cette sympathique petite maison réussissant avec assez peu de moyens à réchauffer le cœur des visiteurs, été comme hiver. Les bières Sol et Corona y sont exagérément facturées, mais l'on pardonne ou l'on arrose le repas de notre tout aussi célèbre *agua municipal*.

AMÉRIQUE LATINE-ANTILLES
LE COIN DU MEXIQUE

			MIDI	**15 $**
			SOIR	**40 $**

	2007		**VILLERAY**
CUISINE	★★★	★★★	2489, RUE JEAN-TALON EST
SERVICE	★★	★★	(514) 374-7448
DÉCOR	★★	★★	2006-01-19

Si l'habit ne fait pas le moine, au Mexique, la tortilla fait le plat! Tacos, enchiladas, quesadillas...: la galette de farine de maïs constitue la base de mets typiques que la standardisation a dénaturés. Heureusement pour nous, Le Coin du Mexique a misé sur l'authenticité. Les étudiants et familles hispanophones qui s'entassent dans ce demi-sous-sol étonnamment lumineux le disent: tout, des sopes (savoureuses tartelettes aux fèves noires garnies de crème sure et fromage) aux tacos al pastor (garnis de porc mariné, une spécialité rarement trouvée chez nous), goûte vrai! Et le comptoir-caisse, jonché de friandises exotiques, rappelle les dépanneurs de notre enfance. Nostalgie, bonne humeur et exotisme en un seul lieu? ¡Si, si, si!

AMÉRIQUE LATINE-ANTILLES
LE JARDIN DU CARI

			MIDI	**20 $**
			SOIR	**20 $**

	2007		**MILE-END**
CUISINE	★★	★★	21, RUE SAINT-VIATEUR OUEST
SERVICE	★★	★★	(514) 495-0565
DÉCOR	★	★	2005-11-04

Connaissez-vous beaucoup de restaurants où l'on peut se sustenter pour moins de 10 $? Le Jardin du cari est l'une de ces raretés. Et, surprise, on y découvre les spécialités de la Guyane anglaise (les deux autres régions étant française et hollandaise). La cuisine de cette partie du globe est influencée par les Indiens que les colonisateurs britanniques ont fait venir pour travailler dans les champs de canne à sucre. L'humble menu du Jardin offre trois plats – cari, rôti (grande crêpe fourrée aux pois chiches et pommes de terre) et chow mein – qui se déclinent aux légumes, au poulet ou à la chèvre (très bon et plus goûteux que le poulet). Autre curiosité: un punch aux arachides. Pour entreprendre ce voyage indo-antillais, il faut être prêt à manger sur des nappes de plastique, avec un téléviseur allumé en permanence. Boui-boui à fréquenter quand on est fauché ou par curiosité ethnographique.

AMÉRIQUE LATINE-ANTILLES
LE PARADIS DES AMIS

			MIDI	**40 $**
			SOIR	**90 $**

	2007		**CENTRE-SUD**
CUISINE	★★★★	★★★★	1751, RUE FULLUM
SERVICE	★★★	★★★	(514) 525-6861
DÉCOR	★★★	★★★	2006-08-29

Malheureusement perdu dans un quartier qui n'a pas la réputation d'accueillir beaucoup de grandes tables, ce Paradis des amis fait figure d'étrange oasis. Oasis puisqu'il s'agit effectivement d'une bonne table, étrange parce que, au-delà de la qualité de la cuisine du chef Emmanuel Louissaint et de l'originalité du décor, l'ambiance nuit souvent à l'expérience. Les soirs de grande affluence, tout roule en effet comme sur une belle mer des Caraïbes et la cuisine semble voler au-dessus des vagues, poissons aux mille parfums, crabes endimanchés, petits rôtis allumés de parfums des Îles et ti-punchs. Mais quand l'endroit est un peu désert, même La Compagnie créole n'arrive pas à dérider les lieux, les desserts ont de la difficulté à flotter et la facture paraît alors exagérée. À quand un déménagement bénéfique pour tout le monde?

AMÉRIQUE LATINE-ANTILLES
LÉLÉ DA CUCA

MIDI —
SOIR **40 $**

	2007		**PLATEAU MONT-ROYAL**
CUISINE	★★	★★	70, RUE MARIE-ANNE EST
SERVICE	★★★	★★★	(514) 849-6649
DÉCOR	★★	★★	2005-01-08

Parenthèse au soleil, ce petit resto fait fi des caprices saisonniers: il rime toute l'année avec ce qu'offre le plus chaud de l'été. Véritable antidote à la dépression, une soirée passée ici efface d'un trait les turpitudes de l'hiver et chasse d'un coup les bleus à l'âme. Les vacances commencent avec le patron et son personnel, dont la bonne humeur est contagieuse; elles se poursuivent ensuite dans l'assiette avec les spécialités du Mexique et du Brésil qu'on y sert; puis elles s'éternisent dans l'ambiance festive animée par la musique exotique, les bons vivants et les éclats de rire... À défaut de pouvoir qualifier la cuisine d'extraordinaire, on se contentera de décrire l'expérience d'ensemble comme un condensé de bonheur. Deux services les vendredis et samedis à 18 h et 21 h.

AMÉRIQUE LATINE-ANTILLES
LES ÎLES DE CATHERINE

MIDI **30 $**
SOIR **40 $**

	2007		**SAINT-HENRI**
CUISINE	★★	★★	2519, RUE NOTRE-DAME OUEST
SERVICE	★★★	★★★	(514) 807-3097
DÉCOR	★★	★★	2005-05-12

Dans un local improbable, dans un quartier qui se cherche, Catherine a ouvert une petite maison pleine de certitudes. On sait qu'on est sur une autre planète, où il fait chaud, même au cœur de notre hiver. On sait aussi que la cuisine modeste proposée ici est préparée avec beaucoup d'amour; et de générosité, ingrédient qui fait cruellement défaut à bien des endroits plus à la mode du quartier et de la ville en général. Petits plats ramenés des Antilles, épices ébouriffantes, Catherine sort de ses fourneaux de jolies choses que l'on a envie de partager avec autant de générosité. La musique aide à compléter le tableau et, après quelques visites ici, vous risquez de vous retrouver chez votre agent de voyages, pour un vol vers la Martinique ou la Guadeloupe.

AMÉRIQUE LATINE-ANTILLES
LOS PLANES

MIDI **15 $**
SOIR **20 $**

	2007		**VILLERAY**
CUISINE	★★	★	531, RUE BÉLANGER EST
SERVICE	★★	★★	(514) 277-3678
DÉCOR	★	★	2006-01-18

Des murs peints de couleurs criardes, une orgie de néons, un gros téléviseur qui crache sa ritournelle... Si ce n'est pas le grand luxe, ce boui-boui typiquement salvadorien plaira à qui cherche le dépaysement et ne craint pas la simplicité volontaire — et extrême. Le menu décline à toutes les sauces les fameuses pupusas, galettes de farine de maïs fourrées de fromage ou de viande qu'on accompagne d'oignon ou de chou marinés. Les plats suggérés en accompagnement ne sont guère plus légers: tamales, yucca, banane plantain, purée de fèves. Seul baume pour la panse alourdie: d'onctueux «shakes» tropicaux maison qui concluent le voyage sur une note limitée et rafraîchissante. Vous pratiquerez le roulement des «r» et le *«por favor»* avec les serveuses, tout aussi hispanophones que le menu et les habitués de l'endroit.

AMÉRIQUE LATINE-ANTILLES
MAÑANA

	2007		MIDI	**20 $**
			SOIR	**35 $**

PLATEAU MONT-ROYAL
3605, RUE SAINT-DENIS
(514) 847-1050

CUISINE	★★	★★
SERVICE	★★	★★
DÉCOR	★★★	★★★

2006-02-07

Même en pleine semaine quand les soucis du quotidien nous assaillent, et même quand l'hiver nous impose ses rigueurs, c'est le cœur léger et empli d'une touche festive qu'on ressort de ce petit resto. Nos yeux auront fait le plein des couleurs vives qui ornent l'endroit avec éclat, nos oreilles se seront enivrées de ces airs aux accents du Sud et nos papilles se seront délectées d'une cuisine mexicaine authentique et sans prétention, sans parler de cette bière fraîche ou de la margarita sirotées sans empressement. Bien que cette cuisine soit relevée et pimentée comme il se doit, cet aspect ne prend pas le dessus et n'assomme pas le goût des autres aliments qui composent les plats; c'est donc avec un souci d'équilibre apprécié et avec simplicité que le chef nous concocte ses fajitas, enchiladas, tortillas ou quesadillas que l'on sert accompagnées de riz et de fèves.

AMÉRIQUE LATINE-ANTILLES
MOCHICA

	2007		MIDI	—
			SOIR	**80 $**

PLATEAU MONT-ROYAL
3863, RUE SAINT-DENIS
(514) 284-4448

CUISINE	★★★	★★★
SERVICE	★★★	★★★
DÉCOR	★★★★	★★★★

2005-03-05

Un restaurant péruvien? Rue Saint-Denis? Trois étoiles en cuisine? Vous douteriez? Vous auriez tort. On ne sait pas trop d'où sortent ces Mochicas-ci, mais une chose est sûre, en sortant de chez eux, on court en apprendre sur leur compte. Il faut dire que leur restaurant est décoré avec beaucoup de goût et de délicatesse. Et que ces vertus se retrouvent également dans les assiettes. Ou dans les verres, si on ouvre les festivités comme à Lima par un Pisco Sour décoiffant. Et où ailleurs mangerez-vous de belles préparations de lama? Et des plats plutôt bien tournés, à base de chimichurri et de lúcuma? Intrigués? Vous êtes déjà un peu sous le charme de cette belle civilisation andine.

AMÉRIQUE LATINE-ANTILLES
RAZA

	2007		MIDI	—
			SOIR	**80 $**

MILE-END
114, AVENUE LAURIER OUEST
(514) 227-8712

CUISINE	★★★★	★★★★
SERVICE	★★★★	★★★★
DÉCOR	★★★★	★★★★

2005-06-22

Ça ne s'appelle pas «Raza, cuisine Nuevo Latino» pour rien. En effet, on est ici très loin des fanfreluches et autres kitscheries habituellement associées au mot «latino». Mario Navarette, pétillant chef de l'endroit, prépare en effet de petites merveilles dans cette maison ouverte début 2005. La «raza», c'est la race, mélange culturo-ethno-gastronomique; avec un nom comme ça, on est en droit d'attendre beaucoup. Et l'on n'est pas déçu: cuisine d'une grande élégance, service d'une courtoisie presque d'un autre siècle, décor dépouillé, élégant et zen, façon shaman. Dans l'assiette, des versions originales du ceviche, des poissons impeccablement grillés, des viandes préparées avec discernement. La cuisine de ce petit nouveau venu ajoute encore aux charmes de ce coin de l'avenue Laurier qui commence à ressembler à une Mecque des gastronomes.

AMÉRIQUE LATINE-ANTILLES
SENZALA

	MIDI	25 $
	SOIR	60 $

	2007	MILE-END
CUISINE	★★★ ★★★	177, AVENUE BERNARD OUEST
SERVICE	★★★ ★★★	(514) 274-1464
DÉCOR	★★★ ★★★	2005-11-29

Senzala est l'exemple même du petit resto sympathique, généreux et raisonnable, avec, en prime, chaleur dans l'accueil et musique brésilienne distillée en sourdine. Dans l'assiette, les portions sont copieuses, d'inspiration, de saveurs et de couleurs du Sud mais présentées à la nord-américaine: plat, riz, salade soigneusement rangés dans l'assiette. On y sert des déjeuners tropicaux du jeudi au samedi: une variante pour les amateurs de brunchs avec une pointe d'exotisme. Les jours de grisaille, la cuisine parfumée de mangue et de noix de coco réchauffe l'âme sans manières et sans prétention, mais avec un bon goût d'ailleurs. L'un de ces endroits qui incitent à la convivialité décontractée, à l'image du Mile-End: un peu bohème, un peu ethnique et très accueillant.

AMÉRIQUE LATINE-ANTILLES
SUPERMARCHÉ GLORIA

	MIDI	20 $
	SOIR	20 $

	2007	PLATEAU MONT-ROYAL
CUISINE	★★ ★★	4387, BOULEVARD SAINT-LAURENT
SERVICE	★ ★★	(514) 848-1078
DÉCOR	★ ★	2005-12-15

Son nom dit tout: au Supermarché Gloria, on mange dans une épicerie. La moitié de l'espace est occupée par des tablettes remplies de produits exotiques, et l'autre moitié, par quelques tables où l'on déguste des plats chauds commandés au comptoir. La musique salsa couvre le ronron des frigos, tandis qu'au plafond, des piñatas colorées font un pied de nez aux néons. L'endroit est tout désigné pour manger sur le pouce et, du coup, découvrir les déclinaisons péruviennes, salvadoriennes et chiliennes des empañadas, burritos, tacos et autres spécialités d'Amérique latine. Aux dires d'un habitué, les pupusas de Gloria sont les meilleures en ville. Farcies au fromage, aux fèves rouges ou à la viande, ces pupusas sont en effet très bonnes. On complète le repas avec un succulent jus de fruits frais à la mangue, goyave ou guanabana.

Tout l'monde debout!

ANDRÉ ROBITAILLE
MARINA ORSINI

Dès 5 h 30

rock détente
107,3

Accords vins & mets

CHINE

Cette cuisine extrêmement variée et complexe présente un sérieux casse-tête aux amateurs de vin. La véritable gastronomie chinoise ne se laisse pas apprivoiser facilement par le vin. Les blancs, souvent plus appropriés, se marient mieux à l'ail, au gingembre, au soya et au sésame. Certains plats carnés exigeront des rouges légers à moyennement corsés, mais rarement puissants et tanniques. L'intensité des saveurs, la chaleur des épices et la douceur de nombreux plats nous feront voyager davantage dans le Nouveau Monde viticole.

DIM SUM
Viognier californien, shiraz Australie (à expérimenter)

BŒUF AU BROCOLI
Pinot noir Californie, rioja Espagne, merlot Australie

RIZ FRIT CANTONAIS AUX CREVETTES
Blancs siciliens Italie, chardonnay Canada

POULET DU GÉNÉRAL TAO
Chardonnay Californie ou Chili, juliénas France

CHOP SUEY
Sémillon Australie, gamay France

PRENEZ GOÛT
À NOS **CONSEILS**

SAQ

Soy *Suzanne Liu, chef-copropriétaire et Many Chang, copropriétaire*
Page 86

CHINE

Cuisine d'une rare complexité et d'un très haut niveau technique. Le méticuleux frise parfois le maniaque tant le souci du détail et le cérémonial revêtent d'importance, même pour les plats les plus simples. Beaucoup d'ail, de gingembre, de soja et de sésame. Bouillons longuement mijotés, viandes grillées, poissons épicés, canards laqués et fantastiques plats de nouilles; beaucoup de riz aussi et des légumes inconnus sous nos climats, que l'on découvre avec admiration. Presque constamment, des saveurs puissantes et des plats extrêmement exotiques pour l'Occidental moyen.

Le Quartier chinois est, bien entendu, le lieu de prédilection où l'on découvrira cette cuisine, mais ailleurs dans la ville, de belles adresses ont gagné le cœur des gastronomes locaux curieux et aventuriers. Beaucoup de petits établissements où l'on peut admirer la débrouillardise des cuisiniers d'Extrême-Orient, mais aussi quelques grandes maisons qui déclinent les grands classiques de la cuisine chinoise. Au fil des ans, les établissements se sont raffinés et offrent aujourd'hui de très intéressantes prestations.

CHINE		MIDI	**20$**
BÔ		SOIR	**50$**

	2007	**MILE-END**
CUISINE	★★★★ ★★★★	5163, BOULEVARD SAINT-LAURENT
SERVICE	★★★★ ★★★★	(514) 272-6886
DÉCOR	★★★★ ★★★★	2005-09-05

Pour qui aime la cuisine chinoise, l'arrivée de ce Bô («trésor près de votre cœur» en français dans le texte) est une très bonne nouvelle. La chef Suzanne Liu, qui fait le bonheur des gourmands curieux chez Soy depuis des années, propose ici une autre halte dans le paysage gastronomique de sa Chine. Une cuisine étudiée, légère, amusante et nourrissante à la fois. Très bien exécutée également, technique et esthétique. De belles interprétations de classiques ailleurs rabâchés et de très savoureuses trouvailles dans plusieurs registres, entrées, plats principaux et desserts. Si la carte est courte, on y trouve beaucoup de choses intéressantes. Le tout est servi dans un très beau décor et par du personnel qui sait combien l'honorable Occidental est sensible au sourire quand il va au restaurant.

CHINE		MIDI	**20$**
BON BLÉ RIZ		SOIR	**50$**

	2007	**CENTRE-VILLE**
CUISINE	★★★ ★★	1437, BOULEVARD SAINT-LAURENT
SERVICE	★★★ ★★★	(514) 844-1447
DÉCOR	★★ ★★	2005-11-08

Dans la multitude de restos sino-vietnamiens qui ont pignon sur rue au centre-ville de Montréal, Bon Blé Riz se distingue non seulement par son nom surréaliste mais également par sa longévité, l'amabilité des serveurs et la constance de sa cuisine. D'accord, on ne réinvente rien aux fourneaux — ou si, parfois, comme c'est le cas avec ce généreux et surprenant canard aux trois épices — mais la plupart des plats sont bien faits, bien présentés et savoureux. Et c'est ce qui compte avant tout. Le midi, la clientèle d'affaires mêlée à celle des étudiants fauchés crée un agréable contraste. Le soir, l'ambiance feutrée et la discrétion des serveurs — qui parlent tous français — en font un établissement relaxant et abordable. Une valeur sûre.

CHINE		MIDI	**30$**
CHEZ CHINE (HÔTEL HOLIDAY INN)		SOIR	**60$**

	2007	**QUARTIER CHINOIS**
CUISINE	★★★ ★★★	99, AVENUE VIGER OUEST, 2E ÉTAGE
SERVICE	★★★ ★★★	(514) 878-9888
DÉCOR	★★★ ★★★	2006-06-02

Drôle de nom et drôle d'endroit. Derrière les jolis bassins sillonnés par les carpes, le resto est plutôt anonyme, genre grand hôtel, comme de juste. De quoi plaire à ceux qui craignent de s'encanailler dans les bouibouis sympas des environs. Bref, le Quartier chinois sans le Quartier chinois. À midi, on privilégie la formule des dim sum; le soir, on propose un menu relativement alléchant et sans doute un peu cher. Les prestations sont inégales, comme l'est le service, plus empressé qu'efficace. Attention aux appellations ronflantes qui cachent des plats nettement plus terre-à-terre, comme cet «éventail de porcelet à l'aubergine» qui, dans l'assiette, devient un sauté d'aubergine au... tofu! Plutôt bon, au demeurant. La traduction, sans doute.

CHINE
JARDIN DU NORD

			MIDI	**30$**
			SOIR	**50$**

	2007		**QUARTIER CHINOIS**
CUISINE	★★	★★	78, RUE DE LA GAUCHETIÈRE OUEST
SERVICE	★★★	★★★	(514) 395-8023
DÉCOR	★★★	★★★	2005-01-08

Dans ce Quartier chinois qui propose le meilleur et parfois le pire, le Jardin du Nord attire essentiellement une clientèle de touristes et de locaux non chinois. Probablement parce que le décor, sobre et aéré, le service efficace... et les prix plus élevés que ceux des voisins ont un effet rassurant sur l'Occidental moyen! Quelques spécialités, surtout du Nord mais également du Sichuan, sont assez relevées, bien définies et satisferont votre goût d'exotisme. Les dumplings au porc et au chou, par exemple, ou le délicat et savoureux canard parfumé. Mais certains plats mériteraient d'être mieux traités et d'autres sont carrément ennuyants ou tout simplement étouffés, comme c'est trop souvent le cas, sous une épaisse couche de sauce liquide. Le menu s'égare également de quelques milliers de kilomètres en proposant un abrégé pas très convaincant de cuisine thaïlandaise... Une expérience tout en yin et en yang, en montées et en descentes, et qui, sans être déplaisante, laisse souvent le client sur son appétit.

CHINE
KAM SHING

			MIDI	**15$**
			SOIR	**35$**

	2007		**CÔTE-DES-NEIGES**
CUISINE	★★	★★	4771, AVENUE VAN HORNE
SERVICE	★	★	(514) 341-1628
DÉCOR	★	★	2005-01-28

Il y a dans la constance même de Kam Shing quelque chose de rassurant. Le monde a beau changer, ici, rien ne bouge: même décor sommaire (c'est presque un euphémisme), même brigade exclusivement masculine et surtout même cuisine, égale, savoureuse, sans prétention. La soupe aigre-piquante (ou, si vous préférez, le potage pékinois) demeure incontestablement une des meilleures en ville. Pour le reste, on peut difficilement se tromper. Vous voulez sortir de l'ordinaire? Essayez un plat braisé, par exemple le délicieux bœuf au gingembre et aux oignons verts, servi dans une cocotte. Le service n'a jamais été le point fort de la maison: à midi, il devient presque cavalier. En revanche, les enfants y sont toujours gentiment accueillis.

CHINE
KEUNG KEE

			MIDI	**25$**
			SOIR	**45$**

	2007		**QUARTIER CHINOIS**
CUISINE	★★	★★	70, RUE DE LA GAUCHETIÈRE OUEST,
SERVICE	★★	★★	2E ÉTAGE (514) 393-1668
DÉCOR	★★	★★	2005-11-07

Comme plusieurs autres établissements du quartier, Keung Kee sert avant tout une clientèle chinoise qui apprécie la gastronomie cantonaise mais qui se permet également quelques incursions chez sa voisine sichuanaise. Et comme c'est souvent le cas dans les restos du Quartier chinois, le service est approximatif, les plats servis dans le désordre, les conseils du personnel aussi confus que confondants et la décoration de la salle réduite à sa plus simple expression. Heureusement, la cuisine est authentique, les produits frais et l'ambiance dépaysante. Spéciaux du midi offerts à des prix compétitifs.

CHINE
LA MAISON KAM FUNG

MIDI **30 $**
SOIR **50 $**

	2007		**QUARTIER CHINOIS**
CUISINE	★★★★	★★★★	1111, RUE SAINT-URBAIN
SERVICE	★★★	★★★	(514) 878-2888
DÉCOR	★★	★★	

2006-08-21

Au fil des ans, défiant toutes les modes d'ici ou de là-bas, La Maison Kam Fung demeure un solide pilier de la cuisine chinoise en ville. Perdue au fond du dédale d'un centre commercial du quartier, la grande salle résonne de l'écho des festivités aux grandes tables. Le soir, cuisine chinoise standard avec plats soignés aux portions gargantuesques. À midi, célèbres dim sum chinois. Ces petites bouchées, porc, crevette, canard, poulet, crabe ou autres calmars, sont présentées dans de jolis paniers en bambou, transportés sur des chariots par des serveurs et serveuses hyperactifs, bilingues, trilingues et, à l'occasion, unilingues cantonais. En tout temps, on pourra partager une de ces immenses tables rondes avec quelque vieux Chinois souriant et affamé. Cette maison est encore l'endroit idéal pour découvrir des plats originaux qu'on ne mange pas à la maison.

CHINE
LE CHRYSANTHÈME

MIDI **30 $**
SOIR **80 $**

	2007		**CENTRE-VILLE**
CUISINE	★★★	★★★	1208, RUE CRESCENT
SERVICE	★★★★	★★★	(514) 397-1408
DÉCOR	★★★	★★★	

2005-12-12

La rue Crescent, capharnaüm de restos, bars et autres «lieux de plaisir» aux origines et aux missions les plus diverses — allant du pub irlandais aux attrape-touristes hors de prix —, attire la faune anglo-saxonne et d'affaires depuis des années. Ce petit havre de paix et de tranquillité, tout de crème vêtu, où il fait toujours bon venir tremper les lèvres dans le thé, semble échapper à la règle. Spécialités sichuanaises et pékinoises sont à l'honneur, préparées avec beaucoup de soin et un soupçon d'éclat. À essayer en entrée, l'aubergine aigre-douce sur lit de riz croquant, un mariage très réussi, surprenant et sensuel. Bien sûr, on est au centre-ville et la facture démontre que les propriétaires immobiliers, ici, doivent se la couler douce. Service amical mais hésitant, qui gagnerait à être resserré un brin.

CHINE
LE PIMENT ROUGE

MIDI **50 $**
SOIR **90 $**

	2007		**CENTRE-VILLE**
CUISINE	★★★	★★★	LE WINDSOR, 1170, RUE PEEL
SERVICE	★★★	★★★	(514) 866-7816
DÉCOR	★★★★	★★★★	

2005-11-09

Du Piment rouge, on peut dire qu'il a tout d'un grand. Tout, c'est-à-dire un décor soigné dans un édifice idéalement situé et de prestige, un accueil et des serveurs qui se veulent stylés, une carte des vins d'une variété impressionnante avec quelques grands crus pour les vrais amateurs (fortunés) et une addition à l'avenant. Tout... sauf la cuisine qui est tout à fait correcte pour un petit resto sympa mais nettement en deçà des attentes qu'un tel lieu génère. Le canard, par exemple, n'a de croustillant que le nom et le saumon au thé vert n'est pas la révélation que l'on espérait. La salle ne manque pas d'allure et la tenue est de rigueur (ne serait-ce que par l'inconfort des chaises aux dossiers droits), et l'endroit se remplit chaque jour d'une clientèle de gens d'affaires aux comptes de dépenses extensibles. Petits budgets, s'abstenir.

CHINE
L'ORCHIDÉE DE CHINE

			MIDI	**60 $**
			SOIR	**60 $**

	2007		**CENTRE-VILLE**
CUISINE	★★★★	★★★★	2017, RUE PEEL
SERVICE	★★★★	★★★★	(514) 287-1878
DÉCOR	★★★	★★★	

2005-02-17

Raffinement. Voilà le mot qui vient à l'esprit quand on s'attable devant les spécialités sichuanaises et pékinoises de L'Orchidée de Chine. Les saveurs sont fines et bien définies, les légumes sont croquants, les viandes tendres et les sauces soyeuses, et ce, peu importe le plat: poisson vapeur, crevettes ou calmars sautés, canard ou poulet croustillants, sauces aigres-douces. Bien que le décor ait intérêt à être un peu rafraîchi, l'établissement conserve une place enviable au top des meilleurs restaurants chinois à Montréal. On souhaiterait seulement que le personnel, ultra-attentionné et qui se débrouille en français, soit un peu plus souriant. Un jour, sans doute.

CHINE
LOTTÉ FURAMA

			MIDI	**30 $**
			SOIR	**30 $**

	2007		**QUARTIER CHINOIS**
CUISINE	★★★	★★★	1115, RUE CLARK
SERVICE	★★	★★	(514) 393-3838
DÉCOR	★★	★★	

2005-03-30

En voyant la salle à manger remplie à 90 % de convives aux yeux bridés, on se dit que c'est bon signe. Les grandes tables rondes, avec leur plateau pivotant qui permet de «spinner» les plats pour les partager avec ses voisins, incitent à se déplacer en groupe, famille ou amis. L'établissement est réputé pour ses dim sum, très populaires le midi et le dimanche matin. Il y a aussi la carte, plus rassurante pour un Occidental peu habitué à fréquenter le Quartier chinois: on choisit parmi une centaine de plats — par exemple, bœuf à l'orange, poulet aux épices, canard braisé, vermicelles à la cantonaise. Les choix sont innombrables, les assiettes, généreuses, et les saveurs, pas toujours raffinées, mais authentiquement chinoises!

CHINE
MEI LE CAFÉ CHINOIS

			MIDI	**25 $**
			SOIR	**40 $**

	2007		**MILE-END**
CUISINE	★★★	★★★	5309, BOULEVARD SAINT-LAURENT
SERVICE	★★★	★★★	(514) 271-5945
DÉCOR	★★★	★★★	

2005-09-20

Bien avant que le Mile-End ne redevienne animé, Mei rayonnait dans le quartier. La simplicité permettant toujours de briller et de durer, le rayonnement de cette sympathique maison chinoise est toujours aussi intense. La simplicité se trouve dans tous ces petits plats préparés avec soin — et avec grande diligence à midi alors que tout le monde est un peu pressé. Soupes, canard et poulet sautés, nouilles et riz parfumés, dim sum. L'établissement a connu quelques cahots en 2005 (fermeture, réouverture, re-fermeture, re-réouverture), mais les choses semblent revenues à la normale aujourd'hui. Un nouveau chef très allumé officie sous les yeux admiratifs des clients et les woks ont repris leur fascinant ballet. Additions toujours aussi raisonnables et dépaysement garanti.

		CHINE **MR MA**		MIDI **60 $** SOIR **60 $**

	2007		CENTRE-VILLE
CUISINE	★★★ ★★★		1, PLACE VILLE-MARIE, LOCAL 11209 (514) 866-8000
SERVICE	★★ ★★		
DÉCOR	★★★ ★★★		2005-04-12

Place Ville-Marie oblige, on fait bon chic, bon genre chez Mr Ma. Pour accommoder les hordes de cols blancs, avocats et gens d'affaires qui fréquentent l'endroit à l'heure du midi, le service est rapide, poli, et efficace même s'il manque parfois un peu de manières. Ambiance étonnamment calme et feutrée même lorsque la vaste salle est pleine à craquer. Dans l'assiette, malgré quelques incartades thaïlandaises, on privilégie les cuisines cantonaise et sichuanaise. Les plats et les préparations sont classiques et en général très soignés, les ingrédients, d'une grande fraîcheur, et le menu réserve quelques surprises à ceux qui prennent le temps de le consulter. C'est vrai que les amateurs de sensations fortes et pimentées n'y trouveront pas leur compte. Mais pour les nombreux clients souvent déçus par le laisser-aller qui caractérise plusieurs établissements du Quartier chinois, Mr Ma est assurément une adresse à retenir.

CHINE **RESTAURANT SZECHUAN**		MIDI **35 $** SOIR **60 $**

	2007		VIEUX-MONTRÉAL
CUISINE	★★★ ★★★		400, RUE NOTRE-DAME OUEST (514) 844-4456
SERVICE	★★★ ★★★		
DÉCOR	★★★ ★★★		2006-04-07

À la cohue, au service brusque et au décor parfois inexistant de certains établissements (par ailleurs sympathiques) du Quartier chinois, le Restaurant Szechuan, pourtant situé à quelques minutes de marche, oppose une ambiance feutrée, un décor bon chic, bon genre et un service tout à fait professionnel. La nappe en coton plutôt que la nappe en plastique, si l'on veut... Tout dépend de ce dont on a envie. Au menu, les plats désormais familiers de la cuisine du Sichuan, exécutés correctement et servis en portions généreuses. Ce luxe relatif, conjugué à l'effet du Vieux-Montréal, se traduit par des prix légèrement plus élevés que ceux auxquels on est habitué, mais moins qu'on aurait pu le craindre. Autre bon point: on y accueille gentiment les enfants.

CHINE **SOY**		MIDI **25 $** SOIR **50 $**

	2007		MILE-END
CUISINE	★★★★ ★★★★		5258, BOULEVARD SAINT-LAURENT (514) 499-9399
SERVICE	★★★★ ★★★★		
DÉCOR	★★★ ★★★		2005-02-20

Ah, le plaisir de s'asseoir ici et de commander quelques-uns de ces petits plats insolites sortis de l'imagination de la chef Suzanne Liu! Bien sûr, on trouve à sa table les habituels classiques de la cuisine chinoise, poulet du général Tao et autres plats de nouilles gorgés de légumes, mais on vient surtout ici pour ses belles interprétations très personnelles de cette cuisine et les mariages qu'elle réussit avec celles des pays voisins. Cuisine minute, viandes ou poissons, volailles domestiques ou gibier, plats végétariens, tout en cuisine est ici traité avec créativité, bon goût et équilibre. Et le personnel est d'une amabilité égale avec les clients, que l'on ait 7 ou 77 ans. Et, en plus, c'est presque donné compte tenu de la qualité. On aime beaucoup.

CHINE
TAPIOCA THÉ

				MIDI	**20 $**
				SOIR	**20 $**

	2007		CENTRE-VILLE
CUISINE	★ ★	★ ★	1672, BOULEVARD DE MAISONNEUVE OUEST (514) 223-4095
SERVICE	★	★	
DÉCOR	★	★	2005-05-07

D'emblée, l'idée d'une maison de thé chinoise séduit, d'autant plus qu'on n'a pas ici affaire à une proposition banale: certes, on y trouve du thé chaud, vert ou noir, mais les clients y viennent plutôt pour le thé glacé, vert ou noir lui aussi, servi avec ou sans lait, avec ou sans bulles de tapioca, avec ou sans noix de coco, etc. (Indécis chroniques, s'abstenir.) On l'aura compris, cette petite maison sans prétention fait dans le thé «post-moderne», selon la mode importée de Taïwan, aux accents artificiels (dans tous les sens du mot). En complément de programme, on a la possibilité d'accompagner son thé d'une entrée, dont un amusant «pop-corn» de poulet frit, et d'un plat taïwanais simple et correct, à base de riz ou de nouilles.

CHINE
ZEN

				MIDI	**40 $**
				SOIR	**70 $**

	2007		CENTRE-VILLE
CUISINE	★ ★ ★	★ ★ ★	1050, RUE SHERBROOKE OUEST (514) 499-0801
SERVICE	★ ★ ★	★ ★ ★	
DÉCOR	★ ★ ★ ★	★ ★ ★ ★	2005-02-24

À son ouverture, il y a une quinzaine d'années, le Zen était un joyau dans le paysage des restaurants montréalais. Le menu chinois qu'on y offrait rivalisait avec les meilleures adresses en créativité et en raffinement. Son lustre s'étant émoussé au fil des ans, le Zen a graduellement remplacé la qualité par la quantité: les rouleaux impériaux ont perdu de leur légèreté, les dim sum, de leur variété et les sauces, de leur finesse. Non pas que ce qu'on y offre soit mauvais, mais quand on a connu le raffinement des débuts, les plats actuels ne peuvent que décevoir. Cela n'empêche pas les gens de s'y masser, attirés par une sorte de formule «Buffet à volonté»: le soir, pour 32 $, on peut choisir le nombre de plats que l'on désire, parmi lesquels on retrouve des spécialités de la maison, comme le canard aromatique et croustillant servi avec oignons verts, concombres et crêpes, un incontournable.

Accords
vins & mets

ESPAGNE/ PORTUGAL

La cuisine de la péninsule ibérique varie selon sa situation géographique. Influencée par l'Atlantique et la Méditerranée, les poissons et fruits de mer simplement grillés y abondent. Les blancs locaux, particulièrement frais et savoureux, nous simplifient la tâche. Leurs rouges, si chaleureux, pleins, mûrs et gorgés de soleil, se marieront à merveille aux nombreuses grillades de volaille, d'agneau, de porc, ainsi qu'aux saucisses. Quant aux tapas, elles justifient le principe du vin au verre.

POULET AU XÉRÈS
Xérès fino ou rueda Espagne

CALMARS A LA PLANCHA
Albarino rias-baixas Espagne, vinho verde Portugal

PAELLA VALENCIANA
Rioja ou penedès blanc Espagne

POULET GRILLÉ À LA PORTUGAISE
Douro ou dâo rouge Portugal

CREMA CATALANA
Moscatel-de-setubal, xérès oloroso doux, pedro ximenez

PRENEZ GOÛT
À NOS **CONSEILS**

SAQ

Vasco da Gama *Annick Bélanger, propriétaire*
Page 96

ESPAGNE/ PORTUGAL

La cuisine de la péninsule ibérique navigue entre Méditerranée et Atlantique; beaucoup de poissons et de fruits de mer donc, souvent simplement grillés et arrosés d'un filet de citron, des arômes envoûtants, des structures de plats robustes et des compositions d'une extrême générosité. Des formules, tapas et autres, où la convivialité joue un grand rôle, tous les petits plats sont partagés entre amis et l'on arrose le tout d'un de ces solides crus, rouges intenses de la Rioja ou du Douro. Huile d'olive, ail, tomates, saucisses, haricots.

La vitalité de ces communautés chez nous se reflète bien dans leurs cuisines. Aux traditionnels établissements offrant paellas et poissons braisés, sont en effet venues s'ajouter de plus petites maisons, très bien tenues et présentant les versions modernes de ce qui se passe dans leur pays d'origine. Dynamisme et créativité sont au menu de ces tables qui contrastent avec ces maisons coincées dans le carcan des traditions qui encombraient le paysage. Et toujours, surtout chez les restaurateurs portugais, cette remarquable générosité dans les assiettes.

ESPAGNE-PORTUGAL
BISTRO LE PORTO

MIDI **30 $**
SOIR **70 $**

	2007		
CUISINE	★★	★★	
SERVICE	★★★	★★★	
DÉCOR	★★★	★★★	

CENTRE-SUD
1365, RUE ONTARIO EST
(514) 527-7067

2006-04-12

C'est sans contredit La Mecque des amateurs de porto puisque la carte, abondante, offre toute la palette des couleurs et des saveurs de ce nectar portugais. Là où ça se gâte, c'est dans l'assiette. Comment un cuisinier digne de ce nom peut-il rater à ce point la cuisson des viandes et des poissons, pourtant aliments-vedettes si savoureux de la cuisine espagnole et portugaise? Malgré tout, Le Porto demeure un endroit joli et agréable où règne une ambiance chaleureuse. C'est ce que les gens aiment, car l'endroit continue d'être abondamment fréquenté.

ESPAGNE-PORTUGAL
CANTINHO

MIDI **50 $**
SOIR **50 $**

	2007		
CUISINE	★★	★★	
SERVICE	★★	★★	
DÉCOR	★★	★★	

SAINT-MICHEL
3204, RUE JARRY EST
(514) 729-9494

2005-03-24

Si l'appellation «cuisine testostéronée» était officialisée, on l'emploierait sûrement pour décrire ce qui nourrit le Portugais moyen. Que de viande! Que de féculents! Que de... que de! L'un des seuls restos dignes de ce nom dans un secteur en voie de revitalisation, Cantinho accueille une clientèle majoritairement masculine (est-ce dû à la proximité de la caserne de pompiers?), qui s'attaque courageusement à d'impressionnantes platées de poulet rôti, de fort bonnes grillades de poisson et de fruits de mer, ou de bitoque – du steak servi avec... un œuf, histoire de se protéiner le pompon davantage! Le défi: terminer son assiette sans avoir l'envie subséquente d'une petite sieste digestive!

ESPAGNE-PORTUGAL
CASA MINHOTA

MIDI **30 $**
SOIR **60 $**

	2007		
CUISINE	★★★	★★★	
SERVICE	★★★	★★★	
DÉCOR	★★★	★★★	

PLATEAU MONT-ROYAL
3959, BOULEVARD SAINT-LAURENT
(514) 842-2661

2005-12-09

Quand on parle de rapport qualité/quantité/prix, Casa Minhota est l'un de ces trois ou quatre restaurants portugais en ville qui donnent envie de déménager sur-le-champ au Portugal. Pas seulement parce que le rapport qualité/quantité/prix est fabuleux dans ce resto si typiquement portugais. Pas seulement parce que la cuisine sans fioriture aucune redonne le sourire à tout le monde. Pas seulement à cause de ses poissons grillés avec précision, de ses viandes parfumées et de ses légumes légèrement caramélisés. Pas seulement non plus à cause du fado plaintif qui imbibe l'air du soir de ce restaurant. À cause de tout cela. Et de cette façon si sympathique qu'a le personnel très portugais de soigner le client de passage. Portugais ou pas.

ESPAGNE-PORTUGAL
CASA TAPAS

MIDI —
SOIR **70 $**

	2007		**PLATEAU MONT-ROYAL**
CUISINE	★★★★	★★★★	266, RUE RACHEL EST
SERVICE	★★★★	★★★★	(514) 848-1063
DÉCOR	★★★★	★★★★	2006-08-31

On se croirait toujours dans une bonne petite maison de Barcelone tant le décor a été soigné dans les moindres détails. L'esprit de Gaudi est présent et l'on peut facilement imaginer qu'en sortant, on va se trouver Passeig de Gracia ou sur les Ramblas. L'énergie aussi est là et le ballet des serveurs et serveuses virevoltant de table en table évoque bien la *movida* catalane. Côté cuisine, on tourne parfois un peu les coins ronds pour certaines tapas un peu brouillonnes, selon nous, et qui manquent de ce caractère très marqué qui faisait la force de la maison à une époque où il y avait moins de monde et moins de brouhaha. L'ambiance survoltée en tout temps et l'achalandage constant tendent toutefois à prouver que tout le monde est content, aujourd'hui comme hier. *¡Bon profit!*

ESPAGNE-PORTUGAL
CASA VINHO

MIDI **30 $**
SOIR **70 $**

	2007	**ROSEMONT–PETITE-PATRIE**
CUISINE	★★	3750, RUE MASSON
SERVICE	★★	(514) 721-8885
DÉCOR	★★	2005-11-18

Pouvoir manger de délicieuses cailles ou des calmars grillés à point, tendres et juteux, est toujours un plus. Quand on peut le faire dans ce coin de la ville un peu pauvre en restos ethniques de qualité, c'est un plus supplémentaire pour qui habite le quartier. La belle cuisine populaire portugaise est traitée ici avec les égards qui lui sont dus et l'ensemble des plats proposés chez Casa Vinho pourraient se trouver sur une nappe familiale chez vos copains portugais. Le service est gentil mais un peu hésitant et le décor, un modèle de kitsch. Les prix très raisonnables aident aussi à trouver la maison sympathique et à s'y arrêter si l'on passe dans le coin.

ESPAGNE-PORTUGAL
CHEZ DOVAL

MIDI **20 $**
SOIR **40 $**

	2007		**PLATEAU MONT-ROYAL**
CUISINE	★★★	★★★	150, RUE MARIE-ANNE EST
SERVICE	★★★	★★★	(514) 843-3390
DÉCOR	★★	★★	2005-01-11

Cette adresse incontournable dans le quartier portugais constitue un premier choix pour les sorties de groupe. Le menu n'a pas beaucoup changé au fil des ans, mais les goûts des clients non plus, on dirait! Pourquoi donc y retourne-t-on encore et encore sans jamais se lasser? Parce que c'est bon, parce que c'est agréable, et aussi parce qu'on y trouve toujours une table malgré l'affluence quotidienne. Qu'ils cuisinent le poulet, les cailles, les calmars ou le mérou, les experts de la grillade réussissent leur tour à la perfection. Les assiettes s'adressent à de (très) gros appétits et sont offertes à des prix d'ami. Et quand on sait que les amis invitent leurs amis, on comprend que le resto soit toujours plein.

ESPAGNE-PORTUGAL
CHEZ LE PORTUGAIS

MIDI **30 $**
SOIR **45 $**

	2007	
CUISINE	★☆ ★★	
SERVICE	★☆ ★★	
DÉCOR	★★★☆ ★★★★	

PLATEAU MONT-ROYAL
4134, BOULEVARD SAINT-LAURENT
(514) 849-0500

2005-01-24

Il est bien sympathique, ce Portugais qui cumule les fonctions de boutique (où l'on propose quelques spécialités lusitaniennes), et de café, bar et resto, dans un décor éclectique où les masques mexicains côtoient les sculptures en métal d'animaux africains (clin d'œil à la jungle de la *Main*?) et les canapés résolument *lounge*, auxquels répond la musique du même nom. L'endroit idéal où prendre une bouchée et siroter un verre de porto entre amis ou en tête-à-tête. Outre des déjeuners à midi et quelques plats principaux, la cuisine fait surtout dans les petiscos ou tapas à la portugaise, d'où ressortent, sans surprise, les sardines et les calmars grillés. Ambiance et service décontractés. Un lieu en parfait accord avec son environnement.

ESPAGNE-PORTUGAL
DON MIGUEL

MIDI **40 $**
SOIR **60 $**

	2007	
CUISINE	★★★ ★★★	
SERVICE	★★ ★★★	
DÉCOR	★★★ ★★	

PLATEAU MONT-ROYAL
20, RUE PRINCE-ARTHUR OUEST
(514) 845-7915

2005-11-04

Si près du bruissant boulevard Saint-Laurent et pourtant si calme, le Don Miguel a le charme un peu désuet d'un restaurant de famille à l'espagnole. Il en a aussi la cuisine, honnête, constante (le festival des crevettes est toujours au rendez-vous), servie en portions copieuses... un peu trop lorsqu'il s'agit des tapas de bonne taille qui découragent d'en essayer plusieurs. Le décor vieillit un peu, surtout dans l'arrière-salle, mais les chaises de cuir qui lui donnent un air andalou sont invitantes et les tables, impeccablement nappées. On y mange à prix raisonnables de grandes paellas valencianas, un très bon gaspacho et des plats à mi-chemin entre l'Espagne et le Québec. Placeres accueille avec l'accent et l'amabilité discrète de sa Galice natale.

ESPAGNE-PORTUGAL
FERREIRA CAFÉ

MIDI **50 $**
SOIR **120 $**

	2007	
CUISINE	★★★★ ★★★★	
SERVICE	★★★★ ★★★★	
DÉCOR	★★★★ ★★★★	

CENTRE-VILLE
1446, RUE PEEL
(514) 848-0988

2005-04-26

À midi moins cinq, il n'y a que quelques clients avisés, voulant passer avant la cohue. À midi et quart, le restaurant est plein et la cuisine roule comme le moteur d'une Ferrari. Ou d'une Renault, je ne sais plus. En tout cas, de celle qui est devant. Comme le restaurant de Carlos Ferreira en restauration. Le chef Marino Tavares réussit les petites choses comme les grandes et regarder sa brigade travailler est un pur plaisir. Économie des gestes, précision, harmonie. Tout ceci se retrouve dans les assiettes, midi et soir, et cette maison demeure l'une des plus prisées du centre-ville. Service attentionné, efficace et chaleureux. Carte des vins remarquable reflétant la grande fierté de ce digne fils du Portugal.

ESPAGNE-PORTUGAL
JANO

	MIDI	**40 $**
	SOIR	**40 $**

	2007		**PLATEAU MONT-ROYAL**
CUISINE	★★★	★★↑	3883, BOULEVARD SAINT-LAURENT
SERVICE	★★★	★★★	(514) 849-0646
DÉCOR	★★	★★	2005-04-08

Lorsqu'on obtient une table chez Jano, de la famille Castanheiro – également propriétaire de la rôtisserie Coco Rico voisine –, il y a déjà bien longtemps que le coq a chanté... L'appel du poulet est parfois trop fort pour résister! Le resto étant situé dans une portion du boulevard Saint-Laurent où l'action ne manque pas, la file d'attente pour se sustenter de grillades portugaises est souvent interminable. Rassurez-vous, ça en vaut la peine. Que vous choisissiez une volaille ou l'un des poissons du jour cuisinés sur le gril, votre patience sera récompensée par des plats savoureux servis avec une générosité exemplaire. Au dessert, mentions spéciales au pudim flan (crème caramel portugaise) et au pastel de nata (tartelette à la crème pâtissière), tous deux exceptionnels.

ESPAGNE-PORTUGAL
LA SALA ROSSA - CENTRO SOCIAL ESPAÑOL

	MIDI	—
	SOIR	**80 $**

	2007		**MILE-END**
CUISINE	★★	★★	4848, BOULEVARD SAINT-LAURENT
SERVICE	★★★	★★★	(514) 844-4227
DÉCOR	★★	★★	2006-09-07

À La Sala Rossa, le restaurant du Centro Social Español, on a la nette impression de se trouver dans un petit resto d'un quartier populaire de Madrid, de Valencia ou de quelque ville de province espagnole. Les habitués, au bar, occupés à débattre chaudement des sujets de l'heure; en salle, les clients attablés devant de belles assiettes de calamares a la plancha, de savoureuses tortillas de patatas et des paellas safranées, pleines de fruits de mer et d'échos de castagnettes. Dépaysement garanti. Et si, en plus, vous venez souper ici un jeudi, vous aurez droit à un spectacle de flamenco ébouriffant qui vous emportera en Andalousie sur-le-champ. Finissez vos assiettes avant le début du spectacle. C'est très difficile de manger tout en tapant des mains et des pieds.

ESPAGNE-PORTUGAL
LE F

	MIDI	—
	SOIR	**80 $**

	2007		**OUTREMONT**
CUISINE	★★★★	1257, AVENUE BERNARD OUEST
SERVICE	★★★★	(514) 272-2688
DÉCOR	★★★★	Ⓝ 🅔 ⓥ 2006-06-12

Ce F a plusieurs attraits: il est sous la houlette des propriétaires du Vasco da Gama voisin qui font toujours très bien les choses. En été, il offre l'une des plus belles terrasses de l'avenue Bernard et le reste de l'année, une salle très accueillante où sont servis des plats ficelés avec soin. Cuisine portugo-franco-nord-américaine, cuisine véritable en tout cas alors que dans le coin, beaucoup de maisons établies donnent plutôt dans l'esbroufe et le charlatanisme. Le client saura choisir. Il le fait d'ailleurs puisque Le F est fréquenté par cette nouvelle génération d'Outremontais soucieux de bien manger, mais également par des gastronomes curieux venus d'ailleurs. Accueil et service d'une extrême amabilité. Addition relativement moelleuse.

ESPAGNE-PORTUGAL
LE GRILL BARROSO

MIDI **35$**
SOIR **35$**

	2007		**CENTRE-SUD**
CUISINE	★★	★★	1480, RUE ONTARIO EST
SERVICE	★★★	★★★	(514) 521-2221
DÉCOR	★★	★★	

2005-05-11

D'emblée, il faut avouer que cette nouvelle adresse ne réinvente en rien le genre maintenant bien connu et bien rodé du resto/grillade portugais beau-bon-pas-cher. On y fait donc la belle part au poulet mariné et à la saucisse chorizo épicée, au petit pain de maïs et aux légumes bien huilés. Par contre, la salle est agréable et moderne (exit le soporifique décor folklorique), le service, efficace et l'addition, raisonnable. Conclusion: il n'est peut-être pas nécessaire de faire un détour de 15 km pour venir s'attabler au Grill Barroso, mais dans ce secteur de la ville relativement dépourvu sur le plan gastronomique, un peu de neuf — et de savoureux — est toujours le bienvenu.

ESPAGNE-PORTUGAL
PINTXO

MIDI **35$**
SOIR **60$**

	2007		**PLATEAU MONT-ROYAL**
CUISINE	★★★★	★★★★	256, RUE ROY EST
SERVICE	★★★★	★★★★	(514) 844-0222
DÉCOR	★★★★	★★★★	

2005-06-11

Au pays des tapas, Pintxo est roi. Enfin, des tapas dans leur version basque, ce qui est tout de même plus original. Un joli décor, simple et chaleureux, un service attentionné et une cuisine ébouriffée et très divertissante. Les jeunes gens qui ont ouvert ce petit resto de quartier à la mi-juin 2005 donnent beaucoup d'énergie à leur cuisine. Des petits plats, donc, préparés avec beaucoup de soin et servis avec élégance. On partage, on discute et on arrose le tout d'un de ces rouges ibériques choisis avec discernement par le sommelier local. Viandes, poissons et légumes, tout est apprêté avec beaucoup de goût et d'à-propos. La trame sonore, les tableaux aux murs et l'ensemble de la prestation amènent le client ailleurs, en voyage quelque part entre Saint-Jean-de-Luz et San Sebastian.

ESPAGNE-PORTUGAL
PORTO MAR

MIDI **30$**
SOIR **40$**

	2007	**VIEUX-MONTRÉAL**
CUISINE	★★	201, PLACE D'YOUVILLE
SERVICE	★★★	(514) 286-5223
DÉCOR	★★★	

2005-12-30

Un vent de fraîcheur dans le Vieux-Montréal, qu'il ne faudrait pas croire réservé aux seuls touristes. Dans la même belle salle chaleureuse aux pierres et poutres magistrales que feu le resto Quai Ouest, se trouve désormais une bonne petite table portugaise. La table d'hôte est courte mais invitante et rassemble les classiques: poulet, sardines, calmars, pétoncles, poisson, grillés bien sûr. Si on éprouve une petite gêne à mettre les doigts dans son assiette tant les lieux sont beaux, on a tort; le personnel, très aimable, sera ravi de nous voir passer un agréable moment. À noter: le vin maison, portugais évidemment, est excellent et l'addition très douce.

ESPAGNE-PORTUGAL | MIDI **35$**
PORTUSCALLE | SOIR **80$**

	2007		**PLATEAU MONT-ROYAL**
CUISINE	★★★	★★★	4281, BOULEVARD SAINT-LAURENT
SERVICE	★★★	★★★	(514) 849-2070
DÉCOR	★★★★	★★★★	2005-05-04

Ce très joli restaurant portugais s'est installé dans la section moins échevelée de la *Main*. On sent pourtant qu'on tente de recréer entre ces beaux murs le va-et-vient qui règne plus au sud, sur le boulevard. Côté cuisine, pas beaucoup de brouhaha, mais une agréable musique de fond qui, sans aller jusqu'à s'élever vers des hauteurs symphoniques, reste dans le registre très agréable. Un menu assez simple, quelques salades, quelques tapas; beaucoup de poissons aussi et de fruits de mer, servis à la mode portugaise, souvent simplement grillés et accompagnés d'un filet d'huile d'olive, portugaise il va sans dire. Accueil et service vont de nonchalant à attentionné, selon la personne qui s'occupe de vous.

ESPAGNE-PORTUGAL | MIDI **25$**
RÔTISSERIE MARILOU | SOIR **60$**

	2007		**MILE-END**
CUISINE	★★★	★★★	4675, BOULEVARD SAINT-LAURENT
SERVICE	★★★★	★★★★	(514) 849-4447
DÉCOR	★★★	★★★	2005-08-15

On vient ici pour ce que proposent habituellement les restaurants populaires portugais: grillades, poissons apprêtés sans façon, assiettes généreuses et sans surprises. On n'est pas déçu. La cuisine pratiquée à l'intersection de la rue Villeneuve et du boulevard Saint-Laurent est exactement ce qu'elle pourrait être dans la mère patrie: rurale, énergisante et satisfaisante. La musique est portugaise, le décor est portugais, le personnel est portugais et l'on se sent un peu portugais soi-même en sortant d'ici. Il faut dire qu'en plus de cette cuisine sans artifices, la maison offre un service plein de chaleur et d'authentique désir de rendre les clients heureux. Pas fous, ces derniers font souvent un grand détour pour venir s'asseoir ici et se faire gâter simplement.

ESPAGNE-PORTUGAL | MIDI **20$**
RÔTISSERIE PORTUGALIA | SOIR **25$**

	2007		**PLATEAU MONT-ROYAL**
CUISINE	★★	★★	34, RUE RACHEL OUEST
SERVICE	★	★★	(514) 282-1519
DÉCOR	★	★	2006-03-09

Dans les guides pour touristes éclairés, on appelle ça «un lieu improbable». Lire ici: «boui-boui très bien caché que vous auriez tort de ne pas visiter». Cette petite maison portugaise est bourrée d'habitués et possède toute l'apparente rugosité ibérique qui fait le charme du pays. Dans l'entrée, quelques habitués discutent des dernières prouesses ou déconvenues du Benfica. Au bout du comptoir, la salle, petite et pleine de l'odeur des grillades — filets de porc, steaks, morue, côtes levées, sardines et poulet. Il faut commander ce dernier une heure ou deux à l'avance, mais quand il arrive sur la table, quel bonheur! Pas d'artifices, pas de faux-semblants. Du vrai poulet solide sous le couteau et goûteux sous la dent. Des frites en pluie épaisse et un verre de gros rouge du Douro. Si vous insistez, le personnel sourit. Insistez, ça vaut toujours l'effort.

ESPAGNE-PORTUGAL
TAPEO

	2007		VILLERAY
CUISINE	★★★	★★★	511, RUE VILLERAY
SERVICE	★★★	★★★	(514) 495-1999
DÉCOR	★★	★★★	

MIDI **45 $**
SOIR **60 $**

2006-02-08

L'endroit et ses adorables propriétaires réussissent à recréer, même dans la froidure hivernale, l'émoustillante expérience du bar à tapas typiquement hispanique. Est-ce l'amabilité d'une brigade jeune et allumée? Est-ce le plaisir de jouer les pique-assiettes en plongeant dans les petites entrées chaudes et froides placées au centre de la table? Est-ce la qualité de ce qui s'offre au palais — des classiques gambas a la plancha et tortillas aux versions miniatures de plats d'inspiration française? Ou est-ce simplement la fabuleuse énergie que dégagent des salles comme celle-ci, exiguës et bondées, où l'on joue tant du coude que des cordes vocales? L'amalgame de tout cela a vite fait de faire fondre le cœur et la tristesse, surtout si l'on accompagne le repas d'un des crus de la carte, tous en provenance d'Espagne.

ESPAGNE-PORTUGAL
TASCA

	2007		PLATEAU MONT-ROYAL
CUISINE	★★★	★★★	172, AVENUE DULUTH EST
SERVICE	★★★★	★★★★	(514) 987-1530
DÉCOR	★★	★★	

MIDI **30 $**
SOIR **60 $**

2006-01-23

Le premier ingrédient utilisé chez Tasca, c'est la gentillesse. Dans toutes les recettes, c'est souvent l'élément qui départage les plats réussis des plats très réussis. Tasca appartient à cette deuxième catégorie. Cuisine sage du Portugal, classiques grillades et petits plats inspirés des tapas; copieuse carte des vins, très portugaise elle aussi; et service attentionné jusque dans sa virilité qui, comme chacun le sait, est une vertu éminemment portugaise. Sans faire dans le haut de gamme, la cuisine ne sert pas non plus des produits de pacotille: la cataplana aux fruits de mer (gargantuesque!), par exemple, peut constituer un honnête repas à partager. Les carnivores y trouveront toujours leur compte avec un menu qui propose autant de viandes que de poissons. Joyeuse sélection de portos.

ESPAGNE-PORTUGAL
VASCO DA GAMA

	2007		OUTREMONT
CUISINE	★★★★	★★★★	1257, AVENUE BERNARD OUEST
SERVICE	★★★★	★★★★	(514) 272-2688
DÉCOR	★★★★	★★★★	

MIDI **30 $**
SOIR **60 $**

2005-05-10

Ouvert au printemps 2005, ce Vasco da Gama vient apporter une indéniable touche de fraîcheur à ce coin d'Outremont qui en manque tout aussi indéniablement. L'endroit est beau, simple et suffisamment chic pour ne pas détonner sur l'avenue Bernard où il est de si bon ton d'être chic. Carte courte, très Portugal nouvelle vague, quelques sandwichs, très astucieux, une ou deux soupes, très froides ou très chaudes, un beau choix de salades, quatre ou cinq desserts. Si l'on est vigilant, on peut s'y nourrir élégamment pour quelques dollars. Salle joliment décorée et lumineuse, belle terrasse aux beaux jours, ouvert quasiment en permanence, cuisiniers appliqués, personnel souriant et avenant, patronne modèle de dynamisme; comment ne pas aimer?

ESPAGNE-PORTUGAL
VINTAGE

MIDI **40 $**
SOIR **60 $**

2007

CUISINE	★★★	★★★
SERVICE	★★★	★★★
DÉCOR	★★★	★★★

PLATEAU MONT-ROYAL
4475, RUE SAINT-DENIS
(514) 849-4264

2005-01-06

Le Vintage conserve son titre de bonne adresse portugaise à Montréal. Ici, tout s'orchestre avec équilibre et mesure: produits de base de qualité, déco ensoleillée, plats simples mais bien réalisés. Pas de flafla, que de l'authentique et de la simplicité. Pour démarrer, vous pouvez opter pour la typique caldo verde, soupe de chou et chorizo. Vous avez ensuite le choix entre une douzaine de tapas ou une carte qui propose des poissons (thon, loup de mer), des fruits de mer (crevettes, calmars grillés) et des plats carnés (agneau, porc). Le chef cuisine le tout avec un égal doigté: la chair délicate des poissons est respectée, les sauces se font discrètes, les légumes sont croquants juste ce qu'il faut. En prime, vous avez droit à une belle carte de vins et de portos. Qui dit mieux?

ESPAGNE-PORTUGAL
ZUMAIA

MIDI **30 $**
SOIR **80 $**

2007

CUISINE	★★★★
SERVICE	★★★
DÉCOR	★★★

PLATEAU MONT-ROYAL
3712, BOULEVARD SAINT-LAURENT
(514) 288-8729

2006-07-03

Petit dernier du proprio du très populaire Pintxo, Zumaia, nom d'une petite ville de ce qu'on appelle le Pays basque espagnol, exploite savamment un des courants forts de la gastronomie actuelle: la cuisine espagnole. Le décor tout en blanc, au look «industriel», est adouci par des touches de bois et de briques de même que par un saisissant tableau géant. De l'ensemble se dégage une impression d'espace. Plutôt courte (notamment au chapitre des desserts), la carte décline quelques classiques comme la paella, préparée à la minute et exécutée selon les règles de l'art. On apprête fort bien la morue. À souligner, quelques «garnitures» peu banales, par exemple les grains de sel et l'huile d'olive qui accompagnent le fondant au chocolat.

Accords

vins & mets

EUROPE DE L'EST

L'acidité apporte une note de fraîcheur aux vins et permet d'alléger cette cuisine robuste et parfois lourde. Les vins du Vieux Continent (France, Italie, Allemagne, Autriche et pays d'Europe de l'est) apaiseront, atténueront et amélioreront les mets costauds et campagnards. La bière, très populaire dans ce coin d'Europe, sera aussi une conjointe appréciée.

GOULASCH AUX PLEUROTES
Cabernet sauvignon/merlot Hongrie ou Bulgarie, cahors France

POIVRONS VERTS FARCIS AU FROMAGE BLANC ET PAPRIKA
Chenin blanc ou sauvignon de Loire France

PIEROGIS
Riesling kabinet Allemagne, bière blonde type pilsener

VIANDE FUMÉE
Côtes-du-rhône rouge France, cabernet de Loire France

KOULIBIAC
Bordeaux blanc ou riesling Alsace France

PRENEZ GOÛT
À NOS **CONSEILS**

SAQ

Stash Café *Krystyna Janusz, chef et Ewa Bujnicka, propriétaire*
Page 102

EUROPE DE L'EST

Robuste semble être le terme le plus juste pour qualifier le style de cette cuisine. Des recettes substantielles, des portions généreuses, beaucoup de viandes fumées – poissons et saucisses en tout genre inclus – et une abondance de féculents. Comme partout ailleurs dans le monde, les cuisiniers s'adaptent au climat et autres conditions, disponibilité des produits et goûts des consommateurs. Crème sure, paprika et carvi égaient les plats typiques – pierogis, koulibiacs et autres goulaschs – sur lesquels règne l'omniprésente pomme de terre dans tous ses états.

Cette section a tendance à s'étioler au fil des ans, reflétant peut-être la migration stagnante en provenance d'Europe de l'Est vers la Métropole. L'apparition de quelques petits établissements russes constitue une exception et, ici encore, la constance n'est pas la qualité dominante de la cuisine offerte par ces maisons. Restent quelques adresses incontournables, héritage d'une époque où les immigrants d'Europe de l'Est affluaient chez nous, surtout fréquentées par les touristes. Ces derniers sont attirés là par des légendes auxquelles les locaux ont moins tendance à croire; faire la file d'attente pour un sandwich à la viande fumée et un cornichon ne figurant plus en tête de liste des passe-temps favoris des Montréalais.

EUROPE DE L'EST
ALPENHAÜS

	MIDI	**30 $**
	SOIR	**70 $**

	2007		**CENTRE-VILLE**
CUISINE	✩✩	★★	1279, RUE SAINT-MARC
SERVICE	✩✩✩	★★★	(514) 935-2285
DÉCOR	✩✩✩	★★★	

2006-01-06

Alpenhaüs a vu le jour en 1967 («C'était l'année d'l'amour, c'était l'année d'l'Expo»), à une époque où la cuisine suisse faisait figure de nouveauté. Aujourd'hui, les plats riches qui la caractérisent (fromage à gogo, friture, sauce à la crème) semblent datés, au même titre que le décor rustique de l'établissement, si kitsch qu'il paraît presque «in» au deuxième degré. Deux salles tout en bois, l'une abritant un bar, l'autre mettant en vedette un pianiste, proposent des menus semblables, même s'il faut débourser un peu plus pour l'accompagnement musical. Les prestations, les spécialités comme la fondue au fromage incluses, ne sont guère convaincantes, mais les clients (en réaction aux modes diététiques?) en redemandent. Service correct.

EUROPE DE L'EST
BERLIN

	MIDI	**—**
	SOIR	**55 $**

	2007		**MILE-END**
CUISINE	✩✩	★★	101, RUE FAIRMOUNT OUEST
SERVICE	✩✩✩	★★	(514) 270-3000
DÉCOR	✩✩✩	★★★	☂

2006-03-07

La cuisine du Berlin est en soi un pied de nez aux tendances diététiques de l'heure: de la viande, du porc notamment et, pour changer, de la saucisse. À tel point qu'on se dit que les salades et autres choucroutes sont là pour donner bonne conscience. On fait dans la cuisine traditionnelle d'Allemagne et des «environs» (schnitzels variés, potage serbe, goulasch, etc.), correctement exécutée. Service décontracté. Beau choix de bières allemandes. D'ailleurs, des bouteilles vides et des articles promotionnels brassicoles, genre plateaux et miroirs, constituent une bonne partie du décor. En prime, un accompagnement sonore populo-folklorique qui change de la musique lounge. Par moments, on n'est pas loin du solo de tuba endiablé... Sympa.

EUROPE DE L'EST
CAFÉ ROCOCO

	MIDI	**20 $**
	SOIR	**45 $**

	2007		**CENTRE-VILLE**
CUISINE	✩✩	★★	1650, AVENUE LINCOLN
SERVICE	✩✩	★★	(514) 938-2121
DÉCOR	✩✩	★★	☂

2006-01-28

Un petit café de spécialités hongroises, où l'on vous reçoit avec beaucoup de fierté et de gentillesse. Dans un cadre très simple, une cuisine familiale et rassasiante avec ses nombreuses variantes de goulasch — y compris végétarienne — et divers plats mijotés, toujours servis avec des petites pâtes façon gnocchis. Les pâtisseries méritent une attention particulière, surtout si vous êtes du genre bienheureux, qui n'a que faire des quelques calories ajoutées en fin de repas. Le service est en anglais seulement mais avec de charmants efforts et un large sourire. Le vin maison, hongrois bien sûr, sans être un nectar, est fort acceptable autant pour le gousset que pour le gosier.

EUROPE DE L'EST
ERMITAGE

			MIDI	**30 $**
			SOIR	**60 $**

2007

CUISINE ★★★ ★★★

SERVICE ★★★ ★★★

DÉCOR ★★ ★★

SNOWDON
5001, CHEMIN QUEEN-MARY
(514) 735-3886

2005-05-06

Ne vous laissez pas tromper: malgré une façade résolument anonyme et une salle au décor minimaliste (qui n'a du célèbre musée de Saint-Pétersbourg que le nom), Ermitage propose des spécialités européennes et russes bien faites et robustes, qui tiennent au corps. Ici, comme de raison, la viande est à l'honneur. Le menu, qui décline des classiques — dumplings, bœuf Stroganoff, poulet à la Kiev, etc. —, lorgne aussi du côté des anciennes républiques; à preuve, la ratatouille moldave, simple et savoureuse. Très aimable, le service tire un peu de la patte en raison des lenteurs de la cuisine, mais c'est le prix à payer pour obtenir des plats maison, préparés à la demande. À l'intention des néophytes, on propose une table d'hôte et un menu dégustation très complets.

EUROPE DE L'EST
KALINKA

			MIDI	**30 $**
			SOIR	**45 $**

2007

CUISINE ★★ ★★

SERVICE ★★ ★★

DÉCOR ★★ ★★

CENTRE-VILLE
1409, RUE SAINT-MARC
(514) 932-3403

2006-04-29

Franchissez la porte d'entrée et plongez d'un seul coup dans l'univers russe. Celui de la soupe aux betteraves, des viandes mijotées au paprika, du poulet fourré au fromage, de l'omniprésente pomme de terre et, bien sûr, des effluves de vodka et de bière qui se dégustent ici aussi bien en qualité qu'en quantité. Vous aurez compris que c'est beaucoup pour l'âme slave que l'on vient chez Kalinka, pour la télé ouverte du matin au soir, pour l'étrange sonorité de la langue, pour les artéfacts culturels d'un autre siècle et les ressortissants esseulés, manifestement nostalgiques et trop heureux de retrouver pendant quelques heures un coin de leur cher paradis lointain. Dépaysant.

EUROPE DE L'EST
LA CAVERNE

			MIDI	**20 $**
			SOIR	**35 $**

2007

CUISINE ★★ ★★

SERVICE ★★ ★★

DÉCOR ★★ ★★

CÔTE-DES-NEIGES
5184 A, CHEMIN DE LA CÔTE-DES-NEIGES
(514) 738-6555

2005-04-08

L'escalier qui mène à cette sympathique maison en sous-sol (d'où peut-être l'idée de «caverne») est toujours aussi raide, mais le décor a été retouché. Au menu, de la cuisine russe familiale qui fait quelques clins d'œil du côté des anciennes républiques soviétiques: salades, bortsch, blinis, tout un assortiment de raviolis façon pierogis et quelques classiques comme le poulet à la Kiev. Endroit idéal, en somme, pour s'initier à cette cuisine méconnue sans se ruiner en se vautrant dans le caviar. Au premier abord, la longue carte paraît intimidante, mais les serveurs, aimables et patients, sauront vous guider. Le vendredi et le samedi, en soirée, faites le plein de vodka, de calories et de nostalgie en profitant de la musique live.

EUROPE DE L'EST
LE GEORGIA

		MIDI	**40 $**
		SOIR	**50 $**

	2007	**NOTRE-DAME-DE-GRÂCE**
CUISINE	★★★ ★★★	5112, RUE DÉCARIE
SERVICE	★★ ★★	(514) 482-1881
DÉCOR	★★ ★★	

2006-02-09

L'intérieur chaleureux de la petite salle à manger contraste totalement avec l'extérieur, un impersonnel tronçon gris du boulevard Décarie. Les boiseries acajou, les tables nappées et le foyer servent de décor élégant aux agapes, où les spécialités de la Russie et de la Géorgie sont à l'honneur. Le menu est truffé de mets peu familiers pour la plupart d'entre nous, aux noms intrigants. On connaît le bortsch, les pierogis, le poulet Kiev et le bœuf Stroganoff. Mais qu'en est-il des khinkali, chachlik et tchourtchkhela? Il ne faut surtout pas hésiter à demander conseil. L'aventure vaut le détour, ne serait-ce que pour partager ces plats costauds et rustiques, mais préparés avec soin, tout à fait adaptés à nos hivers rigoureux.

EUROPE DE L'EST
SCHWARTZ'S

		MIDI	**25 $**
		SOIR	**25 $**

	2007	**PLATEAU MONT-ROYAL**
CUISINE	★★ ★★	3895, BOULEVARD SAINT-LAURENT
SERVICE	★ ★	(514) 842-4813
DÉCOR	★ ★	

2006-01-11

«Immuable» est le premier qualificatif qui vient à l'esprit en franchissant la porte de cet établissement qu'on dirait coulé à jamais dans le gras de viande fumée, le foie de bœuf grillé et le gros cornichon mou bien vinaigré. Malgré tout, malgré le service pressant au point de nous expulser de table plus tôt que prévu, malgré le décor franchement rebutant et les éternelles files d'attente sur le trottoir de la *Main*, malgré tout cela... Schwartz's, c'est Schwartz's! Le bœuf fumé est succulent, le steak, pas si pire et l'expérience générale, toujours aussi juive, anglophone et montréalaise. Un must.

EUROPE DE L'EST
STASH CAFÉ

		MIDI	**30 $**
		SOIR	**45 $**

	2007	**VIEUX-MONTRÉAL**
CUISINE	★★ ★★	200, RUE SAINT-PAUL OUEST
SERVICE	★★★ ★★★	(514) 845-6611
DÉCOR	★★★ ★★★	

2006-04-23

On entre au Stash Café un peu comme dans un lieu de culte, et d'ailleurs il y a là des bancs qui ressemblent à s'y méprendre à des bancs d'église... Établie dans le Vieux-Montréal depuis le déluge et encensée par de multiples publications, la maison est indiscutablement un «lieu». Il faut dire que le mariage attachant des vieilles pierres, des boiseries et des affiches ajoute à l'atmosphère, que rehausse en soirée un pianiste en chair et en os. On propose d'amusantes tables d'hôte mettant notamment en vedette le sanglier ou le canard et une autre destinée aux «débutants». Preuve que la robuste cuisine polonaise ne se résume pas aux seuls pierogis. Tout n'est pas parfait, loin de là, notamment au chapitre des cuissons, mais on est assuré de ne pas s'ennuyer.

EUROPE DE L'EST
TROÏKA

MIDI —
SOIR **100 $**

	2007	
CUISINE	★★★★	★★★★
SERVICE	★★★★	★★★★
DÉCOR	★★★★	★★★★

CENTRE-VILLE
2171, RUE CRESCENT
(514) 849-9333

2005-05-26

Troïka correspond d'assez près à l'idée qu'on se fait du grand restaurant russe: c'est chic, c'est cher... mais c'est aussi fort bon. Au placard, les préjugés! Quoique, si vous rêvez de vous empiffrer de caviar accompagné de force vodka, c'est l'adresse qu'il vous faut. En cuisine, on sent bien l'influence de la grande tradition française, tant dans les plats que dans le tour de main. Le service, assuré par des serveurs en costume traditionnel, se fait selon les règles de l'art. Les musiciens, qui, arpentant la salle aux murs recouverts de lourdes tentures bourgogne et de miroirs, font la sérénade aux clients, ajoutent une note romantique un peu cliché. Dans un tel cadre, on s'imagine sans mal faire la grande demande à l'élu(e) de son cœur.

LÉGENDE

N nouveauté

↑ amélioration de la cuisine

♣ terrasse

⊜ carte des vins recherchée

♦ apportez votre vin

★ DERNIÈRE COTE ATTRIBUÉE

★ COTE ACTUELLE

CUISINE	
★★★★★	grande table
★★★★	très bonne table, constante
★★★	bonne table
★★	petite table sympathique
★	correcte mais inégale

SERVICE	
★★★★★	traitement royal
★★★★	professionnel
★★★	vif et efficace
★★	décontracté
★	quel service?

DÉCOR	
★★★★★	exceptionnel
★★★★	très beau décor
★★★	soigné
★★	confortable
★	presque inexistant

GR1601

Accords
vins & mets

EXTRÊME-ORIENT

Section de cuisines plutôt variées aux accents souvent extrêmes mais parfois raffinés. Des aromates puissants tels le sésame grillé, le gingembre, l'ail ou la coriandre fraîche exigeront des vins aux saveurs affirmées mais rafraîchissantes. Dans la plupart des cas, il faudra laisser tout l'espace aux plats car les harmonies parfaites se feront rares. Les vins choisis offriront une acidité bien présente.

RIZ INDONÉSIEN (NASI GORENG)
Languedoc blanc France, rioja blanc Espagne

NOUILLES FAÇON BILITUNG (BAMI BILITUNG)
Gewurztraminer Alsace France

CANARD À L'INDONÉSIENNE
Gigondas France, merlot Chili, valpolicella ripassa Italie

BROCHETTE DE POULET (SATÉ AYAM)
Bourgogne blanc France, chardonnay Argentine

BANANES POCHÉES (CINDY SLA)
Vin santo Italie, muscat-de-rivesaltes France

PRENEZ GOÛT
À NOS **CONSEILS**

SAQ

Tampopo *M. Paradis, propriétaire et Bernard Fam, chef*
Page 111

EXTRÊME-ORIENT

Styles raffinés et complexes, avec comme leitmotiv un exotisme de plus en plus prisé par les clients d'ici, friands de découvertes et de frissons gastronomiques. En termes de saveurs et de produits principaux, la variété géographique des cuisines regroupées dans cette section ne permet pas de définir un style très strict. Certaines dominantes se détachent toutefois: beaucoup de gingembre, de chili, d'ail et de noix de coco; satés, riz gluant, currys de viande ou de poisson, nouilles sautées et feux d'artifice au niveau des créations pour des assiettes décoiffantes.

Tibet, Philippines, Corée, Indonésie, cette section regroupe les quelques adresses qui ne proposent pas une cuisine spécifique aux grandes «régions culinaires» comme la Chine, le Japon, la Thaïlande ou le Vietnam. Peu d'établissements, mais une belle vitalité et une cuisine allant de très rudimentaire à des variations franchement aristocratiques, certaines de ces maisons offrant des prestations d'une rare élégance.

EXTRÊME-ORIENT
CHEZ GATSÉ

MIDI **15 $**
SOIR **35 $**

	2007		**CENTRE-VILLE**
CUISINE	★★	★★	317, RUE ONTARIO EST
SERVICE	★★	★★	(514) 985-2494
DÉCOR	★	★	

2006-04-27

Ce petit tibétain traverse les années sans fléchir. Le voyageur qui en est à sa première incursion opte pour le menu dégustation qui a l'avantage de lui faire faire le tour des spécialités: mômos farcis à la viande ou au fromage (un genre de ravioli cuit à la vapeur), choko-khatsa (pommes de terre épicées), tinmo (boule de pain qui semble à peine cuite), shapalés (galettes grillées farcies au bœuf), shapta (lanières de bœuf ou de poulet sautées). Il y a également toute la panoplie des soupes: consommé de bœuf, au fromage bleu, aux lentilles ou aux épinards. Le repas peut se terminer par un thé tibétain au beurre. Le tout, assez épicé et bourratif mais offert à prix d'ami, se déguste au son d'une musique de méditation. Miôhm...

EXTRÊME-ORIENT
ESTASIE

MIDI **25 $**
SOIR **50 $**

	2007	**VILLAGE**
CUISINE	★★★	1320, RUE SAINTE-CATHERINE EST
SERVICE	★★★	(514) 598-1118
DÉCOR	★★★	

2006-02-01

Une des valeurs sûres dans le Village. Dans un décor résolument moderne, épuré et lumineux, on sert une cuisine panasiatique qui emprunte aussi bien à la Chine et au Japon qu'au Vietnam. Les sushis sont frais, les soupes parfumées, les nouilles bien croustillantes. Dans l'ensemble, le menu ne sort guère des sentiers battus mais la maison a réussi le pari de maintenir, année après année, une cuisine fraîche, constante et de bonne qualité. Ce qui, dans ce quartier de Montréal dangereusement porté sur le clinquant et l'esbroufe, est déjà, en soi, une grande vertu. Service discret et efficace. Prix raisonnables.

EXTRÊME-ORIENT
HWANG KUM

MIDI **25 $**
SOIR **50 $**

	2007		**NOTRE-DAME-DE-GRÂCE**
CUISINE	★★★	★★★	5908, RUE SHERBROOKE OUEST
SERVICE	★★	★★	(514) 487-1712
DÉCOR	★	★	

2006-02-10

Ne vous fiez pas à son décor extérieur (minimaliste) et intérieur (sobre et austère): ce sympathique petit établissement a beaucoup à offrir si, comme de plus en plus de Montréalais, vous appréciez la cuisine viandeuse, saine et généreuse de la Corée. Tout ici est authentique: la patronne qui se démène aux fourneaux de sa minuscule cuisine, les volailles généreusement épicées, les marinades incendiaires, les plats servis encore crépitants à la table. Dépaysement garanti. Pour les nouveaux venus, la maison a eu la bonne idée d'ajouter de jolies photos pour illustrer les plats.

EXTRÊME-ORIENT
KOREA HOUSE

MIDI **25 $**
SOIR **50 $**

	2007	
CUISINE	★★	★★
SERVICE	★★	★★
DÉCOR	★★	★★

CÔTE-DES-NEIGES
4950, CHEMIN QUEEN-MARY
(514) 733-7823

2006-01-16

Soyons francs: pour aller manger au Korea House, il faut être soit un habitué, soit un locataire de l'immeuble dans lequel il est logé, au fond du hall, à moins que l'on ne veuille goûter à une cuisine coréenne variée mais moyenne dans une salle un peu triste que n'éclairent que quelques lampions et la lumière pâle d'un aquarium. Cela dit, la clientèle coréenne, la télévision qui diffuse des programmes asiatiques et les plats épicés et copieux attestent d'une certaine authenticité que d'aucuns peuvent trouver intéressante. Le menu propose des soupes au tofu, au bœuf, au kimchi, des fritures et des sautés de poulet, de porc ou de calmars dans des sauces épicées ainsi que des plats spéciaux de la maison comme le crabe cru piquant ou le jae yuuk assorti.

EXTRÊME-ORIENT
LA MAISON DE SÉOUL

MIDI **25 $**
SOIR **50 $**

	2007	
CUISINE	★★★	★★★
SERVICE	★★★	★★★
DÉCOR	★★	★★

WESTMOUNT
5030, RUE SHERBROOKE OUEST
(514) 489-3686

2005-03-11

On connaît encore trop peu et mal l'excellente cuisine coréenne. Beaucoup moins portée sur le poisson que celle de sa voisine japonaise, plus épicée et parfois plus roborative, elle déçoit rarement lorsqu'elle est apprêtée comme on le fait à La Maison de Séoul. Viandes grillées, légumes cuits ou crus savamment marinés, plats de pâtes parfois très relevés, le menu farci de noms exotiques a de quoi satisfaire et parfois dérouter la plupart des clients qui — on vous le suggère — auraient tout intérêt à se faire conseiller par le personnel (en coréen, sous-titré *in English*, malheureusement). Le décor est sobre et sympathique et la clientèle, très cosmopolite. Et puis les prix sont très raisonnables, particulièrement à l'heure du lunch.

EXTRÊME-ORIENT
LA MAISON DU BULGOGI

MIDI **15 $**
SOIR **30 $**

	2007
CUISINE	★★
SERVICE	★★
DÉCOR	★★

CENTRE-VILLE
2127, RUE SAINTE-CATHERINE OUEST
(514) 935-9820

Ⓝ

2006-02-26

Sans égaler les prestations de restos coréens établis plus à l'ouest, La Maison du Bulgogi, nommée d'après le bœuf barbecue emblématique de la cuisine du pays du matin calme, a le mérite de proposer aux profanes une initiation à petits prix et aux initiés des plats robustes et pimentés. Il n'y a pas — que les cœurs tendres se rassurent — que des soupes aux «intestins de bœuf» ou à la «chèvre noire». Le bulgogi et le bi bim bap, par exemple, sont savoureux et accessibles. Le décor un peu glauque, dans un ton de vert qui évoque l'aquarium ou la salle d'opération, et le service sommaire ne freinent en rien l'ardeur des jeunes clients , qu'on suppose d'origine coréenne, qui se font aller les baguettes avec un entrain contagieux et réjouissant.

EXTRÊME-ORIENT
MISO

		MIDI	30 $
		SOIR	60 $

	2007		**CENTRE-VILLE**
CUISINE	★★★	★★★	4000, RUE SAINTE-CATHERINE OUEST
SERVICE	★★★	★★★	(514) 908-6476
DÉCOR	★★★	★★★	2006-01-28

Il règne ici une douceur tout asiatique: ambiance tamisée, matériaux nobles, musique discrète et service efficace. Au menu, un peu de tout, des sushis bien frais aux nouilles cantonaises, des plats thaïlandais incendiaires aux dumplings tendres et délicats. Une curiosité: les déjeuners, typiquement occidentaux (deux œufs, toasts, bacon!), qui doivent certainement plaire à la clientèle d'affaires matinale, alors que le soir, le resto fait plutôt le plein parmi les 35 ans et moins, anglos comme francos. Une expérience agréable à la limite extrême (Atwater) des deux solitudes montréalaises.

EXTRÊME-ORIENT
NONYA

		MIDI	—
		SOIR	80 $

	2007		**OUTREMONT**
CUISINE	★★★★	★★★★	151, AVENUE BERNARD OUEST
SERVICE	★★★★	★★★★	(514) 875-9998
DÉCOR	★★★★	★★★★	2005-10-27

Il y a des endroits comme ici où l'on finit toujours par se retrouver pour le simple plaisir de s'asseoir à une table amicale et de déguster des plats inhabituels. Les petits bolets de Nonya savent mettre à l'aise les plus pure laine avec leur cuisine tout en douceurs et en subtilités. Des épices amusantes et des textures intrigantes; des odeurs vraiment appétissantes et des sauces si soyeuses que l'on voudrait se mettre aux fourneaux à côté du chef pour élaborer. Toujours une de nos adresses préférées lorsque nous sommes en mal d'exotisme et qu'il nous manque quelques dollars pour un billet sur Cathay Pacific, destination Bali. Après 96 années de travaux, la Ville a fini par rendre cette portion de l'avenue Bernard à ses commerçants. Allons les encourager.

EXTRÊME-ORIENT
OM

		MIDI	15 $
		SOIR	25 $

	2007		**PLATEAU MONT-ROYAL**
CUISINE	★★★	★★★	4382, BOULEVARD SAINT-LAURENT
SERVICE	★★★	★★★	(514) 287-3553
DÉCOR	★★	★★	2005-04-13

Rare occasion de découvrir la cuisine tibétaine, Om pique la curiosité et ouvre l'appétit. En salle comme en cuisine, on a réuni tous les éléments favorables à une aventure exotique et dépaysante. Depuis l'accueil chaleureux jusque dans les assiettes, en passant par le décor serein et la musique apaisante, on est agréablement plongé dans l'âme tibétaine. Belle et vivante, on la sent aussi vibrer dans le cœur du patron qui parle de son pays d'origine avec ouverture et passion. Au menu, les spécialités de l'ancien royaume bouddhiste croisent en harmonie celles du sous-continent, à l'image des deux cultures qui se côtoient en Inde (où plusieurs Tibétains vivent en exil). Un choix judicieux exige d'ailleurs d'essayer les deux! Le service est un peu lent, mais détendu et relaxant.

EXTRÊME-ORIENT
QUATRE SAISONS

MIDI **30$**
SOIR **40$**

↑

	2007	
CUISINE	★★	★★★
SERVICE	★★	★★
DÉCOR	★	★

SAINT-HENRI
4200, RUE SAINT-JACQUES OUEST
(514) 932-3309

2005-12-02

Comme il y a peu de restaurants coréens à Montréal, on connaît mal les spécialités de ce coin d'Asie. On aurait pourtant intérêt à les découvrir, ne serait-ce que parce que certains plats conviennent parfaitement à notre nordicité. Quand il fait un froid de canard, quoi de mieux qu'un ragoût fumant ou une grosse soupe-repas (shabu) bien chaude et bien épicée? Ou encore un BBQ coréen? Au Quatre Saisons, la convivialité et la générosité des plats compensent pour la simplicité du décor. Chaque repas débute par des entrées intrigantes: légumineuses germées, algues et chou mariné (kimchi). Ceux qui ne veulent pas sortir des sentiers battus optent pour la partie japonaise du menu, qui offre sushis et sashimis. Service empressé, clientèle essentiellement coréenne.

EXTRÊME-ORIENT
RESTAURANT BANGKOK

MIDI **25$**
SOIR **40$**

	2007
CUISINE	★★★
SERVICE	★★
DÉCOR	★

VILLAGE
1201, BOULEVARD DE MAISONNEUVE EST
(514) 527-9777

N

2006-02-09

Un peu à l'écart des autres établissements du Village, le Restaurant Bangkok propose une cuisine d'une grande authenticité. Ici, on ne lésine pas sur les effets spéciaux: basilic frais, piments incisifs, lime et coriandre à volonté, currys brûlants ou doucereux, toute la palette gustative est mise à contribution. On ne s'en plaindra pas: la tiédeur est l'ennemie de la cuisine thaïlandaise! Décor modeste mais lumineux. Service compétent. Du vrai et du solide!

EXTRÊME-ORIENT
SARILING ATIN

MIDI **15$**
SOIR **20$**

	2007	
CUISINE	★★	★★
SERVICE	★★	★★
DÉCOR	★	★

CÔTE-DES-NEIGES
5940, AVENUE VICTORIA
(514) 731-0638

2006-06-06

Au fond d'un dépanneur sans décor aucun, un comptoir de plats chauds attend les passants: y sont exposés des rouleaux impériaux, des côtelettes de porc, des darnes de poisson, puis une douzaine de petits ragoûts plus savoureux les uns que les autres, au bœuf, poulet, chèvre, porc, et feuilles de taro. De toute évidence, cette cuisine familiale est préparée avec amour par une maman, une vraie. Le «resto» est également le lieu de rendez-vous de la communauté philippine du quartier qui vient y acheter sucreries, billets de loterie et œufs de canard. Ne soyez surtout pas gênés de vous transformer en touristes ignorants et de demander qu'on vous explique les plats, ce qu'on s'empressera de faire, en anglais ou en français, avec toute la gentillesse du monde.

EXTRÊME-ORIENT
SEOUL B.B.Q.

MIDI **25 $**
SOIR **45 $**

		2007	NOTRE-DAME-DE-GRÂCE
CUISINE	★★★	★★★	3300, BOULEVARD CAVENDISH
SERVICE	★★	★★	(514) 489-6656
DÉCOR	★★	★★	2006-06-02

Il s'agit certainement de l'un des meilleurs restos coréens en ville. Tout ici est bien fait, sans tambour ni trompette, mais avec le souci de la qualité et de l'authenticité: les nombreuses petites entrées gratuites, les plats de résistance aux goûts tranchés, parfois vifs, brûlants et sucrés, parfois sages et tendres, avec chacun un arôme particulier et une texture bien définie. C'est vrai que l'établissement lui-même n'attirera pas le gratin avec son look de cafétéria décorée à la va-vite, mais le plaisir est résolument dans l'assiette! Service efficace, addition plus que raisonnable.

EXTRÊME-ORIENT
SHAMBALA

MIDI **20 $**
SOIR **35 $**

		2007	PLATEAU MONT-ROYAL
CUISINE	★★	★★	3439, RUE SAINT-DENIS
SERVICE	★★★	★★★	(514) 842-2242
DÉCOR	★★★	★★	2006-06-01

La cuisine tibétaine n'a rien d'extravagant, c'est le moins qu'on puisse dire. Sobrement réalisée, sobrement servie, elle s'articule surtout autour de quelques recettes de dumplings, quelques plats de nouilles, du tofu, un peu de viande et une dose raisonnable d'épices et de piment fort. Mais celle du Shambala n'est pas sans vertus, loin de là. La traditionnelle soupe au fromage bleu, par exemple, ou les impeccables momos au chou réveillent agréablement les papilles. Et puis il y a le superbe sourire du patron et cet arôme d'encens dans l'air qui plairont aux vieux routards qui ont déjà goûté aux joies de l'Himalaya.

EXTRÊME-ORIENT
SOUPEBOL

MIDI **20 $**
SOIR **20 $**

		2007	CENTRE-VILLE
CUISINE	★★★	★★★	1245, CARRÉ PHILLIPS
SERVICE	★★	★★	(514) 282-8388
DÉCOR	★★★	★★★	2005-08-24

Rempli à craquer les midis en semaine, ce troquet a clairement amélioré sa cuisine, on dirait! Plutôt joli dans son décor oriental zen et moderne, le bistro propose un grand choix de soupes phos, de salades (on retient celle, délicieuse, à la papaye verte et au bœuf émincé), ainsi que de plats de viandes et légumes servis sur leur lit de nouilles ou de riz. Sympathique, la terrasse permet à la clientèle d'affaires de prendre un peu d'air et de repos à l'heure du lunch. Le service ultra-rapide est efficace, parfait le midi quand on doit faire vite, mais un peu précipité (à la limite du désagréable) en soirée. On vous apporte en effet l'addition dès la dernière bouchée avalée. Additions très raisonnables, du reste.

EXTRÊME-ORIENT
TAMPOPO

		MIDI **30 $**
		SOIR **30 $**

	2007	
CUISINE	★★★ ★★★	**PLATEAU MONT-ROYAL**
SERVICE	★★★ ★★★	4449, RUE DE MENTANA
DÉCOR	★★★ ★★★	(514) 526-0001

2006-09-20

Parmi la panoplie de nouilleries du Plateau, on inscrira celle-ci sur la liste de nos endroits chouchous. Qu'ils proviennent de Thaïlande, de Chine, du Japon ou d'Indonésie, tous les plats sont préparés avec finesse. Jamais trop sucrés, ni trop piquants, selon le cas. Quelques incontournables: les raviolis chinois au bœuf ou végétariens rehaussés d'une sauce aux arachides et parsemés de quelques graines de sésame, les soupes-repas aux nouilles de sarrasin ou le Bami Goren (de grosses nouilles accompagnées de légumes, de poulet et d'une sauce au curry). Si l'on n'opte pas pour la commande à emporter ou la livraison, il faudra s'y prendre tôt pour obtenir une place à l'une des trois tables basses ou au comptoir avec vue imprenable sur la cuisine où une horde de jeunes s'affairent devant de gigantesques woks.

EXTRÊME-ORIENT
THÉ AU LOGIS

		MIDI **30 $**
		SOIR **40 $**

	2007	
CUISINE	★★★	**CENTRE-VILLE**
SERVICE	★★★	1175A, RUE CRESCENT
DÉCOR	★★	(514) 866-0689 **N**

2006-03-24

Petite maison ayant la particularité de marier, d'une part, les cuisines coréenne et française et, d'autre part, les fonctions de restaurant, de salon de thé et de galerie d'art. D'où les œuvres (en provenance surtout de la Corée) qui ornent les murs. Outre des spécialités de la cuisine coréenne, on trouve ici des plats d'inspiration panasiatique (Chine, Japon, Thaïlande) et européenne, y compris des spaghettis à la sauce bolognaise! La cuisine, qui interprète à sa façon des classiques comme la soupe aigre-piquante, tient ses paris, à des prix très raisonnables, d'autant que le service est efficace. À noter: une carte des vins abordable et surtout une carte des thés des plus intrigantes. Le samedi, en soirée, on mange au son d'un ensemble de jazz.

Accords

vins & mets

FRANCE

La France propose un grand nombre de cuisines régionales qui allient, dans cette nouvelle ère de gastronomie française, plus de raffinement et de fraîcheur. Les vins français, ayant subi les mêmes transformations favorables, seront les incontestables favoris pour créer les combinaisons gagnantes. Les mariages régionaux, garants de succès, sont à notre portée grâce à la collaboration de notre société d'État (SAQ) qui offre une gamme quasi complète des produits viticoles de l'Hexagone.

FOIE GRAS POÊLÉ
Coteaux-du-layon ou sauternes France

BAVETTE À L'ÉCHALOTE
Bordeaux rouge ou coteaux-du-languedoc rouge France

PLATEAU DE FRUITS DE MER
Muscadet ou sancerre ou chablis France

CONFIT DE CANARD
Madiran ou cahors France

TARTE TATIN
Loupiac ou sainte-croix-du-mont ou bonnezeaux France

PRENEZ GOÛT
À NOS **CONSEILS**

SAQ

Leméac *Philippe Déry, chef, Daniel Nouri, chef adjoint, Émile Saine, copropriétaire, Richard Bastien, chef exécutif-copropriétaire et Guillaume Bond, chef midi*
Page 136

FRANCE

Richesse et raffinement, précision et variété, il est difficile de qualifier le style de cette cuisine qui autrefois régnait en maître sur le paysage gastronomique de chez nous. Tout aussi délicat de déterminer les saveurs et produits principaux. Si certains éléments se détachent évidemment, crème beurre, truffe, vins, foie gras et fromages, d'autres sont apparus dans les versions modernes de cette cuisine éminemment traditionnelle. Surgissent à l'occasion quelques petits bistros sympathiques qui proposent des cuisines régionales faisant la part belle aux produits locaux, bien tournées et habilement adaptées aux goûts des fines fourchettes de chez nous.

S'il n'y a pas à proprement parler de guerre entre les anciens et les modernes chez nous, on a quand même vu disparaître au cours des dernières années de nombreuses tables poussiéreuses, autrefois phares de la haute cuisine française et souvent coincées dans un académisme affligeant. Pour le bonheur de tous les gourmets gourmands, elles ont été remplacées par de très belles petites maisons tenues par de jeunes chefs sans complexe qui déclinent de nouvelles cuisines françaises éblouissantes. Ce qui a été perdu en sauces lourdes et en plats alambiqués a été gagné en nouvelles prouesses techniques, en spontanéité et en plats d'une rafraîchissante vivacité. Et comme un bon repas est généralement arrosé d'une bonne bouteille, ces nouvelles maisons accordent une attention particulière à leur carte des vins en proposant des choix éclairés et éclairants. Cet anticonformisme permet aux clients de découvrir de beaux petits crus jadis cantonnés dans leurs régions d'origine.

FRANCE
ALEXANDRE

			MIDI	40 $
			SOIR	70 $

	2007		CENTRE-VILLE
CUISINE	★★★	★★★	1454, RUE PEEL
SERVICE	★★★	★★★	(514) 288-5105
DÉCOR	★★★	★★★	

2005-01-28

Voilà une brasserie parisienne comme on les aime: avec beaucoup d'ambiance, une cuisine simple et rustique, des serveurs badins mais professionnels. Chez Alexandre, c'est la totale: on peut y bruncher durant le week-end, luncher et souper durant la semaine, danser, boire, et manger jusqu'à 2 heures du matin en tout temps. L'os à moelle, le filet de hareng, le boudin noir grillé, la bavette à l'échalote et le steak frites figurent parmi les spécialités de la maison. Les petites chaises de bistro parisien et les micro-jupes des serveuses complètent le décor où s'entremêle une faune constituée de gens d'affaires, de touristes et de célibataires à la recherche de l'âme sœur.

FRANCE
AMBIANCE

			MIDI	30 $
			SOIR	30 $

	2007		PETITE-BOURGOGNE
CUISINE	★★	★★	1874, RUE NOTRE-DAME OUEST
SERVICE	★★	★★	(514) 939-2609
DÉCOR	★★	★★	

2005-12-12

L'ambiance d'Ambiance? Un peu café, surtout bistro, ambivalence que reflète la carte aux accents français et nord-américains: une page de plats froids, genre sandwich-salade-tartare, et une page de plats chauds, genre pâtes-omelette-foie de veau, offerts avec un potage ou une petite entrée. Côté décor: une salle claire, d'allure rustique, décorée d'articles de cuisine et de photos, des tables bien dressées, où de jolies nappes côtoient les serviettes en papier. Le même «mélange» caractérise le service, qui oscille entre une certaine formalité et une décontraction de bon aloi. Ambiance demeure un resto de jour de semaine, mais le jeudi et le vendredi, on reste ouvert pour le souper... à condition qu'il y ait du monde. Mieux vaut téléphoner.

FRANCE
APOLLO RESTAURANT

			MIDI	—
			SOIR	100 $

	2007		PETITE ITALIE
CUISINE	★★★★		6389, BOULEVARD SAINT-LAURENT
SERVICE	★★★★		(514) 274-0153
DÉCOR	★★★★		

2006-09-07

Dernière excellente nouvelle, avant la date de tombée de notre édition 2007 du *Guide Restos Voir*, que l'ouverture de cet Apollo Restaurant. Giovanni Apollo cuisine sans retenue, avec passion et un indéniable talent. À sa table, les clients sont souvent surpris, parfois déstabilisés et toujours heureux. Sa cuisine, terroir tendance 22e siècle, est à l'image du replet concepteur, créative à la limite de l'extravagance, généreuse à la limite de la surabondance. Des formules où l'on décline de très élégants trimoteurs et quadrimoteurs sur les thèmes du poisson, de l'agneau, de la pâte ou du canard. La salle est un modèle de sérénité et, derrière le mur vitré, on peut voir trimer les cuistots, ce qui augmente encore le plaisir d'être ici puisque, en plus de leur art, ils semblent y mettre beaucoup de cœur.

FRANCE			MIDI	**40 $**
AU 5ᴱ PÉCHÉ			SOIR	**90 $**

	2007	**PLATEAU MONT-ROYAL**
CUISINE	★★★ ★★★★	330, AVENUE DU MONT-ROYAL EST
SERVICE	★★★ ★★★	(514) 286-0123
DÉCOR	★★★ ★★★	2005-11-15

Avant, on sentait dans cette maison la présence de gens qui aimaient leur métier. Maintenant, on sait qu'en plus il y a un chef, un vrai, derrière les fourneaux. L'arrivée de Benoît Langlet dans ces murs a en effet transformé ce gentil petit resto de quartier en table où l'on vient de partout. Il est toujours rassurant, dans ce quartier très surévalué côté restaurants, de savoir que midi ou soir, on pourra s'attabler devant un plat réconfortant et préparé de main de maître. Cuisine bourgeoise française, allumée de traits lumineux et complètement décoincée. Le service reste dynamique et précis. Nouveau décor sobre et lumineux. La carte des vins méritera qu'on la hisse d'un cran pour qu'elle soit au niveau de la nouvelle cuisine.

FRANCE	MIDI	**30 $**
AU 917	SOIR	**50 $**

	2007	**PLATEAU MONT-ROYAL**
CUISINE	★★ ★	917, RUE RACHEL EST
SERVICE	★★★ ★★★	(514) 524-0094
DÉCOR	★★ ★★	2006-04-09

On sent une intention de cuisine. L'énoncé des menus, par exemple, est alléchant. Autant que le décor, style brasserie française, qui laisse présager de belles choses. On attend, on attend et on attend. Entrée, plat principal et dessert. Rien. On ressort en se disant que ce n'était pourtant pas si mauvais que cela la dernière fois. Cette fois-ci, ce l'était. Sur neuf plats (trois convives), rien de réussi; même moyennement. On s'inquiète à raison de cette spirale descendante dans laquelle cette maison semble s'être engagée. Et l'on espère une reprise en main de ses fourneaux, autrefois capables de servir des petits plats sympathiques. Heureusement, le service est assuré avec gentillesse et prévenance. Mais ça ne fait pas tout.

FRANCE	MIDI	**20 $**
AU BISTRO GOURMET	SOIR	**55 $**

	2007	**CENTRE-VILLE**
CUISINE	★★★★ ★★★★	2100, RUE SAINT-MATHIEU
SERVICE	★★★ ★★★	(514) 846-1553
DÉCOR	★★★ ★★★	2005-11-10

Ce petit établissement chaleureux, en retrait de l'effervescence du centre-ville, est une valeur sûre. Les classiques de la cuisine bistro se retrouvent au menu — bavette grillée, moules, magret de canard, tartare de bœuf ou de saumon, carré d'agneau, sole de Douvres, ris de veau, etc. —, présentés en aériennes pièces montées au centre des assiettes. La proximité des tables, la bonhomie des serveurs, le décor un peu vieillot, et surtout la réalisation des plats, impeccables, sont autant d'ingrédients qui transforment les clients de passage en véritables fidèles. Les midis à 9,50 $ (entrée et plat principal) représentent un excellent rapport qualité-prix.

FRANCE
AU BISTRO GOURMET 2

	MIDI	**40 $**
	SOIR	**60 $**

	2007		**PLATEAU MONT-ROYAL**
CUISINE	✩✩ ★★		4007, RUE SAINT-DENIS
SERVICE	✩✩✩ ★★★		(514) 844-0555
DÉCOR	✩✩ ★★		

2006-06-07

Si l'on compare cette adresse à plusieurs autres situées dans le même secteur de la ville — celui de la très populaire et très prévisible avenue Duluth —, il y a lieu de se réjouir. Dans un décor de brasserie française, Au Bistro gourmet 2 propose les classiques du genre, en plus de quelques variations sur le thème de la mer et d'une carte des vins assez élaborée. C'est bien fait, souvent savoureux mais, il faut aussi le dire, sans grand éclat. Les clients aux goûts assez sages apprécieront donc, les autres rechigneront un peu, mais personne ne repartira le ventre vide. L'été, la jolie terrasse couverte est résolument un plus.

FRANCE
AU PETIT EXTRA

	MIDI	**40 $**
	SOIR	**60 $**

	2007		**CENTRE-SUD**
CUISINE	✩✩✩ ★★★		1690, RUE ONTARIO EST
SERVICE	✩✩✩ ★★★		(514) 527-5552
DÉCOR	✩✩✩ ★★★		

2006-08-03

Faire du bonheur tout un plat, voilà la vocation que se sont donnée la chef Nathalie Major et son équipe. Et après avoir passé une soirée dans cet établissement du quartier Centre-Sud, on comprend que le bonheur dont il question en est un des plus authentiques, tout simple et réconfortant. Tout comme la clientèle éclectique qui fréquente l'endroit, on se plaira à repasser par ici pour profiter de cette cuisine sans extravagance, mais fort honnête. Les magret de canard, foie gras, sauté de lapin, bavette et tartare sont au rendez-vous et, en accord avec ces mets, le décor s'inscrit dans la tradition des bistros français avec ses boiseries, ses lourds drapés, ses immenses miroirs encadrés de luxueuses moulures, et ses grandes ardoises présentant le menu du jour.

FRANCE
AU P'TIT LYONNAIS

	MIDI	**——**
	SOIR	**70 $**

	2007		**PLATEAU MONT-ROYAL**
CUISINE	✩✩✩ ★★★		1279, RUE MARIE-ANNE EST
SERVICE	✩✩✩ ★★★		(514) 523-2424
DÉCOR	✩✩✩ ★★★		

2005-04-17

Un peu en retrait de la bruyante avenue du Mont-Royal, le P'tit Lyonnais est un peu moins lyonnais qu'on pourrait s'y attendre, en fait plus bistro parisien que France des régions, mais on ne peut certes pas le lui reprocher. Il se pratique ici une belle cuisine étoffée, simple en apparence mais joliment préparée, aux saveurs franches et clairement dessinées, tant du côté des viandes et des volailles que des poissons et des desserts. Les prix sont raisonnables, ceux du menu mais également ceux des vins, le service est convivial et sympathique tout en conservant ses bonnes manières. Au bout du compte, on sort d'ici repu et heureux. C'est ce que l'on appelle un (très) bon petit restaurant de quartier.

FRANCE
AUBERGE DU CHEVAL BLANC

| | | MIDI | **30 $** |
| | | SOIR | **60 $** |

	2007	**POINTE-AUX-TREMBLES**
CUISINE	★★★	15760, RUE NOTRE-DAME EST
SERVICE	★★★	(514) 642-4091
DÉCOR	★★★	

2005-09-25

Sise sur l'interminable rue Notre-Dame, à la pointe est de l'île, l'Auberge du cheval blanc s'est donné une vocation résolument carnivore. La maison pousse même l'audace jusqu'à se spécialiser dans les abats. (Essayez le boudin, même si, à l'idée d'en manger, vous vous faites du sang de cochon. Vous risquez de changer d'avis.) La cuisine, bien faite, reste à l'intérieur de ses moyens, et le service, courtois et professionnel, sied à merveille à une maison au décor bourgeois, voire champêtre. On nous a répété que les plaisirs de la chair se payaient: ici, l'addition, à moins que le gourmand ne s'égare dans les propositions les plus nobles, demeure raisonnable. À noter, le doigt de porto dans une coquille de chocolat noir offert en mignardise.

FRANCE
AUX PETITS OIGNONS

| | | MIDI | — |
| | | SOIR | **45 $** |

		2007	**PLATEAU MONT-ROYAL**
CUISINE	★★★	★★★	4050, RUE DE BULLION
SERVICE	★★★	★★★	(514) 847-1686
DÉCOR	★★★	★★★	

2005-11-11

Depuis avril 2005, un nouveau chef-propriétaire a pris les commandes des fourneaux. Il s'agit de Dominique Guimond, 26 ans. Il est jeune, certes, mais possède tout le talent pour faire sa place au soleil. Avec ses plats mijotés — dont un jarret d'agneau de sept heures à se rouler par terre —, il assure sans heurt la continuité de ce petit établissement coquet et chaleureux. Avec beaucoup de cœur et sans prétention, il concocte une cuisine de réconfort: poulet de Cornouailles rôti, choucroute aux trois canards, braisé de veau servi avec un Parmentier de pommes de terre et crème, etc. Dire qu'on y est traité aux petits oignons est un euphémisme. Et à une vingtaine de dollars la table d'hôte du soir (entrée, plat principal et dessert maison), s'attabler Aux Petits Oignons constitue une véritable aubaine.

FRANCE
BEAVER CLUB (HÔTEL FAIRMONT — LE REINE-ELIZABETH)

| | | MIDI | **55 $** |
| | | SOIR | **150 $** |

		2007	**CENTRE-VILLE**
CUISINE	★★★★	★★★★	900, BOULEVARD RENÉ-LÉVESQUE OUEST
SERVICE	★★★★★	★★★★★	(514) 861-3511
DÉCOR	★★★★	★★★★	

2005-04-06

Que ceux qui croient encore que le Beaver Club sert une cuisine surannée et lourdaude se repentent! Peut-être cette fausse perception s'explique-t-elle par l'allure sombre et un peu guindée de ce somptueux local... Il n'y a pourtant rien de pesant dans les délicates compositions qui défilent. Astucieuse, actuelle et réfléchie, la cuisine relève le défi du renouveau sans tomber dans le piège des mariages impossibles. Détail qui tranche: on a conservé la tradition des mets préparés en direct (comme les crêpes Suzette) et de l'anachronisme sur roues qu'est le chariot à desserts. Enfin... si ça peut amuser la galerie et faire oublier que la note, plus que salée, atterrira bientôt sur la table. Car quelques heures de traitement royal dans un lieu historique, ça se paie, ne l'oubliez jamais!

| FRANCE | | | | MIDI | **30 $** |
| **BEURRE NOISETTE** | | | | SOIR | **75 $** |

	2007		**PLATEAU MONT-ROYAL**	
CUISINE	★★★	★★★	4354, AVENUE CHRISTOPHE-COLOMB (514) 596-2205
SERVICE	★★★	★★★	
DÉCOR	★★★	★★★	2005-03-15

S'il a changé de mains et de nom, l'ancien Puy du fou n'a rien perdu de son bon karma! On doit pour ceci remercier Éric Brabant, qui se lançait en novembre 2004 dans l'aventure «chef-proprio» après avoir fait ses preuves entre autres au Cube et au regretté Jongleux. La formule «apportez votre vin» demeure, tout comme le souci d'offrir une cuisine du marché intégrant des produits du terroir. Finesse, générosité et inventivité sont le modus vivendi du chef: les cailles et le ceviche goûtés en entrée démontrent une belle maîtrise de la superposition des arômes et des textures. Le gigot d'agneau servi en plat récolte aussi une bonne note. Après quelques mois de rodage, on sent déjà que l'on a affaire à une autre de ces «tables montantes».

| FRANCE | | | | MIDI | **25 $** |
| **BISTRO DÉTOUR** | | | | SOIR | **80 $** |

	2007		**ROSEMONT–PETITE-PATRIE**	
CUISINE	★★★	★★★	2480, RUE BEAUBIEN EST (514) 728-3107
SERVICE	★★★	★★★	
DÉCOR	★★★	★★★	2005-11-04

Cette charmante adresse, qui jette sur la rue Beaubien l'ombre sinueuse de son enseigne art nouveau, est devenue un détour obligé dans le quartier. Ici, on peut toujours compter sur une ardoise aguichante qui mise principalement, comme bien des bistros français, sur l'attrait irrésistible de généreuses pièces de viande. On s'y amène, en couple ou entre amis, avant le cinéma (situé à un jet de pierre), après l'apéro, ou simplement pour regarder le vent faire danser les feuilles dans les arbres du parc Molson. Le menu du midi offre quelques options rapides et légères – comme des sandwichs. Service avenant, vins sympathiques et ambiance chaleureuse complètent l'expérience.

| FRANCE | | | | MIDI | **30 $** |
| **BISTRO JUSTINE** | | | | SOIR | **60 $** |

	2007		**OUTREMONT**	
CUISINE	★★★	★★★	1268, AVENUE VAN HORNE (514) 277-2728
SERVICE	★★★★	★★★★	
DÉCOR	★★★★	★★★★	2005-08-17

Très rafraîchissante addition à la liste déjà longue des restos de ce quartier. Un tout petit bistro comme on les aime: pas compliqué, mais offrant de très belles assiettes; pas prétentieux, mais assez fier pour faire les choses avec beaucoup d'application. Une petite salle très bien aménagée et décorée avec beaucoup de goût, un patron dynamique et éminemment sympathique qui prend son affaire très à cœur, de jeunes cuisiniers talentueux qui prêtent attention aux petits détails. On vient ici de tout le quartier pour emporter une bouchée au bureau ou prendre un café au comptoir. Et ceux qui ont découvert l'adresse en ont rapidement fait leur quartier général. Une de nos belles découvertes de 2005.

FRANCE
BISTRO LE RÉPERTOIRE

	2007		MIDI	**30 $**
			SOIR	**70 $**

ROSEMONT–PETITE-PATRIE
5076, RUE DE BELLECHASSE
(514) 251-2002

CUISINE	★★★
SERVICE	★★★
DÉCOR	★★★

 2006-03-30

Nouveau venu dans le coin, ce petit resto de quartier devrait connaître un succès rapide. La formule est en effet très bien adaptée au temps très restreint dont disposent les gens pour prendre leur repas de midi. Service allumé et cuistot dynamique. Le succès devrait également être durable, puisque l'on retrouve aux fourneaux Christophe Geffray, ex-chef de l'Élysée, qui a assis sa réputation chez nous aux cuisines de son petit établissement éponyme de l'avenue Van Horne. Petits plats très soignés, inspirés du répertoire (d'où le nom de la maison) de la gastronomie populaire française. Le facteur «très soignés» prend ici toute son importance quand on constate les prix très amicaux pratiqués par la maison. Ouvert au printemps 2006; évolution à suivre.

FRANCE
BISTRO OLIVIERI

	2007		MIDI	**30 $**
			SOIR	**40 $**

CÔTE-DES-NEIGES
5219, CHEMIN DE LA CÔTE-DES-NEIGES
(514) 739-3639

CUISINE	☆☆☆ ★★★
SERVICE	☆☆☆ ★★★
DÉCOR	☆☆☆ ★★★

2005-06-10

L'idée de nourrir le corps et l'esprit a quelque chose de plaisant. La maison Olivieri, qui fait souvent les choses différemment, offre les deux sous le même toit. On se demande bien quand les autres vont se réveiller. Pour l'instant, on peut goûter ici de petites choses fort sympathiques: sandwichs généreux et croustillants, salades rafraîchissantes, soupes réconfortantes ou petits plats du jour mettant de l'avant des produits frais, préparés avec grand soin et facturés avec beaucoup de savoir-vivre. En été, une jolie terrasse permet de savourer le tout sur fond sonore de chants d'oiseaux. Les grands froids revenus, la proximité de tous ces livres concourt à réchauffer le passage à cette table. Service toujours aussi chaleureux, sympathique et efficace.

FRANCE
BONAPARTE

	2007		MIDI	**40 $**
			SOIR	**60 $**

VIEUX-MONTRÉAL
447, RUE SAINT-FRANÇOIS-XAVIER
(514) 844-1448

CUISINE	☆☆☆ ★★★
SERVICE	☆☆☆ ★★★
DÉCOR	☆☆☆ ★★★

2005-04-28

Le Bonaparte, c'est le classicisme français dans toute sa splendeur: nappes blanches, lustre de salle de bal au plafond; plats en sauce, potage St-Germain en entrée et crème caramel au dessert; service professionnel. La carte offre une grande variété de viandes, volailles, poissons et crustacés: du magret de canard au filet de morue au beurre blanc à l'estragon, en passant par le contre-filet de bœuf sauce au poivre et cognac. Le soir, on peut succomber à un menu dégustation de plusieurs services. Le tout est exécuté et servi de main de maître. En toile de fond sonore, des conversations qui se déroulent dans la langue de George W. Bush. La clientèle est majoritairement composée de touristes américains qui, de retour au bercail, pourront se vanter d'avoir goûté de la *French cuisine*.

FRANCE
BORIS BISTRO

			MIDI	**60 $**
			SOIR	**60 $**

	2007		**VIEUX-MONTRÉAL**
CUISINE	★★	★★	465, RUE MCGILL
SERVICE	★★★	★★★	(514) 848-9575
DÉCOR	★★★	★★★	2005-12-07

On s'y presse, notamment le midi, pour palabrer entre collègues venus nombreux des bureaux avoisinants. Certains n'ayant qu'à prendre l'ascenseur pour descendre jusqu'à la salle agréable dépourvue de cloisons. Côté cuisine, on offre une belle variété: salade aux endives, noix et bleu, mousse de foie, blanquette de veau, risotto de canard. On s'évertue à actualiser ces plats d'inspiration française. L'effort est louable, mais on aimerait aussi ces mets de type bistro dans la simple tradition, dictée uniquement par la qualité des produits, sans besoin d'ajouter une touche particulière, plus ou moins inspirée. L'été, on court pour gagner son bout de ciel et profiter de la magnifique terrasse.

FRANCE
CASSIS

			MIDI	**30 $**
			SOIR	**65 $**

	2007		**PLATEAU MONT-ROYAL**
CUISINE	★★★	★★★	1279, AVENUE DU MONT-ROYAL EST
SERVICE	★★★	★★★	(514) 522-2379
DÉCOR	★★★	★★	2006-03-28

Il y a de belles et bonnes idées dans ce petit établissement qui explore un thème très à la mode — les classiques du Sud de la France — avec une habileté certaine et une simplicité appréciée. Les portions sont généreuses, le service attentionné, l'ambiance reposante. Un bémol: les prix assez élevés le soir et cette habitude de servir plusieurs des plats de la table d'hôte avec les mêmes légumes d'accompagnement, ce qui leur donne tous un curieux air de famille... Mais pour l'essentiel, tous les ingrédients qui font le succès de la cuisine provençale sont réunis ici.

FRANCE
CHEZ GAUTIER

			MIDI	**30 $**
			SOIR	**60 $**

	2007		**CENTRE-VILLE**
CUISINE	★★	★★	3487, AVENUE DU PARC
SERVICE	★★	★★	(514) 845-2992
DÉCOR	★★★	★★★	2005-02-03

Chez Gautier imite le style, le décor et l'ambiance des brasseries parisiennes: banquettes, laiton, boiseries, vitraux. Tout est là, jusqu'au service impersonnel, qui frise l'indifférence. L'illusion se poursuit dans le menu, truffé de classiques: brandade de morue, quenelles de brochet, foie de veau, etc. Les plats sont correctement exécutés, les assiettes, copieuses, mais la présentation et les garnitures auraient besoin d'une cure de jouvence. Et on a beau faire de la cuisine de bistro, certains raccourcis s'expliquent mal: beurre salé sorti du congélateur, lait en berlingot pour le café et, comme vin maison, le même pinard espagnol que partout ailleurs. À souligner, le bar élégant de même que les terrasses intérieure et extérieure.

FRANCE
CHEZ LA MÈRE MICHEL

	2007	
CUISINE	★★★	★★★
SERVICE	★★★	★★★
DÉCOR	★★★	★★★

MIDI ——
SOIR **110$**

CENTRE-VILLE
1209, RUE GUY
(514) 934-0473

🍷

2005-08-03

Récemment, Chez la mère Michel a fait couler beaucoup d'encre, tant dans ces pages que dans celles de *Voir*. La maison a ses hauts et ses bas, fait en soi étonnant pour une telle institution. Il est vrai que, à 40 ans bien sonnés, elle a pris quelques rides, moins au chapitre du décor très bourgeois, où l'ancien et le moderne cohabitent tant bien que mal, qu'à celui de la carte. On a affaire à une cuisine en gros correcte, très classique, très crème et beurre, très vieille France, mais on souhaiterait un peu plus de finesse et d'imagination. Difficile de s'expliquer certains raccourcis (champignons en boîte et corbeille de pain désolante, par exemple). Inégal, le service, qu'on imagine réglé au quart de tour, accuse de la raideur.

FRANCE
CHEZ LÉVÊQUE

MIDI **40$**
SOIR **70$**

	2007	
CUISINE	★★★★	★★★★
SERVICE	★★★★	★★★★
DÉCOR	★★★	★★★

OUTREMONT
1030, AVENUE LAURIER OUEST
(514) 279-7355

🍷

2005-12-01

Ici, toutes les messes sont bonnes. Des matines aux vêpres, tout concourt à une réelle élévation de l'âme. En tout premier lieu, la cuisine de cette institution outremontaise, répertoire de ce qui se fait de mieux dans la bonne vieille France: impeccable foie gras au torchon, cervelle aux câpres, rôti de porc aux lentilles et autres civets de lièvre. Belle carte des vins à prix raisonnables et service d'une grande amabilité et assuré avec beaucoup de sérieux sous une apparente nonchalance aident aussi à redonner le goût de la messe aux plus mécréants d'entre nous. Dans le rôle du pasteur, M. Lévesque, qui officie depuis 1994. Et, soutenant son auréole, la sainte présence de Mme Lévesque qui rallie les fidèles sous sa houlette bienveillante.

FRANCE
CHEZ QUEUX

MIDI **40$**
SOIR **90$**

	2007	
CUISINE	★★★★	★★★★
SERVICE	★★★★	★★★★
DÉCOR	★★★	★★★

VIEUX-MONTRÉAL
158, RUE SAINT-PAUL EST
(514) 866-5194, (514) 866-5988

🍷

2006-08-06

Cette maison fait partie des bonnes surprises du Vieux-Montréal, quartier particulièrement coupe-gorge en matière de restauration. Chez Queux propose en effet une cuisine très honnête, servie selon les règles de l'art. Plats français classiques, préparations très soignées, cuissons justes et main légère du côté des sauces. À midi, les gens d'affaires sont toujours accueillis par l'éloquent Liechtensteinois aux airs de bénédictin qui assure le service avec un réel brio, et semblent apprécier, en plus de la cuisine, cette atmosphère figée au 13e siècle et le décor qui va avec. Pendant la haute saison, les touristes gourmets et aimant le charme suranné des vieilles pierres en plus de la bonne cuisine viennent ici comme en pèlerinage.

FRANCE
CHRISTOPHE

	MIDI	**25 $**
	SOIR	**110 $**

	2007		**OUTREMONT**
CUISINE	★★★★	★★★★	1187, AVENUE VAN HORNE
SERVICE	★★★	★★★	(514) 270-0850
DÉCOR	★★	★★	

2005-04-05

Quatre ans déjà, que le chef-proprio Christophe Geffray démontre son savoir-faire dans ce terrain de jeux pour gourmands invétérés. Les petits bonheurs s'y succèdent doucement, tant dans les échanges avec un personnel dévoué que sur les tables où défilent des créations aussi séduisantes et sensuelles qu'une star un soir de gala. Foie gras irréprochable, superbe agneau confit à l'huile d'olive ou offert en trio, affriolante tarte au citron et son sorbet aux petits fruits… Monsieur Geffray affiche sans gêne sa propension pour le plaisir vécu en continu! Il faut toutefois admettre que les prix sont plutôt élevés pour un «apportez votre vin», surtout si l'on est relégué au deuxième étage à la déco… plus modeste. Réservez et demandez une table au rez-de-chaussée, beaucoup plus judicieusement aménagé.

FRANCE
CONTINENTAL

	MIDI	—
	SOIR	**80 $**

	2007		**PLATEAU MONT-ROYAL**
CUISINE	★★★	★★★	4169, RUE SAINT-DENIS
SERVICE	★★★	★★★	(514) 845-6842
DÉCOR	★★★	★★★	

2006-02-21

Il y a des inconditionnels du Continental comme de toutes les bonnes choses. La stabilité de la cuisine et la qualité de l'ensemble de la prestation y sont sans doute pour beaucoup. Décor qui ne vieillit pas et service d'une justesse remarquable. Aux classiques du répertoire bistro français s'ajoutent quelques inventions justes et amusantes. Travail en cuisine bien exécuté et ambiance enlevante. Cette maison demeure le lieu de sortie et de retrouvailles privilégié d'une clientèle fidèle. Première ou dernière étape d'une longue soirée, le Continental est l'endroit où aller lorsque l'on cherche à s'attabler en bonne compagnie ou à grignoter chic au bar.

FRANCE
CÔTÉ SOLEIL

	MIDI	**30 $**
	SOIR	**50 $**

	2007		**PLATEAU MONT-ROYAL**
CUISINE	★★★	★★★	3979, RUE SAINT-DENIS
SERVICE	★★★	★★★	(514) 282-8037
DÉCOR	★★★	★★★	

2006-05-06

Côté Soleil porte bien son nom: l'endroit est accueillant et on se plaît à y flâner. On s'y arrête par hasard, au gré d'une promenade en après-midi ou en soirée, pour se réchauffer d'une large part de tarte aux pommes maison ou d'une soupe à l'oignon gratinée en hiver; ou pour se rafraîchir d'un pichet de sangria en été, sur l'une des deux terrasses. Table simple et sans prétention offrant quelques classiques de la cuisine bistro. Rien de très épatant de ce côté, mais le menu est correct, compte tenu du montant fort raisonnable qu'on aura à débourser. Chaque jour, une table d'hôte propose plusieurs choix de plats: volaille, viande, poisson et fruits de mer y figurent à tout coup, accompagnés de leur entrée (salade ou potage). Copieux petits-déjeuners.

FRANCE
DELFINO

	2007		**OUTREMONT**	MIDI **25 $**
			1231, AVENUE LAJOIE	SOIR **100 $**
CUISINE	★★★★	★★★★	(514) 277-5888	
SERVICE	★★★★	★★★★		
DÉCOR	★★★	★★★	😊 🌂	2005-06-16

Ah, les poissons de monsieur Georgi! Quel bonheur! On sait en venant ici que l'on aura toujours le plaisir d'avoir dans l'assiette ce qu'il y a de meilleur sur le marché ce jour-là. La carte est adaptée selon les arrivages, mais reste toujours dans le haut du pavé. Et le talent du chef ajoute encore à la qualité de ces excellents produits. Grillés à la perfection et accompagnés de combinaisons simples, les poissons trouvent ici une cuisine qui leur rend hommage. Au fil des ans, grâce au travail en salle de madame Boyadjian, épouse du chef, et de Sami, leur dynamique rejeton, ce ravissant petit restaurant de quartier conserve tout son charme et représente une rafraîchissante étape gastronomique dans le quartier.

FRANCE
EUROPEA

	2007		**CENTRE-VILLE**	MIDI **60 $**
			1227, RUE DE LA MONTAGNE	SOIR **90 $**
CUISINE	★★★★	★★★★	(514) 398-9229	
SERVICE	★★★★	★★★★		
DÉCOR	★★★★	★★★★	😊 🌂	2006-01-19

Europea est un sujet de réjouissance pour qui aime bien manger, bien boire, bien vivre. Bonheur égal pour qui doit critiquer puisque, ici, on parlera de critique très positive. Le travail est bien fait – cuisine, service, décor – et le sourire accompagne la prestation générale, contribuant, comme toujours, à l'élévation de l'âme. Malgré la situation en demi-sous-sol, elle s'élève très bien, merci, grâce au talent et aux efforts concertés des trois aimables Catalans aux commandes. Cuisine très française dans sa conception classique et très québécoise dans ses apports créatifs. De l'entrée jusqu'au dessert, beaucoup de générosité. On a pondéré les ardeurs bleues et jaunes du décor par des touches plus délicates et il s'en trouve ragaillardi. Nous aussi, qui vous recommandons l'endroit en toute confiance.

FRANCE
GARÇON!

	2007		**CENTRE-VILLE**	MIDI **60 $**
			1112, RUE SHERBROOKE OUEST	SOIR **100 $**
CUISINE	★★★★	★★★★	(514) 843-4000	
SERVICE	★★★★	★★★★		
DÉCOR	★★★★	★★★★	😊 🌂	2005-12-15

Ouvert à l'été 2004, Garçon! s'est assez rapidement hissé dans le peloton des très bonnes tables de la Métropole. Fin 2005, nouveau chef, nouveau personnel en salle et deux magnifiques Peter Hoffer aux murs. Le client connaisseur et esthète apprécie. Cuisine élégante et extrêmement soignée. Produits fins du terroir de grande qualité, talent évident du chef et travail tout aussi évident de sa brigade donnent en effet de magnifiques résultats dans les assiettes. Le cadre reste ce que l'on peut rêver de mieux pour une soirée d'amoureux ou pour un chic déjeuner d'affaires, et le service est assuré avec beaucoup d'intelligence et de tact.

FRANCE
GUY ET DODO MORALI

MIDI **60 $**
SOIR **80 $**

		2007	CENTRE-VILLE
CUISINE	★★★★ ★★★★		1444, RUE METCALFE
SERVICE	★★★★ ★★★★		(514) 842-3636
DÉCOR	★★★ ★★★		2005-08-18

Les classiques, dit-on, ne se démodent pas. C'est le cas de cet établissement qui, année après année, ne baisse pas la garde, conserve ses standards élevés et tient ses promesses de qualité et de fraîcheur. Le patron est aux fourneaux, précis dans ses préparations, élégant dans ses présentations, moderne et ancien tout à la fois dans ses recettes. La patronne, elle, patrouille les deux grandes salles, tout sourire, efficace, rapide et d'un enthousiasme contagieux. Le confit de canard (on en sert plus de 400 assiettes chaque semaine!), le bœuf Wellington, la tarte Tatin et le fondant au chocolat sont, aux dires des habitués, des incontournables. Mais il y a beaucoup plus à cette adresse qui rappelle que la cuisine française, celle des bistros chics, est capable de plaire aussi bien à l'œil qu'au palais sans défoncer votre budget.

FRANCE
JULIEN

MIDI **50 $**
SOIR **75 $**

		2007	CENTRE-VILLE
CUISINE	★★★ ★★★		1191, RUE UNION
SERVICE	★★★★ ★★★★		(514) 871-1581
DÉCOR	★★★ ★★★		2005-04-26

Ce repaire d'avocats et de gens d'affaires a une tradition derrière lui et sûrement encore pas mal d'avenir devant. La cuisine bistro chic ne manque pas d'imagination et quelquefois de superbe, oscillant entre les vieux classiques et l'inspiration quotidienne du chef. Les desserts, eux, ne succombent pas à la mode du jour: ils sont onctueux, riches et divinement caloriphiques! Quant à l'accueil, il est très français et très professionnel, avec cette touche de compétence mêlée à un brin d'arrogance qui, au choix, plaît souverainement ou déplaît instantanément à la clientèle. Décor sobre et lumineux, jolie terrasse à l'arrière.

FRANCE
LA BÉCANE ROUGE

MIDI **30 $**
SOIR **75 $**

		2007	HOCHELAGA-MAISONNEUVE
CUISINE	★★★ ★★★		4316, RUE SAINTE-CATHERINE EST
SERVICE	★★★ ★★★		(514) 252-5420
DÉCOR	★★★ ★★★		2005-12-22

Dans ce quartier qui compte relativement peu d'adresses de bonne qualité, La Bécane rouge est résolument un plus. Sa cuisine bistro ne manque pas de fraîcheur ni parfois d'imagination, et le menu varié permet de satisfaire plusieurs types de clientèles et d'appétits. Les bémols: le soir, les prix sont un peu prohibitifs compte tenu de la qualité inégale des plats, et le service est souriant mais un brin amateur. Par contre, l'ambiance joyeuse, bruyante et presque festive par moments fait en sorte que, pour l'essentiel, on y passe d'agréables heures.

FRANCE
LA COLOMBE

	2007	
CUISINE	★★★★ ★★★★	
SERVICE	★★★★ ★★★★	
DÉCOR	★★★★ ★★★★	

MIDI —
SOIR **80 $**

PLATEAU MONT-ROYAL
554, AVENUE DULUTH EST
(514) 849-8844

2005-09-06

Depuis des années, cette maison, éminemment sympathique, figure tout en haut de notre liste des établissements ayant choisi la formule «apportez votre vin». La cuisine ne cesse de s'y améliorer, cuisine très précise, très maîtrisée et qui se distingue par d'impeccables mariages de saveurs et de textures. Cuisine simple aussi, sans prétention, petites entrées inventives, plats principaux allumés et desserts préparés avec un soin méticuleux. Service toujours aussi allègre et nouveau décor apaisant. L'ouverture d'une deuxième salle à l'étage a permis de résoudre en partie les problèmes de réservation dus à la grande popularité de l'endroit. Vous voudrez apporter ici une de ces très bonnes bouteilles gardées pour les grandes occasions.

FRANCE
LA GARGOTE

	2007	
CUISINE	★★★ ★★★	
SERVICE	★★ ★★★	
DÉCOR	★★ ★★	

MIDI **30 $**
SOIR **45 $**

VIEUX-MONTRÉAL
351, PLACE D'YOUVILLE
(514) 844-1428

2005-11-19

La maison se présente comme un restaurant de quartier, ce qui est le cas et pas seulement pour les visiteurs de passage. Une jolie salle qui se prête aussi bien aux tête-à-tête qu'aux rencontres festives. La cuisine est bien ancrée dans la tradition française: céleri rémoulade, confit de canard, tarte Tatin sans surprise. Si les additions sont raisonnables, il faut noter que les portions sont tout aussi modestes. En été, la terrasse est dressée sur le terre-plein d'en face, sur la jolie petite place en face du Centre d'histoire de Montréal. Les serveurs, plateaux en main, effectuent alors un parcours d'épreuves pour se rendre jusqu'à votre table, sans jamais perdre quoi que ce soit en chemin, ni leur sourire ni leur amabilité.

FRANCE
LA GAUDRIOLE

	2007	
CUISINE	★★★★ ★★★★	
SERVICE	★★★ ★★★	
DÉCOR	★★★ ★★★	

MIDI **25 $**
SOIR **85 $**

PLATEAU MONT-ROYAL
825, AVENUE LAURIER EST
(514) 276-1580

2005-01-28

Quand on rencontre l'âme sœur, le coup de foudre s'accompagne inévitablement d'une certitude: le plaisir durable et la félicité pure existent. C'est un sentiment similaire qu'inspire la cuisine de Marc Vézina. Chacune de ses créations appelle premièrement la jouissance, puis l'admiration et, enfin, une affection inébranlable pour cet esprit libre qui renie la frime et les fausses modes. Tout ici vaut chacun des dollars demandés, car la facture est bien moins salée que dans certains établissements du même gabarit. Comble de l'enchantement, Le Grand Jeu propose un assortiment des desserts offerts à la carte — chaque bouchée constitue une ode ultime à la virtuosité et à la générosité d'un chef qui prend un plaisir fou à soutirer sourires et soupirs de contentement à une clientèle conquise.

FRANCE
LA PRUNELLE

			MIDI	—
			SOIR	**100 $**

	2007		**PLATEAU MONT-ROYAL**
CUISINE	★★★★	★★★	327, AVENUE DULUTH EST
SERVICE	★★★	★★★	(514) 849-8403
DÉCOR	★★★	★★★	

2005-11-19

Les restos «apportez votre vin», qui ont longtemps péché par manque de panache, ont gagné leurs lettres de noblesse avec des établissements comme celui-ci, qui offrent un menu relevé, un service efficace, un espace chaleureux et une addition presque raisonnable. Malgré cela, on sent que le chef de La Prunelle tourne parfois les coins ronds et que le personnel s'active plus qu'il ne le devrait en salle afin de faire place nette pour le fameux «deuxième service» de la soirée. Dommage, le client aimant rarement sentir qu'on le presse un peu de céder sa place. Mais on peut tout de même faire quelques belles trouvailles gastronomiques, et la possibilité d'ouvrir un bon cru sans détruire son budget n'est pas à négliger.

FRANCE
LA P'TITE TABLE

			MIDI	**25 $**
			SOIR	**60 $**

	2007		**VERDUN**
CUISINE	★★★	★★★	3872, RUE WELLINGTON
SERVICE	★★★	★★★	(514) 761-2005
DÉCOR	★★★	★★★	

2006-05-13

La P'tite Table? Intention ironique ou attendrissante modestie? Difficile à dire. Rien à voir en tout cas avec la qualité des prestations. Peut-être désigne-t-on les tables proprement dites: deux assiettes les font presque disparaître! Malgré l'exiguïté de la salle en long, au décor empreint de goût et de simplicité, où ressortent de jolies photos et la banquette d'un rouge, disons, voyant, les clients disposent de beaucoup d'espace. Cette générosité, on la retrouve dans les assiettes, qui s'inspirent de la tradition française, même si la cuisine réserve des surprises comme, par exemple, une crème brûlée au saké et aux zestes d'orange. Outre une carte des vins réaliste, on propose un petit vin maison buvable. P'tite table, grande élégance!

FRANCE
LA RAPIÈRE

			MIDI	**40 $**
			SOIR	**60 $**

	2007		**CENTRE-VILLE**
CUISINE	★★★	★★★	1155, RUE METCALFE
SERVICE	★★★	★★★	(514) 871-8920
DÉCOR	★★★★	★★★★	

2005-03-24

Établie depuis une trentaine d'années, La Rapière est une institution à Montréal. Dans son cas, institution ne veut pas dire poussiéreux et vieillot, au contraire: l'établissement a changé de décor il y a une dizaine d'années, pour élire domicile dans l'élégant édifice de la Sun Life. Ceci explique sans doute que l'endroit soit davantage fréquenté le midi par une clientèle d'affaires. Hormis le décor, pimpant et chaleureux, rien n'a changé. La carte offre toujours les spécialités du Sud-Ouest, comme le cassoulet toulousain ou le confit de canard ou d'oie. Autre «bon vendeur»: le foie de veau au vinaigre balsamique, immuable sur la carte du midi. La maîtresse de céans et propriétaire des lieux, madame Naud, veille sur la salle, prodiguant des bons mots à ses fidèles convives tout en surveillant le bon déroulement du repas.

FRANCE
LA VACHE FAIT MEUH

		MIDI	**40 $**
		SOIR	**50 $**

		2007	**PLATEAU MONT-ROYAL**
CUISINE	★★		421, RUE MARIE-ANNE EST
SERVICE	★★★		(514) 284-3332
DÉCOR	★★		**N**

2006-05-16

Au cours des dernières années, il y a eu à cette adresse plusieurs petites tables toutes plus sympathiques les unes que les autres. Celle-ci poursuit la tradition. On ne peut pas vraiment manquer l'adresse tant le pelage de la vache éblouit en façade. Et la vache est présente partout, dans le décor intérieur, les accessoires et, bien sûr, dans les assiettes avec beaucoup de salades aux fromages, les tartiflettes ou dans les mini-raclettes. Fromages affinés et servis à belle maturation composent la base des plats servis ici. Des formules de brunch adaptées aux mœurs locales, plateauesques, beaucoup de bonhomie et de bonne humeur communicative. Et toutes ces petites choses bien faites sont toujours appréciées.

FRANCE
LALOUX

		MIDI	**40 $**
		SOIR	**80 $**

		2007	**PLATEAU MONT-ROYAL**
CUISINE	✦✦✦✦ ★★★★		250, AVENUE DES PINS EST
SERVICE	✦✦✦✦ ★★★★		(514) 287-9127
DÉCOR	✦✦✦✦✦ ★★★★★		

2005-03-12

Un peu loin du trafic. Un peu en dehors des sentiers fréquentés. Un peu trop tout ce que beaucoup de tables ne sont pas. Toutes les excuses sont bonnes pour ne pas aller chez Laloux. Et pourtant, quel plaisir toujours renouvelé de s'attabler ici. Un décor de brasserie chic qui ne vieillit pas, une table soignée et déclinant les classiques de la cuisine provinciale française avec jugement, un personnel de salle digne. On se croirait dans un film français d'après-guerre. Beaucoup de gentillesse partout; dans les assiettes, de grandes choses et dans les verres, de très grandes choses. Et toujours cette lumière presque divine qui illumine les midis. Changement de chef fin 2006. À suivre...

FRANCE
L'ARRIVAGE

		MIDI	**30 $**
		SOIR	**—**

		2007	**VIEUX-MONTRÉAL**
CUISINE	✦✦✦ ★★★		350, PLACE ROYALE (2E ÉTAGE DU MUSÉE
SERVICE	✦✦✦ ★★★		POINTE-À-CALLIÈRE) (514) 872-9128
DÉCOR	✦✦✦✦ ★★★★		

2006-05-24

L'Arrivage s'inscrit dans le courant qui veut que les grands musées proposent à leurs clients et aux passants autre chose que les poncifs de cafétéria (inutile de les dénoncer, on les connaît). L'écrin, dans ce cas-ci, est difficile à battre: une belle salle en long au décor contemporain qui, d'un côté, s'ouvre sur les quais, le Vieux-Port et, chose rare, sa majesté le fleuve en personne. (Grâce au miroir qui longe le mur opposé, on a même la vue deux fois!) Le resto, qui n'ouvre que le midi, propose des plats bien faits et bien présentés, tirés d'un menu influencé par les cuisines du monde. La table d'hôte, très complète, offre de plus un bon rapport qualité-prix. La terrasse, à juste titre recherchée, peut être un peu bruyante.

FRANCE
LE BÉARN

MIDI **35 $**
SOIR **70 $**

	2007	
CUISINE	★★	★★
SERVICE	★★★	★★★
DÉCOR	★★	★★

CÔTE-DES-NEIGES
5613, CHEMIN DE LA CÔTE-DES-NEIGES
(514) 733-4102

2006-03-18

On s'étonne presque de la présence et de la pérennité d'un resto français classique au milieu du chapelet de petites maisons («nouilleries» et «phóries» en tout genre) qui s'égrène le long du chemin de la Côte-des-Neiges. Et il faut du cran pour pratiquer une restauration qui, sans être hors de prix, se paie, surtout en regard de la concurrence. On doit, outre la différence, miser sur la qualité. Pari tenu, en dépit de prestations inégales. Les présentations soignées, le service professionnel et les petites attentions (tel le sorbet servi entre l'entrée et le plat principal) font oublier les quelques ratés et le décor qui, sans être dépourvu de charme, accuse son âge. Carte des vins limitée, où figure une bouteille du mois tarifée avec retenue.

FRANCE
LE BISTINGO

MIDI **50 $**
SOIR **80 $**

	2007	
CUISINE	★★★★	★★★★
SERVICE	★★★★	★★★★
DÉCOR	★★★★	★★★★

OUTREMONT
1199, AVENUE VAN HORNE
(514) 270-6162

2005-11-21

Le quartier foisonne de restaurants et ce petit bistro garde le cap contre vents et marées. Sans doute est-ce dû à la grande honnêteté de la maison qui ne triche avec rien. Dans son nouveau décor fini en 2005, ce joli resto de quartier offre une belle petite cuisine sans fioritures mais pleine de saveurs, et un service tout en sourires et en gentillesse. On revient donc ici autant de plaisir savourer ces petits plats inspirés de la cuisine bourgeoise et familiale française. On revient aussi, terrasse en été ou tables collées en hiver, pour cette ambiance particulière qu'on appelle «atmosphère» dans ces films français d'où Le Bistingo semble tout droit sorti.

FRANCE
LE BISTRO DU ROY

MIDI —
SOIR **70 $**

	2007	
CUISINE	★★★	★★★
SERVICE	★★	★★★
DÉCOR	★★	★★

PLATEAU MONT-ROYAL
3784, RUE DE MENTANA
(514) 525-1624

2006-02-06

Qu'on aime ou pas la formule «apportez votre vin», il faut reconnaître que certains établissements s'en tirent beaucoup mieux que d'autres. C'est le cas du Bistro du Roy: un sympathique resto de type parisien où l'on sert une cuisine réconfortante, qui plaît sans décoiffer et qui surprend également à l'occasion. Les recettes sont classiques, les produits frais, le service efficace et discret. Seule fausse note: le décor a connu de meilleurs jours, mais comme l'addition est plus raisonnable que chez bien d'autres concurrents, on passe l'éponge facilement. Un must: la crème brûlée, craquante et fondante à la fois, comme on devrait toujours la servir.

FRANCE
LE BOURLINGUEUR

	MIDI	**30 $**
	SOIR	**60 $**

	2007		**VIEUX-MONTRÉAL**
CUISINE	★★	★★	363, RUE SAINT-FRANÇOIS-XAVIER
SERVICE	★★	★★	(514) 845-3646
DÉCOR	★★	★★★	2006-02-02

Typique du Vieux-Montréal, Le Bourlingueur, au coin de la rue Saint-Paul, en a les vieilles pierres et la clientèle de touristes et de gens d'affaires. Il a, en outre, l'avantage d'offrir deux belles salles de part et d'autre du hall d'entrée. Le lieu est agréable, l'ambiance est sympathique et propice aux conversations. La choucroute figure traditionnellement au menu, une spécialité des propriétaires d'origine alsacienne. Ce menu affiche des plats de cuisine dite bourgeoise: foie de veau meunière, confit de canard, saucisse de Toulouse, crevettes au Pernod. La sélection de vins (Bordeaux, Loire, Sud-Ouest et Québec avec un Pomme de glace) accompagne, par la variété et les prix, une carte sans découvertes mais d'un rapport honnête.

FRANCE
LE CAFÉ DE PARIS

	MIDI	**70 $**
	SOIR	**120 $**

	2007		**CENTRE-VILLE**
CUISINE	★★★	★★★	1228, RUE SHERBROOKE OUEST
SERVICE	★★★	★★★	(514) 842-4212
DÉCOR	★★★★	★★★★	2005-08-09

Tout semble avoir été dit des restaurants d'hôtel tel Le Café de Paris. Tout dit des airs victoriens d'une salle à manger qui étale son chic à grands coups de moulures, de porcelaine et de tableaux signés. Parlé mille fois de l'obséquieuse amabilité des serveurs et de leurs chemises blanches amidonnées. Tapé deux fois plutôt qu'une sur le clou de tarifs qui déstabilisent le gourmand au portefeuille modeste. Discuté de la cuisine aussi, inspirée et évolutive, mais pas toujours enlevante, ce qui, dans un endroit qui se veut aussi exceptionnel, est pour le moins regrettable. Reste ce magnifique jardin où le resto se déplace l'été venu, son étang et ses canetons. Et l'incontournable heure du thé, agréable et abordable voyage au cœur d'une autre époque.

FRANCE
LE CENTRAL

	MIDI	**50 $**
	SOIR	—

	2007	**CENTRE-VILLE**
CUISINE	★★★★	636, RUE CATHCART
SERVICE	★★★★	(514) 875-6825
DÉCOR	★★★★	2006-04-13

Les adresses sérieuses au centre-ville ne courent pas les rues. Le Central fait partie de ce petit groupe que l'on inscrit précieusement dans son carnet. La formule à prix fixes permet d'éviter le coup de massue et le sérieux des propriétaires, tant en cuisine que dans la salle, garantit un séjour agréable. Salle immense que l'on a astucieusement aménagée afin qu'elle reste conviviale; service assuré avec beaucoup de sérieux sous la houlette bienveillante de la patronne qui accueille avec une bonne humeur et un sourire communicatifs. Dans les assiettes, les classiques de la cuisine des bonnes brasseries françaises, petits plats ayant fait leurs preuves depuis quelques décennies, rajeunis ici et intégrant à l'occasion les meilleurs produits locaux.

FRANCE
LE CONVIVIAL

MIDI **50 $**
SOIR **90 $**

	2007		**WESTMOUNT**
CUISINE	★★★★	★★★★	4785, RUE SHERBROOKE OUEST
SERVICE	★★★★	★★★★	(514) 933-1000
DÉCOR	★★★★	★★★★	

2005-09-16

On est toujours un peu surpris quand on tombe, comme ici, sur une maison aussi chaleureuse dans un environnement plus traditionnellement rigide, dirons-nous; Westmount n'est pas particulièrement réputé pour sa décontraction et sa spontanéité souriante, du moins en restauration. Au Convivial, le sourire et la bonne humeur se trouvent partout, même dans les assiettes. Cuisine française précise, plats élaborés d'une justesse émouvante et grande maîtrise technique. Les desserts du chef local apportent cet éclair de soleil qui aide à quitter la table avec un souvenir ému. Service attentionné, digne et extrêmement efficace. Les prix pratiqués vous permettront de sourire à votre tour en sortant d'ici, comme lorsqu'on a trouvé une bonne table où l'on sait qu'on reviendra.

FRANCE
LE FLAMBARD

MIDI ——
SOIR **60 $**

	2007		**PLATEAU MONT-ROYAL**
CUISINE	★★	★★	851, RUE RACHEL EST
SERVICE	★★★	★★★	(514) 596-1280
DÉCOR	★★★	★★★	

2005-04-06

Avec un tel nom, on serait en droit de s'attendre à plus d'éclat de la part d'une maison à l'allure confortablement vétuste ayant pignon sur la rue Rachel depuis près de 15 ans. En cuisine, les tentatives d'originalité se transforment souvent en démonstrations d'une trop rassurante banalité. Potage quelconque par-ci, entrées convenues par-là, truite trop cuite en plat... on arrive au dessert quelque peu essoufflé. Avec le déferlement d'excellents restos «apportez votre vin» qui secoue présentement Montréal, on espère que Le Flambard saura ajuster le tir en misant sur le renouveau du menu et une rigueur accrue.

FRANCE
LE GRAIN DE SEL

MIDI **30 $**
SOIR **75 $**

	2007		**HOCHELAGA-MAISONNEUVE**
CUISINE	★★★★	★★★★	2375, RUE SAINTE-CATHERINE EST
SERVICE	★★★★	★★★★	(514) 522-5105
DÉCOR	★★★	★★★	

2006-05-26

Malgré les années et les changements de garde, cette adresse ne faiblit pas. La cuisine, mi-bistro, mi-bourgeoise, est constante, savoureuse, classique sans être ennuyeuse, originale sans être frivole. Le chef officie aux fourneaux à deux pas des tables, embaumant l'espace d'odeurs invitantes et de parfums irrésistibles. La carte des douceurs et celle des vins démontrent également le sérieux de la maison. Bref, un parcours sans faute.

FRANCE
LE GRAND COMPTOIR

MIDI **30 $**
SOIR **55 $**

	2007		CENTRE-VILLE
CUISINE	★★ ★★		1225, CARRÉ PHILLIPS
SERVICE	★★ ★★		(514) 393-3295
DÉCOR	★★ ★★		2005-04-09

Le Grand Comptoir a certes connu de meilleurs jours. Dans un décor un peu fané, qui gagnerait à être dépoussiéré et rafraîchi d'un solide coup de peinture, on propose un menu bistro qui n'est ni meilleur ni pire que ce que l'on vous offrira dans plusieurs établissements similaires du centre-ville: bavette, entrecôte, saucisse, etc., le tout accompagné de l'inévitable tarte Tatin et de la sempiternelle crème caramel. Le service est correct et surtout rapide afin de satisfaire les clients qui se bousculent à l'heure du lunch. La terrasse, située en face du carré Phillips, offre plusieurs places agréables durant les belles heures d'été et les douces journées de printemps. Bref, une adresse qui ne casse rien, mais qui peut certainement satisfaire une petite fringale entre deux sessions de magasinage.

FRANCE
LE JURANÇON

MIDI **40 $**
SOIR **90 $**

	2007		ROSEMONT–PETITE-PATRIE
CUISINE	★★★★		1028, RUE SAINT-ZOTIQUE EST
SERVICE	★★★★		(514) 274-0139
DÉCOR	★★★		2006-07-11

Un peu perdu dans un coin de la ville où ne foisonnent pas particulièrement les bonnes tables, Le Jurançon fait figure d'exilé. Cet exil est toutefois pour une bonne cause, puisque les gens du quartier peuvent venir déguster ici une bonne petite cuisine française facturée avec retenue compte tenu de la qualité des produits et du travail. Des plats familiaux du Sud et surtout du Sud-Ouest de la France, préparés avec soin, de petites attentions pour faire découvrir des produits maison, pâté, rillettes et autres charcuteries, une belle petite carte des vins, modeste mais proposant des crus inhabituels, un décor sans prétention aucune et un service attentionné et chaleureux. Ouvert début 2006. À suivre.

FRANCE
LE MAISTRE

MIDI **30 $**
SOIR **60 $**

	2007		NOTRE-DAME-DE-GRÂCE
CUISINE	★★★ ★★★		5700, AVENUE MONKLAND
SERVICE	★★★ ★★★		(514) 481-2109
DÉCOR	★★★ ★★★		2005-03-30

Belles soirées en perspective que celles programmées au Maistre. Le décor, surtout celui de la terrasse en été, est fort agréable mais le plaisir vient avant tout de ce qu'on va offrir à nos papilles. Car on vient au Maistre d'abord pour manger. Malgré le passage des années, la qualité ne s'y dément pas. En fait, la maison a su évoluer, et l'on note, tant en salle qu'en cuisine, un professionnalisme toujours plus affirmé. Le menu, qui continue d'éviter les poncifs, réserve quelques surprises. La formule demeure cependant la même: une «table d'hôte» très complète (soupe, entrée, plat principal, dessert et boisson chaude) qui recoupe les éléments de la carte et offre un excellent rapport qualité-prix. Carte des vins intéressante d'où ressortent quelques bouteilles sagement tarifées. Le décor est gai et agréable, les tables bien espacées et la terrasse fort accueillante. Service impeccable en prime.

FRANCE
LE MARGAUX

MIDI **30 $**
SOIR **60 $**

2007 | **MILE-END**
CUISINE ★★★★ | 5058, AVENUE DU PARC
SERVICE ★★★ | (514) 448-1598
DÉCOR ★★★ | **N** 🌂

2006-04-27

Ouvert au printemps 2006, Le Margaux apporte dans le quartier cette touche de Sud-Ouest de la France qui y manquait. La cuisine est ici traitée avec beaucoup d'égards et une touchante sensibilité. Du vrai, du concret, de l'authentique comme Pagnol faisait parler ses personnages méridionaux. Cet excellent travail en cuisine devrait assurer le succès de la maison, les clients sachant reconnaître le vrai du faux. Et distinguer une très bonne affaire quand il s'en présente une. Car il s'agit bien ici d'une des meilleures affaires en ville dans la catégorie «Maison modeste pouvant avoir de grandes aspirations». Beaucoup de générosité en cuisine et beaucoup de gentillesse en salle. Décor approximatif, mais quand le reste est aussi bon, le client fin gourmet s'attarde moins au «d'sign». À suivre avec grand intérêt.

FRANCE
LE MAS DES OLIVIERS

MIDI **50 $**
SOIR **80 $**

2007 | **CENTRE-VILLE**
CUISINE ★★★★ ★★★★ | 1216, RUE BISHOP
SERVICE ★★★★ ★★★★ | (514) 861-6733
DÉCOR ★★★ ★★★ | 🍷

2005-03-20

Dans le registre «France des bons vieux classiques», on peut difficilement exiger mieux. Le service a du panache, la carte des vins est impressionnante (en choix et en prix) et dans l'assiette, tout est frais et fait avec une expertise et un plaisir évidents. Bien sûr, en librairie, le chef ne publierait pas ses meilleures recettes au rayon de la cuisine minceur... Mais, jusqu'à preuve du contraire, un peu de beurre et de crème n'a jamais tué quelqu'un en l'espace d'un seul repas! Un bémol: le décor un peu vieillot mériterait grandement d'être mis au goût du jour. Nul doute que la clientèle, surtout composée de (riches) gens d'affaires, d'avocats (tout aussi à l'aise) et de touristes américains, ne s'en plaindrait pas.

FRANCE
LE PALTOQUET

MIDI **20 $**
SOIR __

2007 | **OUTREMONT**
CUISINE ★★★ | 1464, AVENUE VAN HORNE
SERVICE ★★★ | (514) 271-4229
DÉCOR ★★ | **N**

2005-10-27

Une pâtisserie dans un guide restos? Oui, bien entendu, quand la pâtisserie est aussi exceptionnelle. On sert sans doute ici les meilleurs croissants en ville, une pâte impeccable, digne des plus grandes maisons, et un croustillant si érotique qu'il redonne le goût de tomber sans retenue dans les croissants, chocolatines et autres chaussons aux pommes. On sert aussi au Paltoquet de petits plats pour le midi à des prix qui font de vous un habitué en un rien de temps. La proximité de Stanislas garantit une ambiance vachement hexagonale, plutôt sympathique dans le service et l'accent aux tables.

NCE			MIDI	**40 $**
LE PARCHEMIN			SOIR	**60 $**

FRA		2007		**CENTRE-VILLE**
	CUISINE	★★★	★★★	1333, RUE UNIVERSITÉ
	SERVICE	★★★	★★★	(514) 844-1619
	DÉCOR	★★	★★★	2006-04-29

Difficile d'imaginer un cadre plus agréable pour un restaurant du centre-ville. Situé derrière la cathédrale Christ Church, l'ancien presbytère est en effet bordé par un délicieux jardin. L'intérieur, où frappent les hauts plafonds, est élégant, mais un peu sévère. À noter aussi les tables bien dressées, où le beurre enveloppé dans du papier d'aluminium a toutefois l'effet d'un cheveu sur la soupe. Ce détail curieux mis à part, on a affaire à une carte relativement courte, surtout au chapitre des entrées, et à une cuisine française classique. Les plats sont exécutés correctement, et les légumes d'accompagnement, soignés et variés. Le service, courtois et professionnel, est conforme à ce qu'on attend d'un établissement de cette catégorie.

FRANCE			MIDI	**40 $**
LE PARIS			SOIR	**70 $**

	2007		**CENTRE-VILLE**
CUISINE	★★★	★★★	1812, RUE SAINTE-CATHERINE OUEST
SERVICE	★★★	★★★	(514) 937-4898
DÉCOR	★★★	★★★	2006-03-31

En 2006, Le Paris fêtait son 50e anniversaire. Tout un exploit pour un établissement somme toute modeste. Et ce qui est tout aussi appréciable que la longévité de la maison est sa stabilité. De sa cuisine en premier lieu puisque, depuis un demi-siècle, rillettes de lapin, boudin noir, rognons et foie de veau, bœuf bourguignon et brandade de morue illuminent le quotidien des clients. Cuisine française de répertoire classique servie selon les principes qui ont fait, et font toujours, le succès de la formule. Le décor vieillot ajoute au charme de l'endroit et le service, assuré avec beaucoup de professionnalisme et d'amabilité, constitue un atout supplémentaire. La maison a su traverser les ans avec aplomb grâce au dévouement et au sérieux de trois générations de propriétaires. Nul doute que la fidélité de ses clients est aussi due à cet aspect si rare dans les maisons éphémères qui éclosent aujourd'hui.

FRANCE			MIDI	**25 $**
LE PARIS-BEURRE			SOIR	**90 $**

	2007		**OUTREMONT**
CUISINE	★★	★★	1226, AVENUE VAN HORNE
SERVICE	★★★	★★★	(514) 271-7502
DÉCOR	★★★	★★★	2005-11-26

Le Paris-Beurre poursuit son petit bonhomme de chemin sur l'avenue Van Horne. Sans faire de grandes envolées, mais sans se planter non plus, ce qui constitue une forme d'exploit. Au fil des ans, on retrouve ici les mêmes recettes qui ont fait le succès de la maison et assurent son existence. Et tout le monde semble y trouver son compte: les clients qui savent pouvoir trouver ici ce qu'ils affectionnent particulièrement — confit de canard, lapin, ris de veau, tarte aux pommes et autres agréables gâteries — et les gens de la maison qui continuent à trouver leur plaisir à les servir. On regrettera peut-être un peu toutefois que les efforts louables déployés au niveau de la carte des vins tardent à être suivis par un mouvement similaire en création culinaire.

FRANCE
LE PETIT BISTRO

MIDI **40 $**
SOIR **90 $**

	2007	CENTRE-SUD
CUISINE	★★★★	1550, RUE FULLUM
SERVICE	★★★★	(514) 524-4442
DÉCOR	★★★	

Ⓝ 🛢

2006-08-12

L'Armoricain est mort. Vive L'Armoricain! Cet irréductible breton a fermé ses portes après bien des années de service et laissé sa place à un futur incontournable gaulois. Tenu par Claude Glavier, version à béret du lapin rose, Le Petit Bistro est l'archétype du petit resto français de quartier sympathique, petits plats familiaux, rassurants et bien tournés, ambiance chaleureuse. À peine quelques mois après son ouverture, il a déjà ses adeptes et les gourmands du quartier s'y retrouvent pour faire bombance. Le décor a été revampé, une terrasse installée sur le toit, et le personnel essaie de suivre la cadence quasi infernale de son chef spirituel qui, à lui seul, vaut que l'on fasse le détour pour voir à quoi ressemble Super Dupont dans un restaurant.

FRANCE
LE PETIT FLORE

MIDI **20 $**
SOIR **60 $**

	2007		AHUNTSIC
CUISINE	★★★	★★★	1145, RUE FLEURY EST
SERVICE	★★★	★★★	(514) 387-2640
DÉCOR	★★★	★★★	

2005-06-15

Une surprenante bière aux carottes brassée à Mont-Laurier ouvre le bal et donne le ton à une chaleureuse soirée passée sur la Promenade Fleury, dans ce mignonnet combo resto-boutique. Que vous souhaitiez seulement siroter un verre ou encore faire plaisir à l'être aimé avec un souper à l'eau de rose, l'endroit comblera vos attentes. Flottant entre la France et l'Amérique du Nord, le menu format table d'hôte regorge de surprises sans toutefois effrayer les plus conservateurs. Un léger bémol: le chef aurait intérêt à surveiller de plus près les cuissons, histoire de ne pas nuire à l'ensemble de l'œuvre, autrement irréprochable.

FRANCE
LE PETIT MOULINSART

MIDI **35 $**
SOIR **60 $**

	2007		VIEUX-MONTRÉAL
CUISINE	★★	★★	139, RUE SAINT-PAUL OUEST
SERVICE	★★★	★★	(514) 843-7432
DÉCOR	★★★	★★★	

🛢 ⛱

2005-11-16

Mille sabords! Dans ce petit restaurant qui porte le nom du château du capitaine Haddock, ni les moules ni les frites ne font honneur à la Belgique. Les merguez à la provençale n'ont de provençal que la couleur de la sauce (liquide) et le foie de veau au vinaigre de framboise mériterait un «iconoclaste!» bien senti. Le service est rapide mais un peu désinvolte. Le menu du jour change quotidiennement le midi; quant au soir, les moules sont à l'honneur avec des plats typiques tels que le waterzoï. À cuisine inégale voire médiocre, carte des vins étonnamment variée et composée par Éric Delhousse, le propriétaire qui propose aussi une carte de bières belges et d'importation. Le lieu, avec sa terrasse en été et son lounge où se déroulent quelques spectacles, a pourtant tout pour plaire.

FRANCE
LE PISTOU

			MIDI	**30 $**
			SOIR	**65 $**

	2007		PLATEAU MONT-ROYAL
CUISINE	★★★	★★★	1453, AVENUE DU MONT-ROYAL EST
SERVICE	★★★	★★★	(514) 528-7242
DÉCOR	★★★	★★★	2006-03-06

Avec une dizaine d'années d'expérience derrière le tablier, Le Pistou fait maintenant figure de doyen sur l'avenue du Mont-Royal où les chefs et les établissements sont recyclés aussi vite que les modes! Mais sa longévité est méritée: la cuisine (façon bistro avec quelques emprunts méridionaux) est savoureuse, bien tournée sans en faire trop et servie avec style par une équipe allumée, pétillante et bien rodée. Clientèle de jeunes professionnels, de comédiens et de «locaux» assez homogène; décor sobre et chaleureux; carte des vins imaginative. Une valeur sûre.

FRANCE
LE POISSON ROUGE

		MIDI	—
		SOIR	**80 $**

	2007		PLATEAU MONT-ROYAL
CUISINE	★★	★★	1201, RUE RACHEL EST
SERVICE	★★★	★★★	(514) 522-4876
DÉCOR	★★★	★★★	2005-03-14

On retrouve ici depuis quelques années déjà les poissons rouges et autres – thon, marlin, loup, raie, mahi-mahi ou omble de l'Arctique – apprêtés selon l'humeur des cuisiniers. Plus quelques viandes pour les clients qui préfèrent garder les pieds sur terre. On est d'ailleurs ramené sur terre au moment de l'addition puisque cette maison, comme bien d'autres où l'on apporte son vin, a tendance à offrir ses entrées, plats principaux et desserts pour une petite fortune. Quand c'est bon, ce n'est jamais cher. Lorsque c'est quelconque, c'est toujours hors de prix. Le soir de notre visite, sur six personnes, deux étaient satisfaites, deux moyennement et deux très insatisfaites. On a connu de meilleurs jours dans ce bocal-ci. Surtout à 100 dollars par couple. À suivre.

FRANCE
LE P'TIT PLATEAU

		MIDI	—
		SOIR	**75 $**

	2007		PLATEAU MONT-ROYAL
CUISINE	★★★★	★★★★	330, RUE MARIE-ANNE EST
SERVICE	★★★	★★★	(514) 282-6342
DÉCOR	★★★	★★★	2005-01-19

On peut sans se tromper le classer parmi les meilleurs restos «apportez votre vin» à Montréal et parmi les meilleurs bistros de quartier tout court. Sa cuisine, qui réserve une part d'honneur au canard, à l'agneau et au poisson, est franche, simple (du moins en apparence) et savoureuse. Bien sûr, le foie gras, la souris d'agneau et le confit de canard ne soulageront pas votre ligne mais ce n'est pas tous les jours Noël! Presque au milieu de la salle, petite et d'une belle sobriété, le patron trône à ses fourneaux dans une atmosphère joyeuse et vaguement dantesque. Service efficace, empressé et professionnel. Un peu bruyant, mais il paraît que c'est très tendance. Alors soyons modernes.

FRANCE
LEMÉAC

MIDI **50 $**
SOIR **80 $**

	2007	
CUISINE	★★★★ ★★★★	**OUTREMONT**
SERVICE	★★★★ ★★★★	1045, AVENUE LAURIER OUEST
DÉCOR	★★★★ ★★★★	(514) 270-0999

2005-02-11

À peine cinq ans après son ouverture, Leméac se classe parmi les bonnes tables de la ville. Pour sa cuisine, bien sûr, classique et bien déclinée, style veste de tailleur Dior sur jean déchiré. Pour le service, élégant et efficace, et pour cette lumière qui baigne la salle. Beaucoup d'élégance sur la carte et dans le choix des vins. On aura intérêt à bien ajuster son appareil auditif tant le brouhaha est insupportable certains soirs, mais la clientèle visée ne semble pas s'en formaliser. Nous disions dans une édition précédente du *Guide Restos Voir*: «Le charme discret de la bourgeoisie, version restaurant. Et version très *"Outremont, ma chère"*.» Je maintiens. Et ajoute que cette terrasse sur la rue Durocher est un vrai bonheur aux beaux jours.

FRANCE
L'ENTRECÔTE SAINT-JEAN

MIDI **40 $**
SOIR **40 $**

	2007	
CUISINE	★★★ ★★★	**CENTRE-VILLE**
SERVICE	★★★★ ★★★★	2022, RUE PEEL
DÉCOR	★★★★ ★★★★	(514) 281-6492

2005-01-14

Ici, pas de cassage de tête. Au menu, il n'y a qu'un unique choix: une entrecôte de bœuf, cuite au goût du client, accompagnée d'une portion de frites allumettes et nappée d'une sauce onctueuse, moutardée juste ce qu'il faut. Ah oui, il y a tout de même un mini-choix à faire, qui est celui d'opter pour la table d'hôte ou non. Dans le premier cas, le bifteck de faux-filet est précédé d'un potage et d'une petite salade à l'huile de noix, et conclu par un dessert. Et c'est comme ça depuis une quinzaine d'années. Le décor de cette brasserie de style parisien, tout en longueur et ceinturée par de hauts miroirs et des banquettes, n'a pas changé d'un iota. Idem pour les petits tabliers à frisons des serveuses qui sont d'une extrême gentillesse. On peut parler sans se tromper de valeur sûre.

FRANCE
LES CHENÊTS

MIDI **40 $**
SOIR **100 $**

	2007	
CUISINE	★★★ ★★★	**CENTRE-VILLE**
SERVICE	★★★ ★★★★	2075, RUE BISHOP
DÉCOR	★★★ ★★★	(514) 844-1842

2006-04-07

Une vieille maison dont on ne se lasse pas avec son décor de pièces de cuivre mur à mur et son côté vieille France. Cuisine française classique, donc, mais dans ce qu'elle offre de meilleur comme le foie gras, le canard à l'orange, le coq au vin, le carré d'agneau à la provençale, la crème brûlée, les profiteroles et autres indémodables. Les assiettes sont très généreuses, les sauces, parfaitement exécutées et le personnel, raffiné et très connaisseur. La carte des vins a la taille d'un dictionnaire des meilleurs vins français et l'établissement est doté d'une «cognathèque», salon privé réservé aux amateurs de cette eau-de-vie réputée.

FRANCE			MIDI	—
LES HÉRITIERS			SOIR	**80 $**

	2007		**PLATEAU MONT-ROYAL**
CUISINE	★★★	★★★	5091, RUE DE LANAUDIÈRE
SERVICE	★★★	★★★	(514) 528-4953
DÉCOR	★★	★★	

2006-03-22

Il y a environ 10 ans, Les Héritiers établissait son quartier général dans un appart typico Plateau. Trois chefs s'y relaient à tour de rôle, proposant des classiques du répertoire français — rognons de veau, magret de canard, cuisse de lapin, ris de veau, carré d'agneau, etc. —, mais rehaussés d'une forte personnalité. Les mariages de goûts sont audacieux, tout en restant équilibrés, les plats sont expressifs et les portions, généreuses. Très sympathique. On a droit à toutes ces trouvailles à la carte, ou en forfait dégustation, plus avantageux. Les fins de semaine, le restaurant est très fréquenté. Tout ce beau monde doit jouer le jeu des deux services, l'un à 18 h et l'autre à 21 h, en courant le risque de devoir jeter la serviette même si la soirée demanderait prolongation.

FRANCE			MIDI	**30 $**
LES PYRÉNÉES			SOIR	**70 $**

	2007		**VIEUX-MONTRÉAL**
CUISINE	★★★	★★★	320, RUE SAINT-PAUL OUEST
SERVICE	★★★	★★★	(514) 842-5566
DÉCOR	★★★	★★★	

2005-07-14

Ce n'est jamais sans une certaine appréhension qu'on tâte de la restauration dans le Vieux-Montréal, qu'il est par ailleurs amusant d'aborder en touriste. On a affaire ici à une salle plutôt jolie, loin du clinquant kitsch de certaines maisons du quartier. La table d'hôte, tarifée avec retenue, semble conçue à l'intention des visiteurs. Le menu, où tomate, poivron, ail, huile d'olive, viandes, poissons, crustacés et autres chipirons font bon ménage, se lit comme un véritable itinéraire touristique midi-pyrénéen. Pour un peu, on rentrerait à la maison faire ses bagages, dès le repas fini. Toutes ces prestations culinaires sont plutôt réussies et tirent des ah! de satisfaction, à défaut de oh! d'étonnement. Sauf peut-être au moment de l'addition, car s'attabler dans les Pyrénées n'est pas donné.

FRANCE			MIDI	**60 $**
LES REMPARTS			SOIR	**100 $**

	2007		**VIEUX-MONTRÉAL**
CUISINE	★★★★	★★★★	93, RUE DE LA COMMUNE EST
SERVICE	★★★★	★★★★	(514) 392-1649
DÉCOR	★★★★	★★★	

2006-05-26

En 2006, Les Remparts ont mis la main sur un nouveau chef qui monte aux créneaux. Cuisine lumineuse et créations éclairantes signalent déjà son arrivée. La maison attire toujours autant de touristes puisque ces remparts dont on parle sont ceux de l'ancienne Ville-Marie, mais les «locaux» commencent à fréquenter l'endroit avec assiduité. Il faut dire que la cuisine est ici soignée comme dans les meilleurs endroits de la planète. Cuisine française d'inspiration et qui fait une très belle part aux meilleurs produits du Québec, gibier, légumes et autres. À la salle à manger classique, sont venues s'ajouter une salle de style bar à vin et, aux beaux jours, une terrasse donnant sur le Vieux-Port. De nouvelles excuses pour revisiter le Vieux-Montréal.

FRANCE
L'EXPRESS

| | | | MIDI | **60 $** |
| | | | SOIR | **90 $** |

	2007	**PLATEAU MONT-ROYAL**
CUISINE	★★★★ ★★★★	3927, RUE SAINT-DENIS
SERVICE	★★★★ ★★★★★	(514) 845-5333
DÉCOR	★★★★ ★★★★	2005-11-16

En 2005, L'Express célébrait son 25e anniversaire. Il s'agit d'une de ces quatre ou cinq adresses à Montréal pour lesquelles on pourrait avoir les mêmes commentaires année après année; des commentaires toujours élogieux. Le travail en cuisine et en salle est en effet accompli ici avec sérieux, goût et rigueur. La très belle carte des vins est, elle aussi, généreuse et pensée pour tous les budgets. Les clients sont sensibles à tout cela et remplissent le chic restaurant 364 jours par an, midi et soir. On s'assoit au bar pour admirer la maîtrise de M. Masson, légende vivante et quintessence du barman. Sur le zinc ou en salle, on déguste les classiques de la cuisine de bistro française, plus quelques élucubrations gastronomiques du chef Joël Chapoulie qui illuminent l'endroit. Et qui, comme le décor signé Luc Laporte, n'ont pas pris une ride en un quart de siècle.

FRANCE
MARCHÉ DE LA VILLETTE

| | | | MIDI | **25 $** |
| | | | SOIR | **40 $** |

	2007	**VIEUX-MONTRÉAL**
CUISINE	★★ ★★	324, RUE SAINT-PAUL OUEST
SERVICE	★★ ★★	(514) 807-8084
DÉCOR	★★ ★★	2006-05-17

On pourrait avoir vu ce genre de petit marché mille fois – une boucherie assortie d'une charcuterie, d'une mini-épicerie et d'un coin repas, c'est commun, non? Pourtant, une énergie vraiment particulière flotte dans cet amusant croisement entre le chalet bavarois et l'épicerie de province. D'office, on adore les proprios Jean-Pierre et Nicole, au point où l'on embrasserait leurs joues rosies par l'effort et la bonne humeur. La musique des Alpes; les millions de «cossins» accrochés partout, sans ordre établi; les accents de France happés au vol; les nappes à carreaux; les bons sandwichs; les assiettes de charcuterie savamment assemblées et, enfin, le petit côté «bonne franquette» font regretter de n'avoir qu'une trop courte heure pour luncher en bonne compagnie. Ah... la vie!

FRANCE
NIZZA

| | | | MIDI | **40 $** |
| | | | SOIR | **80 $** |

	2007	**CENTRE-VILLE**
CUISINE	★★★★ ★★★★	1121, RUE ANDERSON
SERVICE	★★★★ ★★★★	(514) 861-7076
DÉCOR	★★★★ ★★★★	2005-05-30

Nizza, magnifique grand bâtiment post-moderne, a remplacé Pizza, servie autrefois au même endroit dans une petite maison appelée Da Pizzetaro. Le client gourmet y gagne au change puisque Nice offre une palette nettement plus variée et une qualité gastronomique supérieure. Les jumeaux Forcherio, Armand aux fourneaux et Ange en salle, forment ici un duo d'enfer. On apprécie leur cuisine inventive et leur idée très particulière de ce qu'un restaurant devrait être. Dynamisme et chaleur côté service, simplicité et délicatesse côté cuisine. En plus d'une courte carte assez académique, la maison propose une série de petits plats décoiffants («Les Plats d'Armand») et une table d'hôte du midi pour une vingtaine de dollars. On aime vraiment beaucoup.

FRANCE
NUANCES

			MIDI	—
			SOIR	**130 $**

	2007		**ÎLE NOTRE-DAME**
CUISINE	★★★★	★★★★★	1, AVENUE DU CASINO, CASINO DE
SERVICE	★★★★★	★★★★	MONTRÉAL (514) 392-2708
DÉCOR	★★★★	★★★★	

2006-06-06

Vous ne côtoierez dans cette salle à manger que des gagnants puisqu'il faut apporter ici une petite fortune pour payer le souper. Le travail du chef Jean-Pierre Curtat et de sa brigade en vaut certainement la chandelle et l'endroit ne manque pas de charme, si l'on aime les plafonds vertigineux et les décors quasi hollywoodiens. Ni le clinquant du décor, ni les cahots du service, variant de très digne à très approximatif, n'empêchent les amateurs de faire le détour par la salle à manger du Casino de Montréal. Ils y viennent effectivement pour la qualité de la cuisine qui y est servie; belle place faite aux produits du terroir québécois, impressionnante maîtrise technique et choix culinaires judicieux donnant en effet des plats lumineux.

FRANCE
O'BISTRO

		MIDI	**40 $**
		SOIR	**80 $**

	2007	**NOTRE-DAME-DE-GRÂCE**
CUISINE	★★★	5626, AVENUE MONKLAND
SERVICE	★★	(514) 482-1471
DÉCOR	★★★	

2006-04-20

Contrairement à ce que son nom indique, O'Bistro propose des tables bien dressées, avec nappes et serviettes en tissu, et nous fait grâce du beurre en barquette. Seuls font «bistro» les tables très rapprochées et quelques plats typiques. La salle exiguë est décorée sobrement, dans des tons de café au lait et de chocolat, les murs ornés de belles photos. À noter aussi la façade tout en fenêtres, bordée d'une petite terrasse où s'alignent quelques tables. Au menu, des plats travaillés et bien faits, sans trop de chichis, où se mêlent des influences françaises (foie de veau au vinaigre de framboise) et nord-américaines (club sandwich au thon frais et lobster roll au menu du midi). Bref, un nouveau venu avec lequel il faudra compter dans NDG.

FRANCE
O'THYM

		MIDI	**40 $**
		SOIR	**80 $**

	2007		**VILLAGE**
CUISINE	★★★	★★★	1112, BOULEVARD DE MAISONNEUVE EST
SERVICE	★★★	★★★	(514) 525-3443
DÉCOR	★★★	★★★	

2006-04-27

Dans ce Village où se brandissent de nombreuses fines fourchettes, les bons restaurants se comptent sur les doigts. Et une main suffira. O'Thym figure dans la liste. Propriété de jeunes gens de bon goût et ayant un sens acéré des affaires, ce joli petit resto s'inscrit bien dans la lignée des autres établissements de la famille et propose en effet une cuisine très au-dessus de la moyenne locale. Un immense tableau noir annonce les festivités, midi et soir. Des petits plats préparés avec grand soin et des assiettes montées avec méticulosité, à défaut d'inventivité. L'addition a un peu tendance à s'envoler, mais c'est malheureusement souvent le cas dans les maisons ayant choisi la formule «apportez votre vin».

FRANCE
PÉGASE

MIDI —
SOIR 70 $

	2007		**PLATEAU MONT-ROYAL**
CUISINE	☆☆☆	★★★	1831, RUE GILFORD
SERVICE	☆☆☆	★★★	(514) 522-0487
DÉCOR	☆☆☆	★★★	

2005-02-02

Il faut avoir l'œil vif pour repérer l'enseigne de cette adresse discrète blottie au cœur d'une avenue résidentielle. Pégase a su s'attirer les sympathies des résidents du quartier, et il y a fort à parier que c'est tant en raison de la simplicité invitante de la minuscule salle à manger que du service, guilleret et attentionné. Rien de transcendant à noter côté fourneaux, à part peut-être ce souci de respecter les classiques de la cuisine bourgeoise – mission qui, malheureusement, sacrifie l'aspect exploratoire de la cuisine... On salive, par exemple, à l'évocation de «Mourir de chocolat», un dessert de la carte; ce «trépas jouissif» s'est révélé être une banale, quoique irréprochable, variation sur le thème de la mousse au chocolat. L'adresse demeure toutefois charmante, sympa et on ne peut plus honnête.

FRANCE
PETITE TERRASSE DE PROVENCE

MIDI 40 $
SOIR 55 $

	2007		**CENTRE-VILLE**
CUISINE	☆☆☆	★★★	1215, RUE MANSFIELD
SERVICE	☆☆☆	★★★	(514) 395-0207
DÉCOR	☆☆☆	★★★	

2005-07-12

Curieux resto dont le décor racoleur et suranné de simili-terrasse de Provence peut soit vous charmer instantanément ou vous déplaire souverainement! Il faut dire qu'en plein centre-ville, le son des grillons et de l'eau qui s'écoule des fontaines de pierre a de quoi étonner, surtout en plein mois de janvier... Cela dit, le menu est très ensoleillé et résolument méridional avec ses plats d'agneau, de poisson et ses soupes froides et parfumées. Parfois, c'est vrai, on promet plus sur papier qu'on n'offre réellement dans l'assiette, ce qui laisse croire que le chef ne maîtrise pas tous ses plats également. Cependant, on sent dans l'élaboration de ces derniers et l'utilisation des produits un réel souci d'authenticité qui compense pour certaines maladresses. À noter qu'un petit comptoir de produits fins offre de magnifiques et savoureuses huiles d'olive, blondes et fines, qui valent certainement le prix un peu élevé qu'on en demande.

FRANCE
POP!

MIDI —
SOIR 80 $

	2007		**PLATEAU MONT-ROYAL**
CUISINE	☆☆	★★	250, AVENUE DES PINS EST
SERVICE	☆☆☆☆	★★★★	(514) 287-9127
DÉCOR	☆☆☆☆	★★★★	

2005-08-30

Parler ici de carte des vins soignée est très en deçà de la réalité. Il s'agit en effet d'une des plus belles cartes des vins en ville. Et cette maison, ouverte au printemps 2005, lui offre un écrin parfait, décor chaleureux et invitant et service assuré avec classe. Réussite totale donc sur ces plans-là. Cet écrin a contenu, pour quelques jours du moins, une cuisine exceptionnelle, fruit du travail d'une jeune chef créative rapidement et inexplicablement disparue. Aujourd'hui, la cuisine ici ne correspond plus au reste, décalée, présentée de façon bâclée et très à la traîne de ce à quoi le client le moindrement exigeant est en droit de s'attendre. Après un éclair de génie initial, déception majeure donc.

FRANCE
RENOIR (À L'HÔTEL SOFITEL)

	MIDI	**70 $**
	SOIR	**140 $**

	2007		**CENTRE-VILLE**
CUISINE	★★★	★★★★	1155, RUE SHERBROOKE OUEST
SERVICE	★★★★	★★★	(514) 788-3038
DÉCOR	★★★★	★★★★	2005-11-05

On a dit un peu trop de mal de cette maison. Certains la trouvaient trop grande, d'autres, trop chère, d'autres encore, trop française. C'est vrai que le cadre est imposant, que l'addition s'envole facilement et que l'ensemble est très français, le restaurant faisant partie du chic Sofitel très cocorico. Mais un passage ici laisse rarement sur sa faim. La cuisine y est traitée avec sérieux, rigueur et un à-propos grandissant. Le chef, Gilles Arzur, privilégie systématiquement les produits les plus frais, et le travail du chef pâtissier Pascal Thouvenot permet maintenant de terminer le repas sur une note aussi positive que le reste du séjour ici. Accueil et service gagneront à se rappeler que ces aspects peuvent être des atouts, ce qui n'est pas toujours le cas en ce moment.

FRANCE
SANS MENU

	MIDI	**30 $**
	SOIR	**40 $**

	2007	**SAINT-HENRI**
CUISINE	★★★ ★★★	3714, RUE NOTRE-DAME OUEST
SERVICE	★★★ ★★★	(514) 933-4782
DÉCOR	★★ ★★	2005-12-20

Une peinture murale égaie tout un côté de la salle du Sans Menu: des poissons batifolent dans une onde turquoise. Dès la première visite, on se sent d'ailleurs là comme un poisson dans l'eau. Le décor, l'accueil et la décontraction que l'on observe d'emblée ont un effet apaisant des plus bénéfiques. Pour un resto qui pousse le sens du paradoxe jusqu'à revêtir un nom pareil, il y a, qu'on se rassure, un large éventail de choix. (L'astuce? Le menu figure sur une ardoise qu'on promène de table en table.) Loin des modes du moment, la maison interprète avec savoir-faire des classiques de la cuisine hexagonale, et le service se fait avec diligence et amabilité. Bref, petit bistro de quartier sympathique et sans prétention dans Saint-Henri.

FRANCE
TONNERRE DE BREST

	MIDI	**30 $**
	SOIR	**120 $**

	2007	**OUTREMONT**
CUISINE	★★★ ★★★	1134, AVENUE VAN HORNE
SERVICE	★★★ ★★★	(514) 278-6061
DÉCOR	★★★ ★★★	2006-04-04

Une de ces quelques tables où l'on se sent bien dès que l'on s'assoit. On voudrait travailler ou habiter dans le coin pour venir y déjeuner plus souvent et faire partie de ces habitués qui y sont accueillis comme des membres de la famille. Même de passage, on trouve son bonheur au milieu des phares, des coiffes, des menhirs, des dolmens qui peuplent l'endroit. Une petite salle très chaleureuse et une cuisine qui l'est tout autant. Bien mise, bien pensée et servie avec entrain, amabilité et générosité. Grillades irréprochables, ris de veau fondants, salades gigantesques, fars bretons comme en pays bigouden. La longue liste des vins disponibles témoigne du souci accordé par la maison au bien-être de ses clients. Qui semblent toujours comblés. On apprécie.

FRANCE
VENTS DU SUD

MIDI —
SOIR **70 $**

	2007		
CUISINE	★★★	★★★	
SERVICE	★★★	★★★	
DÉCOR	★★★	★★★	

PLATEAU MONT-ROYAL
323, RUE ROY EST
(514) 281-9913

2005-01-28

Contre vents et marées, cette petite maison maintient le cap de la qualité. On y mange toujours cette cuisine familiale méridionale française, infiniment revigorante. Le chef Gérard Couret, taille menue, bacchantes et sourire gaulois, prépare avec doigté diverses spécialités du Sud-Ouest de la France, et notamment de son Pays basque natal: poulet basquaise, axoa (prononcer achoa) ou magret de canard aux cèpes. C'est aussi chez Vents du Sud que l'on peut savourer l'un des meilleurs cassoulets en ville. La cuisine traditionnelle du patron, relevée de piment d'Espelette et pleine d'amour des bonnes choses, est destinée aux estomacs solides et à ceux qui se tiennent à bonne distance du pèse-personne. Quand on aime, on ne compte pas. À Montréal comme à Saint-Jean-de-Luz.

Accords

vins & mets

GRÈCE

Non, il n'y a pas que le Retsina! La Grèce viticole s'est refait une beauté. Son nectar, maintenant plus moderne et élaboré selon les dernières technologies œnologiques, offre désormais des saveurs franches, fruitées et davantage intenses. Simple mais tellement savoureuse, l'ambroisie à base de poissons et de viandes grillées se réjouira de ces nouveaux crus (nouvelles régions et appellations). Sincèrement, il faut renouer avec les vins grecs ou en faire la découverte, vu les progrès étonnants des dernières années.

SAGANAKI
Patras blanc Grèce, sauvignon Nouvelle-Zélande

DOLMADES
Riesling Alsace France ou Canada, muscadet France

POISSONS GRILLÉS
Vins de pays blancs Agioritikos ou Peania Grèce

AGNEAU GRILLÉ
Cabernet sauvignon ou merlot Grèce,
naoussa ou néméa Grèce

MOUSSAKA
Patras blanc, naoussa ou néméa rouges Grèce

PRENEZ GOÛT
À NOS **CONSEILS**

SAQ

Milos *Georges Spiliadis, copropriétaire*
Page 146

GRÈCE

La Méditerranée est là et le style de cette cuisine est franchement lié à cette omniprésence. Beaucoup de poissons et une grande place accordée aux légumes et aux légumineuses. Beaucoup de petits plats aussi que l'on met au milieu de la table et que l'on partage en entrées. L'huile d'olive règne et, les années passant, le client a accès à un éventail beaucoup plus vaste de cet ingrédient de base. Tomates, ail, fenouil, origan et fromage féta, superbes grillades – notamment de poissons servis avec un simple filet de jus de citron – et pâtisseries de type bombes caloriques.

Peu d'établissements dans cette section, malgré une présence très forte de la communauté grecque chez nous. Sans doute les critères de qualité exigés pour paraître dans le *Guide Restos Voir* ont-ils à voir avec cette faible proportion. Par contre, les quelques établissements apparaissant ici offrent des prestations éloquentes et certaines maisons ont acquis une réputation internationale bien méritée. La générosité de la plupart de ces tables constitue également un point fort.

GRÈCE
ELLA-GRILL

MIDI —
SOIR **45 $**

	2007		VILLAGE
CUISINE	★★	★★	1237, RUE AMHERST
SERVICE	★★	★★★	(514) 523-5553
DÉCOR	★★★	★★★	

2005-12-28

Difficile d'imaginer un resto grec plus atypique: très jolie salle à l'éclairage tamisé, coin lounge, exploitation habile du contraste entre le noir et le blanc, à des lieues de l'esthétique du filet de pêche. On imagine mal Zorba en train d'y siroter un ouzo. Bref, on a affaire à une maison hyper-branchée qui propose une cuisine grecque classique. Un bel éventail d'entrées froides et chaudes, des salades, et un choix étonnamment limité de viandes, de poissons et fruits de mer grillés offerts en plats principaux. On note quelques ratés, notamment des côtelettes d'agneau couci-couça. Certaines entrées, dont l'aubergine frite, sont gigantesques, même à l'aune des maisons grecques à la proverbiale générosité. Service professionnel et courtois.

GRÈCE
MEZZE

MIDI —
SOIR **100 $**

	2007		PLATEAU MONT-ROYAL
CUISINE	★★★	★★	3449, BOULEVARD SAINT-LAURENT
SERVICE	★★★	★★	(514) 281-0275
DÉCOR	★★★	★★★★	

2005-11-26

Le resto s'est refait une beauté à l'automne 2005. Dans cet antre de la haute branchitude du boulevard Saint-Laurent, point de nappes à carreaux ni de bleu méditerranéen comme on en retrouve régulièrement dans les restos grecs. En lieu et place, un décor zen qui met en valeur le tableau vivant que forme un méga-aquarium, sur le mur faisant face à la rue. Dans cet environnement design, on s'attend à ce qu'on nous serve une cuisine grecque actualisée, qui soit à la hauteur de l'écrin qui lui est réservé. Nenni. On peut trouver de la meilleure cuisine grecque dans la plupart des établissements traditionnels. Alors pourquoi dépenser tant pour si peu? Peut-être pour être vu dans l'un des points les plus grouillants en ville? Ou pour admirer les serveuses légèrement vêtues? On cherche...

GRÈCE
MILOS

MIDI **40 $**
SOIR **160 $**

	2007		MILE-END
CUISINE	★★★★★	★★★★★	5357, AVENUE DU PARC
SERVICE	★★★★	★★★★	(514) 272-3522
DÉCOR	★★★★	★★★★	

2005-03-22

Les années passent et certaines choses ne changent pas. Milos en fait partie. Réglons le côté monétaire de la chose: c'est effectivement plus cher qu'à la binerie du coin. Mais pour ce que vous mangerez ici, l'amaigrissement momentané de votre tirelire est une chanson. De l'entrée au dessert, les produits servis chez Milos sont ce qu'il y a de mieux sur le marché, quelle que soit la saison. Et les poissons qui attendent en clignant de l'œil sur la glace font l'envie de bien des poissonniers de Montréal. On vient ici comme à une fête, une grande sortie, une exceptionnelle balade dans ce qui se rapproche le plus de la Grèce dans ce qu'elle a de bon en cuisine. Costas Spiliadis garde la barre de son beau bateau de pêche droit sur le grand large et quand on est à bord, on apprécie chaque minute de la traversée.

GRÈCE **MYTHOS**			MIDI	**35 $**
			SOIR	**70 $**

	2007		**MILE-END**
CUISINE	★★★	★★★	5316-18, AVENUE DU PARC
SERVICE	★★★	★★★	(514) 270-0235
DÉCOR	★★★	★★★	2005-08-05

L'heure est souvent à la fête dans ce fameux restaurant grec du quartier Mile-End. À en juger par l'impressionnant achalandage des lieux, les occasions sont toujours bonnes pour se rassembler autour d'un repas gargantuesque. Autant sur la terrasse que dans l'immense espace à l'intérieur, on peut observer la dynamique des familles élargies et des couples qui s'évertuent à créer l'ambiance enivrante du Mythos. De grands éclats de rire viennent ainsi ponctuer les accords du piano à queue, la musique grecque traditionnelle trouvant naturellement son chemin à travers la cacophonie. Côté bouffe, on semble toutefois avoir privilégié la quantité au détriment de la qualité: les coupes de viande manquent de finesse, la cuisson est souvent approximative et les légumes goûtent l'eau. À surveiller.

GRÈCE **OUZERI**			MIDI	**25 $**
			SOIR	**50 $**

	2007		**PLATEAU MONT-ROYAL**
CUISINE	★★★	★★★	4690, RUE SAINT-DENIS
SERVICE	★★★	★★★	(514) 845-1336
DÉCOR	★★★	★★★	2005-01-10

Semaine ou fin de semaine, les foules se pressent avec toujours autant de fidélité dans cette ouzeri. Toujours pour l'ambiance relax et la remarquable énergie qui s'en dégagent. Toujours aussi pour le bruit, la musique et les serveurs machos, sympathiques et efficaces. Toujours enfin pour les plats phares de la maison comme le saganaki, flambé par le serveur avec un sens très sûr du théâtre, l'agneau au féta, un bijou de simplicité et de saveurs, ou encore ce yogourt grec, servi avec miel et amandes, et qui pourrait constituer un repas à lui seul. L'ouzo coule, le retsina aussi, les serveurs grimpent aux murs d'où ils ramènent des bouteilles pleines de bonne humeur. Qui est la caractéristique première de cette très chaleureuse adresse montréalaise.

GRÈCE **PHILINOS**			MIDI	**25 $**
			SOIR	**50 $**

	2007		**MILE-END**
CUISINE	★★★★	★★★★	4806, AVENUE DU PARC
SERVICE	★★★	★★★	(514) 271-9099
DÉCOR	★★★	★★★	2005-05-07

Une visite n'attend pas l'autre dans ce joli bistro grec où il ne manque de rien, surtout pas d'atmosphère. On en vient à croire que sa fréquentation crée une forte dépendance! Les propriétaires semblent avoir trouvé la bonne formule: bonne humeur, bonne bouffe, bons prix. Sur le menu, les traditionnelles entrées froides et chaudes, brochettes de poulet et d'agneau, souvlakis, moussakas et poissons frais se côtoient avec le même plaisir que les invités à table. Tous les plats sans exception dénotent une fraîcheur impeccable et certains sont absolument jubilatoires: le saganaki (fromage frit) à lui seul vous propulsera dans la stratosphère. Service charmant, efficace et divertissant.

GRÈCE		MIDI	**30 $**
PSAROTAVERNA DU SYMPOSIUM		SOIR	**80 $**

	2007	**PLATEAU MONT-ROYAL**	
CUISINE	★★★ ★★★	3829, RUE SAINT-DENIS	
SERVICE	★★★ ★★★	(514) 842-0867	
DÉCOR	★★★ ★★★		

2006-02-27

On cherche souvent un petit resto grec sympathique, pas trop cher, mais offrant une cuisine digne de mention. La Psarotaverna du Symposium est là. Parfaite. Le patron, Tasso, est grec au-delà de tout ce que vous pouvez imaginer. Grec dans le bon sens du terme, gourmand, gourmet et généreux. Le décor de son restaurant correspond à l'idée que l'on se fait d'un restaurant grec traditionnel et s'accorde bien avec les souvenirs ramenés de tables helléniques. Belles entrées qui pourraient satisfaire un appétit colossal, poissons grillés à la perfection, un filet de citron et une petite salade: tout va bien. Une bouteille de retsina? Tout va mieux. Et si vous êtes en forme et décidez d'embarquer le personnel dans votre délire, vous passerez une excellente soirée. Aspirine recommandée, le lendemain matin.

GRÈCE		MIDI	—
RÔTISSERIE PANAMA		SOIR	**80 $**

	2007	**PARC-EXTENSION**	
CUISINE	★★★	789, RUE JEAN-TALON OUEST	
SERVICE	★★★★	(514) 276-5223	
DÉCOR	★★★		

2006-05-22

Quelques poissons grillés à point, des côtelettes juteuses et parfumées, quelques poulets débités en gros morceaux et passés, eux aussi, sur le gril, de belles entrées typiques de la Grèce et des salades qui vous feront reconsidérer votre opinion un peu désabusée sur la version grecque de la chose. Tout ça serait suffisant pour venir manger ici. Mais il y a plus. Notamment cette manière d'accueillir et de servir les clients, si pleine de sourires et de bonne humeur authentique. Et tout le brouhaha autour, les familles d'habitués, les petits enfants qui jouent et rient, le personnel en salle qui passe les bras chargés d'assiettes, le patron un peu boudeur sur son Olympe. On aime vraiment venir ici quand on a le goût de manger grec, pas compliqué. *Opa!*

GRÈCE		MIDI	—
VEGERA		SOIR	**120 $**

	2007	**MILE-END**	
CUISINE	★★★★ ★★★★	228, AVENUE BERNARD OUEST	
SERVICE	★★★★ ★★★★	(514) 490-4222	
DÉCOR	★★★★ ★★★★		

2005-02-05

Baigné par une lumière bleutée, l'espace moderne aménagé dans la section moins chic de l'avenue Bernard étonne. Tout en subtilité, l'éclairage épouse l'élégance de cette table méditerranéenne qui transporte le client sur ses flots azurés. Au menu, une cuisine grecque simple et ensoleillée: légumes grillés, calmars frits, grillades et poissons frais facturés à la livre attirent une attention méritée. Arrosés d'huile d'olive et de citron, les plats délicatement aromatisés prennent de la saveur et révèlent une préparation soignée, malgré quelques imperfections occasionnelles qui se glissent côté cuisson. Un écart qui se pardonne aisément grâce à la qualité du service, dont la gentillesse et le professionnalisme contribuent à l'ambiance singulière de cette très bonne maison.

GRÈCE
YANNIS

MIDI ——
SOIR **75 $**

2007

CUISINE ★★★ ★★★★
SERVICE ★★★ ★★★
DÉCOR ★★★ ★★★

CÔTE-DES-NEIGES
6045, AVENUE VICTORIA
(514) 737-9384

2005-05-20

Yannis s'inspire de la formule éprouvée des restos grecs spécialisés dans les poissons et les fruits de mer et tient le pari haut la main, à des prix inférieurs à ceux de certains de ses concurrents. À la porte, de beaux spécimens vous font de l'œil sur leur lit de glace. En entrée, si vous avez le courage de vous passer du remarquable saumon fumé de la poissonnerie voisine, optez pour les pleurotes ou la pieuvre grillée, présentée en salade; en plat principal, difficile de résister au poisson grillé à la chair moelleuse, délicate et succulente sous son simple habillage d'huile d'olive, de jus de citron et d'origan; au dessert, le yaourt au miel et aux noix fera chanter vos papilles. À souligner, l'agréable terrasse à l'auvent bleu... grec, bien entendu.

Accords
vins & mets

INDE

Si les cartes des vins des restos indiens de Montréal reflètent les harmonies possibles avec cette cuisine très aromatique, un sérieux problème se pose. Même si les Indiens semblent bouder la boisson des dieux, une industrie viticole s'impose lentement dans leur pays. Pour l'instant, aucun produit n'est disponible au Québec. Une cuisine relevée, épicée et parfois puissante s'harmonisera aux vins rouges ou aux blancs dotés d'une fraîche acidité. La bière, très populaire avec cette cuisine, remplit bien son mandat de boisson rafraîchissante.

MULLIGATAWNY
Soave Italie, bordeaux blanc France

CURRY DE POIS CHICHES À LA CARDAMOME
Bière lager Allemagne, bière India pale ale Angleterre

CURRY DOUX DE CREVETTES AU LAIT DE COCO
Muscat sec Alsace France, malvasia bianco Californie

POULET TANDOURI
Gewurztraminer Alsace France, beaujolais-villages France

GULAB JAMUN
Xérès oloroso doux Espagne, passito-di-pantelleria Italie

PRENEZ GOÛT
À NOS **CONSEILS**

SAQ

Atma *Ravi Anand, propriétaire*
Page 152

INDE

Sans doute le royaume des épices. À tort, on associe chez nous ces épices à une cuisine de feu alors qu'il s'agit plus souvent de parfums envoûtants et de riches arômes. Bien sûr, quelques plats explosent littéralement et surprennent le client peu habitué, mais il s'agit d'exceptions très clairement indiquées sur les menus. Les innombrables currys, daals, pilaus et autres tandouris reflètent l'extraordinaire variété qui règne dans le sous-continent indien. Et de toutes les régions qui proposent leurs cuisines si distinctes, nous viennent des plats remplis de garam masala, de menthe, de cardamome, de coriandre.

En dehors de Parc-Extension, quartier de prédilection des immigrants indo-pakistanais, quelques belles maisons offrent des prestations très intéressantes. Les puristes les jugeront toutefois trop diluées et trop occidentalisées, mais la grande majorité des clients semblent y trouver leur compte.

INDE
ALLÔ INDE

MIDI **20 $**
SOIR **40 $**

	2007		**CENTRE-VILLE**
CUISINE	★★★	★★★	1422, RUE STANLEY
SERVICE	★★★	★★★	(514) 288-7878
DÉCOR	★★	★★	

2006-03-31

Rarement aura-t-on vu un restaurant aux abords si trompeurs. Sous l'enseigne verte et criarde, on trouve une entrée glauque et quelques marches incommodes conduisant à un demi-sous-sol. La salle est pourtant confortable, presque chic, dans les tons de bourgogne, un peu comme on imagine les clubs anglais. Au menu figure la litanie de plats aux riches saveurs désormais archiconnues des amateurs de cette cuisine. Deux exceptions notables: les plats «korai» et «balti», apprêtés aux légumes, à la viande ou aux crevettes, beaucoup moins convenus. La cuisine fait preuve de maîtrise, et le service est plus formel que ce à quoi l'on est habitué. Les prix sont raisonnables, selon les normes du centre-ville, et les portions de viande, généreuses.

INDE
ATMA

MIDI ——
SOIR **60 $**

	2007		**PLATEAU MONT-ROYAL**
CUISINE	★★★	★★★	3962, BOULEVARD SAINT-LAURENT
SERVICE	★★★	★★★	(514) 798-8484
DÉCOR	★★★★	★★★★	

2005-01-05

Au diable la babiole bariolée, le clinquant kétaine et le manque de recherche souvent de mise dans les restos indiens! Le jeune proprio Ravi Anand a fait appel au designer Michel Prete pour concevoir un lieu ravissant alliant design moderne, confort et séduction sur toute la ligne. L'opération charme s'applique aussi au service, diligent et amène; et en cuisine, où le Pendjab et ses délicats effluves de cumin et de cardamome sont à l'honneur. Plat fétiche s'il en est, le poulet au beurre est bien fait et goûteux à souhait, même s'il n'offre rien de particulièrement surprenant — et il en est de même pour le reste de la carte. Malgré tout, la grâce des lieux a vite fait de nous envoûter. On voudra revenir s'affaler dans les banquettes de la superbe mezzanine pour faire bombance et libations.

INDE
BOMBAY MAHAL

MIDI **20 $**
SOIR **30 $**

	2007		**PARC-EXTENSION**
CUISINE	★★★	★★★	1001, RUE JEAN-TALON OUEST
SERVICE	★★	★★	(514) 273-3331
DÉCOR	★	★	

2006-03-16

Honte aux amateurs de cuisine indienne qui n'ont pas encore plongé les dents dans la masala dosa du Bombay Mahal! Reconnu entre autres pour cette fabuleuse crêpe de riz garnie de pommes de terre épicées, l'endroit est une vraie fabrique de trésors du Sud de l'Inde. La soupe sambar explose en bouche; les plats en sauce sont irréprochables. Et les cuisiniers ont un flair magistral pour le dosage d'épices, tant dans l'aromatique que dans le pimenté. Une des meilleures tables indiennes en ville, malgré l'aspect très discutable de la salle à manger, malgré le service qui n'arrive pas à s'organiser et malgré le bruit et les effluves pas tous agréables. Peut-être est-ce aussi à cause de ce désordre continu qu'on se rappelle, avec joie, que tous les inconforts s'effacent devant une table qui n'offre que du plaisir...

INDE
DEV

| | | MIDI | **30 $** |
| | | SOIR | **30 $** |

	2007		CÔTE-DES-NEIGES
CUISINE	★★★	★★	5987, AVENUE VICTORIA
SERVICE	★★	★★	(514) 733-5353
DÉCOR	★	★	2006-02-23

De toute évidence, nous nous trouvons ici dans un antre familial: maman et fiston Dev (ce dernier, malgré son jeune âge, n'en est pas à sa première commande) veillent à l'accueil, au service et à la caisse. Pour les rencontrer, il faut plonger dans le bas Côte-des-Neiges, quartier on ne peut plus multiethnique. On s'attable dans une grande salle à manger éclairée par des lustres de pacotille et décorée de quelques artefacts kitsch. Sur la carte, une étourdissante variété de spécialités végé et non végé. Aux traditionnels thali, biryani et poulet tikka, s'ajoutent des mets moins connus comme le shahi paneer (fromage indien) et le vindaloo. De l'authenticité à revendre, même si on ne parle pas ici du meilleur restaurant indien à Montréal.

INDE
EAST INDIA COMPANY

| | | MIDI | **25 $** |
| | | SOIR | **50 $** |

	2007		CÔTE-DES-NEIGES
CUISINE	★★	★	3533, CHEMIN QUEEN-MARY
SERVICE	★★	★★	(514) 344-2217
DÉCOR	★★★	★★★	2006-01-23

Lors de notre visite précédente, nous écrivions: «Plats un peu chiches en viande, cuissons approximatives, mélanges brouillons, on est étonnés de voir ce décalage entre le ramage et le plumage. Pas vraiment mauvais, mais loin d'être étincelant. À suivre.» Nous avons effectivement suivi. Malheureusement, le restaurant, lui, n'a pas bougé d'un pas vers l'avant. Seulement une étoile vers l'arrière. Comédie d'erreurs en cuisine où l'on massacre ces magnifiques recettes indiennes, plats de mouton dans lesquels prédominent les os et le gras, poulet au beurre caoutchouteux, riz séché d'avoir trop attendu. Buffet ou choix à la carte, tout est décevant dans l'assiette. Et l'on continue de se demander comment, dans un si joli décor aux détails soignés, on peut servir des choses aussi détestables. Quelqu'un va-t-il se réveiller dans la Compagnie des Indes?

INDE
GANDHI

| | | MIDI | **30 $** |
| | | SOIR | **60 $** |

	2007		VIEUX-MONTRÉAL
CUISINE	★★★	★★★	230, RUE SAINT-PAUL OUEST
SERVICE	★★★	★★★	(514) 845-5866
DÉCOR	★★★	★★★	2005-03-30

Chaque fois que l'on me demande où aller pour un curry, je suggère ce restaurant. Sauf pour les aficionados ou les partisans de la ligne dure que j'envole à Villeray dans quelques sous-sols géniaux mais moins accueillants de prime abord. Chez Gandhi, vous pouvez inviter vos amis les plus sourcilleux ou votre belle-mère tatillonne, tout le monde sera content. Les currys sont sages, le décor petit-bourgeois-bohème-mais-pas-trop-quand-même, les toilettes d'une propreté irréprochable et la coutellerie nickel. Rien de très décoiffant côté cuisine, mais si vous ne tenez pas particulièrement à vous éclater le turban, allez-y sans crainte. Service courtois et efficace, assiettes tranquillement exotiques et additions douces comme un gulam jamun gorgé de sirop.

INDE
GARAM MASSALA

| | | MIDI | **30 $** |
| | | SOIR | **50 $** |

	2007	**NOTRE-DAME-DE-GRÂCE**
CUISINE	★★ ★★	5601, AVENUE MONKLAND
SERVICE	★★ ★★★	(514) 488-8999
DÉCOR	★★★ ★★★	

2006-01-09

Un restaurant indien que l'on pourrait qualifier d'international: juste assez de détails dans la décoration et la musique en sourdine pour que l'on n'ait aucun doute sur l'origine des lieux, mais une sobriété de bon aloi. La cuisine est à l'unisson, indienne, mais adaptée aux palais et aux estomacs québécois: poulet au beurre, crevettes bhoona, currys traditionnels et excellents pains nan. En fait, il y en a pour tous les goûts et, comme souvent dans les restaurants indiens, le service est d'une grande courtoisie. Les prix sont doux (les plats du jour, du lundi au vendredi, oscillent entre 6,95 $ et 10,95 $) et le menu varié. Une terrasse promet de beaux midis d'été dans la rue la plus animée de Notre-Dame-de-Grâce.

INDE
JOLEE

| | | MIDI | **20 $** |
| | | SOIR | **30 $** |

	2007	**CÔTE-DES-NEIGES**
CUISINE	★★ ★★	5495A, AVENUE VICTORIA
SERVICE	★ ★	(514) 733-6362
DÉCOR	★ ★	

2005-11-11

Jolee est la réponse aux désabusés qui se plaignent de l'uniformité des restaurants indiens. Certes, on trouve au menu quelques poncifs, genre poulet au beurre, mais surtout des plats du Sud du sous-continent et du Sri Lanka, à peu près inédits chez nous, dont plusieurs à base de pain ou de crêpe (dosa). On souhaiterait que la cuisine apporte plus de soin à la «finition» des assiettes, notamment aux entrées, servies tièdes. Rien pour modérer l'ardeur des habitués, qui font la queue pour emporter des préparations robustes, épicées, bon marché. Les lieux, en partie à cause du va-et-vient constant, sont peu confortables, l'entretien laisse à désirer et la communication n'est pas de tout repos, même en anglais. Pour les curieux pas frileux.

INDE
JUBRAZ

| | | MIDI | **20 $** |
| | | SOIR | **40 $** |

	2007	**OUTREMONT**
CUISINE	★★	1334, AVENUE VAN HORNE
SERVICE	★★	(514) 765-9194
DÉCOR	★★	

2005-09-29

Les propriétaires ont eu beau spécifier sur la carte «Fine cuisine indienne», les connaisseurs ne feront pas nécessairement de découvertes majeures ici. Comme c'est trop souvent le cas dans les restaurants indiens de chez nous, la carte de Jubraz est un calque de ce qui se fait ailleurs. Les gens du quartier trouveront donc au coin de la rue les pakoras, samosas, bhajis, vindaloos, tikkas et autres tandouris proposés dans tout restaurant indien qui se respecte. Si l'on n'habite pas dans le coin, on n'ira sans doute pas jusqu'à faire un détour pour venir manger ici. Service courtois et relativement empressé; décor minimaliste. Le portefeuille est épargné, mais on est curieux de voir si les foules vont se presser aux portes de ce nouveau venu.

INDE			MIDI	**30 $**
LA MAISON DE CARI			SOIR	**60 $**

	2007		**CENTRE-VILLE**
CUISINE	★★★	★★★	1433, RUE BISHOP
SERVICE	★★★	★★★	(514) 845-0326
DÉCOR	★★	★★	2005-06-26

Presque caché au sous-sol d'une maison autrefois chic de la rue Bishop, ce petit restaurant indien reste le lieu de prédilection de bien des amateurs de cuisine indienne membres de la grande confrérie Concordia. Beaucoup d'étudiants et d'ex-étudiants, mais également de professeurs venus retrouver ici une table sage, pleine des habituels parfums de la cuisine du sous-continent indien. Currys donc et riz basmati, raïta, samosas et autres spécialités. Rien pour révolutionner la chose, mais une cuisine plus qu'honnête et un service plein de cette dignité qui étonne l'Occidental moyen. Au fil des ans, M. Niharendu Dhar, le propriétaire de l'endroit, s'est fait bien des amis parmi ses clients. Ils reviennent régulièrement. C'est toujours bon signe.

INDE			MIDI	**20 $**
LA MAISON INDIA			SOIR	**40 $**

	2007		**NOTRE-DAME-DE-GRÂCE**
CUISINE	★★★	★★★	5868, RUE SHERBROOKE OUEST
SERVICE	★★★	★★★	(514) 485-2122
DÉCOR	★★★	★★★	2005-02-11

Établie sur la rue Sherbrooke Ouest, dans NDG, où l'on observe une concentration de restos indiens, La Maison India se démarque de la concurrence par son décor plutôt bourgeois, presque chic, sans déploiement tape-à-l'œil d'artifices kitsch. Tant les habitués que les nouveaux venus sont accueillis avec le sourire, et le service est à l'avenant. On note ici une rafraîchissante volonté de plaire. Le menu ne pèche pas par excès d'originalité, et les spécialités reprennent en gros la liste des suspects habituels. Mais tout est bien exécuté, et les plats végétariens, dont le channa du Pendjab (ragoût de pois chiches), font l'objet de soins particuliers. À noter, une bière à l'indienne brassée ici et conçue pour résister à l'assaut des épices.

INDE			MIDI	**25 $**
LE PALAIS DE L'INDE			SOIR	**40 $**

	2007		**MILE-END**
CUISINE	★★	★★	5125, BOULEVARD SAINT-LAURENT
SERVICE	★★★	★★★	(514) 270-7402
DÉCOR	★★	★★	2006-04-20

Le Palais affiche toujours, avec un certain cran, les attributs qui y ont attiré la clientèle bien avant que cette portion de la *Main* n'entame son opération de renouveau. Voisinant maintenant les restos branchés et les boutiques pimpantes, l'endroit signe et persiste avec son néon et ses colonnes roses, ses murs aux mille reflets d'or et ses fleurs en plastique. On retrouve au menu, lui aussi inchangé, les currys (madras, dansak, vindaloo, etc.) et les plats au tandour qui refusent encore de s'assumer complètement, continuant de flotter quelque part entre l'hindouisme et l'américanité. Tous les petits à-côtés, des samosas au pain nan, en passant par les bhajis et les chutneys, sont bien exécutés, avec le même souci de ne pas choquer. Mais l'addition est douce, presque autant que le regard du personnel attentionné...

INDE
LE TAJ

MIDI **25 $**
SOIR **60 $**

		2007
CUISINE	★★★	★★★
SERVICE	★★★	★★★
DÉCOR	★★★	★★★

CENTRE-VILLE
2077, RUE STANLEY
(514) 845-9015

2006-01-04

Le Taj est une valeur sûre pour qui cherche un certain dépaysement dans l'assiette, mais qui attache une certaine importance au cadre et au service. Les superbes murales ramenées du pavillon de l'Inde à l'Expo 67 qui décorent les murs de ce restaurant rassureront sur ce dernier point. Question cuisine, le propriétaire, Vinod Kapoor, mène sa maison avec rigueur et amour. Et ce, depuis les premiers jours. Il propose une cuisine tranquille, suffisamment domestiquée pour plaire aux palais locaux et suffisamment libre pour avoir des accents du sous-continent indien. Four à tandour, effluves de cardamome, de tamarin et de cannelle flottant dans l'air et, le samedi soir, un joueur de sitar vient aider votre tapis volant à décoller. Excellente idée, compte tenu de la grande générosité des assiettes.

INDE
MAISON DU CARI GOLDEN

MIDI **50 $**
SOIR **80 $**

		2007
CUISINE	★★	★★
SERVICE	★★	★★
DÉCOR	★	★

MILE-END
5210, BOULEVARD SAINT-LAURENT
(514) 270-2561

2005-04-09

Depuis presque 20 ans, on vient ici en troupeaux déguster les kormas, madras et autres déclinaisons de currys connues en Amérique du Nord. L'endroit étant exigu — comme dans «trop petit» —,le nombre et la grosseur des troupeaux sont limités. En cuisine, plusieurs choses sont réussies, tant que l'on reste dans le classique, et d'autres un peu approximatives. Nans et riz pilau impeccables, sauces crémeuses à souhait. On pourrait reprocher une uniformisation excessive des plats, mais le succès de la maison y est sans doute lié. Si l'on est prêt à quelques compromis, on sort toujours d'ici rassasié, la générosité étant une vertu pratiquée avec sérieux par les patrons de cette micro-adresse. Service nonchalant comme les eaux du Gange en période de sécheresse.

INDE
MALHI

MIDI **20 $**
SOIR **30 $**

		2007
CUISINE	★★★	★★★
SERVICE	★★	★★
DÉCOR	★★	★★

PARC-EXTENSION
880, RUE JARRY OUEST
(514) 273-0407

2006-03-09

Le Malhi ne fait pas exception à la règle voulant qu'à Montréal, la majorité des restaurants indiens offrent des spécialités du Pendjab, cette région du Nord de l'Inde. Qu'est-ce qui le distingue des autres, alors? L'accueil souriant du proprio, M. Malhi, et le parfait équilibre des épices: les plats sont juste assez épicés, savoureux à souhait. Le menu, classique, offre un large éventail de plats végétariens et non végé, du thali au biryani, en passant par le poulet tikka et tandouri. L'endroit attire autant les Québécois de souche que ceux d'origine indienne. L'atmosphère, décontractée et familiale, nous fait vite oublier l'absence de décor et les lustres kitsch aux antipodes de l'éclairage aux chandelles.

INDE
MASALA

		MIDI	**30 $**
		SOIR	**40 $**

	2007		**PETITE-BOURGOGNE**
CUISINE	★★★	★★★	995, RUE WELLINGTON
SERVICE	★★	★★	(514) 287-7455
DÉCOR	★★	★★	2005-03-14

Il n'y a décidément rien de banal chez Masala. D'abord, l'emplacement, au pied de l'autoroute Bonaventure, dans un secteur au look résolument industriel. Il faut dire qu'on cumule ici les nobles fonctions de traiteur, d'école de cuisine et de resto. Ensuite, l'aspect de la maison, sorte de loft fort sympathique adjacent à la cuisine ouverte où le patron officie. Enfin la cuisine. Aux interminables menus auxquels nous ont habitués ses concurrents, Masala oppose une carte courte: des plats familiaux, allégés, où l'on sent l'amour du travail bien fait. Jusqu'aux desserts, sans doute américanisés, mais fort bons, complément idéal de votre... espresso. À noter aussi, un amusant pain nan épicé. Ouvert les midis de semaine et le vendredi soir.

INDE
MYSORE

		MIDI	**20 $**
		SOIR	**50 $**

	2007		**PLATEAU MONT-ROYAL**
CUISINE	★★★	★★★	4216, BOULEVARD SAINT-LAURENT
SERVICE	★★★	★★★	(514) 844-4733
DÉCOR	★★★	★★★	2005-03-18

Siège de nombreuses dynasties princières, la ville méridionale indienne de Mysore recèle des trésors et une tout aussi précieuse cuisine. Bien qu'elle se soit ajustée aux palais de l'Occident, cette cuisine conserve son âme dans les assiettes du restaurant montréalais: on la retrouve riche, savoureuse et colorée. Dans la salle aux plafonds vertigineusement hauts, des effluves chantants remuent l'air, tandis qu'au menu figurent les classiques (kebabs, bhajis, tandouris, biryanis, etc.) revisités par des Bengladais soucieux de votre tolérance au piment. En plus de compter sur la gentillesse d'un service prompt, vous pouvez aussi vous attendre à recevoir de l'eau embouteillée, une attention fort appréciée.

INDE
PUNJAB PALACE

		MIDI	**15 $**
		SOIR	**30 $**

	2007		**PARC-EXTENSION**
CUISINE	★★	★★	920, RUE JEAN-TALON OUEST
SERVICE	★★	★★	(514) 495-4075
DÉCOR	★	★	2006-05-05

Disons-le tout net: le Punjab Palace est mal nommé. On est à des années-lumière du faste des palais indiens, et l'extérieur surtout ne paie pas de mine, même si le quartier, que certains appellent avec affection la «petite Inde», embaume les épices. L'intérieur, modeste lui aussi, fait un peu casse-croûte. Le menu, hormis quelques spécialités du Sud de l'Inde, est sans surprise. Les plats, dès les entrées terminées, étonnent par leur douceur et aussi par une certaine fadeur, reproche qu'on ne fait pas souvent aux restos indiens! Mais les clients apportent leur vin (phénomène en soi plutôt rare dans cette catégorie d'établissements). La cuisine aurait-elle le souci de ne pas écraser le pinard? Service par ailleurs sympathique.

INDE
PUSHAP

MIDI **15 $**
SOIR **20 $**

	2007		CÔTE-DES-NEIGES
CUISINE	✩✩✩ ★★★		5195, RUE PARÉ
SERVICE	✩✩ ★★		(514) 737-4527
DÉCOR	✩ ★★		2006-02-24

Le thali, c'est le nom du contenu et du contenant. Ce dernier, un plateau en inox avec compartiments pour accueillir les diverses déclinaisons végétariennes de la maison. Le contenu, très authentiquement indien, est toujours surprenant pour un palais occidental peu au fait des mœurs culinaires du sous-continent. De petites portions de légumes savoureux, préparés avec discernement et épicés avec retenue. Un riz basmati à se damner. Du thé indien comme si vous y étiez et un service d'une amabilité pleine de dignité. Irrésistible comptoir de sucreries. Au moment de régler l'addition, on se dit que le végétarisme a du bon, non seulement pour le bien-être, mais aussi pour la santé financière.

INDE
PUSHAP – LA FAIM DU MONDE

MIDI **20 $**
SOIR **30 $**

	2007		PLATEAU MONT-ROYAL
CUISINE	★★★		4110, RUE SAINT-DENIS
SERVICE	★★★		(514) 906-0431
DÉCOR	★★		Ⓝ ⬆ 2006-08-23

Il y a quelques années, on trouvait à Montréal dans un antique couloir d'immeuble une minuscule maison appelée La Faim du monde. On y servait une cuisine végétarienne allumée, préparée par un jeune chef tout aussi lumineux. Disparition pendant quelques années, puis réapparition à la mi-2006, rue Saint-Denis cette fois. La cuisine de Yannick Boulos n'a pas changé d'un iota, gardant sa vertu première qui est l'authenticité. Associé à Pushap, resto végétarien indien connu des amateurs, il propose dans son sympathique local de belles assiettes généreuses et non violentes. Thalis, quesadillas au cactus et burgers incas ont leurs aficionados. Sur fond de Bob Marley, on se surprend à aimer manger des choses improbables aux goûts différents.

INDE
SANA

MIDI **20 $**
SOIR **30 $**

	2007		PARC-EXTENSION
CUISINE	✩✩ ★★		655, RUE JARRY OUEST
SERVICE	✩ ★		(514) 274-2220
DÉCOR	✩ ★		2006-03-30

On viendra ici si l'on veut apprécier l'authenticité de la cuisine indienne, petites recettes savoureuses de currys et de biryanis onctueux. Le décor un peu destroy et le service approximatif ne figurent sans doute pas au palmarès de ce qui se fait de mieux chez nous, mais le sourire fait passer beaucoup de choses. Et les habitués, résidants du quartier, béats d'admiration devant l'écran géant où défilent en boucle les meilleures productions bollywoodiennes, contribuent également au plaisir de passer grignoter un morceau ici. Le tout pour une poignée de roupies.

	2007	**PARC-EXTENSION**
CUISINE	★★	149, RUE JEAN-TALON OUEST
SERVICE	★★	(514) 277-9339
DÉCOR	★★	

2005-12-18

Établi sur un segment de la rue Jean-Talon aux accents plutôt industriels, mais pas loin du marché public du même nom, Tabaq propose, outre quelques classiques de la cuisine indienne telle qu'on la pratique ici, genre poulet au beurre, des plats pakistanais beaucoup moins connus. D'un côté, un casse-croûte; de l'autre, une salle à manger plus «formelle», dépouillée à l'extrême. S'il n'y a pas beaucoup d'ambiance, la cuisine, sans être spectaculaire, vaut qu'on s'y arrête. Bref, on a là l'occasion de faire l'essai de currys robustes, à la sauce bien dense, et de parfaire par l'estomac sa connaissance d'une région du monde d'une diversité qui laisse pantois. À noter: un beau choix de plats végétariens et un lassi à la mangue dense et sucré.

vins & mets

ITALIE

À l'instar de leur voisine française, les nombreuses régions italiennes réclament des harmonies d'ordre géographique. Pâtes, pizzas, viandes et poissons préparés selon les traditions régionales s'inscrivent au menu des nombreux restaurants italiens du Québec. Puisque notre sélection de vins de l'Enotria est bien étoffée, il ne nous reste plus qu'à reproduire ces combinaisons gastronomiques gagnantes.

PROSCIUTTO ET MELON
Chardonnay Sicile, bianco-di-custoza Italie

FETTUCINIS AUX PALOURDES (VONGOLE)
Soave ou verdicchio-dei-castelli-di-Jesi Italie

RISOTTO AUX CHAMPIGNONS (FUNGHI)
Valpolicella ripassa ou dolcetto-d'alba Italie

OSSO BUCO À LA MILANAISE
Chianti-classico ou barbera-d'asti ou taurasi Italie

TIRAMISU
Marsala Italie, porto tawny Portugal

PRENEZ GOÛT
À NOS **CONSEILS**

SAQ

Le Petit Toscan *Jean Fortin, propriétaire et Alexandre Martel, chef*
Page 174

ITALIE

Y a-t-il un style qui définisse la cuisine italienne ? Comme pour sa voisine française, la diversité des régions et la force de chacune de ces cuisines régionales rendent impossible une telle définition. Saveurs et produits principaux ? Là encore, une palette d'une extraordinaire richesse. Beaucoup de pâtes et de pizzas, bien sûr, des risottos hallucinants, des viandes traitées avec un soin extrême et une émouvante authenticité. Et toujours, qu'elles viennent du Nord ou du Sud, des cuisines riches en herbes et en parfums, huile d'olive, ail, tomates, basilic, laurier, romarin, vins.

La communauté italienne de Montréal est si active que l'on peut difficilement traverser un quartier de la ville sans rencontrer un restaurant italien. Aux anciennes maisons proposant « Cuisine canadienne et italienne » ont succédé des établissements extrêmement soignés, offrant des plats moins connus du grand public, mais tout aussi représentatifs de la gastronomie italienne. Cuisine de *mamma* ou haute gastronomie, adresses prestigieuses ou petit *caffè*, on trouve aujourd'hui chez nous toute la riche palette des maisons de là-bas.

ITALIE
AL DENTE

		MIDI	**25 $**
		SOIR	**50 $**

	2007	**NOTRE-DAME-DE-GRÂCE**
CUISINE	★★	5768, AVENUE MONKLAND
SERVICE	★★	(514) 486-4343
DÉCOR	★★	**N** **(** **⚘**

2006-09-11

Véritable institution dans Notre-Dame-de-Grâce, Al Dente continue d'offrir, bon an, mal an, de délicieuses pizzas. Le décor demeure minimaliste, et le service, sympathique, se fait à la bonne franquette. Outre les pâtes fraîches (on vous laisse le soin de marier la sauce et le type de pâtes de votre choix) et les pizzas (dont la délicieuse pomodori secchi), on propose une table d'hôte, d'où ressortent... les pâtes et les pizzas. Le reste est parfois un peu moins heureux. Mieux vaut se rabattre sur les valeurs sûres. N'oubliez pas d'apporter un petit rouge de derrière les fagots: les pizzas, en particulier, le méritent bien. Grand choix de desserts, où figurent des propositions bien nord-américaines, sucrées, caloriques, mais bien faites.

ITALIE
ALLORO

		MIDI	**40 $**
		SOIR	**80 $**

	2007	**MILE-END**
CUISINE	★★★	160, AVENUE LAURIER OUEST
SERVICE	★★★	(514) 270-6003
DÉCOR	★★★★	**N** **☺** **⚘**

2006-05-08

Ce coin de rue a vu passer beaucoup d'aventuriers au cours des dernières années. Souhaitons que celui-ci reste plus longtemps. D'abord parce que c'est bon, ensuite parce que c'est beau. Bien sûr, on pourra s'étonner du fait que les propriétaires aient choisi de présenter ici une Italie un peu diluée, mais au moins l'est-elle avec goût. Et pour des prix restant très raisonnables dans l'ensemble. Des petits plats, donc, sortis d'une cuisine relaxe, d'inspiration italienne, disons. Décor intelligent et «viaunesque» à son meilleur, service attentionné et ambiance sympathique. Dans cette section de l'avenue Laurier, on apprécie l'arrivée de ce nouveau venu. Aux beaux jours, cette très belle terrasse devrait avoir bien des adeptes.

ITALIE
BRODINO

		MIDI	**30 $**
		SOIR	**50 $**

	2007		**OUTREMONT**
CUISINE	★★★	★★★	1049, AVENUE VAN HORNE
SERVICE	★★★	★★★	(514) 271-2229
DÉCOR	★★★	★★★	**⚘**

2005-08-15

Ne vous laissez pas rebuter par l'adresse de cette petite maison. Brodino est en effet dans le Outremont pas cher, pas dans le kascher, ni dans le Très Chère. Et les nouveaux propriétaires proposent de très belles petites choses, la plupart d'inspiration italienne, que l'on prend sur le pouce dans un décor assez réussi pour que l'on veuille y rester le temps d'un deuxième ou d'un troisième espresso. Beaucoup de pâtes, de sandwichs et de salades. Quelques soupes maison comme on en fait chez soi en rentrant du marché Jean-Talon, quelques desserts aussi sortis de l'imagination des cuisines locales. Rien de très compliqué, beaucoup d'amabilité et du travail fait avec honnêteté. *Buon appetito!* Nouveaux propriétaires fin 2006. À suivre...

ITALIE
BRONTË

MIDI —
SOIR **140 $**

	2007		CENTRE-VILLE
CUISINE	★★★★	★★★★★	1800, RUE SHERBROOKE OUEST (514) 934-1801
SERVICE	★★★★	★★★★	
DÉCOR	★★★★★	★★★★★	2006-04-05

Faire le détour dans ce coin un peu perdu de la ville pour venir souper ici demeure une bonne idée. Accueil et service sont un peu coincés, certes, si l'on ne porte pas une de ces superbes chemises à la mode et une Philippe Patek au poignet, mais une fois assis, on oublie vite tout cela tant la table est très au-dessus de ce que l'on côtoie habituellement. Brontë est avant tout une très belle cuisine, inventive, allumée, intrigante. Dans les superbes assiettes se succèdent des surprises alléchantes et, de l'amuse-bouche au dessert, les fines fourchettes se délectent. Une mention particulière pour le côté sucré, les desserts étant ici un moment de grâce et de jouissance. Brontë est aujourd'hui l'une des meilleures tables de Montréal.

ITALIE
BUONA FORCHETTA

MIDI **25 $**
SOIR **70 $**

	2007	PLATEAU MONT-ROYAL
CUISINE	★★★ ★★★	2407, AVENUE DU MONT-ROYAL EST (514) 521-6766
SERVICE	★★★ ★★★	
DÉCOR	★★ ★★	2005-05-31

On s'avance dans le Plateau extrême-oriental avec une certaine méfiance: ce ne sont pas les commerces qui déferlent sur cette portion de l'avenue du Mont-Royal. Mais qui ne tente rien n'a rien. On tentera donc. Caché derrière sa façade discrète, le restaurant italien a des airs timides qui ne laissent rien deviner. Ce sont pourtant des surprises agréables qui défileront lors de la soirée: un accueil sympathique, un service charmant, une bouffe honnête et une ambiance décontractée. Lorsque générosité et simplicité caractérisent une cuisine qui ne se démarque pas par une originalité particulièrement débordante, mais qui ne prétend pas non plus révolutionner l'Italie, le client a peu de raisons de se plaindre. Surtout aux prix affichés.

ITALIE
CAFÉ INTERNATIONAL

MIDI **40 $**
SOIR **50 $**

	2007	PETITE ITALIE
CUISINE	★★★ ★★★	6714, BOULEVARD SAINT-LAURENT (514) 495-0067
SERVICE	★★★ ★★★	
DÉCOR	★★★ ★★★	2006-02-27

Dans cette Petite Italie où l'amateur de bonne cuisine risque sa bourse régulièrement, le Café International constitue une halte sûre. Ambiance très italienne de ces bistros qui servent sans complication des plats tout aussi simples. Au fil des ans, la cuisine s'est affinée et le décor a gagné en confort. Les grands écrans de télévision sont allumés en permanence, mais on les quitte facilement des yeux quand arrivent les assiettes. Pâtes fraîches, sandwichs ou pizzas. Tout est apprêté avec goût et avec une simplicité qui rappelle la cuisine de la *mamma*. Mais aussi salades-repas, roquette en saison et gros copeaux de parmesan ou de romano. Tiramisu et espresso. Service sympathique et ambiance un peu survoltée surtout en été, quand la terrasse s'installe sur le trottoir pour voir passer les belles machines.

ITALIE
CAFÉ PRESTO

MIDI **10 $**
SOIR **20 $**

	2007		**CENTRE-VILLE**
CUISINE	★★	★★	1244, RUE STANLEY
SERVICE	★★	★★	(514) 879-5877
DÉCOR	★	★	

2006-01-28

Drôle d'oiseau que ce Café Presto! Il fait un peu l'effet d'un cheveu sur la soupe, et ce n'est pas un commentaire désobligeant sur la cuisine. Imaginez: en plein centre-ville, à quelques pas de la rue Sainte-Catherine, on vous y propose des pâtes pour une bouchée de pain (littéralement, si l'on songe au prix de la plupart des sandwichs). La carte, courte au départ, risque de l'être encore plus en fin de journée, les pâtes et les sauces ne sont pas irréprochables et le service est un peu expéditif; on ne vous incite pas, par exemple, à allonger votre espresso indûment. Mais le cadre rétro sympathique et le rapport qualité-prix ont des adeptes. On se prend à rêver à la marge bénéficiaire des restos qui vendent les pâtes au moins trois fois plus cher.

ITALIE
CAFÉ VIA DANTE

MIDI **25 $**
SOIR **80 $**

	2007		**PETITE ITALIE**
CUISINE	★★★	★★★	251, RUE DANTE
SERVICE	★★★★	★★★★	(514) 270-8446
DÉCOR	★★★	★★★	

2005-12-14

Il règne ici cette ambiance si chaleureuse des restaurants de quartier que l'on trouve en Italie. Un certain air de sérénité. La quasi-certitude que la *mamma* n'est pas loin, au moins par l'esprit. Pour le client, c'est un gros plus. Elle rime en effet avec bons plats et taloches derrière la tête au personnel s'il s'avisait de ne pas traiter le client avec déférence. Ce qui n'arrive pas dans ce dernier cas, la gentillesse étant dans les recettes de chacune des spécialités offertes. Des assiettes très familiales, une simplicité de tous les instants et, le mercredi soir, une version italienne du Buena Vista Social Club, venue ici faire rêver pendant que l'on savoure un osso buco ou un risotto savoureux. Aux anges, le client, aux anges.

ITALIE
CAFFÈ GRAZIE MILLE

MIDI **20 $**
SOIR ___

	2007		**MILE-END**
CUISINE	★★★	★★★	58, RUE FAIRMOUNT OUEST
SERVICE	★★★	★★★	PAS DE TÉLÉPHONE
DÉCOR	★★★	★★★	

2006-01-27

Le temps a passé à une vitesse incroyable. Il faut dire que la musique est bonne, du bon jazz, classique, John Coltrane, Lee Konitz, Frank Morgan, Miles Davis et compagnie. La soupe de la *nonna*, les paninis et les salades aussi. Quand Vincenzo a eu le temps d'en faire, le tiramisu est très bien. Et le café… Quel café! Maxime travaille comme un vrai barista et sert des petites tasses impeccables, brûlantes, mousseuses, puissantes. Franco, le patron, passe de temps en temps pour s'assurer que tout le monde est content. Tout le monde l'est. Comme dans une petite maison où les clients sont bien traités. Ce qui est le cas ici. En été, terrasse très prisée.

ITALIE
CAFFÈ ITALIA

| | | MIDI | **20 $** |
| | | SOIR | **20 $** |

			PETITE ITALIE
	2007		6840, BOULEVARD SAINT-LAURENT
CUISINE	★★ ★★		(514) 495-0059
SERVICE	★★ ★★★		
DÉCOR	★★ ★★		2006-03-03

À défaut de prendre un billet sur Alitalia pour un séjour à Rome, Milan, Naples ou Florence, vous pouvez toujours vous offrir une petite escapade au Caffè Italia. Vous trouverez ici cette fameuse authenticité tant convoitée ailleurs dans le quartier. Et à une fraction du prix. Bon, c'est sûr, côté cuisine, c'est un peu succinct, mais le rêve est là. Les clients qui entrent en coup de vent prendre un espresso bien serré, debout au comptoir; les papis qui tapent le carton; les habitués dégustant un simple panini, simple et savoureux; les écrans de télé qui passent et repassent la fois où la Squadra Azzura a démoli l'équipe allemande. Et tout le reste, les odeurs, les couleurs, les bruits qui ont beau être ici, sont beaucoup plus de là-bas. Petit moment de bonheur inestimable.

ITALIE
CARISSIMA

| | | MIDI | **25 $** |
| | | SOIR | **60 $** |

	2007		**PLATEAU MONT-ROYAL**
CUISINE	★★ ★★		222, AVENUE DU MONT-ROYAL EST
SERVICE	★★★ ★★★		(514) 844-7283
DÉCOR	★★★ ★★★		2005-09-17

Carissima s'inscrit parfaitement dans la longue liste des restos de l'avenue du Mont-Royal. Plutôt vers le haut d'ailleurs, même si l'on est loin des cieux étoilés de la Toscane ou de la Vénétie. Version très «plateauisée» d'un restaurant italien, cette maison propose une halte entre la montagne et le cœur du Plateau. La halte est confortable, joli décor assez réussi dans le genre et service réveillé et souriant. Pour la cuisine par contre, on a vu mieux et l'on n'invitera peut-être pas nécessairement ici ses amis italiens fines fourchettes. Si elle est bien faite (osso buco ou ravioli nero), la cuisine de cette maison est souvent approximative ou un brin farfelue. La chose ne semble pas déplaire aux clients qui viennent et reviennent. Il faut de tout pour faire un restaurant.

ITALIE
CAVALLI

| | | MIDI | **60 $** |
| | | SOIR | **140 $** |

	2007		**CENTRE-VILLE**
CUISINE	★★★ ★★★		2040, RUE PEEL
SERVICE	★★★ ★★★		(514) 843-5100
DÉCOR	★★★★★ ★★★★★	🍶	2005-02-25

Le Cavalli attire par son décor contemporain, ses serveuses à la dégaine de top modèles et son ambiance de discothèque (suggérée par l'éclairage et la musique). Hybride entre un restaurant et un bar-rencontre, l'établissement offre des plats italiens revisités, dont les prix créent de grandes attentes: entrées à 18 $, plats de pâtes à 30 $, plats principaux à 40 $, desserts à 12 $. La barre est haute: à ce prix-là, on s'attend à un nirvana culinaire lorsqu'on commande sa bajoue de veau sauce au foie gras, ou encore son thon en croûte de sésame et poivre noir. Descente au ras des pâquerettes: c'est défendable, mais à ce prix, vaut mieux aller manger ailleurs. À moins que le but soit précisément de dépenser pour faire partie du décor, élégant et branché, il va sans dire.

ITALIE
CHEZ ENNIO

MIDI —
SOIR **60 $**

	2007	
CUISINE	★★ ★★	
SERVICE	★★ ★★	
DÉCOR	★★ ★★	

CENTRE-VILLE
1978, BOULEVARD DE MAISONNEUVE
OUEST (514) 933-8168

2006-06-02

Dans une salle en demi-sous-sol, pas vraiment sombre grâce aux nombreux bibelots et souvenirs en tous genres exposés partout, le couple de propriétaires assure cuisine et service, depuis un quart de siècle. Cuisine familiale, honnête sans être particulièrement savoureuse, l'accent étant mis sur la simplicité et les portions généreuses. La table d'hôte, qui comprend immanquablement une soupe, un bol de linguinis, une salade, un plat de veau et le dessert du jour, rassasie les plus affamés. Le proprio peut pousser la chansonnette, italienne bien sûr, pendant le service. Une de ces adresses où l'expression «à la bonne franquette» prend tout son sens.

ITALIE
CHEZ MAGNANI

MIDI **40 $**
SOIR **80 $**

	2007	
CUISINE	★★★	
SERVICE	★★★★	
DÉCOR	★★★	

AHUNTSIC
9245, RUE LAJEUNESSE
(514) 387-6778

2006-05-19

Être ouvert depuis 1952 constitue déjà un exploit. Avoir conservé tous ses attraits un demi-siècle plus tard en est un tout aussi admirable. Chez Magnani réussit les deux. Le mérite en revient aux familles Magnani et Dibuono qui ont travaillé et travaillent encore dans cette maison. Belle petite cuisine italienne intemporelle; cuisine familiale préparée avec les ingrédients habituels auxquels on a ajouté de l'amour, ce qui donne toujours de bons résultats. Le grand soin dont on fait preuve au moment du service se retrouve bien sûr dans les assiettes, mais également dans le décor très particulier, les patrons ayant, très judicieusement, choisi de conserver une moitié de leur établissement dans l'état original. Agréable voyage dans le temps.

ITALIE
CRÈMERIE ROBERTO

MIDI **30 $**
SOIR **60 $**

	2007	
CUISINE	★★★ ★★★	
SERVICE	★★★ ★★★	
DÉCOR	★★★★ ★★★	

ROSEMONT–PETITE-PATRIE
2221, RUE BÉLANGER EST
(514) 374-5653

2006-03-31

Au premier étage, la crèmerie, avec ses savoureuses gelati faites maison, qui attirent des nuées d'enfants et de parents encouragés par l'éventail impressionnant de saveurs et de parfums. Au second, le resto, tout bois et couleurs chaudes, très fréquenté, bruyant, énergique, qui propose une carte surtout italienne, qui se cherche quelquefois mais qui réserve plusieurs magnifiques surprises. Comme cette délicate lasagne — la véritable, pas la version locale, inondée de viande et de sauce tomate... — ou ce lapin braisé qui fond dans la bouche. Clientèle composée de gens du quartier, d'assidus et de petites familles qui apprécient l'accueil chaleureux qu'on réserve aux enfants.

ITALIE
DA EMMA

| | | | MIDI | **80 $** |
| | | | SOIR | **140 $** |

	2007		**VIEUX-MONTRÉAL**
CUISINE	★★★★	★★★★	777, RUE DE LA COMMUNE OUEST (514) 392-1568
SERVICE	★★★★	★★★★	
DÉCOR	★★★★	★★★★	2005-04-21

Un repas pris chez Da Emma est toujours synonyme de plaisirs. Plaisir des yeux dans ce décor très soigné qui réussit à donner un charme certain et un air chic romain à ce demi-sous-sol du Vieux-Montréal. Plaisir des oreilles à entendre, derrière la voix de Pavarotti, le chant des poêlons de Madame Emma en cuisine, ces derniers valsant pour produire pâtes irréprochables, viandes grillées à point et poissons traités avec perspicacité. Plaisir d'être servi par des gens attentionnés et qui prennent leur rôle très au sérieux. Plaisir enfin d'être dans un de ces endroits où le client est traité avec les égards dus à son rang. Bien sûr, je continue à penser que 20 $ pour une entrée de prosciutto et melon représente une somme astronomique; même si le jambon vient de Parme. Mais, à voir la clientèle toujours aussi nombreuse et heureuse, je conclus que je dois me tromper.

ITALIE
DA LILLO

| | | | MIDI | **45 $** |
| | | | SOIR | **45 $** |

	2007		**ROSEMONT–PETITE-PATRIE**
CUISINE	★★	★★	615, RUE JARRY EST (514) 276-1888
SERVICE	★★	★★	
DÉCOR	★★	★★	2005-05-11

Da Lillo, c'est deux cuisiniers, l'un italien, l'autre portugais. José, le proprio, fait les grillades, et l'autre, les pâtes... ou est-ce le contraire? On ne sait plus tant la cuisine, ouverte sur la salle, est bondée! La famille et les amis sont toujours les bienvenus devant les fourneaux, on dirait – ça se tape dans le dos, ça crie et ça rigole... comme dans les cafés de la Petite Italie ou les salons portugais du Mile-End. Ne vous attendez pas au grand luxe ici, les lieux donnent plutôt dans le casse-croûte que dans le bistro, mais pour une ambiance typique et du vite-fait-bien-fait, c'est parfait. Bitoque (steak et œuf) généreux, frites pas mal, salade exempte de laitue iceberg: c'est ben correct, comme disent les Anglais, ou les Italiens, ou encore les Portugais.

ITALIE
DA VINCI

| | | | MIDI | **50 $** |
| | | | SOIR | **100 $** |

	2007		**CENTRE-VILLE**
CUISINE	★★★★	★★★★	1180, RUE BISHOP (514) 874-2001
SERVICE	★★★★	★★★★	
DÉCOR	★★★★	★★★★	2005-04-01

C'est à un tour complet de l'Italie que nous convie le Da Vinci. Dans cet établissement 100 % italien, de la carte des vins au menu, en passant par les serveurs au charme indéniable, on ne s'ennuie pas... et on a l'embarras du choix: huîtres fraîches, carpaccio de filet mignon de bœuf, risotto, pasta al dente, aubergines, huile d'olive pour accompagner le pain, petites pointes de pizza en amuse-bouche, calmars frits, champignons sauvages, truffes noires d'Alba, jarret d'agneau et tutti quanti. En presque un demi-siècle de bons et loyaux services, le propriétaire a ravi plus d'une papille, dont celles de personnalités québécoises et internationales – Robert De Niro, Céline Dion et Johnny Hallyday, pour ne mentionner que ceux-ci –, comme en témoignent les nombreuses photographies exposées sur les murs.

ITALIE
DA ZEPPO

MIDI **15 $**
SOIR **35 $**

2007

CUISINE	★★	★★
SERVICE	★★★	★★
DÉCOR	★★	★★★

VILLERAY
767, RUE VILLERAY
(514) 495-9522

2005-11-05

Un an à peine après son ouverture, le Da Zeppo a changé de mains, tombant sous les soins d'un jeune couple attachant, Annie et Steve. Elle était antiquaire, lui était briqueleur, ils sont maintenant des restaurateurs dévoués à la cause de leur minuscule — mais ô combien sympathique — bébé. Madame a mis au point quelques recettes, toutes simples, puis a laissé le soin à Morali, le cuisinier, d'appliquer sa science. Steve fait le marché tous les jours, assurant ainsi la fraîcheur des aliments qui se retrouvent devant nous sous forme de soupes réconfortantes, de plats de pâtes ou de classiques français. Si l'expérience culinaire est agréable, sans plus, l'addition, elle, a de quoi faire sourire les plus bourrus. L'aubaine du quartier, et on apporte son vin en plus!

ITALIE
DI LUSSO

MIDI **30 $**
SOIR **60 $**

2007

CUISINE	★★★	★★★
SERVICE	★★★	★★★
DÉCOR	★★★	★★★

VILLERAY
2351, RUE JEAN-TALON EST
(514) 680-2920

2006-02-15

Le Di Lusso est comme une ode à la correctitude et au *«less is more»*. Au plus 30 personnes s'entassent dans les locaux minuscules mais joliment décorés. La carte, succincte mais bien construite, évite l'écueil des «pâtes à toutes les sauces». Le chef calabrais s'en tient aux valeurs sûres — du veau bien tendre, des pâtes relevées, du parmesan frais, des légumes grillés à point. La cave à vin? Un simple cellier renfermant une dizaine de sélections convenables. Même les serveurs font preuve de retenue dans les échanges, mais le pétillement des yeux trahit leur bonheur d'être là, ici et maintenant. Rien ne dépasse, rien ne déborde — pas même l'addition! On comprend que les élus et fonctionnaires de l'arrondissement, dont les bureaux sont à quelques pas, s'y donnent rendez-vous.

ITALIE
EDUARDO

MIDI **25 $**
SOIR **40 $**

2007

CUISINE	★★	★★
SERVICE	★★	★★
DÉCOR	★★	★★

OUTREMONT
1014, AVENUE LAURIER OUEST
(514) 948-1826

2005-02-04

C'est la recette de l'avenue Duluth (rapidité, assiette bien garnie, bas prix) transposée dans le chic Outremont. Une greffe un peu étrange mais qui, manifestement, prend bien puisque le resto est toujours plein à craquer. Côté cuisine, on n'invente rien et la plupart des recettes, interprétations assez libres des grands classiques, font la part belle aux ingrédients riches, gras et huileux. Mais les enfants adorent ce *comfort food*, les parents aussi à leurs heures et les prix sont assez modestes pour faire plaisir à toute la famille sans faire sauter les budgets. Par contre, le nombre important de clients, le va-et-vient incessant des serveurs et la salle mal insonorisée créent parfois une impressionnante cacophonie. Idéal pour les groupes et les fêtes de bureau où l'on termine la soirée en s'exprimant haut et fort mais sans parvenir à se faire comprendre.

| ITALIE | | | MIDI | **30 $** |
| **FERRARI** | | | SOIR | **45 $** |

	2007		**CENTRE-VILLE**	
CUISINE	★★★	★★★	1407, RUE BISHOP	
SERVICE	★★★	★★★	(514) 843-3086	
DÉCOR	★★★	★★★		2005-11-14

L'excellente couverture de presse dont a bénéficié Ferrari en 2005 n'a en rien altéré les qualités de la maison, cuisine soignée et service attentionné étant les principaux points forts de cette adresse. Une perle rare dans ce coin de la ville où les additions ont tendance à s'envoler. La définition parfaite de «beau, bon, pas cher». En italien. Et en très sympathique. Ce petit restaurant du centre-ville conjugue chaleur et bonne table. Monsieur Elio, le propriétaire, veille à ce que tout le monde soit content. Carte courte sans prétention et proposant des plats simples, pâtes, pizzas et autres spécialités de la cuisine familiale italienne. Les clients reviennent savourer la soupe et le tiramisu, irréprochables plats offerts pour trois fois rien.

| ITALIE | | | MIDI | **30 $** |
| **I DUE AMICI** | | | SOIR | **40 $** |

	2007		**AHUNTSIC**	
CUISINE	★★	★★	2291, RUE FLEURY EST	
SERVICE	★★	★★★	(514) 389-0449	
DÉCOR	★★	★★		2006-03-15

Typiquement italienne, cette trattoria voisine de l'hôpital Fleury est le royaume de l'escalope de veau. Déclinée à toutes les sauces – citron et vin blanc, prosciutto, ricotta –, elle est le point focal d'un menu où figurent aussi – devinez quoi ! – des pâtes et quelques plats de fruits de mer. On ressent quand même un certain plaisir quand on pige dans un bel assortiment d'antipasti ou quand on choisit les vins (note aux amateurs: quelques belles importations privées ne figurent pas sur la carte). Rayon desserts, seule la crème caramel est confectionnée maison. L'ensemble est un peu «beige», mais le sourire de la patronne, la bienveillance du personnel et la verve toute latine de la clientèle d'habitués épicent agréablement l'expérience. Irréprochable, mais un peu cher.

| ITALIE | | | MIDI | **40 $** |
| **IL CORTILE** | | | SOIR | **80 $** |

	2007		**CENTRE-VILLE**	
CUISINE	★★★★	★★★★	1442, RUE SHERBROOKE OUEST	
SERVICE	★★★★	★★★★	(514) 843-8230	
DÉCOR	★★★	★★★		2005-06-05

Presque cachée au fond d'un couloir donnant sur la rue Sherbrooke, cette cour est aussi un petit restaurant fort agréable en toute saison. On y sert cette version de la cuisine italienne qui plaît tant aux Nord-Américains. Peut-être aussi parce qu'elle joue beaucoup la carte de l'authenticité. Le service s'est amélioré et la cuisine conserve ses attraits. Pas de révolution gastronomique, mais un bon goût certain et un sens de la précision. Pâtes impeccables, gnocchis, rôti de veau, poissons et autres risottos sont comme on s'attend à les trouver dans un vrai restaurant italien. Belles préparations, fraîcheur des produits, respect des traditions. En été, Il Cortile offre l'une des plus jolies terrasses en ville. Et des plus rafraîchissantes.

ITALIE
IL FOCOLAIO

MIDI **20 $**
SOIR **20 $**

	2007		**CENTRE-VILLE**
CUISINE	✩✩	★★	1223, CARRÉ PHILLIPS
SERVICE	✩✩✩	★★★	(514) 879-1045
DÉCOR	✩✩	★★	

2005-04-10

Bien manger au centre-ville n'est pas une affaire facile. En respectant un budget, encore moins. Entre les *food courts* des centres commerciaux et la collection des grandes chaînes de restauration rapide, il ne reste en effet pas grand-place pour les petits restos sympas. Exception à la règle, Il Focolaio est une solution de rechange tout à fait raisonnable dans les environs de la rue Sainte-Catherine. La pizzeria familiale installée devant le square Phillips sert un menu simple et sans prétention qui redonne du tonus au magasineur épuisé. L'impressionnant choix de pizzas et de calzones cuites au four à bois, le service efficace et bon enfant tout comme la musique pop italienne en toile de fond rendent la visite pertinente et satisfaisante entre deux boutiques ou avant le cinoche.

ITALIE
IL MULINO

MIDI —
SOIR **160 $**

	2007		**PETITE ITALIE**
CUISINE	✩✩✩✩✩	★★★★★	236, RUE SAINT-ZOTIQUE EST
SERVICE	✩✩✩✩	★★★★	(514) 273-5776
DÉCOR	✩✩✩✩	★★★★	

2005-06-23

Depuis longtemps, les ailes de ce moulin tournent dans le bon sens. Et le vent ici ne souffle que dans la meilleure direction. Meuniers et meunières sont totalement absorbés par le bien-être de leur clientèle et veillent à ce que le grain livré dans les assiettes soit toujours de la plus belle mouture. On vient donc manger ici sans se soucier vraiment du menu. Élégance des préparations, simplicité des propositions à la limite du zen, version italienne. Tout est très beau, très bon et... Très cher ne s'applique que lorsque l'on paie trop pour ce que l'on obtient en retour. Ce qui n'est pas le cas ici. Bien sûr, l'addition est un frein aux visites que l'on voudrait plus fréquentes en ces murs, mais au moins on vient ici en sachant que, à coup sûr, la soirée en vaudra la peine. Et toujours, cette superbe élégance et ce style impeccable dans le service.

ITALIE
IL PIATTO DELLA NONNA

MIDI **25 $**
SOIR **40 $**

	2007		**MILE-END**
CUISINE	✩✩✩	★★★	5171, BOULEVARD SAINT-LAURENT
SERVICE	✩✩✩	★★★	(514) 843-6069
DÉCOR	✩✩	★★	

2005-02-15

La cuisine de grand-maman — à moins que cette dernière ne s'appelle Julia Child —, ce n'est jamais parfait. C'est peut-être ce qui en fait en partie le charme, surtout par un soir d'hiver alors que l'on veut se laisser envelopper par de petits plats, bonne saucisse grillée ou simples pâtes enrobées de sauce tomate qui réchauffent le corps et le cœur. On lui pardonne tout, à la *nonna*, du décor approximatif de son restaurant à la brièveté de sa carte. Parce qu'on sait qu'on sera bien reçu, qu'on ne se fera pas faire les poches et qu'on rentrera chez soi repu et content, après un petit espresso bien tassé. Et que ce sera pareil la fois d'après. Pour notre plus grand bonheur.

ITALIE
LA CANTINA

| | | MIDI | **20 $** |
| | | SOIR | **80 $** |

	2007		**AHUNTSIC**
CUISINE	★★★	★★★	9090, BOULEVARD SAINT-LAURENT
SERVICE	★★★	★★★	(514) 382-3618
DÉCOR	★★★	★★★	2005-12-11

Le quartier semble un peu délaissé, mais on a vite fait d'oublier le boulevard Saint-Laurent grâce, entre autres, à l'accueil galant du personnel, entièrement masculin, de cette Cantina. Comme le décor, la carte est classique... et très garnie. Elle propose évidemment des pâtes maison, mais aussi quelques spécialités, comme le risotto à la truffe ou les gnocchis à la tomate, préparés avec de la ricotta. Pour éviter un choix déchirant, on s'offre les antipasti Cantina, un étalage des principaux talents de la maison comme les calmars frits et les portobellos grillés. Généreux, les plats sont confectionnés dans le plus pur respect des traditions italiennes. Le service obéit aux mêmes règles, bien que le zèle des serveurs frise parfois le paternalisme. Et on apprécierait une carte des vins plus exploratoire.

ITALIE
LA CUCINA DELL'ARTE

| | | MIDI | **20 $** |
| | | SOIR | **40 $** |

	2007		**MILE-END**
CUISINE	★★	★★	5134, BOULEVARD SAINT-LAURENT
SERVICE	★★	★★	(514) 495-1131
DÉCOR	★★★	★★★	2005-07-25

Voici une petite adresse qu'il est sympathique de visiter. Surtout à l'heure du lunch où la clientèle d'affaires cravatée côtoie aisément les bohèmes du quartier venus prendre l'apéro ou le repas. La terrasse qui a pignon sur le boulevard Saint-Laurent dans le Mile-End se fait agréable l'été pour y déguster un plat de pâtes, une pizza ou une calzone. Les portions sont généreuses et joliment présentées. La cuisine ne passera certainement pas à la postérité (on est loin de créer ici des œuvres d'art culinaire), mais les choix inscrits au menu sont très décents, tout comme le service, affable et attentif. On craque pour la bruschetta et les desserts au chocolat.

ITALIE
LA DIVA

| | | MIDI | **40 $** |
| | | SOIR | **60 $** |

	2007		**VILLAGE**
CUISINE	★★★	★★★	1273, BOULEVARD RENÉ-LÉVESQUE EST
SERVICE	★★★	★★★	(514) 523-3470
DÉCOR	★★★	★★★	2005-05-19

Installé depuis des lustres dans le quartier, ce restaurant sur lequel semble avoir glissé le temps continue de servir les classiques de la cuisine familiale italienne. Des plats, pâtes ou viandes en sauce, qui n'évoquent pas la frénésie du trafic romain, mais plutôt le calme bucolique d'une petite route de campagne entre Siena et San Gimignano. Ce qui n'est quand même pas mal comme itinéraire gastronomique. Du moins pour la forme. Pour le fond, les amateurs de sensations fortes devraient aller ailleurs, car ici la cuisine est calme, calme, calme. C'est sans doute une vertu qu'apprécient les nombreuses starlettes radio-canadiennes qui en ont fait leur quartier général et y passent une bonne partie de leurs midis. Et que tout le monde aime à l'occasion.

ITALIE
LA FORCHETTA

| | | | MIDI | **40 $** |
| | | | SOIR | **70 $** |

	2007		**MILE-END**
CUISINE	★★★	★★★	234, AVENUE LAURIER OUEST
SERVICE	★★★	★★★	(514) 279-9090
DÉCOR	★★★	★★★	2005-03-11

De sa profession d'épicier, Pascal Ceocca a conservé une attention particulière à la qualité des produits. Mais surtout un authentique amour des gens. Il y a plus de six ans qu'il a ouvert son restaurant familial sur l'avenue Laurier, on admire sa dévotion continue pour le client. Côté cuisine, on doit également se considérer chanceux qu'une *mamma* partage aussi généreusement sa passion du travail bien fait. Première étape, on est invité à se lever et choisir soi-même les antipasti, confectionnés avec soin avant d'être installés derrière la vitrine d'une boutique gourmande. Deuxième étape, on hésite entre un succulent plat de pâtes, un splendide osso buco ou le très beau veau milanese. Troisième étape, on se laisse convaincre de plonger dans le tiramisu. Puis on se meurt, rempli de bonheur...

ITALIE
LA MEDUSA

| | | | MIDI | **60 $** |
| | | | SOIR | **80 $** |

	2007		**CENTRE-VILLE**
CUISINE	★★★	★★★	1224, RUE DRUMMOND
SERVICE	★★★	★★★★	(514) 878-4499
DÉCOR	★★★	★★★	2005-12-02

La maison est ouverte toute la journée, on peut donc y dîner ou souper à son heure. Salle confortable, genre néo-classique, si ce n'est de la télé muette dans un coin, au cas où il se passerait quelque chose dans le monde. Sportif notamment. La clientèle est surtout composée d'habitués qui semblent former un cercle auquel on aimerait appartenir. Côté cuisine: des pâtes avec des sauces savoureuses, des plats de viande et un bon choix de poissons, tous préparés avec soin et servis avec des accompagnements bien ficelés. De plus, on accepte avec le sourire de vous préparer des variantes non inscrites au menu. Délicieuses petites bouchées offertes, pour patienter avant l'entrée, même à ceux qui ne font pas (encore) partie du cercle des intimes.

ITALIE
LA TARENTELLA

| | | | MIDI | **30 $** |
| | | | SOIR | **65 $** |

	2007		**PETITE ITALIE**
CUISINE	★★	★★	184, RUE JEAN-TALON EST
SERVICE	★★★	★★	(514) 278-3067
DÉCOR	★★	★★	2005-11-11

Que dire de cet établissement sinon qu'il souffre d'un manque de constance et que pour un plat finement préparé et joliment présenté, un autre manque d'équilibre et un troisième, carrément de goût! Dommage, car on sent parfois que ce qu'on aime tant de la cuisine italienne est là, sous nos yeux, et qu'il suffirait simplement d'une main un peu plus adroite et plus inspirée en cuisine pour lier le tout! En salle, la clientèle est disparate, le décor classique mais un peu fade et le service efficace mais sans panache. À l'image de l'établissement.

ITALIE
LE BISTRO UNIQUE

MIDI **30 $**
SOIR **50 $**

2007

CUISINE	★★★	★★
SERVICE	★★★	★★
DÉCOR	★★	★★

ROSEMONT–PETITE-PATRIE
1039, RUE BEAUBIEN EST
(514) 279-4433

2005-11-11

Soyons francs d'emblée, ce resto n'a rien d'unique, mais il a toutefois une spécialité: les pâtes. Fraîchement fabriquées sur place, elles défilent sur la carte sous toutes leurs formes, enrobées de sauces provenant des quatre coins de l'Italie ou farcies de mille façons. Un menu presque aussi bigarré et étourdissant que la faune enjouée qui envahit les lieux en tout temps — même si, paradoxalement, il semble toujours y avoir une petite place de libre pour un groupe de potes tapageurs en quête d'un p'tit resto *«no problema»*, vite fait, bien fait et pas trop cher. Prix et préparations d'une louable honnêteté.

ITALIE
LE LATINI

MIDI **50 $**
SOIR **120 $**

2007

CUISINE	★★★★★	★★★★★
SERVICE	★★★★★	★★★★★
DÉCOR	★★★★	★★★★

CENTRE-VILLE
1130, RUE JEANNE-MANCE
(514) 861-3166

2005-06-02

Extase! Voilà le mot qui décrit le mieux une expérience gastronomique au Latini. Sachant conserver sa place au top des établissements italiens montréalais, Le Latini étonne et séduit. Du repas dégustation qui se décline en six services, on retiendra le délectable Vitello Tonata, un plat de fines tranches de veau nappées d'une sauce au thon. Les pâtes et les risottos sont cuits *espressi*. Le menu, généreux comme peut l'être le terroir italien, offre caviar, pattes de crabe Alaska, ris de veau, scampis grillés, etc. C'est dans les restaurants italiens qu'on retrouve les meilleurs serveurs. Leur charme vous fait oublier le reste du monde. Au Latini, c'est le maître de céans, Moreno, qui fait toute la différence. Papillonnant de table en table, racontant une anecdote par-ci, prodiguant une attention par-là, il contribue à faire de votre repas un moment inoubliable.

ITALIE
LE MUSCADIN

MIDI **60 $**
SOIR **100 $**

2007

CUISINE	★★★	★★★
SERVICE	★★★	★★★
DÉCOR	★★★	★★★

VIEUX-MONTRÉAL
639, RUE NOTRE-DAME OUEST
(514) 842-0588

2005-04-07

Selon *Le Petit Robert*, «muscadin» est synonyme de «dandy». Élégant et bourgeois, Le Muscadin l'est, assurément. Avec ses tentures, ses luminaires, sa moquette, ses bibliothèques le long des murs et sa musique d'opéra en fond sonore, la salle à manger du Muscadin ressemble davantage à un salon. Cet environnement chic et un peu guindé est fréquenté par une clientèle de vestons-cravates, qu'attirent une cave à vins éblouissante et des mets italiens classiques concoctés par un chef sicilien. Injustement, certains plats, dont l'escalope de veau farcie au fromage ricotta et épinards et la poitrine de poulet à la liqueur de mandarine, semblent manquer de panache à côté de l'exubérante carte de Bacchus... Le service grande classe, quant à lui, manque un peu de souplesse.

ITALIE
LE PETIT ITALIEN

MIDI **50 $**
SOIR **90 $**

	2007	
CUISINE	★★★ ★★★	
SERVICE	★★★ ★★★	
DÉCOR	★★★ ★★★	

OUTREMONT
1265, AVENUE BERNARD OUEST
(514) 278-0888

2005-03-09

Contre vents et marées, qui sont très forts sur l'avenue Bernard, ce très sympathique bistro poursuit son petit bonhomme de chemin. Cuisine sans grandes envolées peut-être, mais soignée et répondant aux besoins très spécifiques de la clientèle. Une carte courte, des plats qui ne prêtent ni à confusion ni à controverse, des prix très raisonnables: on limite les risques au possible. Comme les assiettes sont préparées avec soin, présentées avec simplicité et servies avec gentillesse, le client est en principe satisfait. Même le client standard de l'avenue Bernard. Certains des plats les plus populaires sont également offerts en demi-portions. Aux beaux jours, la terrasse permet d'apprécier le tout comme en Italie, dans les quartiers bobos.

ITALIE
LE PETIT TOSCAN

MIDI —
SOIR **60 $**

	2007	
CUISINE	★★★ ★★★	
SERVICE	★★★ ★★★	
DÉCOR	★★★ ★★★	

PLATEAU MONT-ROYAL
4515, RUE MARQUETTE
(514) 523-7777

2005-06-15

Dans les petits pots les meilleurs onguents... Cet adage trouve résonance au Petit Toscan, dont l'espace intérieur ne peut accueillir qu'une vingtaine de convives, tout comme la micro-terrasse. Mini, le menu se résume à trois plats de pâtes, quatre plats de résistance et quatre desserts, le tout renouvelé chaque mois. L'établissement est petit, certes, mais mignon. On y est tassés, mais c'est sympathique. Tout comme le chef, que l'on voit s'affairer aux fourneaux, dans sa cuisine ouverte à la vue. Tout comme la clientèle, jeune et colorée. Tout comme les plats, résultat heureux d'une cuisine paysanne actualisée et inventive, un brin urbanisée. On est sur le Plateau, il ne faut pas l'oublier.

ITALIE
LE PIÉMONTAIS

MIDI **50 $**
SOIR **80 $**

	2007	
CUISINE	★★★ ★★★	
SERVICE	★★★ ★★★	
DÉCOR	★★★ ★★★	

CENTRE-VILLE
1145A, RUE DE BULLION
(514) 861-8122

2005-02-17

Voici un établissement qui mise essentiellement sur la tradition et qui se défile des modes gastronomiques qui balaient régulièrement le petit monde de la restauration. Les plus? Un service professionnel, efficace, qui dégaine plus vite que le client. Une atmosphère feutrée et reposante — un peu empesée, diront certains — qui plaît à la clientèle grisonnante et fortunée qui fréquente les lieux. Et une carte des vins qui plaira aux connaisseurs. Les moins? La cuisine manque d'imagination et de panache. Les classiques, même les plus grands, pourraient par exemple être rafraîchis d'un légume plus contemporain que la pomme de terre rissolée ou le brocoli mi-cuit et d'une sauce moins grasse que celle qui accompagnait notre plat de veau à 30 $.

ITALIE
LO SPUNTINO

MIDI **50 $**
SOIR **90 $**

2007

CUISINE ★★★ ★★★
SERVICE ★★★ ★★★
DÉCOR ★★★ ★★★

MONTRÉAL-NORD
5169, RUE JEAN-TALON EST
(514) 374-6355

2006-06-13

Lo Spuntino prend soin de ses convives: les portions sont généreuses, les plats, goûteux, et les serveurs... irrésistiblement charmeurs. Au menu, on retrouve des pastas aux noix de pin et tomates séchées, une prise du jour, un filet mignon, une escalope de veau au marsala, un magret de canard à l'huile de truffe, des calmars frits délicats, et un surprenant dessert, un tartufo espresso, une boule de crème glacée flottant dans un verre de café chaud. Le décor élégant, vêtu de bleu marine et de céramique crème, est ponctué par le blanc immaculé des tables nappées. Un téléviseur de format 16 : 9 est branché en permanence sur TSN pour une surdose de testostérone.

ITALIE
LUCCA

MIDI **50 $**
SOIR **90 $**

2007

CUISINE ★★★★ ★★★★
SERVICE ★★★★ ★★★★
DÉCOR ★★★★ ★★★★

PETITE ITALIE
12, RUE DANTE
(514) 278-6502

2005-12-12

Dans cette Petite Italie pleine de maisons ensoleillées et de coupe-gorges prétentieux, Lucca affiche une belle lumière. Sans doute est-ce celle qui brille quand la cuisine est bonne et belle, simple et savoureuse. Quand le décor est élégant sans être affecté et que le service est pratiqué avec intérêt et application. Et bien sûr, cette clarté vient des assiettes qui sont ici d'une remarquable générosité. En qualité et en quantité. Produits irréprochables et cuisine préparée avec beaucoup de soin et un goût exquis. Pâtes impeccables, superbes risottos, viandes braisées à la perfection, savoureux assortiments de poissons et des calmars frits qui, à eux seuls, valent le déplacement. Les années passent et l'on demeure sous le charme de la simplicité.

ITALIE
MISTO

MIDI **40 $**
SOIR **80 $**

2007

CUISINE ★★★ ★★★
SERVICE ★★★ ★★★
DÉCOR ★★★ ★★★

PLATEAU MONT-ROYAL
929, AVENUE DU MONT-ROYAL EST
(514) 526-5043

2005-04-07

Sans avoir de grandes prétentions quant à la réécriture du guide de la gastronomie italienne, Misto fait les choses plutôt bien en cuisine. Ce qui est déjà beaucoup pour un restaurant du Plateau. En effet, dans ce coin si souvent plein de vide, manger un plat de pâtes convenable relève parfois de l'exploit. Et prendre un repas complet tient du rêve de l'inaccessible étoile. Misto réussit à en servir plusieurs. Bien sûr, on sacrifie un peu à la *commedia*, puisque la clientèle aime venir jouer ici le jeu de l'amour et du hasard, mais on essaie de contribuer à ce que tout soit fait le ventre plein et, de préférence, de bonnes choses. Préparations honnêtes et parfois étonnamment savoureuses, comme ce minestrone qui vous envoie en vacances à Bergame, illico presto.

ITALIE
OTTO

MIDI **60 $**
SOIR **130 $**

	2007	
CUISINE	★★★★ ★★★★	
SERVICE	★★★★ ★★★★	
DÉCOR	★★★★ ★★★★	

VIEUX-MONTRÉAL
901, SQUARE VICTORIA
(514) 395-3180

2005-02-10

Trendy, Otto l'est, assurément. Le chic et branché restaurant de l'Hôtel W séduit avec sa déco issue des années 50 et 70 revisitées. Aucun détail n'a été négligé, de la tapisserie à rayures grises et roses jusqu'aux tables noires striées de bambou, en passant par les ustensiles, les lampes et tutti quanti. Même les serveurs sont design dans leur chemise espresso à rayures moka. Le *pasto* débute par un panier de petits pains moelleux à tremper dans une huile d'olive fine. Le menu est structuré de la façon suivante: choix d'antipasti, suivi d'un plat soit de pâtes, de poisson ou de viande. La cuisine, de type fusion, s'inspire du triangle Italie-France-Asie. Les produits sont d'une extrême fraîcheur et leur disposition dans l'assiette constitue un spectacle pour l'œil. Une clientèle de *beautiful people* complète le tableau.

ITALIE
PASTA CASARECCIA

MIDI **25 $**
SOIR **50 $**

	2007	
CUISINE	★★★ ★★	
SERVICE	★★ ★★	
DÉCOR	★★ ★★	

NOTRE-DAME-DE-GRÂCE
5849, RUE SHERBROOKE OUEST
(514) 483-1588

2006-01-20

Cette sympathique trattoria familiale et sans prétention a quelque chose de bon enfant qui rassure et fait sourire. Est-ce à cause des banquettes de cuirette, du néon rouge et des petites maximes accrochées ici et là sur les murs? Tout cela à la fois y contribue. Le menu comprend une table d'hôte, un généreux assortiment d'antipasti dont des olives et des cèpes farcis à la viande, une liste de pâtes et de sauces à combiner selon ses envies, et une courte carte des vins dont quelques importations privées. À cela s'ajoute une épicerie fine adjacente où l'on peut, avant de quitter, faire provision d'huile d'olive, de vinaigre balsamique, de viande de salaison, mortadelle et saucissons, de plats cuisinés, de torrone et de panettone. Une petite adresse à connaître.

ITALIE
PICCOLA ITALIA

MIDI **50 $**
SOIR **90 $**

	2007	
CUISINE	★★★ ★★★★	
SERVICE	★★★ ★★★	
DÉCOR	★★★★ ★★★★	

PETITE ITALIE
6701, BOULEVARD SAINT-LAURENT
(514) 270-6701

2006-03-01

Cette maison conserve au fil des ans la plupart de ses attraits. La qualité de sa cuisine n'étant pas le moindre. Les grands classiques de la cuisine italienne se trouvent ici, plus quelques incursions dans le *nuovo latino*, prouvant que les gens derrière les fourneaux ne manquent pas d'imagination. Mais c'est surtout sur les moments forts de la table italienne que l'on apprécie le travail, les produits utilisés étant de la meilleure qualité et de la première fraîcheur. On détaille le tout aux prix habituellement pratiqués dans ce quartier, ce qui veut dire une petite fortune. Service distingué et intéressante carte des vins qui s'harmonisent parfaitement avec l'opulent décor élaboré par les propriétaires.

ITALIE		MIDI	**30 $**
PICCOLO DIAVOLO		SOIR	**50 $**

	2007	**VILLAGE**
CUISINE	★★★	1336, RUE SAINTE-CATHERINE EST
SERVICE	★★★	(514) 526-1336
DÉCOR	★★★	

2006-03-30

C'est l'un des trop rares établissements du quartier qui offrent à la fois qualité, efficacité et régularité. Le menu ne sort guère des sentiers battus, c'est vrai, mais les pâtes sont bien tournées, les viandes bien braisées, les légumes bien grillés. Le midi, un buffet *tutto italiano* est offert à prix raisonnable et il réserve toujours quelques surprises agréables. Bon choix de vins, service professionnel sans être guindé, décor riche mais sans excès. Une valeur sûre.

ITALIE			MIDI	**30 $**
PIZZAÏOLLE 1			SOIR	**40 $**

	2007		**PLATEAU MONT-ROYAL**
CUISINE	★★★	★★★	4801, RUE SAINT-DENIS
SERVICE	★★★	★★★	(514) 499-9711
DÉCOR	★★★★	★★★★	

2005-07-27

Difficile de résister au charme providentiel des *diners* qui se présentent sur la route. Nonobstant qu'on y sert généralement une cuisine inclassable, le client se complaît mystérieusement dans l'idée qu'une excitante péripétie à inscrire dans son carnet de voyage s'y produira. N'allez pas plus loin, on a créé l'univers pulpfictionesque dont vous raffolez dans une galaxie près de chez vous. En ayant pris soin de vous épargner la malbouffe. Revampé en sympathique pizzeria, l'ancien *greasy spoon* qui se trouvait jadis à cette adresse a conservé ses qualités d'ambiance tout en revisitant la cuisine pour le mieux. Le service affiche son plus beau sourire et fait l'effort d'accommoder ses clients. Et le portefeuille en ressort content.

ITALIE			MIDI	**30 $**
PIZZAÏOLLE 2			SOIR	**50 $**

	2007		**OUTREMONT**
CUISINE	★★★	★★★	5100, RUE HUTCHISON
SERVICE	★★★	★★★	(514) 274-9349
DÉCOR	★★★	★★★	

2006-02-15

Cette Pizzaïolle semble faire partie du décor depuis toujours. Avec les mêmes qualités et les mêmes attraits. Pas de choses compliquées, pas de surprises. Une petite cuisine reposante. Les enfants aiment y venir et les parents aiment que leurs enfants aiment. On y retrouve donc presque toujours quelques tribus familiales attablées autour de ces pizzas à croûte fine sorties du grand four à bois qui sert de lieu de rassemblement. Le service est toujours d'une gentillesse touchante et le sourire, ce fameux sourire qui fait voir des étoiles, est dispensé ici avec générosité. Un jour, on pensera à rafraîchir un peu le décor et tout sera parfait dans le meilleur des mondes. En attendant, on continue à venir en foules, ce qui, plus qu'une critique de critique, constitue un gage certain d'appréciation.

| ITALIE | | | MIDI | **25 $** |
| **PRATO** | | | SOIR | **35 $** |

	2007	**PLATEAU MONT-ROYAL**
CUISINE	★★★ ★★★	3891, BOULEVARD SAINT-LAURENT
SERVICE	★★★ ★★★	(514) 285-1616
DÉCOR	★★★ ★★★	2005-11-04

Comme quoi toutes les pizzerias ne se ressemblent pas. Prato remonte clairement la cote de ces établissements, souvent un peu fouillis chez nous. D'abord le décor est apaisant, ce qui finit toujours par influencer le plaisir de manger; et le service est d'une grande amabilité, le lien dans ce dernier cas étant évident et incontestable. La cuisine, elle, est tout à fait réconfortante, charmante et pas prétentieuse pour deux lires. Beaucoup de pizzas, donc, mais aussi quelques plats de pâtes, soupes et salades. Les assiettes sont généreuses et les additions, très raisonnables. Ce qui, en plus de la qualité générale de la cuisine de la chef Rosa Simonian, explique le succès de l'endroit et l'achalandage constant.

| ITALIE | | | MIDI | **40 $** |
| **PRIMO ET SECONDO** | | | SOIR | **120 $** |

	2007	**PETITE ITALIE**
CUISINE	★★★★ ★★★★	7023, RUE SAINT-DOMINIQUE
SERVICE	★★★★ ★★★★	(514) 908-0838
DÉCOR	★★★★ ★★★★	2005-02-15

Cette maison fait partie du groupe de voisins dont peut être fier le marché Jean-Talon. On mange en effet ici des plats faisant honneur aux meilleurs produits du marché et à la gastronomie italienne. Entrées, plats principaux ou desserts, pâtes, poissons ou viandes, à peu près tout ce qui est servi chez Primo et Secondo sort de l'ordinaire tout en respectant la tradition. Exploit, donc. Les clients ne s'y trompent pas et reviennent régulièrement s'attabler, midi ou soir, dans cette belle petite salle à manger. Je vous suggère quand même de continuer à apporter votre cochon, on est toujours dans un resto chic de la Petite Italie et l'euro n'a pas baissé.

| ITALIE | | | MIDI | **40 $** |
| **RESTAURANT SENZA NOME** | | | SOIR | **60 $** |

	2007	**SAINT-MICHEL**
CUISINE	★★★ ★★★	9700, BOULEVARD SAINT-MICHEL
SERVICE	★★★ ★★★	(514) 389-6732
DÉCOR	★★ ★★	2005-07-29

L'endroit est peut-être sans nom et sans menu non plus, mais il n'est certainement pas sans personnalité. Tenu avec *gusto* et passion par la famille Totarella — que certains qualifient de pionniers de la cuisine rustique italienne à Montréal —, ce «bistro» à la déco minimale propose l'Italie à l'aveuglette. Le tenancier annonce de vive voix ce qui se fait ce jour-là, puis le bal commence. Sur la table atterrissent de savoureux antipasti (mais d'où viennent ces gousses d'ail grosses comme le poing?), du pain de campagne, du rapini, des saucisses, un morceau de parmesan vieilli comme il se doit, et des pâtes... comme on en mangerait tous les jours! Ici, tout ou presque passe par le gril et est parfumé d'huile d'olive. Et ça goûte bon. Et ça goûte vrai.

ITALIE
RISTORANTE SAPORI PRONTO

MIDI **50 $**
SOIR **100 $**

2007

CUISINE ☆☆☆ ★★★★
SERVICE ☆☆ ★★★
DÉCOR ☆☆☆ ★★★

WESTMOUNT
4894, RUE SHERBROOKE OUEST
(514) 487-9666

2006-01-07

Dans l'opulente ville de Westmount, Sapori Pronto fait figure de centre gastronomique: service de traiteur, plats à emporter, petit coin épicerie et même cours de cuisine. Quant au restaurant, au décor chic mais sans ostentation, il réinterprète la cuisine italienne avec maestria. Le chef Peppino Perri nous rappelle avec beaucoup d'à-propos que l'ingrédient principal de cette grande cuisine du monde est sans doute la simplicité. Les serveurs chouchoutent leurs habitués et servent les autres correctement. Bref, ils font bien leur travail. Difficile, dans ces conditions, d'expliquer qu'ils aient besoin de notre aide: «L'aubergine, c'est pour Madame?» Carte des vins où de grands toscans côtoient (heureusement) des propositions plus modestes.

ITALIE
RUGANTINO

MIDI **30 $**
SOIR **80 $**

2007

CUISINE ☆☆☆☆ ★★★★
SERVICE ☆☆☆ ★★★
DÉCOR ☆☆☆ ★★★

MILE-END
5486, BOULEVARD SAINT-LAURENT
(514) 277-6921

2005-02-18

Situé au cœur du quartier qui abrite le millier d'employés d'Ubisoft, le géant du jeu vidéo, Rugantino connaît des midis glorieux avec sa magnifique table d'hôte. Et le soir, c'est une clientèle tout aussi dynamique qui vient se sustenter dans le décor sobre de ce restaurant italien très discret. Dans les deux cas, on a droit à une table élégante où l'efficacité et l'effacement du service sont de mise. Authentique et goûteuse, la cuisine régionale est préparée avec une maîtrise remarquable qui laisse deviner le talent d'un grand chef. Parfaitement al dente, les pastas ne vous feront regretter que de ne pas avoir choisi l'un des risotti enchanteurs... De toute façon, ici, tout rime avec fraîcheur. Belle carte des vins et excellent rapport qualité/prix.

ITALIE
SPAGHETTATA

MIDI **40 $**
SOIR **80 $**

2007

CUISINE ☆☆☆ ★★★
SERVICE ☆☆☆ ★★★
DÉCOR ☆☆☆ ★★★

OUTREMONT
399, AVENUE LAURIER OUEST
(514) 273-9509

2005-03-10

Renaissance de Spaghettata. On avait beaucoup aimé cet endroit au début des années 80; puis moins, au fil de son déclin; et vraiment plus du tout vers la fin. Début 2005, nouvelle direction, nouvelle gérance, nouvelle chef et nouvelle brigade. Santa Spaghettata accroche de nouveau son auréole au coin de Laurier et Hutchison. Belles petites cartes à midi et en soirée, cuisine nette sans chichi mais avec suffisamment de profondeur pour intéresser les amateurs de cuisine italienne. On a élagué, recentré et décidé de faire de la vraie cuisine. Ce qui, pour un restaurant, est toujours une option valable. Nouveau changement de chef et de gérante en 2006. À suivre...

TRE MARIE

ITALIE

MIDI **35 $**
SOIR **50 $**

	2007	
CUISINE	★★ ★★	
SERVICE	★★★ ★★★	
DÉCOR	★★★ ★★★	

PETITE ITALIE
6934, RUE CLARK
(514) 277-9859

2006-01-03

Repaire de la charmante famille Fabrizo, le Tre Marie soufflera ses 40 chandelles en 2007. On est en droit d'espérer que cet anniversaire marquant énergisera une équipe qui semble s'asseoir sur ses lauriers depuis quelque temps. Certes, on est toujours charmé par la chaleur des lieux, par l'atmosphère bon enfant et par les sourires craquants des serveurs «full testostérone». Le succulent foie de veau à la vénitienne y a encore la cote — et les pâtes, les cannolis et le tiramisu maison égaient toujours l'humeur. Mais plusieurs plats manquent d'élan... Il faudrait leur infuser une touche de passion (celle qui se goûte!) pour leur redonner leur intensité, leur couleur et leur vivacité d'origine. Il suffirait de presque rien... pour gagner à nouveau notre cœur, qui fond déjà pour la Vénétie!

VAGO

ITALIE

MIDI **40 $**
SOIR **80 $**

	2007	
CUISINE	★★★ ★★★	
SERVICE	★★★ ★★★	
DÉCOR	★★★ ★★★	

WESTMOUNT
1336, AVENUE GREENE
(514) 846-1414

2006-03-25

Vago est l'incarnation même du resto italien chic: un décor soigné (fontaine à l'entrée, joli bar, du bois, beaucoup de bois), une atmosphère plutôt romantique, un service très attentif, une cuisine pour l'essentiel classique. Lorsqu'on s'aventure en dehors de la table d'hôte surtout, les prix sont à l'avenant. Avenue Greene, à Westmount, c'est à prévoir. Les plats sont bien exécutés et bien présentés, même si les faux pas demeurent possibles. Les portions sont franchement colossales. Et l'on côtoie ici des gens très comme il faut. La carte des vins fait écarquiller les yeux, tant en raison des crus proposés que des chiffres affichés dans la colonne de droite. Heureusement, on réserve au commun des mortels quelques bouteilles à prix raisonnable.

VIA ROMA

ITALIE

MIDI **45 $**
SOIR **80 $**

	2007	
CUISINE	★★★★ ★★★★	
SERVICE	★★★ ★★★	
DÉCOR	★★★ ★★★★	

PETITE ITALIE
7064, BOULEVARD SAINT-LAURENT
(514) 277-3301

2005-12-06

Pizzas croustillantes, pâtes fraîches, risottos crémeux: la cuisine simple de ce joli resto italien a de quoi attirer les amateurs. Tout est scrupuleusement supervisé par madame Caputo, la patronne, qui aime que ses clients se sentent traités aux petits oignons. Le charme de l'endroit opère depuis plus de 25 ans et les clients continuent de venir s'attabler avec abandon sous la magnifique verrière qui, même au cœur du plus cruel de nos hivers, prodigue chaleur et sentiment de vacances. Un petit verre de vin, italien il va sans dire, un gelato onctueux préparé par la fille de la maison et l'on sent cette *dolce vita* que l'on aime tant s'installer à notre table. Oasis de simplicité dans ce quartier où les restaurants prétentieux sont légion.

ITALIE
VIA VIVOLI

		MIDI	**45 $**
		SOIR	—

	2007		**VIEUX-MONTRÉAL**
CUISINE	★★	★★	CENTRE DE COMMERCE MONDIAL, 747, PLACE VICTORIA (514) 284-5320
SERVICE	★★	★★	
DÉCOR	★★★★	★★★★	2006-06-09

Difficile de ne pas succomber aux charmes du Centre de commerce mondial, qui constitue pour plusieurs un des joyaux de l'architecture moderne à Montréal. D'où l'intérêt que suscite d'emblée Via Vivoli, un restaurant italien plutôt classique ouvrant sur le spectaculaire atrium. Assis à la terrasse intérieure (la salle est plus modeste), au milieu d'un flot de passants pressés, on déguste des plats exécutés en gros correctement. De la carte et de la table d'hôte ressortent surtout les pâtes, bien entendu, auxquelles s'ajoute un choix intéressant de spécialités de la péninsule. Ce n'est pas donné mais, vu la beauté de l'écrin, on sort sa carte de crédit sans trop rechigner. Service convenable. Ouvert le midi seulement, du lundi au vendredi.

ITALIE
ZANETTI

		MIDI	**30 $**
		SOIR	**30 $**

	2007		**PETITE ITALIE**
CUISINE	★★	★	77, RUE SHAMROCK (514) 279-0444
SERVICE	★★★	★	
DÉCOR	★★★★	★★★	2006-05-16

Entouré de cafés où le plus simple des plats rend hommage au pays de Dante, Zanetti persiste à proposer un menu banal à la clientèle de la Petite Italie. Fades et dénuées de sex-appeal, salades, pâtes ou pizzas semblent tout droit sorties des boîtes de céréales industrielles qui ornent le comptoir. De plus, la fraîcheur des aliments laisse à désirer, un véritable exploit pour un établissement planté en face du marché Jean-Talon. Tout cela à des prix qui feraient bondir Sophia Loren. Mis à part un décor ultra-design qui peut plaire aux amateurs de minimalisme extrême — le service appartient d'ailleurs au même courant —, on vient ici principalement pour déguster un café Segafredo sur la terrasse, très agréable en été.

vins & mets

JAPON

Une cuisine raffinée à prédominance de poissons et fruits de mer où, résolument, les blancs s'accordent mieux. Voici quelques conseils pour des harmonies réussies: les préparations de tempura exigent des vins riches et gras; les plats avec sauce teriyaki demanderont des vins ronds, amples et gorgés de soleil; les sushis et sashimis, des blancs secs à demi-secs, riches, parfumés voire intenses. Enfin, le gingembre mariné sert à nettoyer le palais entre les morceaux de sushis, tandis que le wasabi n'étant pas le meilleur ami du vin, la modération aura meilleur goût.

SOUPE MISO
Saké Japon

SUSHIS
Muscat Alsace France, torrontes Argentine

BŒUF TERIYAKI
Zinfandel ou merlot Californie, grenache Australie

CRABE À CARAPACE MOLLE
Tokay pinot gris Alsace France, chardonnay France

POULET KATSU
Bourgogne rouge, pinot noir Nouvelle-Zélande

PRENEZ GOÛT
À NOS **CONSEILS**

SAQ

Tri Express *Tri Du, chef-propriétaire*
Page 191

JAPON

Une cuisine tout en subtilité. Raffinée au point de paraître maniaque. Légère à en paraître aérienne. Dépouillement frisant l'austérité. Toujours cette fraîcheur extrême des produits, notamment des poissons que les Occidentaux redécouvrent dans leur version crue, sculptés en de petites bouchées d'une infinie délicatesse. Des saveurs marines venues de cette île lointaine, algues de toutes sortes, poissons et fruits de mer; soja, gingembre, vinaigre de riz, sakés et autres réjouissances nipponnes. Sushis, sashimis, yakitoris et teriyakis constituent le gros du répertoire proposé par les restaurants japonais de chez nous.

À Montréal, ont fleuri au cours des dernières années une multitude de restaurants japonais, élégants et tenus par de jeunes chefs intrépides. Pour une ville aussi éloignée des points de chute habituels des immigrants japonais, le ratio est très élevé. Il reflète un engouement réel de la population pour cette cuisine originale, aux antipodes de nos plats traditionnels. Les connaisseurs s'installent au comptoir et admirent l'art des chefs maniant leurs grands couteaux avec une dextérité peu commune.

		2007		**CÔTE-DES-NEIGES**
JAPON				
ATAMI				MIDI **30 $**
				SOIR **60 $**
CUISINE	★★	★★★		5499, CHEMIN DE LA CÔTE-DES-NEIGES
SERVICE	★★	★★★		(514) 735-5400
DÉCOR	★★★	★★★		2006-02-01

Une bonne surprise que ce petit restaurant à l'étage d'un immeuble de coin de la Côte-des-Neiges qui ne paie pas de mine et que l'on peut rater si l'on n'a pas repéré l'enseigne jaune et rouge. La maison s'avère un endroit reposant où l'on mange très bien à prix modéré. Tables nappées, décor simple et net, service attentionné et rapide sont une bonne entrée en matière. Le tempura léger de crevettes délicieusement fraîches, le thon saisi parfaitement et les excellents kamikazes du chef sont une invitation à revenir. Menu du jour (11 $ en moyenne) et à la carte, sushis classiques, le tout complété par une carte des spécialités maison: Diamond Roll, Tuna Delight, Orchidée, Vénus. Une petite carte des vins dépanne ceux qui n'aiment pas le saké.

JAPON				**CENTRE-VILLE**
BISHOKU				MIDI **30 $**
				SOIR **70 $**
		2007		
CUISINE	★★★	★★★		1184, RUE BISHOP
SERVICE	★★★	★★★		(514) 876-0056
DÉCOR	★★★	★★★		2006-03-06

Petit écrin de quiétude dans un centre-ville bourdonnant du matin au soir, Bishoku offre ce que l'amateur de cuisine japonaise recherche et apprécie: des produits frais, des préparations concoctées avec art et dans la tradition, un décor épuré, contemporain et baigné dans une ambiance musicale reposante. Trop calme pour vous? En dehors des sushis, tempuras, soupes udon et autres classiques pièces de viande grillées, le menu offre quelques plats surprenants, comme cette agréable salade de pieuvre marinée ou cette entrée de thon mariné à la moutarde au goût fin et délicat. Service tout nippon avec français approximatif... mais français tout de même.

JAPON				**PLATEAU MONT-ROYAL**
BLEU CARAMEL				MIDI —
				SOIR **50 $**
		2007		
CUISINE	★★	★★		4517, RUE DE LA ROCHE
SERVICE	★★	★★★		(514) 526-0005
DÉCOR	★★★	★★★		2006-03-15

Si on se plaît à visiter cet établissement au décor apaisant et au patronyme bizarre, ce n'est pas tant pour sa gastronomie japonaise ou pour ses nombreux thés que pour le havre de paix qu'il représente. Une fois l'imposante porte de bois franchie, on n'aura aucun mal à faire abstraction du tourbillon du monde extérieur et à se laisser porter par le service très amical. Les sushis servis ici sont fort respectables et concoctés dans les règles de l'art, mais on aura cependant tout intérêt à profiter des autres découvertes figurant au menu: émincé de bœuf subtilement sucré, tempuras présentés avec originalité, salade d'algue fraîche et croquante ou encore gyoza mandoo, ces petits chaussons légers d'origine coréenne farcis de bœuf, de crevettes ou de légumes. Une belle invitation à la détente.

JAPON
GEISHA SUSHI

		MIDI	**40$**
		SOIR	**60$**

	2007		**CENTRE-VILLE**
CUISINE	★★★	★★	1597, RUE SAINT-HUBERT
SERVICE	★★★	★★	(514) 524-8484
DÉCOR	★★	★★	2006-01-13

Le roman d'Arthur Golden comme le film qu'on en a tiré ont ravivé l'intérêt pour le personnage controversé de la geisha. Le restaurant de la rue Saint-Hubert n'a de la geisha que le nom, si on excepte le kimono que de jeunes femmes portent pour assurer le service, lequel n'a d'ailleurs rien d'exceptionnel. Les courbettes, on les réserve aux invités de marque ou aux habitués. Même constatation pour la cuisine, même si fritures et sushis sont correctement exécutés. À midi, on propose une sympathique petite table d'hôte. À noter, quelques intrigantes tentatives de renouveler le genre, dont les noms amusants, genre «Langue de dragon», ne réussissent pas à faire oublier le prix, hélas un peu élevé pour l'amateur ou le curieux moyen.

JAPON
GINGER

		MIDI	—
		SOIR	**60$**

	2007		**PLATEAU MONT-ROYAL**
CUISINE	★★★★	★★★★	16, AVENUE DES PINS EST
SERVICE	★★★★	★★★★	(514) 844-2121
DÉCOR	★★★★	★★★★	🥢 2005-12-08

Installé un peu en retrait de la *Main*, Ginger en a quand même certains attributs: l'énergie vibrante des soirs de retrouvailles entre amis, par exemple. Si, les soirs de week-end, il y règne une activité de ruche, l'endroit est un oasis de calme et de sérénité en semaine. Ça groove fort, musique lounge et lumières tamisées. La qualité de la cuisine reste, par contre, toujours élevée. Cuisine japonisante, branchée juste ce qu'il faut, et pleine de fraîcheur et de découvertes. Sushis et sashimis bien sûr, mais aussi de belles envolées créatives des gens en cuisine jusque dans les desserts, souvent laissés de côté dans ce genre d'endroit. Le décor, très zen et distingué, pourrait à lui seul justifier que l'on se plaise ici. Le service est assuré avec beaucoup de soin et de délicatesse.

JAPON
ISAKAYA

		MIDI	**25$**
		SOIR	**60$**

	2007		**CENTRE-VILLE**
CUISINE	★★★	★★★	3409, AVENUE DU PARC
SERVICE	★★	★★	(514) 845-8226
DÉCOR	★★	★★	2005-03-12

Un authentique restaurant japonais où les foules continuent de faire la file midi et soir. Certainement pas pour son chic, puisque l'espace ressemble à une quelconque cafétéria, ni pour son service, plus souvent lent que discret, mais bien pour le savoir-faire appliqué en cuisine, une élaboration de saveurs qui laissent franchement bouche bée. En entrée, la soupe miso ou une assiette de boulettes de pâte gyoza suffiront à gagner votre cœur. Le poisson est ici un modèle de fraîcheur et vous pouvez être assuré de le voir servi dans les règles de l'art. Par opposition, la confection des sushis manque parfois d'attention dans le détail. Règle générale, les patrons tiennent leur pari de qualité, et la clientèle apprécie en témoignant une grande fidélité.

JAPON
JUN I

				MIDI	**40 $**
				SOIR	**100 $**

	2007	
CUISINE	★★★★★	★★★★★
SERVICE	★★★★	★★★★
DÉCOR	★★★★	★★★★

MILE-END
156, AVENUE LAURIER OUEST
(514) 276-5864

2005-05-05

Cette avenue Laurier, qui semble si appréciée par les restaurateurs, comptait déjà d'excellentes tables. Jun I vient compléter le tout avec l'un des meilleurs endroits en ville où déguster la cuisine japonaise. Ou japonisante puisque le chef Junichi Ikematsu propose ses interprétations de grands classiques occidentaux. Dans cette très belle salle décorée par le très honorable Jean-Pierre Viau, on sent une grande sérénité. Et voir le maître ès sushis opérer derrière son comptoir est un pur plaisir pour les yeux. À sa table, ce plaisir sera décuplé tant ses sashimis, sushis et autres makis sont élégants. Produits fins d'une fraîcheur impeccable, talent exceptionnel des cuisiniers, travail soigné et diligent du personnel en salle. Bonheur total des clients.

JAPON
KAIZEN SUSHI BAR & RESTAURANT

				MIDI	**40 $**
				SOIR	**100 $**

	2007	
CUISINE	★★★	★★★
SERVICE	★★★★	★★★★
DÉCOR	★★★★	★★★★

WESTMOUNT
4075, RUE SAINTE-CATHERINE OUEST
(514) 707-8744

2005-06-27

Si vous êtes sensible au charme de l'onyx, vous serez fasciné par cette maison. Dans un décor très réussi, trônent en effet de magnifiques spécimens de cette pierre. Impressionnant. Beaucoup plus, quoi qu'il en soit, que la cuisine, somme toute ordinaire, qui est servie à cette adresse. Les créations de l'ex-chef sont encore là, mais celles-ci mises à part, les habituels sushis, makis, nigiris et sashimis sont comme ailleurs, sans plus. Ce manque de dynamisme côté assiette est d'autant plus regrettable que l'on est vraiment épaté par la beauté du décor et que le service offert par le personnel est d'une grande justesse. Additions ayant tendance à grimper si l'on n'est pas extrêmement vigilant.

JAPON
KATSURA

				MIDI	**40 $**
				SOIR	**80 $**

	2007	
CUISINE	★★★	★★★
SERVICE	★★★★	★★★★
DÉCOR	★★★	★★★

CENTRE-VILLE
2170, RUE DE LA MONTAGNE
(514) 849-1172

2005-04-24

Longtemps considéré comme la référence en termes de restauration japonaise, Katsura s'est imposé dans le paysage gastronomique de la ville. Si l'on a souvent vanté les mérites du précurseur des comptoirs à sushis à Montréal, on s'enthousiasme moins aujourd'hui. Avec regret. Le décor reste raffiné et élégant, l'ambiance, tout aussi intime et invitante. Par contre, l'expérience gastronomique est moins réjouissante. Mais où est donc passée sa grande authenticité? Les assiettes montées comme des œuvres d'art tombent à plat lorsque vient le moment d'y goûter. «Fades» qualifierait la pieuvre et le bœuf sashimi pris en entrée, tout comme le bouillon de la fondue japonaise consommé. En attendant le réveil des saveurs endormies, on pourra toujours rêver à la démarche gracieuse des hôtesses dans leur kimono de soie.

JAPON
LE JARDIN SAKURA

MIDI **40 $**
SOIR **80 $**

	2007		CENTRE-VILLE
CUISINE	★★★	★★★	2114, RUE DE LA MONTAGNE
SERVICE	★★★	★★★	(514) 288-9122
DÉCOR	★★★	★★★	2005-08-02

Alors que fleurissent, telle la mauvaise herbe qui pousse même dans l'Empire du soleil levant, les comptoirs à sushis dans notre bonne ville, quelques établissements plus sérieux maintiennent le cap. Le Jardin Sakura est de ceux-là. Ici, les choses n'ont guère changé au cours des dernières années. Même décor, même cuisine et même service. Si le premier gagnerait à être revampé, la deuxième reste très honnête, proposant les grands classiques de la cuisine japonaise grand public, en version occidentalisée. Quant au service, c'est sans doute ce qui reste le plus longtemps en mémoire, tant les jeunes femmes en costume traditionnel s'acquittent avec dignité, déférence et charme de leur tâche. Les clients reconnaissants reviennent toujours. C'est un signe qui ne trompe pas.

JAPON
MAÏKO SUSHI

MIDI **30 $**
SOIR **80 $**

	2007		OUTREMONT
CUISINE	★★★★	★★★★	387, RUE BERNARD OUEST
SERVICE	★★★	★★★	(514) 490-1225
DÉCOR	★★★	★★★	2005-05-12

Dans l'arrondissement d'Outremont, les amateurs de cuisine japonaise grand public ont élu domicile dans ce restaurant. On y retrouve, bien entendu, les sushis, makis ou sashimis tels qu'on les aime. Crevettes tempura, plats à la teriyaki et créations parfois allumées de la chef complètent une des cartes les plus longues de la ville. Produits frais et bien choisis. Service courtois et prévenant, un peu plus nonchalant les soirs de grande affluence; ce qui est monnaie courante ici. Attente pouvant à l'occasion vous permettre de tester votre degré de sérénité. L'arrivée de très bons concurrents dans le quartier stimulera sans doute la créativité de la maison qui s'est un peu érodée avec le temps, même si cette adresse est encore très recommandable.

JAPON
MIKADO

MIDI ——
SOIR **80 $**

	2007		CENTRE-SUD
CUISINE	★★★★	★★★★	1731, RUE SAINT-DENIS
SERVICE	★★★★	★★★★	(514) 844-5705
DÉCOR	★★★★	★★★★	2005-11-12

On venait ici autrefois pour voir l'étonnant Jimmy N'Guyen, grand chef des festivités au Mikado de la rue Saint-Denis, faire des miracles avec de petits riens. Créations allumées et sushis exceptionnels, en plus des habituelles et inévitables banalités. Les starlettes locales ou de passage se pressaient pour se faire éblouir. Elles sont encore là et portent toujours leurs verres fumés. Car si monsieur N'Guyen (prononcez nou-yen) ne vient plus aussi souvent ici lui-même, il a par contre posté derrière le comptoir à sushis des jeunes gens qui partagent son amour des choses bien faites. Et qui impressionnent à leur tour. Décor refait récemment afin de respecter le Feng Shui requis à côté d'un bar de danseuses nues. Service d'une extrême amabilité.

JAPON
MIKADO

	MIDI	—
	SOIR	**90 $**

	2007		**OUTREMONT**
CUISINE	★★★★	★★★★	368, AVENUE LAURIER OUEST
SERVICE	★★★★	★★★★	(514) 279-4809
DÉCOR	★★★★	★★★★	

2005-01-09

Comme pour les autres — même si les Occidentaux se laissent souvent leurrer par le décorum japonisant —, la qualité des restaurants japonais est déterminée par celle du chef qui dirige le trafic. Mikio Owaki, chef d'orchestre local, veille sur tout et sait s'entourer de jeunes gens dynamiques et pleins de talent pour l'épauler derrière le grand comptoir. On mange donc ici les traditionnels sushis, sashimis et autres makis, mais également quelques créations du chef, évoluant au fil des saisons et de son inspiration. Ce Mikado est chic sans trop en faire, respectant une clientèle qui lui est fidèle depuis des années. Et qui, malgré l'ouverture de nombreuses autres respectables maisons, revient toujours goûter les charmes indéniables de la cuisine de ce Mikado-ci.

JAPON
MIYAKO

	MIDI	**30 $**
	SOIR	**60 $**

	2007		**VILLAGE**
CUISINE	★★★	★★★	1439, RUE AMHERST
SERVICE	★★★	★★★	(514) 521-5329
DÉCOR	★★★	★★★	

2005-06-01

Le Miyako coule des jours tranquilles dans le Village. Établi là depuis des lustres, il ne fait pas de vagues. Les sushis et sashimis sont bien exécutés, mais sans réinventer le genre. Quelques originalités au menu: le Taj Mahal, un sushi au riz parfumé au cari, et le MTL, un rouleau au caviar et à l'avocat. Hormis la carte de sushis, sashimis et rouleaux, on peut se tourner vers les plats de poulet, saumon, crevettes ou bœuf, façon teriyaki ou tempura. Le service, aussi discret que le décor, complète le repas qui vous laissera un souvenir de douceur. Un petit resto de quartier sans prétention, à fréquenter les soirs de semaine quand on veut relaxer, ou le midi quand on travaille dans le coin.

JAPON
NAGOYA

	MIDI	**30 $**
	SOIR	**60 $**

	2007		**VIEUX-MONTRÉAL**
CUISINE	★★★	★★★	140, RUE NOTRE-DAME OUEST
SERVICE	★★	★★★	(514) 845-5864
DÉCOR	★★	★★	

2006-02-03

Nagoya a la tête japonaise et le cœur coréen, à moins que ce ne soit le contraire. Qu'importe, d'ailleurs, puisque l'on s'y sustente agréablement, dans un cadre plutôt modeste, loin de l'exotisme de pacotille et des excès déplorables de certains établissements du Vieux-Montréal. À l'image de la cuisine, l'espace se divise en deux: la salle à manger en long, où trône le comptoir à sushis, et une autre salle au décor qui rappelle les... pubs. Au menu, on l'aura compris, quelques robustes et savoureuses spécialités coréennes, comme le bulgogi; côté japonais, les sushis (sans renouveler le genre, ce qu'on ne leur demande d'ailleurs pas) sont au-dessus de la moyenne. Essayez l'anguille (unagi) accompagnée de riz et de légumes croquants. Service sympathique.

JAPON
OGURA

			MIDI	**30 $**
			SOIR	**45 $**

	2007		**CENTRE-VILLE**
CUISINE	★★★	★★	2025, RUE UNION
SERVICE	★★★	★★	(514) 847-9000
DÉCOR	★★	★★	2006-04-28

Le chef officie seul derrière le grand comptoir. On peut le voir œuvrer et ainsi patienter car l'art du couteau nécessite talent et temps. Le jour de notre passage, l'ensemble laissait à désirer. En entrée, trois feuilles de salade et une petite soupe miso, plus proche d'un simple bouillon. Les sushis étaient frais et séduisants mais une bouchée encore gelée nous a laissés perplexes. Le poulet teriyaki n'avait rien à voir avec les tranches délicates et marinées dans la sauce offertes ailleurs. Les pommes de terre rissolées servies en accompagnement avec le riz et les autres légumes étaient insignifiantes et froides. Une mauvaise journée? Décor sobre, neutre et agréable. Plats pour emporter.

JAPON
OISHII SUSHI

			MIDI	**30 $**
			SOIR	**65 $**

	2007		**MILE-END**
CUISINE	★★★	★★★	277, AVENUE BERNARD OUEST
SERVICE	★★★	★★★	(514) 271-8863
DÉCOR	★★★★	★★★★	2006-06-08

C'est dans un décor très aérien, lumineux et vaguement psychotronique, que ce sympathique petit comptoir à sushis a établi ses quartiers. Bien sûr, il existe maintenant des myriades d'établissements japonais du même genre, mais celui-ci a un je-ne-sais-quoi, un air de jeunesse et de fraîcheur peut-être, qui le rend plus attirant que la moyenne. La cuisine? Impeccable, avec quelques audaces et trouvailles qui plairont à l'amateur éclairé et une jolie liste de drinks parfois très exotiques qui changent agréablement du traditionnel saké. Et puis on aime bien ce quartier Mile-End tout croche mais si politiquement incorrect.

JAPON
OSAKA RESTAURANT

			MIDI	**25 $**
			SOIR	**40 $**

	2007		**CENTRE-VILLE**
CUISINE	★★★	★★★	2137, RUE DE BLEURY
SERVICE	★★★	★★★	(514) 849-3438
DÉCOR	★★★	★★	2006-01-07

Moins branché que la plupart de ses concurrents, Osaka, l'un des pionniers de la cuisine nippone à Montréal, n'en reste pas moins un établissement tout ce qu'il y a de plus fréquentable, qui propose une cuisine raffinée et qui réserve d'agréables surprises. D'accord, le décor quelconque mériterait sûrement un sérieux dépoussiérage... Par contre, la finesse des préparations, le souci de bien faire et surtout de faire authentique (ici, le sushi n'est pas roi mais seulement un subordonné du menu principal) en font une valeur sûre. Clientèle bigarrée, service souriant et prix abordables.

JAPON
SHIKI SUSHI

			MIDI	**25 $**
			SOIR	**30 $**

	2007		**PLATEAU MONT-ROYAL**
CUISINE	★★★	★★★	5055, RUE SAINT-DENIS
SERVICE	★★	★★	(514) 282-1913
DÉCOR	★	★	2005-03-11

Ne vous découragez pas à la porte d'entrée! C'est vrai que le décor ne paie pas de mine — trois tables disparates, quelques tabourets au comptoir et un frigo puissamment éclairé comme toile de fond... Mais heureusement, le plaisir est au rendez-vous dans l'assiette. Les petites bouchées sont parfaites — tendres, fraîches et goûteuses —, les prix, raisonnables et le service, empressé bien que réalisé dans un français plus qu'approximatif. Ne boudez donc pas votre plaisir, mais pour les rendez-vous d'affaires, il y a de meilleurs endroits pour aller tacher votre cravate dans la sauce tempura... Parfait pour le *take-out*.

JAPON
SHO-DAN

			MIDI	**35 $**
			SOIR	**65 $**

	2007		**CENTRE-VILLE**
CUISINE	★★★★	★★★★	2020, RUE METCALFE
SERVICE	★★★★	★★★★	(514) 987-9987
DÉCOR	★★★★	★★★★	2005-07-08

Quel agréable restaurant! Le décor, épuré et élégant, est rehaussé par des œuvres d'art colorées. Le menu, tout en finesse, est parsemé de petits détails comme cet astérisque qui indique que certains sushis contiennent de la mayonnaise. Et ce gingembre mariné qui, oh surprise, n'est pas rose bonbon comme la version que proposent tous les établissements nippons, mais bien jaune pâle, la vraie couleur du gingembre frais. Sur la carte, on retiendra quelques curiosités: les sushis tempura (sushis frits), le rouleau Mont-Tremblant (peau de saumon, thon et œufs d'éperlan), le SpiderMaki (crabe à la carapace molle et ginseng) et les sushis à la palourde. Aux novices, on propose une «initiation au sushi». Les plats sont bien réalisés, le service, attentionné.

JAPON
TAKARA

			MIDI	**30 $**
			SOIR	**70 $**

	2007		**CENTRE-VILLE**
CUISINE	★★★	★★★	1455, RUE PEEL, COURS MONT-ROYAL, 4E
SERVICE	★★★	★★★	ÉTAGE (514) 849-9796
DÉCOR	★★★	★★★	2005-04-28

Au 4e étage des chics Cours Mont-Royal, niche un bar à sushis doublé d'une salle à manger de taille moyenne. Le menu en met plein la vue: 28 entrées dont des fruits de mer et des poissons grillés au sel, des combinaisons de sushis et de sashimis bien entendu, mais aussi des plats de nouilles udon et soba, et des mets teriyaki et tempura. Une carte de nigiris, sushis et sashimis, de makis (rouleaux) et de temakis (cornets) complète l'offre. Le tout est servi par une brochette de serveuses nippones tout sourire, dans un décor tout en discrétion. Le fond sonore de style piano-bar et l'approche culinaire classique pourront paraître reposants pour certains, mais manquant d'âme pour d'autres. À la sortie comme à l'entrée, vous risquez de vous perdre dans le dédale inextricable du centre commercial. Pour l'amour du Japon, restez zen...

JAPON **TIAN XIA**			MIDI **20 $** SOIR **30 $**
	2007		**PLATEAU MONT-ROYAL**
CUISINE	★★	★★	1475, AVENUE DU MONT-ROYAL EST (514) 523-5555
SERVICE	★★	★★	
DÉCOR	★★	★★	2005-08-30

Ce Tian Xia est également connu dans le quartier sous les noms «Le dépanneur de sushis» et «Tian Xia Sushis Express». On ne sait pas trop à quoi se fier. Ce qui est certain par contre, c'est le côté divertissant de l'endroit. Et la qualité de ce que le client saisit entre ses baguettes. Cette épicerie-resto-comptoir à sushis très asiatique en plein cœur du Plateau très canadien-français est une jolie interprétation de la multiethnicité ambiante. Version très familiale des comptoirs à sushis industriels qui éclosent partout en ville, Tian Xia sert des bouchées japonisantes sans prétention. Incroyablement bon marché comme un tailleur Versace à Hong-Kong et assez réussi dans le genre «Nous aussi on peut faire des sushis même si on n'est pas nés à Osaka».

JAPON **TOKYO SUSHI BAR**			MIDI **25 $** SOIR **60 $**
	2007		**VIEUX-MONTRÉAL**
CUISINE	★★★	★★★	185, RUE SAINT-PAUL OUEST (514) 844-6695
SERVICE	★★★	★★★	
DÉCOR	★★★	★★★	2006-05-16

Dans ce coin du Vieux-Montréal qu'on dirait avoir été pensé pour soutirer un maximum de dollars aux touristes recherchant l'expérience ultime, on retire une certaine satisfaction (voire de la fierté) à se retrouver dans un endroit qui ne sent ni la frime ni le fric. On ressent plutôt ici la douceur et la «zénitude» qui habitent les endroits ayant assumé leur statut de resto «apprécié, mais pas hip». Dans l'écrin crémeux du Tokyo, et sous les soins d'une brigade aussi discrète qu'attentionnée, il devient aisé de passer du bon temps, même si le repas n'a rien de cathartique. Le poisson demeure très frais et le tempura aérien. Le chablis et la fabuleuse énergie du quartier aidant, on se laisse doucement bercer jusqu'à la caisse, qui nous réserve la surprise d'une addition fort raisonnable.

JAPON **TRI EXPRESS**		MIDI **30 $** SOIR **50 $**
	2007	**PLATEAU MONT-ROYAL**
CUISINE	★★★★	1650, AVENUE LAURIER EST (514) 528-5641
SERVICE	★★★★	
DÉCOR	★★★	Ⓝ 2006-02-24

Monsieur Du, Tri de son prénom, a longtemps fait le bonheur de bien des amateurs de cuisine japonaise. Au cours des dernières années, il a aussi fait la réputation de quelques restaurants où il officiait comme maître sushi. Après quelques mois de silence, il réapparaît dans le paysage montréalais à une adresse qui, si elle est moins prestigieuse que les précédentes, a le mérite d'être sienne. Et l'on y retrouve, intact et transcendé, ce qui faisait le charme de sa cuisine jadis: cette touche de délicatesse et cette vivacité qui donnent des plats pétillants et jouissifs. Bien entendu, les traditionnels sushis et autres sashimis sont à la carte, mais s'il y a un endroit où vous devriez laisser le chef s'exprimer, c'est bien ici. Fixez votre budget et laissez le maître œuvrer. Satisfaction garantie.

JAPON
YUKI SUSHI BAR

	2007	
CUISINE	★★	
SERVICE	★★	
DÉCOR	★★	

MIDI **25 $**
SOIR **40 $**

VILLAGE
1281, RUE AMHERST
(514) 523-2516

2006-01-05

Un X^e comptoir à sushis, nous direz-vous? C'est juste. Et ici comme ailleurs, ils sont servis à toutes les sauces: déposés ou enroulés sur du riz gluant, fumés ou crus, enrobés ou pas de végétation marine, à la californienne, frits, etc., etc. En somme, rien de neuf sous le soleil levant! Par contre, le souci d'authenticité, le service efficace, le décor épuré et franchement nippon de même que les prix raisonnables (surtout le midi) en font une adresse aussi respectable que fréquentable.

JAPON
ZEN YA

	2007	
CUISINE	★★★	★★★
SERVICE	★★★	★★
DÉCOR	★★★★	★★★★

MIDI **30 $**
SOIR **80 $**

CENTRE-VILLE
486, RUE SAINTE-CATHERINE OUEST, 2^E
ÉTAGE (514) 904-1363

2006-04-07

Bien sûr, à midi, les gens du quartier quittent leurs bureaux pour venir goûter ici sushis, sashimis et autres japonaiseries qui, si elles ne pèchent pas par leur originalité, ont au moins la vertu de présenter des classiques bien interprétés. Bien sûr, le décor — un peu sombre au goût de nombreux clients, mais d'un classicisme nippon remarquable pour les amateurs — est encore digne de mention. Mais l'honorable client se demande parfois s'il existe ou s'il ne dérange pas tant le personnel fait preuve de nonchalance. Erreurs de commandes, retards inexplicables, cahots dans l'arrivée des plats, étourderies. On se lasserait si la cuisine ne compensait pas. Heureusement, elle compense. À notre départ, le gérant était aussi occupé au téléphone cellulaire qu'à notre arrivée. Je n'ai pu lui faire part de mes commentaires. C'est chose faite ici.

ACCÈS WEB GRATUIT

Tous les détenteurs d'un exemplaire du *Guide Restos* imprimé ont gratuitement accès à la version électronique **w w w . v o i r . c a / g u i d e r e s t o s .**

POUR OBTENIR L'ACCÈS INTERNET :

Inscrivez vos coordonnées et votre courriel sur le coupon du **concours Guide Restos** (page 13).

En plus de participer au concours, vous obtiendrez un **accès complet** d'un an au *Guide Restos Voir* sur Internet.

Le coupon est valable toute l'année pour l'obtention de votre accès Internet même si la date limite pour participer au concours est dépassée.

Accords
vins & mets

MOYEN-ORIENT

Peu de vins sont produits dans ce coin de la planète, mais le Liban s'impose et mérite que l'on s'y attarde. Une sélection limitée, majoritairement de la réputée vallée de la Bekaa, incite à la découverte. Quant à la cuisine, l'acidité souvent présente (citron, yaourt, sumac) demande des vins frais parfois vifs. Les vins des pays viticoles au climat tempéré tels que la France, l'Italie, l'Allemagne, l'Autriche et même le Canada s'harmoniseront à merveille. Les nombreux kébabs et poissons grillés facilitent la tâche.

BABA GHANOUJ (LIBAN)
Rosé de Provence ou Roussillon France, riesling spatlese Allemagne

SALADE FATTOUSH (SYRIE)
Soave Italie, muscadet France, blanc de la vallée de la Bekaa Liban

KÉBAB D'AGNEAU
Rouge de la vallée de la Bekaa Liban, bordeaux rouge France

SHIRIN POLO (IRAN)
Bourgogne blanc France, chardonnay Canada

STOUF (LIBAN)
Sauvignon vendanges tardives Chili, riesling vendanges tardives Canada

PRENEZ GOÛT
À NOS **CONSEILS**

SAQ

Alep *Chahla et Tania Frangié, propriétaires*
Page 196

MOYEN-ORIENT

Des mets aux parfums évocateurs de lointaines contrées, une cuisine souvent simple et robuste, beaucoup de grillades et une multitude de petits plats à grappiller. Épices connues, cumin et coriandre, ou ingrédients inusités sous nos latitudes, sumac et épine-vinette; yaourt sous toutes ses formes, olives, aubergines, tomates, ail et sésame. En desserts, mille et une eaux de rose, citron et miel dans de petites pâtisseries à faire damner un saint.

Longtemps parent pauvre de la restauration chez nous, cette cuisine commence à s'affirmer ailleurs qu'à de quelconques comptoirs de restauration rapide aussi mauvaise dans sa version orientale que celle que nous connaissons en Occident. Le dynamisme de ces nouveaux restaurants du Moyen-Orient frise parfois l'exubérance; qui est une qualité là-bas puisqu'elle rime toujours avec une immense générosité.

MOYEN-ORIENT
ALEP

	MIDI	**20 $**
	SOIR	**70 $**

	2007	
CUISINE	★ ★ ★ ★	★★★★
SERVICE	★ ★ ★	★★★★
DÉCOR	★ ★ ★	★★★

PETITE ITALIE
199, RUE JEAN-TALON EST
(514) 270-6396

2006-05-25

La seule mise en garde que l'on pourrait faire à quelqu'un qui ne connaîtrait pas ce très sympathique restaurant levantin est de ne pas y venir seul. Il faut en effet y emmener famille et amis puisqu'on vient ici pour un festin. On commence avec de gigantesques mezzes, ces petites entrées orientales qui finissent par ne pas être si petites que ça, et on finit avec quelques douceurs à la fleur d'oranger ou au miel. Entre les deux, des grillades, des brochettes, des plats mitonnés aux senteurs enivrantes et au puissant pouvoir évocateur. On est à Damas ou à Erevan le temps de prendre une ou deux bouchées. Plus de 20 ans après son installation ici, la maison conserve tous ses charmes. Service amélioré et ambiance toujours aussi fébrile.

MOYEN-ORIENT
AUX LILAS

	MIDI	**——**
	SOIR	**60 $**

	2007	
CUISINE	★ ★ ★ ★	★★★★
SERVICE	★ ★ ★	★★★
DÉCOR	★ ★	★★

MILE-END
5570, AVENUE DU PARC
(514) 271-1453

2005-03-05

Un secret jalousement gardé en ville. Ceux qui connaissent la perle qui officie en cuisine savent pourtant qu'un précieux bijou se cache derrière la façade défraîchie et le décor un peu ringard de ce restaurant libanais du Mile-End. Soyez rassuré, on est loin des comptoirs qui servent des shish taouks et des falafels sur le pouce. La cuisine de la jeune chef Christine Farhoud en est une de sagesse et de vérité qui séduit et enchante par une grande maîtrise des textures et un habile mariage d'épices et de saveurs. Tous les plats sont méticuleusement travaillés et invitent à un périple des sens, qu'ils soient commandés en tazka (repas d'entrées), en mezze (table d'hôte) ou à la carte, les trois formules proposées au menu. Sélection d'araks intéressante.

MOYEN-ORIENT
BYBLOS

	MIDI	**30 $**
	SOIR	**40 $**

	2007	
CUISINE	★ ★ ★	★★★
SERVICE	★ ★ ★	★★★
DÉCOR	★ ★ ★	★★★

PLATEAU MONT-ROYAL
1499, AVENUE LAURIER EST
(514) 523-9396

2005-06-06

Je donnerais facilement neuf ou dix étoiles à cette petite maison qui a grandi avec sagesse au fil des ans. Hémella, la patronne, les refuserait sans doute tant elle est passionnée par son travail, sa vie au Byblos qui est sa maison. Elle prépare des choses délicieuses, sorties de son imagination et inspirées de la cuisine classique iranienne. Mille et une confitures, des plats longuement mitonnés, des riz aériens comme seuls les Iraniens savent en préparer. Le décor est en harmonie avec la cuisine, et la mélancolie de la musique en fond sonore est équilibrée par la gaieté de tout le reste. Les petits-déjeuners de la fin de semaine sont tellement courus qu'il est conseillé de se lever tôt pour en profiter. Au moins est-on assuré de ne pas regretter d'avoir quitté son lit. Et le traditionnel dizzi du dimanche soir demeure un pur bonheur.

MOYEN-ORIENT
CHEZ BENNY

MIDI **20 $**
SOIR **30 $**

	2007		SNOWDON
CUISINE	★★★	★★	5071, CHEMIN QUEEN-MARY
SERVICE	★★	★	(514) 735-1836
DÉCOR	★★	★★	

2005-11-23

Chez Benny est un «fast-food», d'accord, mais il a l'avantage de la différence: ses assiettes minute sont à la mode israélienne. Au menu, outre des poncifs nord-américains, genre hamburgers, des sandwichs composés à partir des délicieuses grillades dont la maison se fait une spécialité. On vous les habille des salades de votre choix, tout aussi savoureuses. Résultat? Des sandwichs nettement au-dessus de la moyenne, offerts en trois formats: pita, laffa (ou lafa), sorte de pita géant, et baguette. On vous propose aussi quelques plats chinois américanisés. Rien de bien transcendant de ce côté, mais vous en connaissez beaucoup, des endroits où l'on peut manger du chinois kascher? Pour goûter le plaisir de se mêler à une clientèle d'habitués.

MOYEN-ORIENT
DAOU

MIDI **25 $**
SOIR **50 $**

	2007		VILLE SAINT-LAURENT
CUISINE	★★★	★★★	2373, RUE MARCEL-LAURIN
SERVICE	★★	★★	(514) 334-1199
DÉCOR	★★	★★	

2006-03-24

Deux établissements se partagent le territoire. Papa Daou est à Ville Saint-Laurent, accueillant depuis 30 ans la communauté libanaise de Montréal. Son rejeton, lui, a pris racine dans Villeray. Nous parlerons ici du doyen. Le resto s'apparente à une cafétéria hyper-éclairée. Des familles entières se réunissent autour des longues tables. Les serveurs tout sourire circulent avec, sur d'immenses plateaux, des assiettes de poissons frais du jour, grillés ou frits, de grillades de viande, filet mignon, poulet ou agneau, ainsi que les fameuses entrées froides et chaudes libanaises qui, à elles seules, peuvent constituer un repas pantagruélique. À plusieurs reprises, une ritournelle préenregistrée résonne pour souligner un anniversaire. Et c'est le restaurant en entier qui claque des mains, dans une joyeuse et irrésistible atmosphère familiale.

MOYEN-ORIENT
JÉRUSALEM

MIDI **20 $**
SOIR **30 $**

	2007	SNOWDON
CUISINE	★★	4999, CHEMIN QUEEN-MARY
SERVICE	★	(514) 313-8004
DÉCOR	★	

2005-11-29

Jérusalem mise sur une formule éprouvée, qui nous est désormais familière: un comptoir où l'on passe sa commande, quelques tables où l'on consomme son butin, à moins qu'on ne préfère l'emporter. À souligner, des sandwichs à la viande grillée garnis au goût du client, des salades fraîches et savoureuses, dont un baba ghanouj (purée d'aubergines) à la texture moelleuse et au goût de fumée prononcé, de tout petits falafels, croustillants à l'extérieur et fondants à l'intérieur, et des frites qui, une fois n'est pas coutume, valent leur pesant de calories et de matières grasses. Ce genre de restauration minute, selon ce que vous aurez choisi, en exige quelques-unes, ce qui, au fond, est plutôt rassurant. Idéal pour un repas en famille.

MOYEN-ORIENT
KHYBER PASS

MIDI —
SOIR **50 $**

	2007	
CUISINE	★★★ ★★★	
SERVICE	★★★ ★★★	
DÉCOR	★★★ ★★★	

PLATEAU MONT-ROYAL
506, AVENUE DULUTH EST
(514) 844-7131

2005-06-21

Monsieur Faroukh, le patron du Khyber Pass, mélange de Capitaine Bonhomme et de Fernandel, propose toujours sa version des faits. Il raconte des histoires, fraternise avec les clients et veille, l'air de rien, à ce que tout se passe pour le mieux dans sa maison. Truculent, fort en gueule, excessif et généreux, il sert de petites choses amusantes comme des côtelettes d'agneau et autres grillades préalablement marinées, accompagnées de riz basmati. En été, le sympathique fouillis intérieur se prolonge en terrasse arrière. Finissez le repas avec un ferni, crème de riz parfumée à l'eau de rose et à la cardamome et saupoudrée de pistaches broyées. Lavez le tout d'un grand verre de thé afghan brûlant ou d'une bonne bouteille que vous aurez apportée. Pas snob, la cuisine afghane se marie très bien avec le pinard.

MOYEN-ORIENT
LA COUSCOUSSIÈRE

MIDI **30 $**
SOIR **50 $**

	2007	
CUISINE	★★★ ★★★	
SERVICE	★★★ ★★★	
DÉCOR	★★★★ ★★★★	

VILLAGE
1460, RUE AMHERST
(514) 842-6667

2005-11-17

La Couscoussière d'Ali Baba a un de ces noms à faire rêver de mille et une nuits... et à craindre le pire! Mais ici, la surprise est bonne. Le restaurant a l'allure d'une grotte aux parois dorées, lanternes, coussins et banquettes confortables. Un peu kitsch, c'est vrai, mais étonnamment chaleureux, même en plein midi. La courtoisie et l'accueil de Béchir Ben Kalifa, le propriétaire tunisien, se retrouvent dans le service attentif et simple du personnel. Couscous et tajines sont irréprochables, l'agneau fondant, les portions généreuses et les tables impeccables. Du mercredi au samedi, des danseuses de baladi animent les soirées et font salle comble les fins de semaine (réservations recommandées). Ambiance garantie. Un salon privé peut accueillir 20 personnes. Un lieu exotique et festif.

MOYEN-ORIENT
LA SIRÈNE DE LA MER

MIDI **30 $**
SOIR **60 $**

	2007	
CUISINE	★★ ★★	
SERVICE	★★★ ★★★	
DÉCOR	★★★ ★★★	

VILLE MONT-ROYAL
114, RUE DRESDEN (JEAN-TALON OUEST)
(514) 345-0345

2005-07-15

La décoration se veut élégante. On se dit que c'est normal, puisque Ville Mont-Royal sommeille de l'autre côté de la rue. Habituellement, un décor soigné laisse présager un menu à la hauteur. Ici, ce n'est pas toujours le cas. La qualité des plats contraste étonnamment avec le décorum de la salle à manger et de sa terrasse. Pourtant, la poissonnerie attenante au restaurant laisse espérer que le client se verra offrir un grand assortiment de poissons et de fruits de mer frais, apprêtés avec maestria. Déception: lors de notre passage, il n'y avait sur le menu que du saumon et de la sole. De plus, les calmars, en plus d'être panés tel qu'annoncé, étaient caoutchouteux... Attiré par le chant de cette sirène, le convive vit un leurre en pensant qu'il pourra y déguster des spécialités libanaises et méditerranéennes hors du commun.

MOYEN-ORIENT
LE PETIT ALEP

| | MIDI | **20 $** |
| | SOIR | **40 $** |

	2007		
CUISINE	★★★★	★★★★	
SERVICE	★★	★★★	
DÉCOR	★★★	★★★	

PETITE ITALIE
191, RUE JEAN-TALON EST
(514) 270-9361

2006-01-17

Depuis plus de 10 ans, Le Petit Alep fait la joie des gourmands venus dans le coin du marché Jean-Talon et qui ont élu domicile ici pour un repas hors de l'ordinaire, et ce, midi ou soir. L'ambiance est très décontractée, même si le service est assuré avec beaucoup de sérieux et toujours avec le sourire. Côté cuisines, poulet tarator, «foule moudamas», muhammara ou autres plats terbi combleront les plus curieux. Pour chaque plat au nom un peu alambiqué, les explications du personnel sont claires et données avec beaucoup de gentillesse, ingrédient essentiel en restauration. Thé à la menthe et desserts parfumés à l'eau de rose aident à glisser dans la félicité... à défaut de stimuler un retour enthousiaste au bureau. Prix amicaux.

MOYEN-ORIENT
LE QUARTIER PERSE

| | MIDI | **20 $** |
| | SOIR | **40 $** |

	2007		
CUISINE	★★★	★★★	
SERVICE	★★	★★	
DÉCOR	★★	★★	

NOTRE-DAME-DE-GRÂCE
4241, BOULEVARD DÉCARIE
(514) 488-6367

2005-01-22

À deux pas du métro Villa-Maria, Le Quartier perse propose aux habitués comme aux curieux une cuisine familiale tout en parfums, dans un décor un peu sombre, il est vrai, mais pas oppressant pour deux sous. Au menu, des trempettes où triomphent le yaourt égoutté (labneh) et l'aubergine, des ragoûts savoureux, mettant notamment en valeur le mariage sublime de la noix de Grenoble et de la pomme grenade, et des grillades (qui aurait cru que la viande hachée puisse être aussi bonne?). Service efficace et prix raisonnables. La maison a la particularité de proposer quelques vins, notamment des shiraz australiens, clin d'œil sans doute à la ville de Chiraz, dans le Sud de l'Iran, où le cépage éponyme (aussi appelé syrah) serait né.

MOYEN-ORIENT
NOCOCHI

| | MIDI | **30 $** |
| | SOIR | — |

	2007		
CUISINE	★★★	★★★	
SERVICE	★★★	★★★	
DÉCOR	★★★	★★★	

CENTRE-VILLE
2156, RUE MACKAY
(514) 989-7514

2005-06-29

Ce qui classe ce minuscule établissement dans la section Moyen-Orient, ce sont ces mignardises d'une extrême finesse, belles comme des joyaux dans la vitrine d'un bijoutier qui aurait du goût. Absolument remarquable; on se croirait en Iran, un jour de fête. Le reste, sandwichs ou salades, est convenable, servi en portions généreuses et d'une belle fraîcheur, mais sans grande originalité. Alors que toutes ces minuscules pâtisseries, feu d'artifice de formes et de couleurs, représentent une véritable exception en ville. Ambiance décontractée, pointe d'élégance et grande simplicité. Excellent café qui permet de doubler la commande de ces petits péchés en fournissant une excuse décente à l'indécence de l'excès.

MOYEN-ORIENT
RUMI

				MIDI	**25 $**
				SOIR	**60 $**

		2007	**OUTREMONT**
CUISINE	★★★	★★★	5198, RUE HUTCHISON
SERVICE	★★★	★★★	(514) 490-1999
DÉCOR	★★★	★★★★	

2006-01-25

Un repas chez Rumi, c'est beaucoup plus qu'un repas. C'est comme une randonnée à dos de chameau dans les ruelles étroites du bazar d'une grande ville orientale. Une fois que l'on a pris le rythme du pas de l'animal, on est en route pour de belles aventures. Plein d'odeurs d'épices peu employées dans nos cuisines, des couleurs et des goûts tout aussi inhabituels. Cuisine sincère, inventive et très bien élaborée. Plats minute faits de produits frais. Herbes fraîches, citron, huile d'olive. Et des mezzes, ces petits plats, sorte de version orientale des tapas, tout à fait hors de l'ordinaire. Accueil et service un peu hasardeux par moments, mais infiniment sympathiques en permanence. Halte recommandée pour qui veut briser la routine.

MOYEN-ORIENT
TEHRAN

				MIDI	**30 $**
				SOIR	**40 $**

		2007	**NOTRE-DAME-DE-GRÂCE**
CUISINE	★★★	★★★	5065, BOULEVARD DE MAISONNEUVE
SERVICE	★★★	★★★	OUEST (514) 488-0400
DÉCOR	★★★	★★★	

2006-08-31

La cuisine iranienne est aussi faite de ces plats simples, riz et brochettes. C'est ce que propose monsieur Sedeghi dans son restaurant perdu au bout du boulevard De Maisonneuve. Brochettes de filet mignon, de poulet au safran, de viande hachée marinée dans des recettes secrètes savoureuses. Quel que soit votre choix, vous aurez droit à une montagne de riz léger, parfumé, aérien; en plats du jour, ragoûts d'agneau ou de bœuf assaisonnés avec des épices douces que nous connaissons peu ici ou que nous utilisons rarement. Portions pantagruéliques et additions lilliputiennes. On se croirait dans un chic resto du bazar de Téhéran. Le restaurant offre aujourd'hui les boissons alcoolisées autrefois prohibées, mais toujours pas de desserts. Paiement en liquide seulement.

LÉGENDE

N nouveauté

⬆ amélioration de la cuisine

🌳 terrasse

🍷 carte des vins recherchée

◖◗ apportez votre vin

☆ DERNIÈRE COTE ATTRIBUÉE

★ COTE ACTUELLE

CUISINE		
★★★★★	grande table
★★★★	très bonne table, constante
★★★	bonne table
★★	petite table sympathique
★	correcte mais inégale

SERVICE		
★★★★★	traitement royal
★★★★	professionnel
★★★	vif et efficace
★★	décontracté
★	quel service?

DÉCOR		
★★★★★	exceptionnel
★★★★	très beau décor
★★★	soigné
★★	confortable
★	presque inexistant

ET L'ADDITION, S'IL VOUS PLAÎT

Les prix indiqués — midi ou soir — sont pour deux personnes, excluant taxes, service et boissons. Il s'agit, bien évidemment, d'un prix moyen que le lecteur devra ajuster en fonction de son appétit, de sa soif et de sa générosité à l'endroit du personnel en salle. Dans tous les cas, les prix apparaissant ici sont le reflet de ce qu'ils étaient lors de notre visite.

Quant aux établissements ouverts ou fermés à midi ou en soirée, compte tenu du fait que nombre d'entre eux modifient leurs heures d'ouverture sans préavis, il nous est impossible de fournir cette information avec certitude. Les ouvertures, midi et soir, indiquées ici le sont donc au meilleur de notre connaissance au moment d'aller sous presse. Il est toujours préférable de téléphoner pour s'assurer des heures d'ouverture réelles.

vins & mets

THAÏLANDE

Attention, ça risque de chauffer! Beaucoup de poissons, fruits de mer et volailles mais peu de viandes rouges dans cette cuisine parfumée, épicée, chaude et parfois brûlante pour nos palais douillets nord-américains. Voilà un grand nombre d'arguments qui valident la prédominance de blancs corpulents et vifs. Réservez vos blancs délicats et rouges imposants pour d'autres cuisines. Les blancs un brin doux (sucre) et frais (acidité) calmeront le brasier avaloir de certains plats.

RIZ COLLANT AU LAIT DE COCO
Viognier Languedoc-Roussillon, tokay pinot gris Alsace France

SOUPE DE POULET AU COCO
Côtes-de-saint-mont blanc, muscat Alsace France, gruner veltliner Autriche

POULET THAÏLANDAIS AU CURRY VERT
Vouvray sec, tokay pinot gris Alsace France

SALADE DE PAPAYE VERTE
Riesling spatlese Allemagne, vouvray moelleux France

PATATES DOUCES AU SIROP
Muscat-de-beaumes-de-venise ou
muscat-de-rivesaltes France

PRENEZ GOÛT
À NOS **CONSEILS**

SAQ

Restaurant Thaïlande *Tom, propriétaire et Sombohn Mecksavanh, chef*
Page 206

THAÏLANDE

Des riz parfumés à en pleurer, des petits plats d'une désarmante simplicité, des parfums à en couper le souffle, la cuisine thaïlandaise est le meilleur ambassadeur que ce pays puisse avoir. On passe sans arrêt du très épicé au croustillant, de la douceur à une surprenante virilité, de la soie au piment assassin. Beaucoup de poissons, de noix de coco, de basilic, de coriandre, de menthe, d'arachides et de citronnelle. Pad thaï (nouilles sautées), potage à la noix de coco, papaye verte en mille versions, grillades avec force flammes et fumée, pour le plaisir du spectacle. Beaucoup de retenue dans l'ensemble de la prestation.

Peu de restaurants dans cette section du guide, mais beaucoup de substance. Peu de nouveaux venus également, mais des maisons installées depuis plusieurs années et qui ont su fidéliser une clientèle d'aficionados en proposant une cuisine très soignée et d'une extrême délicatesse.

THAÏLANDE
BOUDDHA

	MIDI	**40 $**
	SOIR	**80 $**

	2007	**VILLE SAINT-LAURENT**
CUISINE	★★★	1800, BOULEVARD DE LA CÔTE-VERTU
SERVICE	★★★	(514) 920-0888
DÉCOR	★★★	Ⓝ

2006-05-22

Même si l'on dit chez nous que l'habit ne fait pas le moine, en entrant dans ce restaurant, le client est plein d'espoir. Le cadre est en effet si réussi que l'on espère sincèrement que le reste le sera également. Et, Bouddha soit loué, c'est le cas. Ou presque, mais c'est souvent le cas lorsque le décor est vraiment très beau. La cuisine est pimentée juste ce qu'il faut pour exciter une papille nord-américaine très sensible, et si les amateurs de sensations fortes risquent d'être déçus, le grand public, lui, ne l'est pas. Certains soirs, la musique fait un peu trop boum-boum-boum et les lobes du grand Bouddha peint au plafond en frémissent. Vous frémirez aussi, de plaisir la plupart du temps, devant les petits plats sages de la maison. Addition raisonnable.

THAÏLANDE
BOUDDHA BOUDDHA

	MIDI	**20 $**
	SOIR	**30 $**

	2007	**PLATEAU MONT-ROYAL**
CUISINE	★★★	3712, BOULEVARD SAINT-LAURENT
SERVICE	★★★	(514) 287-9957
DÉCOR	★★	Ⓝ 🍄

2006-05-05

Ne cherchez plus le Thaï Express, puisqu'il a troqué son nom contre celui de Bouddha Bouddha. Mais là s'arrêtent les changements. La déco d'inspiration thaïlandaise continue de dégager une atmosphère empreinte de force tranquille. Le chef est resté le même et le menu ratisse toujours aussi large avec des spécialités de la Thaïlande, bien entendu, mais aussi d'Indonésie, du Vietnam, du Cambodge, du Laos, de la Malaisie, et même de la Polynésie! Au menu: des satés et des sautés, des currys et des grillades. Aux crevettes, légumes, poulet, bœuf et porc. Dans les assiettes, les produits sont frais, et même si les amalgames d'épices et de saveurs ne nous propulsent pas au nirvana, ce petit resto de la *Main* reste somme toute un endroit indiqué pour casser la croûte, en formule midi express, ou le soir après une razzia de magasinage.

THAÏLANDE
CHAO PHRAYA

	MIDI	**30 $**
	SOIR	**80 $**

		2007	**MILE-END**
CUISINE	★★★	★★★	50, AVENUE LAURIER OUEST
SERVICE	★★★	★★★	(514) 272-5339
DÉCOR	★★★	★★★	

2005-05-28

Chao Phraya est l'un des tout premiers restaurants à avoir fait découvrir la cuisine thaïlandaise aux Montréalais. Ceux qui ont visité l'ancien royaume de Siam savent combien le fleuve Chao Phraya peut passer d'endormi à frénétique. Il en est de même pour la cuisine ici. Soupes échevelées et tranquilles, plats de fruits de mer, de poisson et de poulet. Beaucoup de citronnelle, de basilic, de gingembre, de bergamote et de piment; beaucoup de riz et de lait de coco. Épicés ou doux, les plats créent un mélange équilibré. On n'est pas à Bangkok, mais l'avenue Laurier n'est pas mal non plus côté cuisine. Bien sûr, les puristes reprocheront à cette maison de s'être un peu trop occidentalisée au fil des ans. Chao Phraya montre que l'occidentalisation n'a pas que des mauvais côtés.

THAÏLANDE
CHUCHAI

	MIDI	**25 $**
	SOIR	**50 $**

	2007		PLATEAU MONT-ROYAL
CUISINE	★★	★★	4088, RUE SAINT-DENIS
SERVICE	★★	★★	(514) 843-4194
DÉCOR	★★★	★★★	2005-04-22

Depuis longtemps, ChuChai fait la joie des végétariens en leur offrant une cuisine unique en son genre: à la liste des suspects habituels, bien exécutés, s'ajoutent des plats de viandes et de fruits de mer végétariens. Surprise, c'est assez bien imité, sauf la texture, qui laisse à désirer, au grand soulagement des carnivores. En entrée, ne manquez pas le tofu frit, à l'intérieur fondant et soyeux, délicieux avec une trempette bien relevée. Le resto est fermé le midi, mais il y a tout juste à côté une «annexe», jolie et branchée, appelée Chuch, où vous pouvez prendre le lunch (même carte qu'au restaurant et plat du jour) ou encore profiter du comptoir de «prêt-à-manger». On peut apporter son vin chez Chuch, mais pas chez ChuChai.

THAÏLANDE
PHAYATHAI

	MIDI	**30 $**
	SOIR	**50 $**

	2007		CENTRE-VILLE
CUISINE	★★★	★★★	1235, RUE GUY
SERVICE	★★★	★★★	(514) 933-9949
DÉCOR	★★★	★★★	2005-12-17

À voir la façade de la jolie vieille maison où loge Phayathai, on s'attendrait à du «Yorkshire pudding» plutôt que du pudding au tapioca (dont, au demeurant, on propose au dessert une agréable version, d'un beau vert printanier). L'intérieur est lui aussi d'une grande sobriété, sans débordement d'objets en toc censés faire exotique. Bref, on laisse parler les assiettes: bien présentées, elles misent avec doigté sur les parfums caractéristiques de la cuisine thaïlandaise et des sauces (au cari, au basilic, etc.), qu'on finit à la cuillère si, par malheur, on manque de riz. Cette maison à la rassurante longévité nous rappelle que cette cuisine envoûtante ne se résume pas à l'omniprésent pad thaï, en voie de devenir un des plats les plus galvaudés.

THAÏLANDE
RED THAÏ

	MIDI	**25 $**
	SOIR	**70 $**

	2007		PLATEAU MONT-ROYAL
CUISINE	★★★★	★★★	3550, BOULEVARD SAINT-LAURENT
SERVICE	★★★	★★★	(514) 289-0998
DÉCOR	★★★★	★★★★	2005-11-28

Red Thaï a comme principale vertu de proposer une gentille cuisine exotique à des prix relativement modestes. Surtout pour un quartier où l'on prend souvent le client pour plus riche qu'il ne l'est. Le décor est omniprésent, dans le genre rococo thaïlandais, et la surabondance d'éléphants, bouddhas, batiks, bambous, dorures, faux nénuphars et faux bananiers aide à divertir le client attablé ici. Après quelques années d'euphorie culinaire, la cuisine donne des signes d'essoufflement. De très belles assiettes, représentatives de cette cuisine thaïlandaise solide, parfumée, pimentée, sucrée, salée que l'on aime tant. Mais aussi des plats approximatifs et un peu trop brouillons. Service mêlant cette extrême gentillesse très siamoise à un occasionnel air de bœuf occidental.

THAÏLANDE
RESTAURANT THAÏLANDE

MIDI **30 $**
SOIR **80 $**

	2007		MILE-END
CUISINE	★★★	★★★	88, AVENUE BERNARD OUEST
SERVICE	★★★	★★★	(514) 271-6733
DÉCOR	★★★	★★★★	2005-10-21

Après de longs travaux de rénovation très fructueux, ce Restaurant Thaïlande est de retour. Merci. Les amateurs de cette cuisine si parfumée et si exotique aiment venir et revenir ici déguster les salades de bœuf, de calmars, petites fritures de crevettes, sautés de poulet au basilic ou au curry rouge, et autres nouilles sèches frites et caramélisées. On se glisse entre quelques coussins moelleux, assis en tailleur ou les pieds sous la table, et le voyage commence. Odeurs, saveurs, couleurs. Et amabilité détachée du personnel. Le plaisir du dépaysement reste intact au fil des visites et la fête ici ne coûte pas très cher, surtout à midi. En soirée, emporté par l'enthousiasme causé par le mélange de lait de coco, piment et basilic, vous devrez garder un œil sur l'addition.

THAÏLANDE
TAÏ NATURE

MIDI **20 $**
SOIR **35 $**

	2007	VIEUX-MONTRÉAL
CUISINE	★★★	477, BOULEVARD SAINT-LAURENT
SERVICE	★★	(514) 868-0666
DÉCOR	★★★	Ⓝ 2005-11-05

L'idée de manger thaïlandais dans le Vieux-Montréal a un petit côté iconoclaste des plus agréables, surtout qu'on a affaire à une maison qui, à l'extérieur comme à l'intérieur, a su se garder du kitsch. Il s'agit ici d'une salle en long, divisée en deux niveaux, à la décoration sobre, presque austère. Pas de pagode ni de lumières de Noël. Au menu, outre la cuisine thaïlandaise, on note des spécialités japonaises et vietnamiennes. La cuisine, qui affiche un réjouissant parti pris esthétique, joue la carte de l'authenticité. À midi, petits menus sympathiques. En soirée, la table d'hôte, très complète, offre un excellent rapport qualité-prix. À noter: un beau choix de plats végétariens, dont le tofu général Tao. Le poulet n'a qu'à aller se rhabiller.

THAÏLANDE
TALAY THAÏ

MIDI **15 $**
SOIR **40 $**

	2007	CÔTE-DES-NEIGES
CUISINE	★★★ ★★★	5697, CHEMIN DE LA CÔTE-DES-NEIGES
SERVICE	★★★ ★★★	(514) 739-2999
DÉCOR	★★ ★★	2006-01-27

À l'intersection des chemins de la Côte-des-Neiges et de la Côte-Sainte-Catherine, ce petit restaurant thaïlandais continue de constituer une agréable halte. On y mange toujours cette cuisine revigorante, parfois décapante, avec ses plats classiques relevés au piment qui distinguent la gastronomie du pays. Cuisine riche et reposante, pleine de parfums de tamarin, de basilic, de galanga, de noix de coco et de mangue verte. Madame Sirina Sae ung continue à superviser le travail en cuisine et à apporter sa touche délicate à tous les petits plats de riz, de viande, de poisson ou de volaille qui partent sur les tables. Le décor est un peu aléatoire, mais la cacophonie est agrémentée par la grande amabilité du service. Addition d'une douceur toute thaïlandaise.

	THAÏLANDE		MIDI	**30 $**
	THAÏ GRILL		SOIR	**80 $**

	2007	**MILE-END**
CUISINE	★★★ ★★★	5101, BOULEVARD SAINT-LAURENT
SERVICE	★★★ ★★★	(514) 270-5566
DÉCOR	★★★ ★★★	2005-03-14

Au milieu des éléphants, des petites bougies, des statues de Bouddha, des objets de décoration en bambou et des tentures en batik, le client en quête d'exotisme peut observer le ballet des serveuses orientales en costumes locaux se glissant entre les tables. La Thaïlande s'incarne ici dans une version doucement occidentalisée et le fait que l'on se trouve dans une ancienne succursale de banque québécoise contribue au charme particulier de l'endroit. La cuisine est sagement ébouriffée et décline les habituels classiques siamois. Des spécialités aux saveurs sensuelles d'où jaillissent en contrepoint des contrastes forts et complexes: acide, aigre, sucré et salé en une seule bouchée. Le tout est parfois un peu approximatif, mais la plupart du temps assez généreux pour être plaisant.

	THAÏLANDE		MIDI	**25 $**
	THAÏ HENG		SOIR	**40 $**

	2007	**VILLERAY**
CUISINE	★★ ★★	6503, RUE BEAUBIEN EST
SERVICE	★★ ★★	(514) 259-9111
DÉCOR	★★ ★★	2006-03-17

Force est de constater deux tendances lourdes chez les restos asiatiques standard: les décors hybrides, au confluent de l'Orient et de la banlieue kitsch nord-américaine; et les menus interminables, dont les photos rendent rarement justice aux plats. Se fondant dans l'anonymat d'un *strip mall* de l'Est de l'île, le Thai Heng confirme la règle. Devant les 157 mets offerts, même le serveur est déboussolé. Faute de suggestions, tenez-vous-en aux classiques des cuisines thaïlandaise et chinoise — américanisées, s'entend: soupes et mijotés, nouilles croustillantes garnies, riz frit... L'expérience est anodine et sympathique, car vécue en territoire connu. On pourrait être dans le Chinatown ou à l'angle de Saint-Denis et Jean-Talon, l'impression sécurisante de déjà vu serait la même.

Accords
vins & mets

VIETNAM

Semblable à certains égards à la cuisine thaïlandaise, celle du Vietnam est plus aérienne et un peu moins riche. Par conséquent, les crus choisis iront du blanc léger au rouge moyennement corsé. Pour accompagner les sauces fruitées et douceâtres, il faudra des blancs secs à demi-secs pour les poissons, fruits de mer et volailles, tandis que les rouges du Nouveau Monde aux saveurs de confiture ou compotées offriront un accord idéal pour le porc et les rarissimes viandes rouges.

POISSON GRILLÉ LA VONG
Bourgogne blanc France, chardonnay Canada

CRÊPES VIETNAMIENNES
Costières-de-nîmes blanc France, douro blanc Portugal

POULET AU GINGEMBRE
Chardonnay Californie, chardonnay ou chenin blanc Afrique du Sud

TRAVERS DE PORC AU TAMARIN
Blancs siciliens Italie, beaujolais ou bourgogne léger rouges France

CRÊPE AUX CREVETTES STYLE HA NOI (CE N'EST PAS UNE CRÊPE)
Riesling demi-sec Allemagne ou Canada

PRENEZ GOÛT
À NOS **CONSEILS**

SAQ

Pho Lien *Tram et Line Le Nhu, propriétaires*
Page 214

VIETNAM

Du croustillant au moelleux, du très épicé à l'extrêmement léger, la cuisine viet servie chez nous opère sur un mode assez convenu. On est loin des surprises rencontrées sur place au détour d'un petit marché ou sur le bord d'une route de campagne. Coriandre fraîche, nouilles de riz, nuoc mam, tamarin, menthe, basilic et chili, que d'ingrédients pour stimuler les rêves de voyage dans le détroit du Mékong. Rouleaux de printemps ou impériaux, soupes phos, grillades et nouilles sautées constituent le principal de ce que nous offrent ces maisons souvent modestes.

À Montréal, la plupart des restaurants vietnamiens sont le lieu de rassemblement des petits budgets à la recherche de tables différentes. C'est ici en effet que l'on peut trouver des repas à bons prix; et, en général, d'une qualité très convenable. On peut toutefois regretter que la plupart de ces établissements se cantonnent dans une gastronomie un peu pépère. À quand un Ferran Adria vietnamien?

VIETNAM
AU CYCLO

			MIDI	**25 $**
			SOIR	**50 $**

	2007		**MILE-END**
CUISINE	★★★	★★	5136, AVENUE DU PARC
SERVICE	★★★	★★	(514) 272-1477
DÉCOR	★★★	★★★	2006-01-06

Il y a eu autrefois ici un joli petit Cyclo qui proposait une cuisine très honnête. Sans aller jusqu'aux extases gastronomiques, les plats y étaient fort agréables. Les temps changent; dans ce nouveau Cyclo, la cuisine est brouillonne, le service approximatif, et la présence des patrons occupés à faire leurs comptes derrière le comptoir n'a rien d'inspirant pour les clients. Du plus classique rouleau impérial jusqu'au très simple dessert de litchis, en passant par des plats plus élaborés, tout a un goût d'amateurisme, un peu comme si le chef était parti en vacances sur les rives du Mékong. On espère son retour au plus vite. En attendant, on ira prendre notre bol de riz ailleurs. À suivre.

VIETNAM
CALI

			MIDI	**20 $**
			SOIR	**30 $**

	2007		**QUARTIER CHINOIS**
CUISINE	★★★	★★★	1011, BOULEVARD SAINT-LAURENT
SERVICE	★★★	★★★	(514) 876-1064
DÉCOR	★★	★★	2005-03-30

Au fil des ans, on revient toujours chez Cali pour cette cuisine dépouillée (niveau de complication zéro) et malgré cela – ou peut-être en raison de cela – très recherchée. Le dépouillement du caillou de rivière selon Confucius, appliqué à la cuisine. Des sautés de légumes et de viande, des brochettes, du riz, des rouleaux impériaux et de printemps, mais surtout ces soupes phos, des soupes-repas si généreuses que même votre ado aspirateur-videur de frigo sortira de table en roulant. Et, pour une fois, vous pouvez l'emmener au restaurant, le gaver, le contenter et ne pas vider votre compte-épargne. Tout en élargissant ses horizons gastronomiques et culturels habituels, généralement un peu étriqués.

VIETNAM
CRISTAL NO 1

			MIDI	**20 $**
			SOIR	**30 $**

	2007		**QUARTIER CHINOIS**
CUISINE	★★★	★★★	1068, BOULEVARD SAINT-LAURENT
SERVICE	★★	★★	(514) 875-4275
DÉCOR	★	★	2005-03-23

Dans la catégorie «Ce soir mon(ma) chéri(e)», on va au restaurant, et c'est moi qui t'invite», cette maison est dans le peloton de tête pour l'économe qui sommeille en nous. Un gros 20 à midi – ou même le soir – vous assure une pitance plus que convenable et la certitude de voyager loin des sentiers battus en Nouvelle-France. No 1, parce que cette maison a été la première à faire découvrir aux citadins frileux et enrhumés la soupe pho. Ici, ce bouillon est une forme d'art: plein de parfums subtils et pourtant bien francs, des herbes fraîches surtout – basilic, menthe, coriandre, anis étoilé, peut-être un peu de poudre magique aussi. L'un des rares restos à offrir les bouillons de nouilles aux œufs, typiques de la cuisine sino-viet de Saigon, et l'un des deux ou trois établissements du coin où l'on revient sans se lasser.

| VIETNAM | | | | MIDI | **25 $** |
| **DÔNG QUÊ** | | | | SOIR | **25 $** |

	2007		**PLATEAU MONT-ROYAL**
CUISINE	★★★	★★★	1210-1214, BOULEVARD ROSEMONT (514) 490-0770
SERVICE	★★	★★	
DÉCOR	★★	★★	2005-05-12

Combien de fois est-on passé sans s'arrêter devant cet établissement perdu dans l'anonymat bétonné du boulevard Rosemont? On a tort, car on y mange très bien à prix ridicules... Soupe pho, plat de vermicelles, nouilles frites (xao dong) et autres spécialités viet y sont exécutés avec savoir-faire. À essayer, pour le plaisir d'avoir l'air malhabile: la succulente crêpe vietnamienne, farcie de pousses de soja, de crevettes et de lamelles de viande. Impossible de l'enfourner gracieusement. Pour conclure, optez pour la crème glacée frite, à moins que vous n'aimiez les desserts déroutants. «L'arc-en-ciel glacé» est une composition hallucinante d'eau sucrée dans laquelle flottent des fèves rouges, des lanières de gelée verte et des granules jaunes non identifiables. Plat traditionnel ou expérimentation d'un bambin du préscolaire? Les paris sont ouverts...

| VIETNAM | | | | MIDI | **15 $** |
| **HOAI HUONG** | | | | SOIR | **30 $** |

	2007		**CÔTE-DES-NEIGES**
CUISINE	★★★	★★★	5485, AVENUE VICTORIA (514) 738-6610
SERVICE	★★	★★	
DÉCOR	★	★	2005-01-14

Icône de la cuisine vietnamienne populaire, Hoai Huong se distingue d'abord et avant tout par sa remarquable constance. Année après année, les habitués viennent y faire le plein de soupes (sans jeu de mots) ou de grillades. N'hésitez pas à vous aventurer du côté des plats un peu plus recherchés dont les clients d'origine vietnamienne se régalent avec un entrain qui fait plaisir à voir, notamment le bœuf grillé dans des feuilles de vigne, servi avec des crêpes de riz et de généreuses garnitures. On s'accommode tant bien que mal du service sans cérémonie et des tables trop rapprochées. Raison de plus de profiter de la petite terrasse ensoleillée, dès que le temps le permet.

| VIETNAM | | | | MIDI | **20 $** |
| **LA MANDOLINE** | | | | SOIR | **30 $** |

	2007		**VIEUX-MONTRÉAL**
CUISINE	★★	★★	122, RUE MCGILL (514) 397-4040
SERVICE	★★	★★	
DÉCOR	★★	★★	2006-03-22

Cette Mandoline, qu'on a déjà beaucoup fréquentée, a connu de meilleurs jours. Peut-être parce que la concurrence s'est affirmée, peut-être parce que la cuisine a perdu de son mordant, ou probablement pour ces deux raisons... Il en reste quelques plats bien faits et savoureux, et plusieurs autres, déclinés à la sauce vietnamienne ou thaïlandaise, qui manquent résolument de punch. Dommage parce que l'addition est plus que raisonnable pour ce secteur de la ville et que le service rapide sur l'heure du lunch satisfait une clientèle d'affaires et de cols blancs généralement pressée par le temps.

VIETNAM			MIDI	**30 $**
LA PAPAYE VERTE			SOIR	**70 $**

	2007		**OUTREMONT**
CUISINE	★★★★	★★★★	365, AVENUE BERNARD OUEST
SERVICE	★★★	★★★	(514) 279-0688
DÉCOR	★★★	★★★	2005-11-14

Il continue à régner ici une atmosphère qui évoque quelque élégant établissement de l'ancienne Indochine. Réussir à faire croire aux clients qu'ils sont sur les rives du Mékong alors qu'il y a un pied de neige dehors relève de l'exploit. Réussi ici avec cette cuisine méticuleuse et qui fait voyager dans les meilleures conditions, la bourgeoisie vietnamienne prisant, comme les autres, le confort de plats rembourrés. Parfums appétissants, textures originales, goûts exotiques. Petits plats pleins de délicatesse, présentés avec le plus grand soin et reprenant les classiques de la gastronomie vietnamienne. Et, toujours, ce service attentionné et discret qui ajoute au plaisir de s'asseoir ici.

VIETNAM			MIDI	**20 $**
LE CAMÉLIA DES TROPIQUES			SOIR	**45 $**

	2007		**CÔTE-DES-NEIGES**
CUISINE	★★★	★★★	5024, CHEMIN DE LA CÔTE-DES-NEIGES
SERVICE	★★	★★	(514) 738-8083
DÉCOR	★★	★★	2006-04-28

Qu'il est agréable, ce petit resto à l'ombre de l'oratoire Saint-Joseph! Au confluent du cosy (la salle est confortable, presque bourgeoise) et de l'industriel (levez les yeux vers les tuyaux du plafond), il change des maisons au décor et aux ambitions plus modestes qui ponctuent la Côte-des-Neiges. Certes, on trouve ici les plats emblématiques de la cuisine vietnamienne, notamment les fameuses soupes tonkinoises, mais la maison se distingue avant tout par des propositions moins convenues (comme le sympathique mérou aux aubergines). Au chapitre des entrées et des desserts, elle se rabat, hélas, sur des poncifs parfois un peu décevants. Le service est assuré très gentiment. Si le cœur vous en dit, vous apportez votre vin.

VIETNAM			MIDI	**20 $**
PHÓ 198			SOIR	**30 $**

	2007		**CÔTE-DES-NEIGES**
CUISINE	★★	★★	5193, CHEMIN DE LA CÔTE-DES-NEIGES
SERVICE	★★	★★★	(514) 345-8887
DÉCOR	★★	★★	2006-01-12

Simple et efficace, Pho 198 est le genre d'endroit où l'on a la sensation de revenir à la vie estudiantine: tables en alu, sièges en plastique, couleurs anis et gingembre aux murs. Des jeunes, des profs, des amateurs de livres (on est entre Renaud-Bray et Olivieri). Ça discute fort autour des phos qui réchauffent les midis d'hiver. Le service est ultra-rapide et l'ambiance studieuse ou animée, selon les tables. Le décor se veut moderne en toute modestie. Plats de riz et viande, vermicelles et viande ou fruits de mer, agréablement parfumés de noix de coco, citronnelle ou curry copieux et bon marché. Une petite carte des vins dépanne ceux qui n'aiment ni le saké ni la bière, et on peut déguster un «bubble tea», mélange froid pour becs sucrés!

| VIETNAM | | | MIDI | **20 $** |
| **PHÓ 21** | | | SOIR | **35 $** |

	2007		**VILLAGE**
CUISINE	★★	★★	1454, RUE AMHERST
SERVICE	★★	★★	(514) 286-4334
DÉCOR	★★	★★	2005-11-16

Il y a mille façons de réaliser la fameuse soupe tonkinoise, plat-vedette et de référence de tous les «Pho» de Montréal (et du monde?). Celle du Pho 21 n'est ni la plus mémorable ni la moins recommandable de sa catégorie. Mais elle se classe dans le peloton de tête, comme toute la cuisine de ce discret petit établissement de la rue Amherst où l'on sent que le chef est attentif aux détails, soigne ses préparations et sait relever ses plats. Portions généreuses, service souriant, grande propreté des lieux et le tout à des prix très compétitifs: que demander de plus?

| VIETNAM | | | MIDI | **20 $** |
| **PHÓ BÁC 97** | | | SOIR | **20 $** |

	2007		**QUARTIER CHINOIS**
CUISINE	★★★	★★★	1016, BOULEVARD SAINT-LAURENT
SERVICE	★★★	★★	(514) 393-8116
DÉCOR	★	★	2005-12-12

Parfois, quand il a faim, l'honorable Occidental en mal d'exotisme pousse la témérité jusqu'à s'installer derrière une de ces nappes inhabituelles du Quartier chinois. On sent alors chez lui une certaine nervosité, et la nonchalance ou l'air un tantinet hautain des serveurs ne font rien pour le rassurer. Pour le réconfort, il pourra par contre compter sur la cuisine simple de quelques maisons comme celle-ci. Soupes phos au bouillon parfumé d'anis étoilé – la spécialité ici – ranimées par le quatuor de condiments: sucre, piments en pâte, piments entiers et sauce de poisson. Phó Bác 97 en propose une bonne dizaine en deux formats, en plus de quelques plats qui, eux, sont un peu trop ordinaires pour justifier une visite ici.

| VIETNAM | | | MIDI | **25 $** |
| **PHO BANG NEW YORK** | | | SOIR | **30 $** |

	2007		**QUARTIER CHINOIS**
CUISINE	★★★	★★★	1001, BOULEVARD SAINT-LAURENT
SERVICE	★★	★★	(514) 954-2032
DÉCOR	★★★	★★★	2005-05-09

Installé depuis des années au coin de Saint-Laurent et Viger, ce sympathique petit resto vietnamien était un peu à l'étroit. Déménagement, donc, au printemps 2005 dans un nouveau local, plus grand et rénové, de l'autre côté du boulevard. La cuisine reste la même: de belles grandes soupes au bouillon parfumé, des plats de riz fumant, une multitude de mets délicats, des légumes cuits à la vapeur et des viandes mijotées, sautées ou grillées. Rien de très nouvelle cuisine et pas de ducasseries, mais quand on cherche une table simple et rassurante, on est ici à la bonne adresse. Le service? Bon, c'est pas toujours évident; souriez et souriez encore, ils finissent toujours par sourire. Et vous aussi, lorsque arrivera l'addition, lilliputienne.

VIETNAM
PHÓ LIÊN

	MIDI	**20 $**
	SOIR	**30 $**

	2007	**CÔTE-DES-NEIGES**
CUISINE	★★★ ★★★	5703, CHEMIN DE LA CÔTE-DES-NEIGES (514) 735-6949
SERVICE	★★ ★★	
DÉCOR	★★ ★★	2006-03-06

Une des maisons les plus recommandables en ville lorsque l'on est pris d'une irrésistible envie de déguster une soupe-repas. De l'ouverture à la fermeture, l'endroit ressemble à une ruche et, aux beaux jours, les files d'attente devant la porte attestent du succès populaire. Mérité ici avant tout en raison de la qualité constante de la cuisine simple proposée par la maison. Rien de transcendant peut-être, mais des bouillons légers, goûteux et revigorants, des plats de riz et grillades un peu minimalistes et des salades-repas, notamment une papaye verte au bœuf, qui donnent ou redonnent le sourire. Que le client conservera en recevant l'addition, très minimaliste elle aussi.

VIETNAM
PHÓ NAM DO

	MIDI	**20 $**
	SOIR	**20 $**

	2007	**VILLERAY**
CUISINE	★★ ★★	7166, RUE SAINT-DENIS (514) 278-8756
SERVICE	★★ ★★	
DÉCOR	★★ ★★	2006-02-17

Les restos vietnamiens nous ont habitués à des non-décors. Le Pho Nam Do, avec son gros aquarium de carpes hébétées, ne fait pas exception. Mais pourquoi s'en plaindre quand on peut manger santé à si bas prix? Si les phos (soupes tonkinoises) aux tripes, tendons, flanc ou steak saignant ne vous interpellent pas, vous pouvez vous tourner vers les généreuses soupes-repas, les riz, les vermicelles et grillades, et les chow mein moins croustillants. Tous les ingrédients sont de première fraîcheur. La liste des rafraîchissements peut surprendre avec son soda aux œufs et ses boissons aux prunes salées glacées ou encore à la gelée d'herbes. À en croire une des serveuses, certaines de ces boissons auraient des propriétés médicinales...

VIETNAM
PHÓ ROSEMONT

	MIDI	**20 $**
	SOIR	**20 $**

	2007	**ROSEMONT–PETITE-PATRIE**
CUISINE	★★ ★★	437, BOULEVARD ROSEMONT (514) 271-2696
SERVICE	★★★ ★★★	
DÉCOR	★★★ ★★★	2005-02-22

Sans doute l'un des plus petits restaurants de Montréal. Petite salle, petite carte, petite musique en fond sonore, même la patronne est de petite taille. Mais quel grand cœur! On se sent vraiment bien ici pour déguster la version asiatique du *comfort food*. Des plats simples, revenant à l'essentiel, réchauffant en hiver, rafraîchissant en été, nourrissant en tout temps. Quelques soupes phos, bouillon léger et parfumé, nouilles souples, quelques rouleaux impériaux croustillants et les habituelles assiettes de pousses de soja et de branches de basilic. L'endroit est paisible jusqu'à l'arrivée des clients, à midi précisément, et de nouveau après leur départ, une heure plus tard. Prix proportionnels à la taille de la maison. Plaisir inversement proportionnel.

VIETNAM
PHÓ VIET

| | | 2007 | MIDI **20 $** |
| | | | SOIR **30 $** |

		2007	**CENTRE-SUD**
CUISINE	★ ★ ★	★ ★ ★	1663, RUE AMHERST
SERVICE	★ ★ ★	★ ★ ★	(514) 522-4116
DÉCOR	★ ★ ★	★ ★ ★	

2005-08-17

Madame Nguyen (prononcez nou-yen) — sorte de Madame Blancheville vietnamienne — tient cette petite maison avec beaucoup de rigueur. Cuisine rassurante, version vietnamienne du bouillon de poulet pour l'âme, rouleaux impériaux ou de printemps, petits plats de riz et brochettes de poulet ou de bœuf comme on en trouve un peu partout dans les restaurants vietnamiens de Montréal. Sourire en plus ici. Les habitués se pressent, les prix étant très en dessous de la qualité de la cuisine. Les nouveaux venus deviennent rapidement des habitués tant l'endroit est coquet et décoré avec goût et délicatesse. Détail à noter, car il contraste avec les normes habituelles dans ce type d'établissement, il est aussi d'une propreté irréprochable. Madame Blancheville, disais-je.

VIETNAM
RESTAURANT HUÉ IMPÉRIALE

MIDI **20 $**
SOIR **20 $**

		2007	**QUARTIER CHINOIS**
CUISINE	★ ★	★ ★	1053, BOULEVARD SAINT-LAURENT
SERVICE	★ ★	★ ★	(514) 875-8388
DÉCOR	★	★	

2005-07-10

Sans aller jusqu'à dire que Hué Impériale est le restaurant d'un seul plat, force est d'admettre qu'une entrée, fièrement recommandée par le patron, domine le menu: les crêpes au riz vapeur, de petits cercles de pâte de riz refermés sur des morceaux de porc barbecue au bon goût de citronnelle garnis d'un brin de coriandre et de menthe, que vous trempez dextrement dans le nuoc mam. Merveille de saveur et de simplicité. Toutes les spécialités au porc sont d'ailleurs à recommander. Pour le reste, les plats, dont l'inévitable soupe tonkinoise, sont bien exécutés. Convenons par ailleurs que le décor et l'ambiance ne sont pas le point fort de la maison. À noter, les boissons aux parfums et aux textures exotiques. Rapport qualité-prix remarquable.

VIETNAM
RU DE NAM

MIDI **25 $**
SOIR **60 $**

		2007	**PETITE-BOURGOGNE**
CUISINE	★ ★ ★	★ ★ ★	2501, RUE NOTRE-DAME OUEST
SERVICE	★ ★ ★	★ ★ ★	(514) 989-2002
DÉCOR	★ ★ ★ ★	★ ★ ★ ★	

2005-11-30

Madame Li figure sur la liste de vos futures-nouvelles-meilleures-amies. Pas seulement parce qu'elle manifeste un bon goût évident dans la décoration et l'aménagement de ces lieux, mais parce qu'elle prépare avec intelligence une forme de cuisine viet nettement plus élevée que ce à quoi l'honorable Occidental est habitué. Cet établissement unique propose des plats rarement rencontrés ailleurs, des congees par exemple, tout autant que des musts revisités (comme des rouleaux de printemps chayotte et tofu). Contre toute attente, même la carte des desserts est alléchante! Et les prix pratiqués côté restaurant à midi autant qu'en soirée sont d'une infinie douceur. Une amie, disais-je? Une amie, je confirme.

VIETNAM
SAKEO

MIDI —
SOIR **40 $**

	2007	**PLATEAU MONT-ROYAL**
CUISINE	★★★	2300, AVENUE DU MONT-ROYAL EST
SERVICE	★★	(514) 596-0600
DÉCOR	★★★	

2006-04-22

Autrefois connu sous le nom des Bridés, ce resto est passé aux mains d'un nouveau propriétaire au cours de l'été 2005, et fut rebaptisé du même coup Sakeo. En ce qui concerne le menu, rien n'a trop bougé, ce qui est une bonne nouvelle en soi. La maison peut toujours se targuer de ses incontournables: la soupe miso aux arômes subtils, le poulet du général Tao, les crevettes sautées, les plats de mérou (servi à l'étuvée ou en croquettes) et, bien sûr, les sushis. À ce dernier chapitre, rien de bien transcendant: les combinaisons d'ingrédients et les présentations demeurent plutôt sobres. On y offre néanmoins une intéressante variation, soit la pizza-sushi qui, sur une pâte craquante, se décline en trois différentes combinaisons de tartare de saumon, de thon et de crevettes et chair de crabe.

VIETNAM
SOUVENIRS D'INDOCHINE

MIDI **20 $**
SOIR **70 $**

	2007		**PLATEAU MONT-ROYAL**
CUISINE	★★★	★★★	243, AVENUE DU MONT-ROYAL OUEST
SERVICE	★★	★★★	(514) 848-0336
DÉCOR	★★★	★★★	

2006-01-04

On continue à venir ici avant tout pour la cuisine de monsieur Ha. Comme toujours. Enfin presque, les à-côtés d'un séjour à cette élégante table vietnamienne s'étant améliorés au fil des ans. Le service en premier lieu, qui propose aujourd'hui davantage de sourires et de célérité que la désagréable nonchalance longtemps associée à cette maison. Dans les jolies assiettes, des parfums de gingembre, de lait de coco et de cari aromatisent les plats de viande ou de volaille accompagnés de riz, simples et divertissants comme une promenade en jonque dans la baie de Halong. Une cuisine sans artifice, pleine de saveurs et de générosité. Sur le blanc immaculé des murs, des amis de la maison exposent leurs photos-souvenirs d'Indochine. En été, belle petite terrasse donnant sur le parc Jeanne-Mance.

VIETNAM
TRÀNG AN

MIDI **20 $**
SOIR **25 $**

	2007		**VILLERAY**
CUISINE	★★	★★★	7259, RUE SAINT-DENIS
SERVICE	★★	★★	(514) 272-9992
DÉCOR	★★	★★★	

2006-04-07

Après 12 ans passés dans les cuisines du Mikado, le chef Nick Tran a racheté le Trang An. Coup de balai, coup de pinceau: le restaurant a désormais une allure soignée. Pour ne pas déstabiliser les habitués, Nick a conservé le menu tel quel. On retrouve toujours les réconfortantes soupes maison, poulardine ou tonkinoise, au bouillon savoureux et ingrédients frais, et surtout l'excellent émincé de porc grillé et boulettes de viande enroulés de feuilles de poivrier. La grande nouveauté, c'est la carte des sushis, makis et sashimis, réalisés par le chef. Chaleureux et accueillant, Nick passe de table en table pour expliquer la carte des sushis, piquer une jasette ou s'enquérir du bien-être des gens. Avec Nick aux commandes, le Trang An a maintenant une «âme» et c'est bien agréable.

QUÉBEC

Accords

vins & mets

AMÉRIQUE DU NORD

Difficile de cerner la cuisine nord-américaine. Une fusion de toutes les cuisines du monde (asiatique, française, cajun, québécoise, etc.) où tout est possible. De la fine gastronomie jusqu'à la cuisine familiale, en passant par les grillades et le poulet frit, voici tout un défi en matière de mariages vins-mets. Il s'agit, évidemment, d'y aller cas par cas. Les vins du Nouveau Monde viticole, des États-Unis et du Canada en tête, s'imposent.

HOMARD AUX AGRUMES
Sauvignon Nouvelle-Zélande, riesling Canada, sancerre France

TOURTIÈRE DU LAC-SAINT-JEAN
Meritage Californie, merlot Canada, coteaux-du-languedoc France

HAMBURGER DE BISON
Cabernet Californie ou Canada, shiraz Australie

STEAK DE THON
Pinot noir Californie ou Oregon, morgon et moulin-à-vent France

TARTE AU CITRON VERT (KEY LIME PIE)
Sauvignon blanc late harvest Chili, asti-spumante Italie

PRENEZ GOÛT
À NOS **CONSEILS**

SAQ

Éclectique *Stéphane Breton et Émilie Hamel, propriétaires*
Page 223

AMÉRIQUE DU NORD

À la question: «Existe-t-il une cuisine nord-américaine?», on a longtemps été tenté de répondre: «Yes, sir!» sans trop vraiment savoir ce qu'elle était et en espérant pouvoir s'abstenir de fournir des détails. Ce n'est certes plus le cas aujourd'hui et la cuisine québécoise est à l'avant-garde de ce changement. La première caractéristique du style de cette cuisine est sans aucun doute l'absence de barrières. Tout est possible et l'on redéfinit des classiques en les déstructurant (parfois même en les dynamitant) pour les restructurer de façon originale.

À Québec, on retrouve de nombreux établissements où les notions de «cuisine fusion», «cuisine mondiale», «polycuisine», etc. ont depuis longtemps laissé la place à celle de «cuisine internationale», moins confuse mais tout aussi complexe. Outre les cuisines «canadienne» et «québécoise», inégalement métissées, quelques-uns font de l'italien mâtiné d'asiatique, d'autres vous traduisent en des plats souvent réussis une Californie idyllique où tout ne serait qu'arômes et couleurs. Si la plupart y mettent cœur et talent, il faut reconnaître aussi que certains s'y lancent à l'improviste, survivent un petit bout de temps en changeant de vocation comme on change de tablier, puis, heureusement, ferment boutique.

AMÉRIQUE DU NORD			MIDI	**30 $**
47E PARALLÈLE - SAVEURS DU MONDE			SOIR	**90 $**

	2007		**MONTCALM/GRANDE ALLÉE**
CUISINE	★★★★ ★★★		333, RUE SAINT-AMABLE (418) 692-4747
SERVICE	★★★★ ★★★★★		
DÉCOR	★★★★ ★★★★★		2006-03-11

Le 47e Parallèle s'affiche comme le restaurant des «saveurs du monde». Pour appuyer ces dires, le chef Joseph Sarrazin transforme son menu chaque mois et y introduit une nouvelle thématique culinaire; il peut aller jusqu'à servir de la viande de kangourou, sans doute pour renforcer cette image. La salle est un bel espace, confortable, permettant aux convives d'aisément préserver leur intimité. Le service, impeccable, est assuré par un personnel qui manifeste une belle assurance et une connaissance réelle des produits offerts, y compris des vins. Considérant la catégorie du lieu, l'addition est raisonnable, mais les plats explorés, bien que corrects, manquent parfois quelque peu de finesse et d'harmonie. Comme on dirait d'un vin: «Aimable et un peu court.»

AMÉRIQUE DU NORD			MIDI	**25 $**
ANGUS GRILL			SOIR	**35 $**

	2007		**LIMOILOU**
CUISINE	★★ ★★		1039, 3E AVENUE (418) 529-3019
SERVICE	★★ ★★		
DÉCOR	★★ ★★		2005-02-08

Ce grill n'a pas d'autre prétention que celle de contenter les amateurs de bonne viande. Avec la même simplicité qui caractérise le service, on vous reçoit dans une salle à manger confortable, de dimensions modestes, qui jouxte la cuisine «ouverte». Bruschetta, migneron en fondue, soupes, sandwichs, oignons français et salades diverses font partie des entrées, des «suppléments» ou des en-cas. L'essentiel se situe plutôt du côté des steaks, saucisses fumées, brochettes, foie de bœuf Angus, saumon boucané, smoked-meat (de bœuf, de porc ou de dinde), poulet grillé, burgers, etc., sans oublier l'excellent boudin grillé, moelleux et de bon goût, assaisonné presque à la manière antillaise, assez relevé pour vous «remuer» les papilles sans vous les cautériser. Bières et vins populaires.

AMÉRIQUE DU NORD			MIDI	**20 $**
ARÔME ET TARTINE			SOIR	**25 $**

	2007		**BASSE-VILLE**
CUISINE	★★		395, BOULEVARD CHAREST EST (418) 523-5686
SERVICE	★★		
DÉCOR	★★		2006-02-22

C'est là un fort joli nom pour ce «café urbain» qui n'entend rien faire comme les autres, cet îlot de calme égoïste au milieu du trafic trépidant de la Basse-Ville. La pièce est une cage de verre — salle claire et aérée qu'un miroir prolonge en trompe-l'œil, au fond, sur la gauche. Tables un peu étroites, sièges confortables. Au son des musiques du monde, vous mangez ici des «sandwichs du monde»: ciabatta, mini-baguette, pita ou pain de campagne diversement garnis selon la saison (jambon, brie, agneau, saumon fumé, salami de Gênes, salades, etc.), accompagnés de sauces maison. À chaque jour sa soupe, également maison. Desserts raffinés, dont les fameux canelés de Bordeaux. Vins d'importation privée; quelques bières. Service alerte et souriant.

AMÉRIQUE DU NORD
AVIATIC CLUB

MIDI **35 $**
SOIR **90 $**

2007	VIEUX-PORT
CUISINE ★★★ ★★★	450, GARE DU PALAIS
SERVICE ★★★ ★★★	(418) 522-3555
DÉCOR ★★★★ ★★★★	2006-02-02

Bien calé dans un confortable fauteuil de l'Aviatic Club, on savoure, dès les premiers instants, la beauté du chaleureux décor. Installé depuis 1989 dans la splendide Gare du Palais, ce resto-club offre aux voyageurs de passage ainsi qu'à une clientèle déjà conquise une cuisine qui s'inspire des saveurs du monde. Les envies les plus diverses seront satisfaites puisque la carte propose une variété de plats (et de cocktails) impressionnante: poissons, fruits de mer, sushis, canard, gibier, bœuf, veau, agneau et poulet, le tout de la meilleure qualité et apprêté ici à la japonaise, là à l'américaine. Le service, froid au départ, s'améliore heureusement au fil des services. Événement couru à l'arrivée de l'été: l'ouverture de la terrasse qui attire chaque année une foule animée.

AMÉRIQUE DU NORD
BISTRO LE RIPOUX

MIDI **20 $**
SOIR **45 $**

2007	MONTCALM/GRANDE ALLÉE
CUISINE ★★ ★★	935, RUE DE BOURLAMAQUE
SERVICE ★★ ★★	(418) 523-1444
DÉCOR ★★ ★★★	2006-03-01

Décor sympathique marqué d'une belle luminosité permise par une vaste fenestration mobile pour la belle saison, avec vue sur rues tranquilles. La carte volette sur plusieurs niveaux, tantôt canaille avec ses burgers et ses pâtes, tantôt relevée, gibiers et viandes en sauce. Peu de desserts offerts cependant, peu de vins aussi. Le rapport qualité/prix est correct: de l'agneau à moins de 20 $ en table d'hôte, c'est peu fréquent, mais s'il y avait de l'amour dans cette sauce, c'était un amour de circonstance, au mieux, une passade vite expédiée. La confusion apportée par un service erratique est parfois un peu embarrassante, mais l'endroit convient lorsque l'on recherche la simplicité et que notre budget est sensible à la colonne des chiffres du menu.

AMÉRIQUE DU NORD
BOUCHE BÉE

MIDI **20 $**
SOIR **30 $**

2007	VIEUX-PORT
CUISINE ★★★ ★★★	383, RUE SAINT-PAUL
SERVICE ★★★ ★★★	(418) 692-4680
DÉCOR ★★★ ★★★	2005-06-08

Bouche bée demeure un resto bon enfant... qui ne veut pas grandir, par peur de s'égarer. L'ambiance ne change donc pas: des sourires à l'accueil, des sourires pour vous dire au revoir, et, entre ces deux moments, quelques mots échangés de temps à autre avec le personnel. Pour musique de fond, des pièces instrumentales ou bien les chansons de Bïa ou de Bete & Stef. Murs rouges, murs verts, carrelage noir et blanc, nappes blanches ou bleues, masques sud-américains et grands bouquets de fleurs séchées composent un décor chaleureux et propret. L'établissement n'ouvre que le midi et s'en porte bien. À l'occasion, et sur réservation, il accueille des groupes dans la soirée et offre aussi un service de traiteur. On cuisine ici au nom de la santé: salade de moules fumées, salade printanière en miche de pain, pizzanini végé ou garnie, panini à la grecque, pizza libanaise, pizza végé ou garnie, feuilleté de la miel. À cela s'ajoutent des plats plus chauds tels que la lasagne végé ou pâtes aux épinards, le spaghetti gratiné, les rouleaux impériaux, les pâtés (bouillon, poulet, viande) et des quiches variées.

AMÉRIQUE DU NORD
CAFÉ SIROCCO

MIDI **30 $**
SOIR **55 $**

	2007	
CUISINE	★★★ ★★★	
SERVICE	★★★ ★★★	
DÉCOR	★★★ ★★★	

MONTCALM/GRANDE ALLÉE
64, BOULEVARD RENÉ-LÉVESQUE OUEST
(418) 529-6868

2005-07-26

Une carte des vins soignée, un grand choix de martinis, divers alcools, des pâtes fraîches, de délicieuses tapas classées d'après les pays qui les inspirent (Italie, Espagne, Grèce, Portugal, etc.), des grillades, des «fleurons de ris de veau», des salades fraîches et délicieuses, du bœuf, du poisson, du poulet en brochette, de la soupe de poissons, de l'agneau, de la paella, des tartares (bœuf, saumon ou thon), des fruits de mer... Bref, la profusion à tout point de vue, ce qui n'exclut nullement la qualité de ce qu'on boit et de ce qu'on mange ici. L'établissement dispose de deux salles à manger au rez-de-chaussée. Dans la plus grande, un impressionnant cellier couvre tout le mur du fond et offre à vos méditations les Pétrus, Gevrey-Chambertin, Valpolicella Superiore, Más La Plana... Une autre salle à manger vous accueille à l'étage, prolongée d'une terrasse fleurie surplombant le boulevard René-Lévesque. Service ponctuel et souriant.

AMÉRIQUE DU NORD
CHEZ VICTOR

MIDI **20 $**
SOIR **30 $**

	2007	
CUISINE	★★★ ★★★	
SERVICE	★★ ★★	
DÉCOR	★★ ★★	

SAINT-JEAN-BAPTISTE
145, RUE SAINT-JEAN
(418) 529-7702

2006-07-04

On n'insistera jamais trop sur le souci des proprios de Chez Victor d'offrir à leur clientèle une nourriture saine. Des hamburgers? C'est la principale spécialité de la maison, qui en a fait un art. On vous les prépare avec de la viande de qualité — et même «bio» si vous le souhaitez, ou bien en version végétarienne. Savoureux et diversement garnis, juteux et toujours accompagnés de tomates, oignons, cornichons, laitue, frites et mayonnaise, ils justifient bien la réputation de ce petit resto où l'on peut aussi manger, à l'intérieur ou en terrasse, des sandwichs variés. Depuis quelque temps, on retrouve sur la carte des «burgers-déjeuners». Le personnel est jeune, sympathique, serviable et souriant. Choix de boissons gazeuses, de bières et de vins.

AMÉRIQUE DU NORD
DAZIBO

MIDI **25 $**
SOIR **35 $**

	2007	
CUISINE	★★★ ★★★	
SERVICE	★★ ★★	
DÉCOR	★★★ ★★★	

**SAINTE-CATHERINE-
DE-LA-JACQUES-CARTIER**
58, ROUTE DUCHESNAY (418) 875-3301

2005-04-06

Une Irlandaise plus un Français, cela donne un pub-bistro: Dazibo. On vous y souhaite sur tous les tons cent mille fois la bienvenue: *Céad Míle Faílte Roíbh!* Un mot chinois, amputé d'une lettre, sert de nom à cet établissement dont la principale spécialité s'inspire depuis neuf ans de la cuisine tunisienne! Après avoir longtemps occupé un local exigu mais pittoresque de Québec, ce pub-bistro se trouve maintenant plus près de la campagne que de la ville et n'y perd rien au change. Le décor se reconstitue peu à peu et la clientèle dispose de beaucoup plus d'espace pour s'éclater lors de soirées typiquement irlandaises. Le chef, lui, s'éclate à sa façon avec ses bricks souvent imprévisibles (au tofu, au chili con carne, etc.), son ragoût irlandais, sa «Salade du savoir» et ses inimitables pizzas «Gourmet».

AMÉRIQUE DU NORD
ÉCLECTIQUE

MIDI **30 $**
SOIR **55 $**

	2007	
CUISINE	★★	★★★
SERVICE	★★	★★★
DÉCOR	★★	★★★

SAINT-JEAN-BAPTISTE
481, RUE SAINT-JEAN
(418) 524-2323

2006-03-16

Dès son ouverture, qui remonte à moins d'un an, il nous a séduit en tant que bon petit resto de quartier. Soudain, moyennant un changement presque radical de la carte, le voici pas si loin des grands. On vous propose, au verre ou à la bouteille, tous les produits d'une carte des vins intelligente et généreuse. La cuisine du chef Stéphane Breton surprend et ravit. Parmi ses plats nombreux et variés, on ne peut que signaler rapidement le tartare de bœuf aux truffes, la crème brûlée aux szegedis, les samosas de caille en feuille de brick, le blackened fish sur riz aux agrumes et les burgers «réinventés» (au foie gras et truffes, par exemple). Les desserts, eux, sont sublimes. Ajoutons à cela l'élégance des assiettes et la rare gentillesse du personnel.

AMÉRIQUE DU NORD
GAB'S RESTO-BISTRO

MIDI **25 $**
SOIR **60 $**

	2007	
CUISINE	★★★	★★★
SERVICE	★★	★★
DÉCOR	★★	★★

SAINTE-FOY
1670, RUE JULES-VERNE
(418) 877-6565

2006-07-25

Dans cet établissement d'influence italienne, tout semble aller de soi, aussi bien la qualité des mets que l'affabilité du personnel. On y compte deux salles à manger (respectivement bistro et pub) et une terrasse couverte, bordée de jardinières. La cuisine est sympathique et sans prétention. Si le tartare de saumon a beaucoup contribué à la réputation de la maison, il n'en est pas moins vrai qu'on se régale aussi de moules à toutes les sauces, de salades (au canard confit et autres), de pasta, ainsi que de très bons plats de viande (escalopes, entrecôtes), de salades et de grillades (veau, bœuf, volaille). Focaccias et pizzas (européennes ou américaines) sont aussi à l'honneur. Choix de bières et de vins (au verre ou à la bouteille).

AMÉRIQUE DU NORD
LA COHUE

MIDI **25 $**
SOIR **60 $**

	2007	
CUISINE	★★	★★★
SERVICE	★★	★★★
DÉCOR	★★★	★★★

SAINTE-FOY
3440, CHEMIN DES QUATRE-BOURGEOIS
(418) 659-1322

2005-11-16

On revient ici avec le souvenir de ce qu'on y a déjà goûté... et l'envie d'en manger encore. Dès son ouverture, La Cohue annonçait ses couleurs, celles de France et d'Italie. Elle n'a pas tardé à confirmer sa vocation et se révèle aujourd'hui encore plus crédible. L'arrivée d'un nouveau chef y est évidemment pour beaucoup. On mange ici un peu de tout ce qui fait bistro ou trattoria, du filet de porc en escabèche aux plats de pasta les plus variés, en passant par le tartare de saumon, l'entrecôte grillée, les moules, le foie de veau poêlé, la bavette de bœuf ou de cerf, l'aile de raie et le confit de canard. Un personnel aimable et bien rodé assure le service et, le cas échéant, vous aide à faire votre choix parmi les nombreux vins (certains d'importation privée) disponibles au verre ou à la bouteille. Et, pour finir en beauté, rien de mieux qu'un véritable petit bijou qui se mange: un gâteau aux poires caramélisées, fleur de sel et cacao. On en redemande.

AMÉRIQUE DU NORD
LA FABRIQUE DU SMOKED-MEAT

MIDI **20 $**
SOIR **30 $**

	2007		**BASSE-VILLE**
CUISINE	★★	★★	727, RUE RAOUL-JOBIN
SERVICE	★★	★★	(418) 527-9797
DÉCOR	★★	★★	

2005-08-06

C'est une coquette maison d'angle, pimpante dans ses tons de rouge et de blanc, et flanquée d'une terrasse repeinte à neuf où l'on déplore néanmoins l'absence du gros arbre qui l'ombrageait. À l'intérieur, le décor reste fonctionnel sans s'interdire la fantaisie de petits tableaux encadrés, d'affichettes laminées et de divers souvenirs de voyages. Si la carte vous propose d'abord les soupes, ailes de poulet, salades, sandwichs et pasta, l'essentiel se situe plutôt du côté des spécialités maison, à savoir le boudin de porc, les succulentes grillades de bœuf ou de porc (côtes levées) et le smoked-meat: macéré, épicé et traité dans un fumoir artisanal, puis tranché au couteau, conformément à la tradition. On vous le sert de toutes les façons — assiettée, sandwich, sous-marin, combiné, etc. Quelques vins; bières de différentes provenances. Service souriant et empressé.

AMÉRIQUE DU NORD
LA FABRIQUE DU SMOKED-MEAT

MIDI **20 $**
SOIR **30 $**

	2007		**SAINTE-FOY**
CUISINE	★★	★★	859, AVENUE MYRAND
SERVICE	★★	★★	(418) 687-8777
DÉCOR	★★★	★★★	

2005-04-20

Depuis l'ouverture de cette nouvelle Fabrique du smoked-meat, les amateurs s'y pressent midi et soir, qui pour se payer une entrecôte de bœuf de l'Ouest (catégorie AA) vieillie 21 jours, qui pour se régaler de côtes levées marinées, savoureuses et cuites à point, ou de côtelettes de porc également marinées et servies avec les accompagnements habituels (confit de pommes et oignons). Mais c'est surtout le smoked-meat qui fait la fierté de la maison. Macéré, épicé, fumé de manière artisanale et tranché au couteau, il vous est généreusement servi en salade ou en sous-marin, en sandwich ou en assiette garnie, seul ou en combo. L'établissement possède une terrasse de dimensions respectables. À l'intérieur, on peut prendre place sur une banquette, sur des chaises hautes ou sur les tabourets installés le long du bar en arc de cercle où s'érige une pompe à bière flamboyante. Choix de vins et de bières. Service décontracté.

AMÉRIQUE DU NORD
LA FAIM DE LOUP

MIDI **25 $**
SOIR **65 $**

	2007		**SAINTE-FOY**
CUISINE	★★★	★★	2830, CHEMIN SAINTE-FOY
SERVICE	★★	★★	(418) 653-8310
DÉCOR	★★	★★★	

2006-05-03

Goûts d'ailleurs dans un restaurant familial bien d'ici! Le menu est en quelque sorte votre passeport pour un tour du monde sans mauvaises surprises. Dès ses premières incursions dans l'«international», le chef de cet établissement faisait preuve d'inventivité. Au fil des ans, on a vu sa cuisine évoluer au point d'apporter ne serait-ce qu'un minimum de raffinement à des mets passe-partout (d'Amérique latine, par exemple). D'un mois à l'autre, on vous offre l'Inde, la Chine, les États-Unis, le Mexique, etc. — très simplement, sans fioritures inutiles. Le personnel, bien au courant de ce qui se passe dans la maison, vous conseille utilement sur le choix des vins et vous décrit en détail le moindre plat. L'été, on mange sur une confortable terrasse ombragée.

GR X
2007

AMÉRIQUE DU NORD
LA TANIÈRE

MIDI —
SOIR **100 $**

	2007		**SAINTE-FOY**
CUISINE	★★★★	★★★★	2115, RANG SAINT-ANGE
SERVICE	★★★★	★★★★	(418) 872-4386
DÉCOR	★★★★	★★★★	2005-08-11

De la verdure, des trophées, des sculptures animales et des tableaux inspirés de la nature composent le décor de ce chic pavillon de chasse où l'on dresse pour vous, depuis plus d'un quart de siècle, une table dont la réputation d'excellence ne cesse de grandir. On est parfois presque surpris que des plats de gibier puissent atteindre un tel raffinement! Cela va du velouté de pintade aux «déclinaisons de canard de Pékin», en passant par différents mets à base de cailles, d'autruche, de daim, de wapiti, de cerf, de sanglier, de caribou, etc., sans oublier les accompagnements qui leur font vraiment honneur. On peut aussi déguster ici de la truite de mer, des crevettes sautées au beurre et une exquise bisque d'écrevisses et d'alligator. Selon votre appétit, vous avez le choix entre les menus de cinq, sept ou neuf services. Bonne sélection de vins de divers pays; grand choix de thés, de tisanes et d'alcools.

AMÉRIQUE DU NORD
LARGO RESTO-CLUB

MIDI **30 $**
SOIR **65 $**

	2007		**BASSE-VILLE**
CUISINE	★★★★	★★★★	643, RUE SAINT-JOSEPH EST
SERVICE	★★★★	★★★★	(418) 529-3111
DÉCOR	★★★★	★★★★	2005-08-30

Cette cuisine méditerranéenne aux accents italiens très soutenus n'a pas démérité aux yeux d'une clientèle qui a très vite pris ici ses habitudes. Le «rêve» dont est né le Largo s'amplifie dans sa concrétisation. Depuis quelque temps, en effet, ce resto branché ouvre sa table pour le «brunch du week-end», offre des spectacles de jazz du jeudi au samedi soir et dispose de salons pour les groupes et les réunions de gens d'affaires (avec écran géant et Internet sans fil). Un personnel souriant et empressé répond avec précision à vos questions, vous conseille judicieusement sur le choix des mets — viandes, fruits de mer, poissons, volailles, tartares et autres — et vous tire aisément d'embarras quand vous ne savez quel vin choisir parmi les nombreuses bouteilles italiennes, espagnoles, portugaises et françaises qui font l'orgueil de la maison.

AMÉRIQUE DU NORD
LE 48, CUISINE-MONDE

MIDI **25 $**
SOIR **40 $**

	2007		**VIEUX-QUÉBEC**
CUISINE	★★★	★★	48, RUE SAINT-PAUL
SERVICE	★★★	★★	(418) 694-4448
DÉCOR	★★★★	★★★★	2006-02-28

Le décor est toujours aussi aérien et théâtral, avec pour thème avoué le Cirque du Soleil. Lors de notre dernière visite, nous n'avons pas remarqué de grands changements consécutifs à l'arrivée d'un nouveau chef chilien. La carte n'en demeure pas moins attrayante en raison de sa belle diversité. Semée d'aphorismes divers — de Musset à Machiavel, en passant par Bouddha —, elle s'ouvre sur «Les 48 tentations du 48», «de la mer», à quoi s'ajoutent les spécialités asiatiques, les frites belges, le saumon scandinave, les tapas et autres précédant les soupes et potages, salades, burgers de toutes nationalités, baguettes, wraps, hot-dogs et pizzas. Vins et bières à prix raisonnables. Personnel dévoué, mais pas toujours suffisant les soirs d'affluence.

AMÉRIQUE DU NORD
LE BATIFOL

MIDI **25 $**
SOIR **55 $**

	2007	
CUISINE	★★★ ★★	
SERVICE	★★★ ★★	
DÉCOR	★★★ ★★★	

LAC-BEAUPORT
995, BOULEVARD DU LAC
(418) 841-0414

2006-07-13

Ce restaurant fut l'un des premiers de la région à se distinguer nettement par la qualité de sa cuisine internationale. Il fait aussi office de traiteur. Rouleaux impériaux, penne à la bolognaise, fajitas, wraps, burgers, quiches, etc.: vous n'avez que l'embarras du choix pour voyager à table (et à la mesure de votre appétit) parmi les spécialités asiatiques, italiennes, indiennes, espagnoles, latino-américaines et, bien sûr, québécoises. Le personnel, souriant et empressé, évolue dans l'ambiance chaleureuse d'un décor tenant à la fois du bistro et de la brasserie chic. L'été, on mange en terrasse, dans une cour plantée de parasols et d'une pergola. En cas d'affluence, on doit parfois s'armer de patience. Vins et bières offerts à prix raisonnables.

AMÉRIQUE DU NORD
LE CHARBON

MIDI **45 $**
SOIR **85 $**

	2007	
CUISINE	★★★ ★★★★	
SERVICE	★★★ ★★★	
DÉCOR	★★★ ★★★	

VIEUX-PORT
450, GARE DU PALAIS
(418) 522-0133

2006-06-20

Véritable temple dédié au culte de la viande, Le Charbon demeure le meilleur steakhouse en ville et peut en outre s'enorgueillir de posséder une cave qui ferait l'envie de plusieurs. La parfaite connaissance du produit, d'ailleurs de première qualité, et l'habileté de ceux qui officient devant l'immense gril sont des conditions gagnantes: l'amateur est en de bonnes mains et a le choix entre différentes coupes et pièces de viande, des plus «normales» aux plus extravagantes. Parmi les spécialités de la maison, on retrouve filet de porc grillé, poisson, tartare de bœuf, pasta (penne aux palourdes et fruits de mer, par exemple), homard et queue de langouste. Un personnel souriant et bien renseigné assure le service. Bon choix de bières et d'alcools.

AMÉRIQUE DU NORD
LE DOWN TOWN

MIDI **25 $**
SOIR **50 $**

	2007	
CUISINE	★★ ★★	
SERVICE	★★ ★★	
DÉCOR	★★★ ★★	

BASSE-VILLE
299, RUE SAINT-JOSEPH EST
(418) 521-3363

2006-01-07

Si vous devez manger avec quelqu'un d'insensible aux subtilités de la restauration, préférant la bière au vin et dont vous ignorez les allégeances culinaires, le Down Town est un choix possible. La carte repose sur trois piliers: pâtes, viandes rouges et quelques plats de poissons et fruits de mer. Vous aurez alors l'occasion de choisir entre des plats convenus, burgers, petit steak en 2 pour 1 ou spaghetti bolognaise, et d'autres plus recherchés, corrects mais franchement hors cadre. Doté de quelques beaux éléments, le décor ressemble à la carte en ce qu'il présente un manque flagrant de cohérence. Ajoutez un service dont le pivot est une cordialité embarrassée. Nous concluons dans la perplexité et l'inconfort.

AMÉRIQUE DU NORD
LE FIN GOURMET

MIDI **15 $**
SOIR **50 $**

	2007		**BASSE-VILLE**
CUISINE	⋆⋆⋆	★★★	774, RUE SAINTE-THÉRÈSE
SERVICE	⋆⋆	★★★	(418) 682-5849
DÉCOR	⋆⋆	★★★	2005-11-02

On est loin, bien loin de la petite sandwicherie d'autrefois, mais, d'une visite à l'autre, on se répète qu'il fait bon manger ici. Le Fin Gourmet est de ces restos qu'on prend plaisir à voir évoluer au fil des ans, et l'on peut encore parler de simplicité malgré la beauté d'un décor sérieusement rénové, mais sans tape-à-l'œil: carrelage de céramique neuf, tout un mur de vraies briques, puis d'autres murs d'un rouge franc où s'accrochent des étagères exposant de vieilles boîtes en fer-blanc et une modeste collection d'appareils photo du «bon vieux temps». En plus des salades, sandwichs, pizzas normales ou «soufflées», on se régale littéralement des diverses variantes du «ciabatta-burger». Le soir, la table d'hôte vous offre le choix entre deux ou trois plats plus élaborés (viandes, poissons ou fruits de mer). L'agneau reste l'une des plus appréciables spécialités de la maison. Bon choix de desserts. Service gentil et décontracté.

AMÉRIQUE DU NORD
LE LAPIN SAUTÉ

MIDI **25 $**
SOIR **55 $**

	2007		**PETIT-CHAMPLAIN**
CUISINE	⋆⋆	★★★	52, RUE DU PETIT-CHAMPLAIN
SERVICE	⋆⋆⋆	★★★★	(418) 692-5325
DÉCOR	⋆⋆⋆	★★★★	2006-03-25

Une toute petite salle avec un plafond à caissons, lourde d'un décor aux évocations bucoliques et fermières correspondant à son titre de «table champêtre». On y est un peu à l'étroit mais tout dans l'ambiance est si franchement accueillant qu'on prend place déjà contents. Le menu, dominé par les plats de lapin, auxquels s'ajoutent canard et steak, est très correct, même s'il faut admettre que la finesse de la cuisine n'est pas l'élément dominant de l'expérience. Soulignons plutôt une terrasse exceptionnelle située sur la «plus vieille rue d'Amérique», piétonnière en plus. Et mentionnons enfin un service tout à fait digne d'éloges aussi efficace que sympathique. Une fort agréable halte dans le Vieux-Québec.

AMÉRIQUE DU NORD
LE MAIZERETS

MIDI **25 $**
SOIR **50 $**

	2007		**LIMOILOU**
CUISINE	⋆⋆	★★	2006, CHEMIN DE LA CANARDIÈRE
SERVICE	⋆⋆	★★	(418) 661-3764
DÉCOR	⋆⋆⋆	★★★	2005-08-20

«La meilleure pizza à l'ouest de Rome», dit son slogan. Ce sont en effet les savoureuses pizzas européennes qui, midi et soir, attirent dans cet établissement une nombreuse clientèle de tous âges. Elles sont surtout de type européen, à croûte fine, et diversement garnies: au poulet du général Tao, au canard et poulet fumés («Les deux boucanes»), etc. On retrouve néanmoins sur la carte quelques traditionnelles, de même qu'un choix de grillades (de veau ou de bœuf), du saumon, des pâtes fraîches... Hors de son secteur «italien», néanmoins, la cuisine de ce resto révèle quelques faiblesses — enrobage huileux et «gonflé» des tempuras de crevettes, par exemple. Beau décor entièrement repensé, clair, fonctionnel et confortable. Service gentil mais fébrile, du genre casse-croûte achalandé.

AMÉRIQUE DU NORD
LE PATRIARCHE

MIDI **25 $**
SOIR **85 $**

	2007		VIEUX-QUÉBEC
CUISINE	★★★	★★★★	17, RUE SAINT-STANISLAS
SERVICE	★★★	★★★★	(418) 692-5488
DÉCOR	★★★	★★★	

2005-09-20

Un regain d'enthousiasme et de fraîcheur anime Le Patriarche. Les gourmets ne peuvent que s'en réjouir, puisque la cuisine s'en ressent. Quelques mets ont disparu de la carte pour faire place aux créations salivantes du nouveau chef Stéphane Roth: demi-caille rôtie aux épices douces, raviole aux champignons sauvages, osso buco de cerf au Grand Marnier, etc. – sans oublier l'ineffable symphonie de foie gras dont un… «mouvement» s'accommode d'une sauce au chocolat et piment de la Jamaïque. Quant au saumon fumé (vraiment maison), en tout point délicat, il est l'un des plus délicieux qui nous aient à ce jour dorloté le palais. On retrouve au menu de copieux plats de gibier mouillés de sauces qui vous embaument tout un coin de la salle à manger. Pour terminer en beauté votre repas, le maître pâtissier vous réserve pour sa part de bien belles surprises. Choix appréciable de vins de diverses provenances. L'accueil et le service sont toujours empreints de cordialité.

AMÉRIQUE DU NORD
LE POSTINO

MIDI **24 $**
SOIR **50 $**

	2007		BASSE-VILLE
CUISINE	★★	★★	296, RUE SAINT-JOSEPH EST
SERVICE	★★	★★	(418) 647-0000
DÉCOR	★★★	★★★	

2005-08-18

Lors de notre dernière visite, nous n'avons pas cherché à savoir si des changements avaient eu lieu du côté des cuisines. Les plats nous ont tout de même semblé plus sympathiques et se sont révélés un peu plus goûteux que les fois précédentes. On ne peut que s'en réjouir quand on sait que ce quartier en pleine «revitalisation» attire une clientèle de plus en plus variée et, sans doute, un peu plus exigeante. Salades, tartare de bœuf, saumon, risotto aux crevettes, pâtes vous sont proposés le midi à prix abordables; un «menu terrasse» plus léger prend la relève en attendant l'heure du souper. C'est alors qu'on a le choix parmi toutes les spécialités de la maison, du poulet rôti aux plats de viande témoignant d'un certain souci de la présentation. Il reste à souhaiter que le service perde un peu de sa brusquerie et se permette quelques sourires.

AMÉRIQUE DU NORD
LE RASCAL

MIDI **30 $**
SOIR **60 $**

	2007		SAINTE-FOY
CUISINE	★★★	★★★	2955, BOULEVARD LAURIER
SERVICE	★★	★★	(418) 654-3644
DÉCOR	★★★	★★★	

2005-07-25

C'est toujours dans cette agréable ambiance de lounge aux lumières tamisées, dans un décor de lourdes banquettes rouges, de lampes et de torchères Tiffany, qu'on vous sert avec courtoisie et promptitude de bons steaks juteux et cuits à votre goût, sinon l'imposante côte de bœuf au jus que certains habitués commandent avant même d'ouvrir la carte, sans parler des combinés (filet mignon et cuisses de grenouilles, par exemple), des fruits de mer, des côtes levées (en entrée ou comme plat de résistance) et de l'escalope de veau forestière accompagnée de linguinis Alfredo. De temps à autre, une nouveauté… qu'on s'empresse d'«essayer»! Les plats sont fort appétissants, quoique présentés simplement. Choix de vins à prix populaires, quelques-uns disponibles au verre; quelques bières.

AMÉRIQUE DU NORD
MILLE FEUILLE

MIDI **30 $**
SOIR **45 $**

	2007	MONTCALM/GRANDE ALLÉE
CUISINE	★★	1394, CHEMIN SAINTE-FOY
SERVICE	★★	(418) 681-4520
DÉCOR	★★	**N** **↑** 2005-12-09

Le restaurant-café Mille Feuille offre depuis de nombreuses années une cuisine végétarienne honnête à ses habitués ainsi qu'aux travailleurs et étudiants du quartier Saint-Sacrement. On y vient principalement pour dîner et on en profite parfois pour feuilleter les livres et revues disponibles sur place en savourant un dessert maison. De la cuisine sortent de bonnes salades-repas ainsi que quelques idées originales pour apprêter les légumes mais, à part quelques exceptions (notamment le ragoût marocain bien assaisonné), les plats sont peu goûteux, quoique généreux. L'efficacité du service tient probablement à l'expérience du personnel qu'on reconnaît au fil des ans.

AMÉRIQUE DU NORD
MONTEGO RESTO CLUB

MIDI **40 $**
SOIR **70 $**

	2007	SILLERY
CUISINE	★★★★ ★★★★	1460, AVENUE MAGUIRE
SERVICE	★★★ ★★★	(418) 688-7991
DÉCOR	★★★★ ★★★★	🍸 ↑ 2006-06-14

Ce resto ensoleillé renaît dans un nouveau décor aussi lumineux qu'auparavant, surprenant, confortable, branché. Le rouge y domine — avec discrétion, si l'on peut dire —, selon l'objet, la paroi ou le meuble qui attire votre attention. Panneaux bleu cobalt, mur de mosaïque multicolore, mur beige clouté de perles, lampes stylées, lustres épurés: c'est dans cet environnement à la fois stimulant et relaxant qu'évolue un personnel empressé, les bras chargés d'assiettes montées avec un réel souci du coup d'œil. La carte des vins propose tout ce qu'il faut pour accompagner dignement vos pâtes, poissons, veau, bœuf, volaille et fruits de mer. Par beau temps, on se presse pour trouver une place sur l'immense terrasse qui longe deux côtés de l'édifice.

AMÉRIQUE DU NORD
OH! PINO

MIDI **25 $**
SOIR **65 $**

	2007	MONTCALM/GRANDE ALLÉE
CUISINE	★★★ ★★★	1019, AVENUE CARTIER
SERVICE	★★★ ★★★	(418) 525-3535
DÉCOR	★★★ ★★★	↑ 2005-12-30

Par un bel après-midi ensoleillé d'été, de passage sur la rue Cartier, vous pourriez avoir envie de vous accrocher les pieds à l'angle de René-Lévesque, sur la terrasse invitante et souvent bondée du restaurant Oh! Pino pour un apéritif en bonne compagnie. Le temps s'écoulant, vous viendra éventuellement l'idée de piger dans le succinct menu afin de vous offrir un repas sans prétention. Ainsi, vous aurez le choix parmi les grillades, fruits de mer, gibier et différents tartares que vous pourrez d'ailleurs faire vous-mêmes! En dehors de la saison chaude, l'ambiance y sera nettement moins animée et la discrétion du service n'en sera que plus apparente, tout comme la sobriété du décor.

AMÉRIQUE DU NORD
PAPARAZZI

MIDI **30 $**
SOIR **60 $**

	2007		**SILLERY**
CUISINE	★★★	★★★	1363, AVENUE MAGUIRE
SERVICE	★★★	★★★	(418) 683-8111
DÉCOR	★★★	★★★	

2006-01-19

Ce restaurant de Sillery réussit un tour de force: nous convaincre qu'il peut offrir, sans confusion, deux cuisines radicalement différentes. Pendant un certain temps, vous aviez en quelque sorte le choix entre deux cartes: l'italienne et l'asiatique. Les voilà désormais jumelées, bien que chacune garde malgré tout sa personnalité propre. Aussi la table d'hôte est-elle pavée de tentations qui ont pour nom bento de saumon, blanc de tilapia rôti aux herbes, mignon de porc et prosciutto, hosomaki de concombre et thon épicé, saisi de magret de canard, bento «Trio de la mer», sans parler des brillantes improvisations de «Maître Li». Le samedi soir, on soupe ici «tout en jazz». Bon choix d'alcools, de bières et de vins. Personnel d'une indéfectible courtoisie.

AMÉRIQUE DU NORD
PUB EDWARD

MIDI **25 $**
SOIR **55 $**

	2007	**BASSE-VILLE**
CUISINE	★	824, BOULEVARD CHAREST EST
SERVICE	★★	(418) 523-3674
DÉCOR	★★★	

2006-03-08

Plusieurs lui envieraient ce grand choix de bières de toutes provenances, connues ou moins connues, que l'on consomme dans un décor beau et chaleureux. Des rangées de verres rutilants surplombent le comptoir hérissé de pompes à bière. Les sièges aux courbes douces se révèlent très confortables. L'endroit est surtout fréquenté par une clientèle du quartier et des environs. La carte propose, d'une part, les «Saveurs internationales» (nachos, ailes de poulet, smoked-meat, salades, etc.) et, d'autre part, les «Spécialités anglaises» allant de la patte de porc (avec choucroute bavaroise) au shepherd's pie, en passant par la soupe aux pois, le filet de saumon grillé au beurre de bière et les côtelettes d'agneau marinées au romarin (sauce à la gelée de groseilles).

AMÉRIQUE DU NORD
SAGAMITÉ

MIDI **25 $**
SOIR **60 $**

	2007		**WENDAKE**
CUISINE	★★	★★	10, BOULEVARD MAURICE-BASTIEN
SERVICE	★★	★★	(418) 847-6999
DÉCOR	★★★	★★★	

2005-08-09

Les propositions du midi ne diffèrent pas beaucoup de celles d'un casse-croûte: sandwichs, pâtes, koulibiac, hamburger de caribou ou de bison, pizzas (dont la «Malécite» au confit de canard). Le soir, on retrouve un peu de tout cela sur la carte, mais aussi et surtout des plats plus élaborés qui font honneur à la cuisine autochtone, dont ce restaurant est en quelque sorte l'unique «ambassadeur» dans la région. Parmi les ris de veau, poulet grillé, filet de porc, etc. se distinguent donc, entre autres, le roboratif potage «Sagamité» (bison, cerf et légumes) et la «Potence» de viandes et de fruits flambés à votre table. Avec ses poteaux sculptés de masques, de silhouettes et de scènes de chasse, le décor évoque sans ambiguïté aucune la culture amérindienne. Service parfois un peu brusque.

AMÉRIQUE DU NORD
SUSHI TAXI

MIDI **30 $**
SOIR **70 $**

			SAINTE-FOY
	2007		989, ROUTE DE L'ÉGLISE
CUISINE	★★★	★★★	(418) 653-7775
SERVICE	★★★	★★★	
DÉCOR	★★★	★★★	2005-01-07

À la deuxième comme à la troisième visite, on s'y sent aussi bien que la première fois, car la faim anticipe déjà ce dont les papilles se souviennent encore. L'ambiance y est aussi pour quelque chose: un personnel affable, vif sans fébrilité, et le soleil qui, le jour, déferle par les grandes baies vitrées sur un décor sobre et beau, aux couleurs reposantes. On utilise ici des produits de première fraîcheur, dont les chefs s'ingénient à varier sans cesse les combinaisons pour vous surprendre et la vue et le palais. D'où la beauté des présentations, le raffinement et l'originalité de plats tels que le «Saut périlleux» ou la glace aux fèves rouges. Certaines sauces sont de pures créations maison. Sashimis, hosomakis, poulet katsu, gyosas délicatement assaisonnés, cornet de nori au saumon, omelette japonaise (tamago-yaki) ou thon blanc mariné... autant de petits délices dont on redemande.

AMÉRIQUE DU NORD
VERSA

MIDI **25 $**
SOIR **60 $**

			BASSE-VILLE
	2007		432, RUE DU PARVIS
CUISINE	★★★	★★★	(418) 523-9995
SERVICE	★★★	★★★★	
DÉCOR	★★★★	★★★★	2006-08-24

Dans son très beau décor conçu pour encourager la convivialité, Versa continue d'étonner par l'originalité de ses recettes. L'arrivée d'Éric Boutin, le nouveau chef, justifie ou coïncide avec un réaménagement presque complet de la carte. Poulet du général Tao, burgers et autres n'ont évidemment rien à voir avec ce qu'on retrouve ailleurs. Mais le choix va bien au-delà du tout-venant: huîtres choisies, classées et différemment apprêtées, médaillon de porc farci au homard (sauce mangue et harissa), côtes levées piquantes à l'érable, rouleaux impériaux au poulet et gingembre, etc. Outre les bières et les vins offerts à des prix raisonnables, on vous propose un très grand choix d'apéros et autres alcools (martinis, mojito, vodkas et autres). Service souriant et empressé.

AMÉRIQUE DU NORD
VOODOO GRILL

MIDI **25 $**
SOIR **75 $**

			MONTCALM/GRANDE ALLÉE
	2007		575, GRANDE ALLÉE EST
CUISINE	★★★	★★★	(418) 647-2000
SERVICE	★★★	★★★	
DÉCOR	★★★★	★★★★	2005-08-17

Ce resto a entre autres mérites celui de savoir attirer une clientèle de tous âges, éclectique et «branchée», soucieuse de se dépayser dans un environnement de superbes sculptures et masques africains. Mais un changement radical de la carte s'imposait, ce qu'a compris le chef Carl Murray. Quelques classiques de la maison subsistent parmi les nouveautés, mais revus et corrigés. Et les plats sentent bon, aussi variés dans leur présentation que dans la palette des saveurs qu'il vous est donné de découvrir d'un plat à l'autre — une assiette boucanée à l'amérindienne (avec banique à la gourgane), des médaillons de veau aux bâtonnets de gruyère et sauce Espelette, un risotto de lapin frais aux shiitakes, un raviolo de canard confit. Lors de notre dernière visite, nous avons littéralement craqué pour le poulet grillé style Hunan et pour le sundae de foie gras (accompagné de ses «bonbons») qui s'est révélé absolument génial. Beau choix de vins. Le service demeure gentil et attentif, mais tellement rapide... pour ne pas dire fulgurant.

AMÉRIQUE DU NORD
YUZU SUSHI BAR

MIDI **30 $**
SOIR **100 $**

2007

CUISINE	★★★★	★★★★
SERVICE	★★★	★★★★
DÉCOR	★★★★	★★★★

BASSE-VILLE
438, RUE DU PARVIS
(418) 521-7253

2006-08-30

Vincent Morin, le nouveau chef du Yuzu, a déjà fait ses preuves — et comment! —, notamment en France et dans un restaurant de la Beauce. Autant nous avons apprécié son style ailleurs, autant nous prenons plaisir à redécouvrir, dans un univers tout différent, son goût juste et raffiné, ainsi que sa parfaite connaissance des produits qui nous vaut des sauces gouleyantes, des mets délicieux et parfaitement équilibrés. Makis, sushis, plats de viande, porcelet, poissons, calmars, pétoncles ou noix de ris de veau, c'est chaque fois un régal. La carte des vins est à l'avenant, intéressante et variée. On vous propose même du champagne au verre ou en format individuel. Choix de bières, de sakés, etc. Serveurs et serveuses se montrent attentifs à vos moindres besoins.

Accords

vins & mets

FRANCE

La France propose un grand nombre de cuisines régionales qui allient, dans cette nouvelle ère de gastronomie française, plus de raffinement et de fraîcheur. Les vins français, ayant subi les mêmes transformations favorables, seront les incontestables favoris pour créer les combinaisons gagnantes. Les mariages régionaux, garants de succès, sont à notre portée grâce à la collaboration de notre société d'État (SAQ) qui offre une gamme quasi complète des produits viticoles de l'Hexagone.

FOIE GRAS POÊLÉ
Coteaux-du-layon ou sauternes France

BAVETTE À L'ÉCHALOTE
Bordeaux rouge ou coteaux-du-languedoc rouge France

PLATEAU DE FRUITS DE MER
Muscadet ou sancerre ou chablis France

CONFIT DE CANARD
Madiran ou cahors France

TARTE TATIN
Loupiac ou sainte-croix-du-mont ou bonnezeaux France

PRENEZ GOÛT
À NOS **CONSEILS**

SAQ

L'Utopie *Bruno Bernier, copropriétaire
et Stéphane Modat, chef-copropriétaire*
Page 246

FRANCE

Richesse et raffinement, précision et variété, il est difficile de qualifier le style de cette cuisine qui autrefois régnait en maître sur le paysage gastronomique de chez nous. Tout aussi délicat de déterminer les saveurs et produits principaux. Si certains éléments se détachent évidemment, crème beurre, truffe, vins, foie gras et fromages, d'autres sont apparus dans les versions modernes de cette cuisine éminemment traditionnelle. Surgissent à l'occasion quelques petits bistros sympathiques qui proposent des cuisines régionales faisant la part belle aux produits locaux, bien tournées et habilement adaptées aux goûts des fines fourchettes de chez nous.

Malgré les particularités qui les distinguent, nos chefs québécois, suisses ou belges ne sont donc pas surpris de se retrouver sous la rubrique «France». Avec l'italienne, cette cuisine française a longtemps dominé le paysage gastronomique de Québec, le prestige incontesté de quelques bonnes tables rejaillissant sur toute la région. Au fil des ans, le nombre d'établissements a augmenté et l'on assiste à une véritable floraison de jeunes chefs talentueux, hommes et femmes passionnés dont les créations se signalent autant par leur fraîcheur que par leur qualité et leur originalité.

FRANCE				MIDI	**30 $**
AUBERGE LA BASTIDE				SOIR	**65 $**

	2007		**PORTNEUF**
CUISINE	★★★	★★★	567, RUE SAINT-JOSEPH, SAINT-RAYMOND (418) 337-3796
SERVICE	★★	★★	
DÉCOR	★★★	★★★	2005-07-07

L'Auberge La Bastide s'est donné pour mission de valoriser la région de Portneuf, ses artisans de bouche et ses produits. On vient parfois de loin pour goûter à cette saine «cuisine créative» dont on se régale dans la salle à manger décorée de tableaux signés Élise Caron, Paule Trottier, Pascal Cothet... dans la verrière qui donne vue sur un immense terrain paysager. L'été, on préfère la petite terrasse planchéiée, presque tapie dans un creux de verdure. Agneau, gibier, poissons, fruits de mer et fromages, diversement apprêtés selon l'inspiration du chef, composent les menus «Terroir» et «Savourez Portneuf», sans oublier la gastronomique «Expérience des sens» de huit services. Afin d'offrir le maximum à sa clientèle, l'auberge compte un nombre réduit de chambres. Elle propose toute l'année des forfaits comprenant le coucher, l'aventure ou les promenades, ainsi que le souper et le «déjeuner gourmand».

FRANCE				MIDI	**25 $**
BISTROT LE MOULIN À POIVRE				SOIR	**60 $**

	2007		**SAINTE-FOY**
CUISINE	★★★	★★★	2510, CHEMIN SAINTE-FOY (418) 656-9097
SERVICE	★★★	★★★	
DÉCOR	★★★	★★★	2005-03-09

D'une saison à l'autre, les thématiques de ce bistro typiquement français laissent des traces de leur passage, des mets qui font bientôt partie des classiques de la maison. Au-dessus du cellier adossé au mur du fond, des pièces de poterie alsacienne se pressent sur une large tablette. D'autres décorent le mur adjacent avec, juste en dessous, la reproduction d'une gigantesque peinture en trompe-l'œil: la *Fresque des Lyonnais*. Ici ou là, un miroir ajoute de la profondeur au décor et des affiches couleur vous invitent en Corse ou en Alsace. Peu importe où vous vous transportez en imagination, la carte fait mieux encore avec ses ris de veau caramélisés sauce au porto, foie d'agneau de chez Georges, faux-filet de bœuf sauce au poivre, boudin noir aux pommes, manchons de lapin du Sud-Ouest, cuisse de canard confite, jarret d'agneau au romarin, magret de canard au poivre noir concassé, salade gourmande périgourdine, foie gras, tourin et choucroute sundgovienne. Choix de bons vins et de bons portos. Service attentif et enjoué.

FRANCE				MIDI	**30 $**
CAFÉ DU CLOCHER PENCHÉ				SOIR	**65 $**

	2007		**BASSE-VILLE**
CUISINE	★★★★	★★★★	203, RUE SAINT-JOSEPH EST (418) 640-0597
SERVICE	★★★	★★★	
DÉCOR	★★★	★★★	2005-10-26

Un établissement en constante évolution, qu'on a vu grandir et se raffiner depuis son acquisition par ses propriétaires actuels. Il entame sa cinquième année d'existence et n'a rien perdu de ce qui a toujours fait son charme. Des menus alléchants, régulièrement renouvelés, des produits frais et cuisinés de main de maître, des plats copieux et gourmands, un personnel sympathique et professionnel, bien au courant de ce qu'il vous propose. Le bio et les produits d'importation privée prédominent sur la carte des vins intelligente, enrichie et repensée. Les réaménagements apportés au décor mettent davantage en relief les boiseries et nous rendent plus accessible la seconde partie de la salle à manger où des artistes exposent leurs œuvres à tour de rôle.

FRANCE
INITIALE

MIDI **40 $**
SOIR **135 $**

	2007		**VIEUX-PORT**
CUISINE	★★★★★	★★★★★	54, RUE SAINT-PIERRE
SERVICE	★★★★	★★★★★	(418) 694-1818
DÉCOR	★★★★★	★★★★★	

2006-03-30

Ceux qui ont eu le bonheur de fréquenter ce restaurant de grande classe ne s'étonneront pas qu'il fasse désormais (et depuis peu) partie de la prestigieuse chaîne Relais & Châteaux. Dans ce décor magnifique où l'on a fait le pari de vous éblouir, mais sans esbroufe et sans tape-à-l'œil, un personnel prévenant et stylé vous prend en charge dès l'entrée et, tout au long de la soirée, s'emploie à satisfaire vos moindres désirs — voire vos caprices. De grands crus jalonnent une carte des vins qui ne cesse d'évoluer pour s'adapter à cette table qui, chaque jour, vous offre sa cuisine des grands jours. D'un légume, d'une viande, d'une volaille ou d'un poisson, le chef Yvan Lebrun vous compose un chef-d'œuvre de beauté et un florilège de saveurs.

FRANCE
LA GIROLLE

MIDI **40 $**
SOIR **65 $**

	2007		**MONTCALM/GRANDE ALLÉE**
CUISINE	★★	★★	1384, CHEMIN SAINTE-FOY
SERVICE	★★	★★	(418) 527-4141
DÉCOR	★★	★★	

2005-08-23

La formule «apportez votre vin» continue d'attirer dans ce resto une clientèle variée composée d'hommes d'affaires, de fonctionnaires et d'employés de bureau, outre les gens des environs qui aiment bien venir goûter à ce que le chef cuisine ici au jour le jour, selon son inspiration. Pour vous mettre au parfum, un tableau noir qu'on roule jusqu'à vous: gigot d'agneau, feuilleté d'escargots, bavette de bœuf, médaillon de porc, poitrine de canard ou autres plats typiques des bistros français. Le décor, très simple, privilégie les tons frais sur lesquels tranche le rouge des sièges et des banquettes. Des œuvres abstraites et des natures mortes posent des touches de couleur sur les murs jaune clair. Service décontracté.

FRANCE
LA GROLLA

MIDI **35 $**
SOIR **70 $**

	2007		**SAINT-JEAN-BAPTISTE**
CUISINE	★★★	★★★	815, CÔTE D'ABRAHAM
SERVICE	★★★	★★★	(418) 529-8107
DÉCOR	★★★	★★★	

2005-03-17

Ce restaurant a changé de mains il y a un certain temps, mais demeure on ne peut plus suisse. Une multitude de blasons encadrent l'immense vue des Alpes affichée sur l'un des murs de briques rouges. Cloches, clarines, chopes, gerbes d'épis de blé, petites vaches de bois grossièrement sculptées complètent un décor typique de chalet... suisse. De bonnes odeurs de viandes grillées et de fromages vous mettent tout de suite en appétit pour l'une ou l'autre des pierrades flambées, aussi nombreuses que les fondues qu'on vous propose en termes de: suisse aux bolets et cognac, terre et mer, aux fruits de mer, valaisanne, chinoise, bourguignonne, de l'alpage, tessinoise, jurassienne, etc. — sans parler des raclettes et des «triplettes» (trios de fondues). Tout ce qu'on vous sert ici est délicieux, abondant, gourmand... et parfois un peu cher. Accueil cordial, ambiance chaleureuse.

FRANCE
LA NOCE

		MIDI	**40 $**
		SOIR	**70 $**

	2007	**MONTCALM/GRANDE ALLÉE**
CUISINE	★★★	102, BOULEVARD RENÉ-LÉVESQUE OUEST
SERVICE	★★★	(418) 529-6646
DÉCOR	★★	

Ⓝ ☂

2006-04-11

Ce nouveau resto honore comme il se doit les promesses de sa carte et on lui cherche en vain une erreur de jeunesse à pardonner. Cela se résume en quelques mots: un accueil professionnel, mais sans solennité, et un service qui vous donne envie de revenir, alors que vous n'êtes même pas sorti de table! Le chef s'impose le défi de vous convaincre dès le premier coup de fourchette: tout, absolument tout, peut être commandé en entrée ou comme plat de résistance. Il a pour arguments sa créativité, son sens aigu de l'équilibre... et des produits frais qu'il apprête avec une belle maîtrise: calmars frits, ravioles de queue de bœuf, joue de veau braisée, tartare de bœuf, sans oublier son irrésistible «fromage cuisiné de ce soir». Choix intéressant de vins.

FRANCE
LA PETITE FOLIE

		MIDI	**35 $**
		SOIR	**50 $**

	2007		**SAINTE-FOY**
CUISINE	☆☆☆	★★★	1995, BOULEVARD JEAN-TALON SUD
SERVICE	☆☆☆	★★★	(418) 681-8008
DÉCOR	☆☆☆☆	★★★	

☂

2006-02-09

Un «bouchon lyonnais» dans un quartier industriel? Du bouchon lyonnais, La Petite Folie a emprunté, d'abord, la chaleur qui se reflète dans son décor, son accueil, son service. Ensuite, un style de cuisine: tendance traditionnelle française avec boudins, gigots, sauces et autres cagouilles. Généreuse, réconfortante, un chouïa lourdingue. Du quartier industriel, elle a la clientèle, d'habitués souvent, masculine pour beaucoup, cadres et leurs clients par exemple puisque la maison pratique des prix plus élevés que ce à quoi on s'attend le midi. La Petite Folie n'ouvre ses portes pratiquement que le midi en semaine! On ne traverse pas la ville pour y dîner. Mais quand on est dans les alentours, et qu'on a envie ou besoin d'autre chose que du resto familial...

FRANCE
LA TABLE DU MANOIR VICTORIA

		MIDI	—
		SOIR	**55 $**

	2007	**VIEUX-QUÉBEC**
CUISINE	★★★	44, CÔTE DU PALAIS
SERVICE	★★★	(418) 692-1030
DÉCOR	★★★	

Ⓝ

2005-09-07

La Table du Manoir Victoria accueille surtout les clients de l'hôtel, touristes et gens d'affaires qui recherchent le calme propice aux agréments d'une cuisine rassurante. D'un chic sans âge et, dirait-on, indémodable, la salle à manger est immense, faiblement éclairée, meublée de grandes tables circulaires ou carrées. Sur la carte, c'est d'abord le menu «Tête-à-tête», bien en évidence, qui attire l'attention. Immuable au fil des ans, il vous propose le carré d'agneau ou le châteaubriant pour deux «tranchés en salle». Puis, c'est la table d'hôte sage et séduisante: entrecôte flambée au bleu danois et autres victuailles. Une vichyssoise ou une soupe aux tomates et riz suffisent à vous convaincre que la simplicité n'exclut pas l'excellence. Des sauces suaves et raffinées accompagnent viandes et volailles et, en ce qui concerne ces dernières, le suprême de pintade dijonnaise est à ranger parmi les incontournables. Bon choix de vins et d'alcools. Service calme et attentif.

FRANCE
L'ARDOISE RESTO-BISTRO

		MIDI	**20 $**
		SOIR	**55 $**

	2007	
CUISINE	★★ ★★★	
SERVICE	★★ ★★	
DÉCOR	★★★ ★★★	

VIEUX-QUÉBEC
71, RUE SAINT-PAUL
(418) 694-0213

2006-08-23

S'il n'a plus tout à fait ses airs de petit café, L'Ardoise n'en continue pas moins de proposer une carte simple où se sont ajoutés des mets un peu plus élaborés, tel ce médaillon de veau au citron vert venu rejoindre les «classiques» de la maison: tartares succulents, bisques onctueuses et odorantes, boudin, escargots, entrecôte, salades fraîches, moules dodues et frites délicieuses. Nous avons d'ailleurs noté une nette amélioration globale par rapport à notre précédente visite. Et le décor se révèle toujours aussi chaleureux avec ses vieilles pierres grises, ses tableaux, ses jardinières suspendues et les vitrages donnant vue sur la petite terrasse ombragée. Le personnel est attentif et, le plus souvent, souriant. Choix de bières et de vins.

FRANCE
L'ASTRAL

		MIDI	**35 $**
		SOIR	**90 $**

	2007	
CUISINE	★★★ ★★★★	
SERVICE	★★★ ★★★★	
DÉCOR	★★★★ ★★★	

MONTCALM/GRANDE ALLÉE
1225, COUR DU GÉNÉRAL DE MONTCALM
(418) 647-2222

2006-03-15

L'Astral, restaurant «rotatif» dont la salle est plutôt banale en elle-même, est cependant juché au sommet d'un hôtel de 29 étages, sur les hauteurs de Québec: point de vue impressionnant sur la Vieille Capitale (ou la Capitale nationale, c'est selon) et ses alentours. Jean-Claude Crouzet, chef exécutif, s'y exprime sur plusieurs modes: midi et soir, il offre des repas à la carte mais utilise aussi la formule buffet lorsque l'achalandage est plus important (on le sait quelques jours à l'avance), le samedi soir et pour les brunchs du dimanche. En soirée, une partie de son menu est consacrée à des tables d'hôte thématiques. La fébrilité propre aux grands hôtels peut plaire ou déplaire, mais le coup d'œil est impressionnant et le buffet, fameux.

FRANCE
LAURIE RAPHAËL

		MIDI	**40 $**
		SOIR	**185 $**

	2007	
CUISINE	★★★★★ ★★★★★	
SERVICE	★★★★ ★★★★	
DÉCOR	★★★★★ ★★★★★	

VIEUX-PORT
117, RUE DALHOUSIE
(418) 692-4555

2005-08-24

Restaurant de grande classe, le Laurie Raphaël a été entièrement rénové, agrandi, repensé, et se prolonge maintenant d'un atelier à la fine pointe de la technologie (pour les cours et les «repas-démonstrations») et d'une boutique offrant «un fragment du Laurie Raphaël»: produits cuisinés, livres de recettes, accessoires, vaisselle exclusive, produits maison ou d'artisans québécois, chocolats, huiles et vinaigres importés d'Italie, etc. Comme toujours, la cuisine de Daniel Vézina surprend et fascine par sa succulence, par l'audace des apprêts et l'originalité des présentations. Elle donne à découvrir — littéralement — des aliments que l'on croit connaître, qu'il s'agisse d'un foie gras, d'un filet de bœuf, d'un bloc de thon ou d'un simple légume. Lors de notre dernière visite, le service pourtant cordial s'est révélé un peu incohérent et infiniment long pendant une partie de la soirée; il y avait affluence. Les choses se sont replacées progressivement.

FRANCE
LE CAFÉ DU MONDE

MIDI **25 $**
SOIR **60 $**

	2007		**VIEUX-PORT**
CUISINE	★★★	★★★	84, RUE DALHOUSIE, TERMINAL DES CROISIÈRES (418) 692-4455
SERVICE	★★★	★★★	
DÉCOR	★★★★	★★★★	2006-03-28

Avec ses allures de bistro chic, Le Café du monde sait attirer autant les nombreux touristes qui sillonnent le Vieux-Port que les résidents du quartier en quête d'une impression d'évasion dans leur propre ville. En effet, avec les grandes vitrines qui laissent voir la beauté du fleuve et l'activité portuaire, avec son menu typiquement parisien, c'est à une charmante excursion que nous convie ce restaurant. Vous aurez le choix parmi une variété de plats traditionnels tels le boudin noir, le tartare de saumon, le jarret d'agneau, le confit de canard ou les ris de veau. Mais l'aventure sera davantage appréciable si vous optez pour le succulent foie de veau de Charlevoix. La carte des vins soignée offre un large éventail, avec un bon choix de vins au verre.

FRANCE
LE CHAMPLAIN

MIDI —
SOIR **150 $**

	2007		**VIEUX-QUÉBEC**
CUISINE	★★★★★	★★★★★	1, RUE DES CARRIÈRES (418) 692-3861
SERVICE	★★★★★	★★★★★	
DÉCOR	★★★★★	★★★★★	2006-08-29

Constance, raffinement et souci du détail: on pourrait résumer ainsi cette table réputée du Château Frontenac où la rigueur n'exclut ni l'audace ni la fantaisie. Il nous revient chaque fois à l'esprit qu'elle rend hommage à la mémoire de Samuel de Champlain, fondateur de l'Ordre du Bon Temps... mais en des termes bien contemporains: brochette d'escargots, pétoncles et langoustines, côte de veau au ragoût de morilles, couronne de gambas, carré d'agneau ou caille Royale. Quant à la carte des vins, elle se montre en tous points digne de ces gourmandises exhaussées de sauces suaves. De la verrière flanquant la salle à manger, on jouit d'une vue magnifique sur la terrasse Dufferin, sur le fleuve et sur l'île d'Orléans. Personnel compétent et distingué.

FRANCE
LE CHARLES BAILLAIRGÉ

MIDI **30 $**
SOIR **70 $**

	2007		**VIEUX-QUÉBEC**
CUISINE	★★★★	★★★★	57, RUE SAINTE-ANNE (418) 692-2480
SERVICE	★★★★	★★★★	
DÉCOR	★★★★★	★★★★★	2005-03-30

À cette table réputée de l'hôtel Clarendon, «joyau du style Art déco», une fine cuisine du marché fait honneur aux produits du terroir québécois apprêtés avec art et maîtrise par une équipe bien rodée. Suaves ou corsées, les sauces exhaussent juste ce qu'il faut la saveur naturelle des mets — veau, agneau, chateaubriand, poissons, foie gras, fruits de mer et gibier qui s'accompagnent en outre de légumes frais et goûteux, auxquels on a manifestement accordé autant de soin. Le midi, les clients peuvent se faire servir dans le café-bar éclairé de grandes fenêtres, mais le service, quoique gentil, s'y révèle un peu moins attentif que dans la luxueuse salle à manger décorée de boiseries, de miroirs et de photographies d'archives. Choix de bons vins, de champagnes, de bières et d'alcools divers.

FRANCE			MIDI	**30 $**
LE CONTINENTAL			SOIR	**100 $**

	2007		**VIEUX-QUÉBEC**
CUISINE	★★★★	★★★★	26, RUE SAINT-LOUIS
SERVICE	★★★★	★★★★	(418) 694-9995
DÉCOR	★★★★	★★★★	2005-11-19

En 2006, Le Continental célèbre son 50ᵉ anniversaire. Après un demi-siècle d'histoire, ce restaurant de la rue Saint-Louis n'a rien perdu des mérites qui ont fait sa renommée. Qu'ils proviennent de la cuisine ou qu'ils soient grillés sous vos yeux, les plats y sont exécutés de façon irréprochable. On sera donc enchanté de savourer notamment des viandes de qualité, apprêtées et servies de façon on ne peut plus classique. On se sentira également très confortable dans ce décor, à la fois chic et chaleureux, propre à l'atmosphère des vieilles maisons cossues du 19ᵉ. Que ce soit pour un souper intime ou de groupe, l'ambiance sobre et le service effacé contribueront à faire apprécier le passage ici.

FRANCE		MIDI	**25 $**
LE FUN EN BOUCHE		SOIR	**45 $**

	2007		**LIMOILOU**
CUISINE	★★	★★	1073, 3ᴱ AVENUE
SERVICE	★★	★★	(418) 524-7272
DÉCOR	★★	★★	2005-06-08

Né du désir de proposer sur la terre ferme ce que les jeunes proprios ont pendant quelque temps mijoté sur des bateaux de la Méditerranée, ce petit restaurant embaume discrètement aux heures des repas: bonnes odeurs de marée fraîche, d'herbes et d'épices, parfum envoûtant des plats de fruits de mer qu'on savoure en souriant béatement. Simples ou non, les plats rivalisent de saveurs, d'une simple tomate farcie au chèvre chaud et pistou jusqu'à la truite amandine, en passant par les escargots, la soupe à l'oignon gratinée, les pétoncles géants sautés à l'ail. Ajoutez à cela le sourire franc et la gentillesse de ceux qui vous reçoivent, et vous en oubliez les faiblesses d'un décor qui en est à ses balbutiements. Les haut-parleurs débitent en sourdine des succès populaires et les murs s'ornent de quelques tableaux, dont une collection de menus objets marins sous verre. Vins et bières à prix populaires.

FRANCE			MIDI	**40 $**
LE GALOPIN			SOIR	**85 $**

	2007		**SAINTE-FOY**
CUISINE	★★★★	★★★★	3135, CHEMIN SAINT-LOUIS
SERVICE	★★★★	★★★★	(418) 652-0991
DÉCOR	★★★★	★★★★	2006-03-21

Gentillesse, constance et raffinement sont les atouts maîtres de ce restaurant où le souvenir vous ramène encore et encore. Ajoutez à cela une élégance vraie, sans tape-à-l'œil. Les vins sont nombreux et variés, dont quelques-uns (trop peu) disponibles au verre. Éric Fortin et son équipe vous apprêtent avec une admirable maîtrise des produits choisis avec grand soin. La réputation de leurs tartares de bœuf ou de saumon n'est plus à faire depuis longtemps; ils ne s'en tiennent pas là et se surpassent également dans la préparation du gibier, du veau, des poissons et fruits de mer. Les assaisonnements, les sauces, les accompagnements, tout concourt à cette harmonie qui vous enchante une soirée. Le personnel assure un service à la fois cordial et professionnel.

FRANCE
LE GRIFFÉ

MIDI **25 $**
SOIR **70 $**

	2007		**CHARLESBOURG**
CUISINE	★★★★	★★★★	7900, RUE DU MARIGOT
SERVICE	★★★★	★★★★	(418) 627-8008
DÉCOR	★★★★	★★★★	

2005-08-23

L'aspect extérieur du Sheraton de Charlesbourg ne laisse en rien deviner ce qui vous attend une fois franchi le seuil du restaurant Le Griffé: une salle à manger presque démesurée, d'un chic sobre, dont le décor évoque l'Afrique avec goût et retenue. D'abord, un salon cossu, égayé de tableaux, vous convie à la paresse; puis c'est le bar immense et le reste de la pièce qui de partout sollicite le regard: masques de différentes ethnies, fausses colonnes de drapé éclairées en transparence, jardinières de paille, tableaux, sculptures d'animaux, sièges confortables, tapis moelleux... Le personnel est aussi heureux que vous d'être là et se réjouit des moments inoubliables que vous allez passer. En effet, trois chefs reconnus (Claude Godbout, Yvan Fillion et Didier Martin) mettent en commun leur talent et leur créativité pour faire de chaque plat — poissons, crustacés, volaille, agneau, gibier, porc ou bœuf — une réussite dans son genre. Beau choix de vins et d'alcools.

FRANCE
LE GRILL SAINTE-ANNE

MIDI **35 $**
SOIR **65 $**

	2007	**VIEUX-QUÉBEC**
CUISINE	★★★	32, RUE SAINTE-ANNE
SERVICE	★★★	(418) 692-4447
DÉCOR	★★★★	

2006-07-19

Dans un décor à la fois chic et sobre, d'imposantes banquettes à haut dossier baignent dans une lumière diffuse et vous convient à la détente. Par beau temps, vous préférerez parfois la terrasse pour vous plonger littéralement dans un bain de foule — vacanciers, touristes, artistes ambulants, tout ce beau monde qui va et vient dans cette portion «artistique» de la rue Sainte-Anne. Un nouveau chef a depuis peu entrepris de rehausser le niveau gastronomique de l'établissement. Jacques Le Pluart travaille les viandes, la volaille et les poissons avec l'élégance, l'audace et la rigueur qui ont fait sa réputation. Ses bisques sont des velours parfumés et ses sauces valent à elles seules le déplacement! Choix intéressant de bières, de vins et d'alcools.

FRANCE
LE MARIE-CLARISSE

MIDI **50 $**
SOIR **110 $**

	2007		**PETIT-CHAMPLAIN**
CUISINE	★★★★	★★★	12, RUE DU PETIT-CHAMPLAIN
SERVICE	★★★★	★★★★	(418) 692-0857
DÉCOR	★★★★	★★★	

2006-04-30

Le Marie-Clarisse tire son nom d'une goélette des années 20. L'environnement est dominé par un bleu royal dont la froideur est équilibrée par des murs de pierre impressionnants d'authenticité. Ici, les signaux sont donc «maritimes». L'ambiance, très confortable malgré certaines faiblesses, est renforcée par un service agréable, pratiquement sans faux pas. Le menu, changeant au gré des arrivages, permet au chef d'explorer, et l'on ne vous recommandera pas une recette incertaine. Dans l'assiette, la fraîcheur est, elle aussi, sans faille, mais certains plats manquent parfois d'équilibre, tiraillés entre des saveurs trop affirmées. Vous quitterez votre ancrage avec des souvenirs d'effluves marins et salés, comme la note.

FRANCE			MIDI	**30 $**
LE PAIN BÉNI			SOIR	**65 $**

	2007		**VIEUX-QUÉBEC**
CUISINE	★★★	★★★	24, RUE SAINTE-ANNE (418) 694-9485
SERVICE	★★★	★★★	
DÉCOR	★★★	★★★	2006-01-05

Dans ce décor confortable et dépouillé évolue un personnel jeune, souriant et professionnel. Dans la salle à manger que prolongent, au fond, deux salons de dimensions moyennes, la cuisine et tout ce qui s'y mijote sont à la portée de votre curiosité. Soir ou midi, on vous sert ici du gibier (gros ou petit), de la volaille, des poissons — produits de qualité et, surtout, de première fraîcheur. La présentation et le contenu des assiettes satisferaient les plus exigeants. Parce que la plupart des créations du chef se signalent par l'originalité des apprêts et des accompagnements, on se laisse aisément conquérir par une cassolette de moules à la tequila, un curry de légumes aux noix d'acajou et abricots séchés, une bavette de cerf aux canneberges...

FRANCE			MIDI	**30 $**
LE PÉCHÉ VÉNIEL			SOIR	**95 $**

	2007		**VIEUX-PORT**
CUISINE	★★★	★★	233, RUE SAINT-PAUL (418) 692-5642
SERVICE	★	★★	
DÉCOR	★★★★	★★★★	2006-04-22

Une magnifique petite terrasse d'angle, coquettement fleurie, accueille pendant la belle saison une clientèle variée de promeneurs et de touristes. Certains s'arrêtent là le temps d'une salade, d'une assiettée de calmars, d'une bière ou d'un verre de vin qui sied bien aux vacances. À l'intérieur, la grande salle à manger se prolonge d'une seconde, plus intime, non loin des cuisines. Les entrées ne manquent pas de caractère. La carte fait la part belle aux fruits de mer (moules et frites, pavé de flétan rôti à la fleur de sel, parfait kamikaze de homard...). Le chef ne dédaigne pas pour autant les pâtes fraîches, le foie gras, les grillades, sans oublier l'authentique tourtière du Lac-Saint-Jean. Service dévoué. Choix intéressant de vins et d'alcools.

FRANCE			MIDI	**35 $**
LE SAINT-AMOUR			SOIR	**90 $**

	2007		**VIEUX-QUÉBEC**
CUISINE	★★★★★	★★★★★	48, RUE SAINTE-URSULE (418) 694-0667
SERVICE	★★★★	★★★★	
DÉCOR	★★★★	★★★★	2005-08-14

Une véritable cure de bonheur, le temps d'un repas où vous prend en charge un personnel attentif et bien rodé! Entrées chaudes ou froides (huîtres, tartares, foie gras), plats de viande ou de poisson, fruits de mer, gibier de poil ou de plume semblent ne pas pouvoir mériter d'autre traitement que celui qu'on leur applique ici et les sauces divines qui les accompagnent. Renouvelée au gré des saisons, la carte privilégie la fraîcheur et la qualité de produits qu'on apprête et mignote en cuisine avec une exceptionnelle maîtrise. Quant à la cave, elle se montre, comme toujours, à la hauteur: riche et raffinée. Dans ce resto béni des dieux de la bombance, on retrouve trois salles à manger pareillement agréables, deux plutôt classiques et une verrière plus «estivale», éclairée à giorno et agrémentée de plantes vertes accrochées aux murs de vieilles pierres ou débordant des grandes jardinières suspendues au plafond.

FRANCE
LE SAINTE-VICTOIRE

MIDI **30 $**
SOIR **60 $**

	2007	
CUISINE	★★★	★★★
SERVICE	★★★	★★★★
DÉCOR	★★★	★★★★

BASSE-VILLE
380, BOULEVARD CHAREST EST
(418) 648-6666

2006-04-06

Annonçant une cuisine française, Le Sainte-Victoire, nommé en hommage au peintre impressionniste Cézanne, est le restaurant de l'Hôtel Royal William, quartier Saint-Roch. Conséquente, la carte annonce tartare, ris de veau, cailles et autres. En bref: présentation des plats originale et très élégante; cuisson, des légumes comme des viandes, proprement impeccable; service souple et distingué; décor recherché et apaisant, enveloppant même. Mais que manquait-il donc pour provoquer en nous un enthousiasme communicatif? Peut-être des saveurs plus affinées et des sauces plus sapides, ou alors un choix de vins au verre un peu sérieux, ou peut-être des serviettes en tissu pour aller avec l'ensemble. Des détails, quoi?

FRANCE
LE SAINT-MALO

MIDI **25 $**
SOIR **50 $**

	2007	
CUISINE	★★★	★★★
SERVICE	★★	★★
DÉCOR	★★	★★

VIEUX-PORT
75, RUE SAINT-PAUL
(418) 692-2004

2005-08-08

Depuis bientôt un quart de siècle, Le Saint-Malo mène son petit bonhomme de chemin sans tapage. Bouillabaisse, escalope de veau, jarret d'agneau, lapin braisé, calmars, boudin grillé, cervelle de veau et cassoulet constituent l'essentiel de ce qu'on cuisine ici, matin et soir, et qu'on vous sert avec l'enjouement poli qui sied à ce type de bistro, plus soucieux de satisfaire le client que de faire dans le tape-à-l'œil. Petites tables, chaises et banquettes composent un mobilier fort simple, et les murs de pierres grises, presque noires, s'ornent de nombreux objets décoratifs. L'été, pour manger ou pour vider un pot, on dispose d'une terrasse installée à même le trottoir, à l'ombre de grands arbres. Choix de bières et de vins populaires.

FRANCE
L'ÉCHAUDÉ

MIDI **35 $**
SOIR **100 $**

	2007	
CUISINE	★★★★	★★★★
SERVICE	★★★	★★★
DÉCOR	★★★	★★★

VIEUX-PORT
73, RUE DU SAULT-AU-MATELOT
(418) 692-1299

2006-05-17

Ici, c'est la cuisine d'humeur, de la bonne humeur insensible aux caprices du temps. Saison touristique ou pas, un personnel attentif vous dorlote autant que le chef, en cuisine, chouchoute ses plats de viande ou ses fruits de mer exhaussés de sauces suaves. Mets fins ou costauds, peu importe: les assiettes, montées avec élégance, témoignent d'un souci d'équilibre qui réjouit l'œil autant que le palais. Cela vaut donc autant pour la saucisse de Toulouse et boudin blanc (emmitouflés dans une pâte à lasagne) que pour les rillettes de chevreau, le magret de canard rôti à la nage, la caille farcie aux raisins et pacanes, les pétoncles en corail gratinés au sabayon de homard. La cave, superbement garnie, demeure l'une des plus remarquables en ville.

FRANCE
LES ANCÊTRES

	2007	
CUISINE	★★★ ★★★	
SERVICE	★★★ ★★★	
DÉCOR	★★ ★★	

MIDI —
SOIR **55$**

ÎLE D'ORLÉANS
391, CHEMIN ROYAL, SAINT-PIERRE
(418) 828-2718

2005-04-16

Encore plus spectaculaire depuis la disparition des arbres qui cachaient une partie du paysage, la terrasse de ce bistro vous donne une vue époustouflante sur le fleuve, l'autre rive, les chutes Montmorency et les quartiers qui s'étagent en deçà des montagnes. Certains soirs d'été, les méchouis (d'agneau, de porc et de bœuf) figurent au menu et attirent ici une abondante clientèle de promeneurs et de vacanciers. La carte propose en tout temps des plats odorants et appétissants, des grillades de viandes et de poissons, des pâtes, des moules et frites, ris de veau, lapin, ainsi que certains incontournables de la cuisine québécoise traditionnelle, tels le rôti de porc et patates jaunes, le pâté à la viande, la soupe aux pois et les fèves au lard. Service professionnel et attentif dans une ambiance des plus cordiales.

FRANCE
LES BOSSUS

	2007	
CUISINE	★★	
SERVICE	★★★	
DÉCOR	★★★	

MIDI **20$**
SOIR **40$**

BASSE-VILLE
620, RUE SAINT-JOSEPH EST
(418) 522-5501

2005-10-19

Les jeunes proprios ont choisi pour ce bistro un nom qui devrait leur porter chance. Une confortable banquette court le long du mur de briques que semblent ajourer de grands miroirs encadrés. Près des portes vitrées donnant vue sur la rue Saint-Joseph, de grosses ampoules nues tombent en grappes du plafond. Derrière le bar rectiligne éclairé de globes lumineux, un tableau noir annonce le «Repas des habitués» et ce qui peut le compléter (entrée, café, etc.). L'accueil est fort gentil, attentif et souriant. Entre la carte du soir et celle du jour, peu de différences: on peut donc, soir ou midi, manger là simplement ou bien se compliquer agréablement la vie. Fondue parmesan, bavette à l'échalote, ratatouille, foie gras poêlé, steak frites, tartares de bœuf et de saumon, boudin aux poires et salade landaise figurent au répertoire d'un chef soucieux de plaire à tous les goûts. Le choix de vins est à l'avenant.

FRANCE
LES FRÈRES DE LA CÔTE

	2007	
CUISINE	★★★ ★★★	
SERVICE	★★ ★★	
DÉCOR	★★★ ★★★	

MIDI **25$**
SOIR **40$**

VIEUX-QUÉBEC
1190, RUE SAINT-JEAN
(418) 692-5445

2005-03-14

De la soie, par rapport à notre précédente visite, notamment en ce qui concerne le service qui s'est beaucoup amélioré et se révèle cordial et décontracté. On retrouve presque les grands sourires et la jovialité qui avaient dès les débuts conquis la clientèle fort variée de ce bistro dont la principale spécialité demeure les pizzas et calzoni, bien qu'on puisse, midi et soir, y manger aussi des plats de viande (agneau, bœuf), des pâtes, des grillades savoureuses et de copieuses salades. L'été, les grandes fenêtres de la salle à manger s'ouvrent toutes grandes pour laisser entrer un peu de la rumeur bienfaisante de ce coin de rue perpétuellement animé. Choix intéressant de vins, de bières et d'alcools accessibles à tous les budgets.

FRANCE
L'UTOPIE
MIDI **40 $**
SOIR **160 $**

2007   **BASSE-VILLE**

CUISINE	☆☆☆☆	★★★★★
SERVICE	☆☆☆☆	★★★★
DÉCOR	☆☆☆☆	★★★★

226-1/2, RUE SAINT-JOSEPH EST
(418) 523-7878

2005-12-21

On ne vient pas ici que pour manger, mais pour vivre une passionnante aventure où l'on s'émerveille candidement à chaque rebondissement. C'est que ce magnifique établissement résume en quelques plats tout le bonheur qu'on souhaite à ceux qui nous sont chers – à commencer par soi-même. Angles, surfaces, matières et couleurs sont autant d'éléments que Pierre Bouvier a structurés comme un langage. Cet architecte s'est aussi fait complice du chef Stéphane Modat pour la conception du menu «Architecture», véritable corso de mets suprêmement raffinés, encensés de sauces divines, où dialoguent les formes et les textures. Presque tout ce qui se boit ici est bio et d'importation privée. Autant que le reste, on apprécie la gentillesse tranquille d'un personnel très compétent.

FRANCE
MISTRAL GAGNANT
MIDI **25 $**
SOIR **70 $**

2007   **VIEUX-PORT**

CUISINE	☆☆☆	★★★
SERVICE	☆☆☆	★★★
DÉCOR	☆☆☆	★★★

160, RUE SAINT-PAUL
(418) 692-4260

2006-03-28

On vient ici pour l'ambiance, et l'on se rappelle soudain que le dépaysement a bon goût... et les bonnes odeurs d'une cuisine résolument provençale. Voilà donc un refuge gourmand pour anticiper les vacances... à n'importe quel moment de l'année. Des tableaux ensoleillent de jaune, d'ocre, de vert et de bleu le mur de vieilles briques. Des pots empanachés d'herbes côtoient, sur une étagère, des livres qui vous racontent la Provence, celle-là même qu'on vous décline ici en termes de gigot d'agneau, de rouille, de tapenades, de bouillabaisse provençale et de vins choisis. Au besoin et sans nuire à leur authenticité, le chef n'hésite pas à repenser certaines recettes traditionnelles. Le service est toujours d'une grande courtoisie, souriant, prévenant.

FRANCE
MONTE CRISTO RESTO-LOUNGE
MIDI **45 $**
SOIR **110 $**

2007   **SAINTE-FOY**

CUISINE	☆☆☆☆	★★★★★
SERVICE	☆☆☆☆	★★★★
DÉCOR	☆☆☆☆☆	★★★★★

3400, CHEMIN SAINTE-FOY
(418) 650-4550

2006-08-16

Chef des cuisines, Marie-Chantal Lepage a renouvelé du tout au tout la carte de cet établissement et présente avec fierté ses propres menus. Trois autres chefs renommés œuvrent sous sa direction, rivalisant d'audace et d'ingéniosité. À de tels atouts s'ajoutent le raffinement d'un décor au goût du jour et la cordialité d'un personnel prévenant et bien formé. L'été, on préfère manger sur la terrasse couverte et chauffée ou, un peu plus bas, dans les jardins du Napa Grill. Opulentes, fastueuses, raffinées ou délicates, les entrées sont de dignes préludes à vos régals de viandes, de volailles et de fruits de mer toujours apprêtés avec un art consommé. Un personnel d'une extrême gentillesse vous conseille sur le choix des mets et des vins d'accompagnement.

FRANCE
PANACHE

MIDI **40 $**
SOIR **100 $**

2007
CUISINE	★★★★★	★★★★★
SERVICE	★★★★	★★★★
DÉCOR	★★★★	★★★★

PLACE ROYALE
10, RUE SAINT-ANTOINE
(418) 692-1022

2005-06-21

Ici, on joue parfois du paradoxe comme d'autres jouent du pinceau ou d'un instrument de musique. Ainsi, un plat souvent banal sort des cuisines du Panache absolument magnifié, au point qu'un hachis Parmentier, par exemple, vous embue la vue et vous fait glousser de plaisir. Des œufs de caille pochés en feront autant. Et de même ce qui s'ensuit, les plats de viandes, de poissons, de fruits de mer, de gibier… jusqu'aux desserts dont la seule vue vous culpabilise délicieusement. Votre repas est donc un crescendo sans fausses notes, ponctué à votre guise de vins choisis et d'eaux embouteillées venues de partout. Un établissement aussi distingué que l'Auberge Saint-Antoine ne pouvait pas s'offrir une autre table que celle-là, raffinée au possible et dressée dans un décor de vieilles briques et de vieilles pierres intégrant accessoires et mobilier bien d'aujourd'hui.

FRANCE
PARIS-BREST

MIDI **40 $**
SOIR **80 $**

2007
CUISINE	★★★★	★★★
SERVICE	★★★★	★★★
DÉCOR	★★★★	★★★★

MONTCALM/GRANDE ALLÉE
590, GRANDE ALLÉE EST
(418) 529-2243

2006-01-12

Efficace et diligent, le service au Paris-Brest vous prend aussitôt en charge, dans un décor qui vous enveloppe dès que vous pénétrez dans cette salle au plafond bas et sans fenêtres, à l'éclairage soigné, tout en tons chaleureux de jaune ocré et de brun tête-de-nègre. Cuisine française à l'affiche, cette maison laisse une large part aux viandes (bœuf et veau), poissons (saumon principalement) et autres fruits de mer, tout en offrant pâtes et gibier à plumes. La cuisine cherche essentiellement à satisfaire une vaste palette de clientèles en quête de traditions plutôt que de surprises culinaires, comme la carte des vins d'ailleurs qui présente des bouteilles de tous prix et de toutes provenances, mais peu de vins au verre.

FRANCE
PARIS-GRILL

MIDI **25 $**
SOIR **50 $**

2007
CUISINE	★★	★★★
SERVICE	★★	★★★
DÉCOR	★★★	★★★

SAINTE-FOY
3121, BOULEVARD HOCHELAGA
(418) 658-4415

2005-12-19

Cette brasserie de style parisien avec sa belle grande salle, sa terrasse et son ambiance animée détonne passablement dans un quartier de Sainte-Foy totalement dépourvu d'attraits, entre autoroutes et boulevards. Au menu, se côtoient escargots, calmars frits, moules, steak frites, grillades et autres spécialités de la capitale française. De façon plus surprenante, on peut également découvrir la poutine avec effiloché de canard confit et camembert! Pour couronner le tout, les conseils avisés du personnel guident l'amateur parmi le vaste choix de vins où se camouflent de belles importations privées. Bref, ce restaurant du Groupe Restos Plaisirs offre une cuisine savoureuse à des prix très corrects.

FRANCE
POISSON D'AVRIL

MIDI —
SOIR **70 $**

		2007	VIEUX-PORT
CUISINE	★★★	★★★	115, QUAI SAINT-ANDRÉ
SERVICE	★★★	★★★	(418) 692-1010
DÉCOR	★★★	★★★	

2005-08-19

Toujours dans son sympathique décor évoquant le large — grand espadon, poissons divers et voiliers en réduction —, le Poisson d'avril embaume la marée fraîche, les aromates, les sauces au vin. Les moules connaissent ici divers apprêts (poulette, au saumon fumé, etc.) et se retrouvent aussi dans certains plats particulièrement odorants, dont la fameuse et imposante «Assiette du commodore». Calmars frits ou a la plancha, bouillabaisse, soupe de poissons, bar rayé grillé, pétoncles au blanc de poireau ou langoustines à la coriandre s'accompagnent de frites délicieuses, de légumes frais ou de riz basmati. Aucun problème si vous souhaitez plutôt des côte-lettes d'agneau, du magret de canard sauté, des raviolis farcis d'agneau rôti. Choix de vins et de bières de diverses provenances; champagne disponible au verre. Service rapide et gentil.

FRANCE
QUE SERA SERA

MIDI **30 $**
SOIR **70 $**

		2007	VIEUX-QUÉBEC
CUISINE	★★★	★★★	850, PLACE D'YOUVILLE
SERVICE	★★★	★★★	(418) 692-3535
DÉCOR	★★★★	★★★★	

2005-03-31

Que Sera Sera voulait dès ses débuts offrir une «fine cuisine du marché»: sa période de rodage est déjà loin derrière et il fait à son tour la preuve que les restaurants d'hôtels se soucient de plus en plus de la qualité de leur table. Alors que certains établissements négligent les menus du jour, sous prétexte que le chef s'éclate mieux en soirée, on vous offre ici, soir ou midi, de quoi vous réjouir. D'abord, ce qu'on pourrait appeler le «parfum de fond», un bouquet d'arômes échappé des cuisines proches et des tables qui vous environnent; puis, des plats bellement présentés qui vous font envie et que vous savourez avec un plaisir croissant. Ce sont rillettes savoureuses (pas trop grasses), potages appétissants, foie d'agneau, poulet à l'orientale, poissons et fruits de mer. Quant aux desserts, ils semblent faits exprès pour vous combler de bonheur... et de remords. Bon choix de vins et d'alcools.

FRANCE
TOAST!

MIDI **25 $**
SOIR **60 $**

		2007	VIEUX-PORT
CUISINE	★★★★	★★★★	17, RUE DU SAULT-AU-MATELOT
SERVICE	★★★	★★★	(418) 692-1334
DÉCOR	★★★★	★★★★	

2005-01-19

Toast! tient fidèlement les promesses d'une carte originale dont la lecture est déjà, en soi, un régal. Sa cuisine est de celles qu'on n'hésite pas à qualifier de sincères. Passion et créativité ne seraient rien sans cette maîtrise qui donne l'illusion de la facilité. Quoi de plus simple, semble-t-il, que deux os à moelle dressés dans une assiette creuse? C'est pourtant un petit chef-d'œuvre ici... et il ne vous reste qu'à jubiler et y prendre un plaisir presque enfantin. Il en va de même pour tout ce qui peut s'ensuivre: ris de veau poêlés, côte de cerf aux truffes noires et jus de gibier, etc. On s'extasierait longtemps sur la beauté des présentations, la délicatesse des arrangements, le mariage des couleurs qui enjolivent les assiettes. Mais au-delà de tout cela, c'est le goût qui prime. L'établissement dispose pour les beaux jours d'une superbe terrasse arrière. Service cordial et empressé.

ACCÈS WEB GRATUIT

Tous les détenteurs d'un exemplaire du *Guide Restos* imprimé ont gratuitement accès à la version électronique **www.voir.ca/guiderestos.**

POUR OBTENIR L'ACCÈS INTERNET :

Inscrivez vos coordonnées et votre courriel sur le coupon du **concours Guide Restos** (page 13).

En plus de participer au concours, vous obtiendrez un **accès complet** d'un an au *Guide Restos Voir* sur Internet.

Le coupon est valable toute l'année pour l'obtention de votre accès Internet même si la date limite pour participer au concours est dépassée.

vins & mets

ITALIE

À l'instar de leur voisine française, les nombreuses régions italiennes réclament des harmonies d'ordre géographique. Pâtes, pizzas, viandes et poissons préparés selon les traditions régionales s'inscrivent au menu des nombreux restaurants italiens du Québec. Puisque notre sélection de vins de l'Enotria est bien étoffée, il ne nous reste plus qu'à reproduire ces combinaisons gastronomiques gagnantes.

PROSCIUTTO ET MELON
Chardonnay Sicile, bianco-di-custoza Italie

FETTUCINIS AUX PALOURDES (VONGOLE)
Soave ou verdicchio-dei-castelli-di-Jesi Italie

RISOTTO AUX CHAMPIGNONS (FUNGHI)
Valpolicella ripassa ou dolcetto-d'alba Italie

OSSO BUCO À LA MILANAISE
Chianti-classico ou barbera-d'asti ou taurasi Italie

TIRAMISU
Marsala Italie, porto tawny Portugal

PRENEZ GOÛT
À NOS **CONSEILS**

SAQ

Il Teatro *Serge Gagné, chef*
Page 253

ITALIE

Y a-t-il un style qui définisse la cuisine italienne ? Comme pour sa voisine française, la diversité des régions et la force de chacune de ces cuisines régionales rendent impossible une telle définition. Saveurs et produits principaux ? Là encore, une palette d'une extraordinaire richesse. Beaucoup de pâtes et de pizzas, bien sûr, des risottos hallucinants, des viandes traitées avec un soin extrême et une émouvante authenticité. Et toujours, qu'elles viennent du Nord ou du Sud, des cuisines riches en herbes et en parfums, huile d'olive, ail, tomates, basilic, laurier, romarin, vins.

Les restaurants italiens de Québec sont nombreux. Grands ou petits, ils font en général très bien leur boulot. Nous disons «en général» simplement pour les distinguer des attrape-touristes et de ceux qui, affichant parfois «Cuisine italienne et québécoise», mêlent sur une même carte (sinon dans les mêmes chaudrons) des spaghettis affligés d'une sauce incertaine, des pseudo-salades César au bacon artificiel effrité et des pizzas parfois moins honorables que celles des grandes surfaces. Mais les vrais, eux, poursuivent sans broncher leur petit bonhomme de chemin, arrosant vos repas de vins enchanteurs, les couronnant de glaces incomparables et de desserts souvent éblouissants.

ITALIE
CASA CALZONE

	MIDI	**20 $**
	SOIR	**30 $**

	2007		**MONTCALM/GRANDE ALLÉE**
CUISINE	★★★	★★★	637, GRANDE ALLÉE EST
SERVICE	★★	★★	(418) 522-3000
DÉCOR	★★★	★★★	
			2005-07-20

Pour se retrouver ici, toutes les raisons sont bonnes: la gentillesse et la célérité du service, quelle que soit l'affluence; la cordialité du patron qui, régulièrement, fait son petit tour des tables, en salle ou en terrasse, pour s'assurer que tout va bien; et, enfin, le désir de calmer sa faim ou sa fringale de bonnes et belles pizzas chaudes, à la croûte bien cuite, de calzoni dodus, gonflés de savoureuses choses, ou bien de pâtes (lasagne, spaghettis) diversement accommodées. Le décor s'est un peu épuré depuis notre précédente visite. Il reste soigné, confortable, et l'on a gardé intact le mur blanc sur lequel des clients venus d'un peu partout ont consigné leurs commentaires en français, en espagnol, en allemand, en arabe... Choix de bières et de vins offerts à prix raisonnables.

ITALIE
CONTI CAFFÈ

	MIDI	**30 $**
	SOIR	**75 $**

	2007		**VIEUX-QUÉBEC**
CUISINE	★★★	★★★★	32, RUE SAINT-LOUIS
SERVICE	★★★	★★★	(418) 692-4191
DÉCOR	★★★	★★★★★	
			2006-01-31

Le Conti Caffè, c'est, de prime abord, l'élégance d'un décor inspirant qui semble créer lumière et classe en utilisant la translucidité du verre, un design tout en courbes et l'exubérance de grandes toiles éclatées, l'ensemble donnant beaucoup de tonus à une salle qui paraît grande. Mais ne négligeons pas la cuisine, car elle est bien faite: les saveurs sont rondes, sans aspérités. Pas de tape-à-l'œil, mais un produit très satisfaisant pour le palais. La carte est relativement simple et classique et l'on y a introduit, pour les midis, quelques «américanités» comme le hambourgeois et le club sandwich, question probablement de satisfaire une clientèle très diversifiée. Le service est très courtois et discret, ou distant? Agréables moments.

ITALIE
GRAFFITI

	MIDI	**30 $**
	SOIR	**80 $**

	2007		**MONTCALM/GRANDE ALLÉE**
CUISINE	★★★★	★★★★	1191, AVENUE CARTIER
SERVICE	★★★★	★★★★	(418) 529-4949
DÉCOR	★★★★	★★★★	
			2006-01-20

Difficile de rédiger un commentaire percutant lorsque le sujet laisse si peu d'emprise à la critique. Les accompagnements sont monotones. Bon! Mais à part cela: cuissons parfaites, sauces subtiles et équilibrées; entrées et desserts élégants; une carte des vins comme un cours de géographie planétaire, avec une proportion importante d'importations privées et un beau choix de vins au verre. Les plats de veau constituent le cœur de la carte autour duquel se greffent plusieurs autres viandes, et les pâtes, bien sûr. L'accueil est un peu bousculé, mais le service est professionnel, produit d'une tradition manifeste. Italienne dans sa classification, la cuisine du Graffiti est d'abord gastronomique de caractère.

ITALIE
IL TEATRO

	MIDI	**40 $**
	SOIR	**95 $**

	2007		VIEUX-QUÉBEC
CUISINE	★★★	★★★	972, RUE SAINT-JEAN
SERVICE	★★★	★★★	(418) 694-9996
DÉCOR	★★★	★★★	2006-05-06

On retrouve dans cet établissement des accents d'authenticité propres à confondre les plus sceptiques: une ambiance presque toujours festive, des mets hauts en couleur et des vins qui vous ensoleillent une soirée. Certains plats sont, à tous points de vue, de pures réussites, notamment les gamberetti al fegato grasso, belles grosses crevettes sautées, nappées d'une sauce au foie gras et servies sur un risotto parfumé à l'huile de truffes. Plusieurs nouveautés de la carte vous enchanteront autant – les supli aux champignons des bois ou certains plats de pâtes, de poissons ou de fruits de mer. L'été, la grande terrasse ouverte sur la place d'Youville grouille d'une foule bigarrée de clients qui s'en remet aux bons soins d'un personnel vif et empressé.

ITALIE
LA CRÉMAILLÈRE

	MIDI	**35 $**
	SOIR	**75 $**

	2007		VIEUX-QUÉBEC
CUISINE	★★★	★★★	73, RUE SAINTE-ANNE
SERVICE	★★★★	★★★★	(418) 692-2216
DÉCOR	★★★	★★★	2005-08-16

Récemment distingué par le *Wine Spectator* (Award of Excellence 2005), ce restaurant bien connu de Québec attire une clientèle fidèle et variée dans son nouveau local entièrement réaménagé. Des lustres de verre givré éclairent ce très beau décor classique qu'agrémentent des tableaux, des miroirs et des assiettes peintes. Des sièges confortables meublent les deux salles à manger desservies par un personnel prévenant et d'une inaltérable bonne humeur. La carte des vins, bien sûr, donne soif aux plus sobres. Rillettes de thon, suprême de poulet, côte de veau primeur, saumon grillé, carré d'agneau, sole de Douvres et bien d'autres victuailles odorantes composent la table gastronomique et les différents menus disponibles midi et soir.

ITALIE
LA PERLA

	MIDI	**30 $**
	SOIR	**65 $**

	2007		SILLERY
CUISINE	★★★★	★★★★	1274, RUE CHANOINE-MOREL
SERVICE	★★★★	★★★★	(418) 688-6060
DÉCOR	★★★	★★★	2005-02-17

La Perla est de ces établissements pour lesquels on entretient une affection particulière. Il y règne une indéfinissable harmonie entre l'accueil, le service et la table. Dans cet environnement de boiseries chaudes et de miroirs, un personnel empressé se charge de faire pour vous le maximum. Plats de pâtes, de poissons ou de fruits de mer sont d'abord un régal pour l'odorat et pour la vue: farfalle ai due pomodori, duo di pasta, duo di pesce, omelette brésilienne, entrecôte grillée alla mostarda, calmars à la sicilienne, scampis à la Nantua – sans oublier les «pétoncles baie de Naples» qui vous font l'effet d'une révélation. Parce que la fraîcheur prime et qu'on accorde en cuisine autant d'attention au mets principal qu'aux plus simples accompagnements, les superlatifs vous viennent spontanément à la bouche pour commenter. Choix d'apéros, de vins, de bières et de digestifs.

ITALIE
LA PIAZZETTA

		MIDI	**25 $**
		SOIR	**50 $**

	2007		**SAINT-JEAN-BAPTISTE**
CUISINE	★★★	★★★	707, RUE SAINT-JEAN
SERVICE	★★	★★★	(418) 529-7489
DÉCOR	★★★	★★★	2006-02-13

Elle est bien originale, cette Piazzetta au décor extravagant qui s'amuse à nous surprendre avec des dossiers de chaise en forme de chapeaux de bouffon et autres curiosités inspirées des personnages de la commedia dell'arte. Originale aussi dans la composition du menu qui en fait voir de toutes les couleurs et de toutes les saveurs. Il y a, bien sûr, les pâtes, les nombreuses pizzas à croûte mince et les focaccias qui ne sont pas banales avec leurs garnitures savoureuses. Mais il ne faut surtout pas hésiter à explorer la carte sous tous ses angles et sortir des sentiers battus en sélectionnant l'un des appétissants plats qui marient judicieusement produits du terroir avec épices des quatre coins du monde. Le personnel est décontracté et sympathique.

ITALIE
LA PIAZZETTA SAINT-LOUIS

		MIDI	**25 $**
		SOIR	**50 $**

	2007		**SAINTE-FOY**
CUISINE	★★★	★★★	3100, RUE DE LA FORÊT
SERVICE	★★★	★★★	(418) 650-6655
DÉCOR	★★★	★★★	2006-05-18

Plusieurs habitués se retrouvent parmi la clientèle variée qui s'arrête là le temps d'une bruschetta, d'une focaccia ou d'un sandwich à l'italienne, sinon pour un repas plus copieux de pasta (fazzolettis, linguinis ou autres), de viande ou de fruits de mer, qu'elle conclut volontiers de gâteaux et gelati maison. De temps à autre, une nouveauté s'ajoute à la carte et s'impose rapidement — telle la dukkha, pâte de focaccia aux épices égyptiennes, qu'on vous sert en trempette comme entrée. De grands vitrages éclairent la première partie de la salle à manger et donnent vue sur la terrasse extérieure. Le personnel est invariablement souriant et attentionné et ne se fait pas prier pour vous conseiller sur le choix d'un bon vin ou d'un excellent porto.

ITALIE
LA PIZZ

		MIDI	**20 $**
		SOIR	**30 $**

	2007	**VIEUX-QUÉBEC**
CUISINE	★★	299, RUE SAINT-PAUL
SERVICE	★★	(418) 692-5005
DÉCOR	★★	2006-04-05

Tous deux Lillois, les proprios de l'établissement vous reçoivent avec gentillesse dans une salle à manger confortable et bien tenue où l'humeur et l'appétit trouvent leur compte. Une immense cloison, qui semble de tôle ondulée, fait face à un grand mur de pierres grises. Des pages de revues tapissent toute une porte et l'œil s'arrête ici ou là sur des tableaux colorés. La carte vous présente en toute simplicité ses 21 délicieuses pizzas à croûte mince — pâte faite maison chaque jour et tout un choix de garnitures: tomates, crème fraîche, saucisses fumées, anchois, olives, saumon, jambon, steak, smoked-meat, bleu de Bresse, crottin de Chavignol, etc. Vous pouvez aussi vous régaler de lasagnes (viande, saumon, végé) ou de salades. Choix de vins et de bières.

ITALIE
LA POINTE DES AMÉRIQUES
MIDI **30 $**
SOIR **60 $**

	2007
CUISINE	★★
SERVICE	★★
DÉCOR	★★★

SAINTE-FOY
2815, BOULEVARD LAURIER
(418) 658-2583

2006-05-03

Classer La Pointe des Amériques dans les restaurants italiens est une approximation qu'il faut concéder pour guider le lecteur. Présentant une longue liste de pizzas, la carte a une propension marquée pour l'exotisme, naviguant allègrement entre les garnitures et les plats d'inspiration sud-américaine, extrême-orientale, indienne ou classique, dans un décor un peu tape-à-l'œil combinant bois, moquette épaisse et éclairages alambiqués. Il y a cependant un manque d'harmonie lorsqu'on suggère, par des appellations évocatrices, des saveurs complexes alors que l'on offre un produit plutôt conventionnel et sucré, présenté parfois avec un visuel (des fèves germées sur une pizza!) confondant. Qui trop embrasse mal étreint?

ITALIE
LA SCALA
MIDI **25 $**
SOIR **60 $**

	2007	
CUISINE	★★★	★★★
SERVICE	★★★	★★★
DÉCOR	★★★	★★★

MONTCALM/GRANDE ALLÉE
31, BOULEVARD RENÉ-LÉVESQUE OUEST
(418) 529-8457

2005-12-14

Sûreté de main et produits frais: ce resto ne change pas. Sa cuisine demeure aussi réconfortante que son feu de bois où cuisent de bonnes et belles pizzas – croûtes minces et savoureuses, garnitures de légumes marinés, de canard confit et pommes, de jambon ou de saucisse italienne. On n'oublie pas pour autant les autres spécialités maison telles que potages, pasta, viandes et poissons. Des bouteilles d'huile aux herbes, des assiettes finement décorées et divers objets décoratifs soulignent le chic discret de l'endroit. Le piano noir dressé près de l'entrée rappelle la vocation musicale de cet établissement où le jazz règne en maître le mercredi soir. Choix intéressant de vins, d'alcools et de bières populaires. Service sympathique et professionnel.

ITALIE
MICHELANGELO
MIDI **60 $**
SOIR **100 $**

	2007	
CUISINE	★★★★	★★★★
SERVICE	★★★★	★★★★
DÉCOR	★★★★★	★★★★★

SAINTE-FOY
3111, CHEMIN SAINT-LOUIS
(418) 651-6262

2005-08-09

Le service demeure très professionnel, même si, lors de notre dernière visite, il nous a semblé un peu fébrile et un peu moins jovial que d'habitude – sans trop nous négliger pour autant. Comme chaque fois, le bonheur était au rendez-vous: vins de choix, fromages fins, pains savoureux et variés, ainsi que viandes, poissons et pasta diversement accommodés et cuits à la perfection. Séduit par l'élégance des présentations, on ne se lasse pas de humer le moindre plat, qu'on savoure ensuite avec une gourmandise presque respectueuse. Dans l'entrée et dans toutes les parties de la salle à manger, le décor conserve son charme de palace et son luxe de bon ton qui harmonise si bien les affinités et les contrastes.

ITALIE
MOMENTO

	MIDI	30 $
	SOIR	60 $

	2007	SAINTE-FOY
CUISINE	★★★	2480, CHEMIN SAINTE-FOY
SERVICE	★★★	(418) 652-2480
DÉCOR	★★★	

N ⊕

2005-09-29

Le Momento de Sainte-Foy est de ces bistros accueillants qu'on est heureux de découvrir et qu'on regrette un peu de n'avoir pas visités plus tôt. Dès l'entrée, des odeurs rassurantes vous prennent illico par les sentiments et vous accompagnent jusqu'à la table qui vous est réservée dans cette salle à manger abondamment vitrée. La carte, prolixe et ordonnée, ne pèche pas par excès d'originalité. On apprécie tout de même ses entrées de saumon (tartare, fumé ou mariné), ses plats classiques de veau, ses pâtes (cheveux d'ange, linguinis et autres), ses pizzas, son ceviche de petites crevettes à la mangue et son carpaccio de filet de bœuf à l'huile pimentée... Au nombre des réussites, on ne peut s'empêcher de signaler la mitonnée d'escargots à la crème d'ail doux, l'escalope de veau al limone et les savoureux légumes servis en accompagnement, vraisemblablement cuits dans un bouillon aromatisé. Très bon choix de vins. L'accueil et le service sont d'une gentillesse irréprochable.

ITALIE
PORTOFINO

	MIDI	30 $
	SOIR	65 $

	2007	VIEUX-QUÉBEC
CUISINE	★★★ ★★★	54, RUE COUILLARD
SERVICE	★★★ ★★★	(418) 692-8888
DÉCOR	★★★ ★★★	

2005-03-23

Petit coin d'Italie où l'on semble faire la fête tous les jours de la semaine, le Portofino vient de célébrer son 10e anniversaire. Dix années de bonnes et joyeuses agapes copieusement arrosées! Abondance de mets ne nuit point, on le sait: le four à bois visible dès l'entrée débite à un rythme soutenu ses salivantes pizzas parfumées, tandis que, des cuisines situées dans le fond de la salle, sortent des plats de veau, des assiettées de fruits de mer, pasta, carpaccio et autres bouchées de soleil. Le personnel, en général nombreux, assure un service alerte et professionnel. Souvent, le soir, il y a là un chanteur dont la musique ajoute à l'ambiance. Le choix d'apéros, de vins, de bières et de digestifs est bien sûr à l'avenant. L'été, la clientèle déborde sur une petite terrasse propice à l'oisiveté.

ITALIE
RISTORANTE MOMENTO

	MIDI	30 $
	SOIR	55 $

	2007	MONTCALM/GRANDE ALLÉE
CUISINE	★★★ ★★★	1144, AVENUE CARTIER
SERVICE	★★ ★★★	(418) 647-1313
DÉCOR	★★★★ ★★★★	

2006-01-05

Le Momento, rue Cartier, se veut une valeur sûre et cherche à plaire à un large éventail de clientèles, et il y réussit. Une ambiance à la fois douce et vibrante, des produits d'une belle fraîcheur et un service inégal mais sympathique sont les principales forces de l'endroit. Italienne d'abord, la cuisine s'autorise cependant l'usage de plats populaires, issus d'autres traditions culinaires, tels le canard ou le thon. Si les portions sont suffisantes, les sauces, accompagnements et vinaigrettes font preuve de timidité, par crainte de déplaire probablement. Originalité et aventure ne sont pas au menu, mais une bonne diversité de plats, la «souplesse» de la carte des vins et l'ambiance accueillante vous garantissent de bons moments.

L É G E N D E

N nouveauté

↑ amélioration de la cuisine

⊕ terrasse

● carte des vins recherchée

◖ apportez votre vin

☆ DERNIÈRE COTE ATTRIBUÉE

★ COTE ACTUELLE

CUISINE	★★★★★	grande table
	★★★★	très bonne table, constante
	★★★	bonne table
	★★	petite table sympathique
	★	correcte mais inégale
SERVICE	★★★★★	traitement royal
	★★★★	professionnel
	★★★	vif et efficace
	★★	décontracté
	★	quel service?
DÉCOR	★★★★★	exceptionnel
	★★★★	très beau décor
	★★★	soigné
	★★	confortable
	★	presque inexistant

ET L'ADDITION, S'IL VOUS PLAÎT

Les prix indiqués — midi ou soir — sont pour deux personnes, excluant taxes, service et boissons. Il s'agit, bien évidemment, d'un prix moyen que le lecteur devra ajuster en fonction de son appétit, de sa soif et de sa générosité à l'endroit du personnel en salle. Dans tous les cas, les prix apparaissant ici sont le reflet de ce qu'ils étaient lors de notre visite.

Quant aux établissements ouverts ou fermés à midi ou en soirée, compte tenu du fait que nombre d'entre eux modifient leurs heures d'ouverture sans préavis, il nous est impossible de fournir cette information avec certitude. Les ouvertures, midi et soir, indiquées ici le sont donc au meilleur de notre connaissance au moment d'aller sous presse. Il est toujours préférable de téléphoner pour s'assurer des heures d'ouverture réelles.

GR1594

Accords
vins & mets

SAVEURS DU MONDE

Étant donné l'hétérogénéité des styles de nourriture représentés dans cette section, il aurait été difficile de donner en quelques lignes des indications cohérentes et vraiment pratiques pour réussir vos combinaisons gourmandes. Nous vous suggérons donc de vous référer à la fiche dans la section Montréal correspondant le mieux au restaurant de votre choix. Couvrant un très large registre des cuisines du monde (Afrique, Amérique latine et Antilles, Chine, Espagne et Portugal, Europe de l'Est, Extrême-Orient, Grèce, Inde, Japon, Moyen-Orient, Thaïlande et Vietnam), ces petits modes d'emploi vins et mets vous permettront à coup sûr d'orienter vos choix lors de vos prochaines escapades en gastronomie étrangère.

Enzô Sushi *Lomgan Ng, chef*
Page 266

SAVEURS DU MONDE

Pour Québec, cette section regroupant des restaurants d'origines diverses et totalement distinctes sur le plan gastronomique, il serait illusoire de vouloir définir ou résumer «Style – Saveurs et produits principaux – Plats typiques» comme nous le faisons ailleurs. Pour plus de détails sur un type de cuisine en particulier, vous pouvez toutefois vous référer aux explications fournies dans la page d'introduction de la cuisine visée apparaissant sous la région Montréal.

À Québec, parmi les établissements que l'on peut ranger sous cette rubrique, les asiatiques occupent depuis plusieurs années une bonne place: cuisines vietnamienne, cambodgienne, thaïlandaise et japonaise. La cuisine arabe arrive en bonne position, colorée et parfumée, et quelques établissements sympathiques défendent assez bien l'honneur de l'Amérique latine. Un restaurant africain propose aussi quelques spécialités antillaises. Bien que minoritaires, l'Inde et l'Afghanistan font aussi partie du décor.

AFRIQUE
AUX 2 VIOLONS

MIDI **20 $**
SOIR **30 $**

2007

MONTCALM/GRANDE ALLÉE
122, RUE CRÉMAZIE OUEST
(418) 523-1111

CUISINE	✲✲ ★★
SERVICE	✲✲ ★★
DÉCOR	✲ ★

2006-01-25

Jasette et musique vont de pair dans ce resto-café chaleureux qui vous rajuste le moral même quand vous ne pensiez pas en avoir besoin. Derrière le comptoir qui fait face à l'entrée, des viandes grésillent et chuintent sur un fond de musique arabe aux accents d'Andalousie. Dans cet environnement tout simple, décoré de quelques assiettes, de minuscules miroirs encadrés et de tableaux, on déguste dans la bonne humeur une délicieuse soupe aux lentilles rouges ou une copieuse chorba avant de passer aux couscous (végé, agneau, merguez), shawarma au bœuf de l'Uruguay, méchoui, shish-taouk ou salade méditerranéenne. La présentation des plats est à l'avenant, aussi simple que le reste. Certains habitués commandent par téléphone ce qu'ils se proposent de savourer à la maison.

AFRIQUE
LA CALEBASSE

MIDI **20 $**
SOIR **30 $**

2007

BASSE-VILLE
220, RUE SAINT-VALLIER OUEST
(418) 523-2959

CUISINE	★★
SERVICE	★
DÉCOR	★★

2006-04-19

Il vient à peine d'ouvrir ses portes. Premier restaurant d'Afrique noire à Québec, La Calebasse ajoute de nouvelles couleurs au paysage. Sa cuisine authentique et agréable vous est servie avec la plus grande simplicité. Des demi-calebasses peintes à la main attirent inévitablement l'attention. Encadrés de bambou, miroirs, batiks et nattes de paille décorent ici et là les murs rouges. Les palmiers ne sont pas plus vrais que le bananier verdoyant au fond de la pièce, c'est plutôt dans l'assiette qu'on trouve la... vérité. Matoutou et kédjénou sont disponibles dès à présent, en plus du tiéb (tié boudiéne, tiep dien, etc.), du riz à la sauce gombo, du flétan braisé et de la brochette d'agneau. D'autres mets typiques sont à venir... et quelques ajustements aussi.

AFRIQUE
LA MAMOUNIA

MIDI **25 $**
SOIR **55 $**

2007

SAINTE-FOY
969, AVENUE MYRAND
(418) 681-0188

CUISINE	★★★
SERVICE	★★★
DÉCOR	★★★

2006-05-31

Le décor est simple et beau. Tout aussi agréable dans les deux salles à manger, il se révèle plus dépaysant dans la seconde où l'on découvre, au fond, un confortable salon marocain et, trônant au milieu de la pièce, une petite fontaine. Des assiettes, des objets divers et de grands tableaux du peintre Kalamour ornent les murs. De la cuisine vous arrivent des mets goûteux et parfumés, subtilement assaisonnés et copieux à souhait: soupes, couscous (Prince Mamoun, aux légumes, à l'agneau, aux merguez), salades (méchouïa ou salouk), tajines, pastilla, poulet aux olives et citron confit, assiette de crevettes... Le service et l'accueil se font avec le sourire, sur fond de musique traditionnelle. On regrette un peu de devoir s'en aller à un certain moment.

AFRIQUE **LA ROSE DES SABLES**		MIDI	**25 $**
		SOIR	**50 $**

	2007		**MONTCALM/GRANDE ALLÉE**
CUISINE	★★★	★★★	24, BOULEVARD RENÉ-LÉVESQUE OUEST (418) 522-6682
SERVICE	★★	★★	
DÉCOR	★★★	★★	2006-03-11

Si votre coup de fil pour réserver une table à La Rose des sables vous donne envie de changer de restaurant, ne vous laissez pas arrêter par votre première impression. Certes, le service pourra vous paraître froid et désabusé, mais vous risqueriez de manquer un couscous royal délicieux. Bien que tous les plats ne se révèlent pas d'égale qualité, la plupart des spécialités maghrébines, comme les tajines ou les brochettes de viande marinée, sont amplement parfumées et goûteuses à souhait. Dans un décor chargé de couscoussières et de théières se mêlent tout naturellement des produits d'épicerie en importation. Sur l'heure du midi, les habitués opteront pour un sous-marin libanais, merguez ou kefta qu'ils mangeront sur place ou prendront pour emporter.

AFRIQUE **L'AUBERGINE**		MIDI	**20 $**
		SOIR	**25 $**

	2007	**VIEUX-QUÉBEC**
CUISINE	★★	319, RUE SAINT-PAUL (418) 692-5044
SERVICE	★★	
DÉCOR	★★	2006-06-07

L'Aubergine, c'est la fraîcheur et la simplicité de plats cuisinés au jour le jour et qui vous sont servis rapidement, sans flaflas, par un personnel gentil et empressé. Des souvenirs de voyages décorent la salle de dimensions modestes, aux murs jaune clair: petits tableaux, masques, calendrier aztèque et, sur le pas de la cuisine, deux photos, agrémentées d'idéogrammes, illustrant de vieilles théières marquées par le temps. Le chef ne badine pas avec les aromates. Potages, couscous (végé, au poulet, aux merguez ou à l'agneau), saumon aux câpres et citron vert, bricks, boulettes de viande à la menthe, gigot d'agneau et brochettes de poulet font partie des spécialités parfumées que vous dégustez, quand il fait beau, sur la petite terrasse extérieure.

AFRIQUE **LE TAJINE**		MIDI	**20 $**
		SOIR	**45 $**

	2007		**CAP-ROUGE**
CUISINE	★★★	★★★	1333, RUE PROVANCHER (418) 659-6781
SERVICE	★★	★★	
DÉCOR	★★	★★	2005-07-19

Dans ce restaurant marocain, qui cuisine aussi des spécialités algériennes et tunisiennes, un grand sourire de bienvenue vous convie à une petite table fort sympathique qui vous fait sourire à votre tour. On y fait les choses bien, simplement et, surtout, sans stress aucun. Des assiettes à motifs, des tableaux de cuivre martelé et une main de Fatma décorent les murs jaune clair et abricot — couleurs ensoleillées discrètement soulignées de bleu. Tout au fond de la pièce, d'autres tajines, une théière, des assiettes et des bouteilles garnissent les cases d'un grand meuble de bois brun. Bœuf, agneau, merguez, poulet, kefta, légumes, pruneaux: autant de viandes et d'ingrédients, autant de couscous et de tajines détaillés sur la carte, parmi les feuilles de vigne farcies, harira, hummous, salade berbère et pâtisserie orientale faite maison. Le service, quoique parfois un peu lent, reste gentil et attentif.

AFRIQUE
PHÉNICIA

MIDI **15 $**
SOIR **30 $**

	2007	SAINTE-FOY
CUISINE	★★★	853-B, AVENUE MYRAND
SERVICE	★★★	(418) 688-2158
DÉCOR	★★	

2005-12-01

Dans ce petit havre inattendu, la gentillesse fait partie du menu, au même titre que les mets parfumés qu'on prend un réel plaisir à savourer, de préférence dans l'un des petits salons orientaux aménagés sans excès d'exotisme. Il traîne toujours dans l'air quelques traces d'une odeur d'épices et de grillades. On a le choix des couscous (végé, poulet, agneau, merguez ou royal), des tajines (d'agneau, de poulet, de bœuf ou de poisson), des soupes copieuses et des brochettes; on peut aussi se rabattre sur l'entrecôte, le steak frites ou les paninis maison diversement garnis. Les samedis soirs s'égayent de tous les bruits de l'Orient — youyous, rires et clochettes — et des virevoltes parfumées d'une danseuse du ventre. Service calme et attentionné.

AFRIQUE
RAMEAU D'OLIVIER

MIDI **20 $**
SOIR **50 $**

	2007		SILLERY
CUISINE	★★★	★★	1282, AVENUE MAGUIRE
SERVICE	★★★	★	(418) 687-9725
DÉCOR	★★★	★★	

2006-01-28

Aux beaux jours, la terrasse occupe l'espace entre trottoir et entrée. À l'intérieur, des tons de bleu méditerranéen, des tapis qui se chevauchent, sans prétention. La musique de Rachid Taha nous sourit en guise d'accueil. Nous choisissons une place. Un panneau vertical apparaît: la carte, où dominent agneau et grillades. Les plats principaux offrent tout le plaisir qu'on peut en espérer: bonne cuisson, saveurs classiques et de bon goût. Quant aux entrées, elles présentent un mélange de conserves et de produits frais. Au dessert, les pâtisseries manquent un peu de fraîcheur. Le vin, que nous dûmes aller commander au comptoir, nous est arrivé après les entrées! Nous quittons enfin, avec l'impression d'avoir dérangé.

AFRIQUE
UN THÉ AU SAHARA

MIDI **25 $**
SOIR **55 $**

	2007		VIEUX-QUÉBEC
CUISINE	★★	★★★	7, RUE SAINTE-URSULE
SERVICE	★★	★★	(418) 692-5315
DÉCOR	★	★★	

2006-05-22

Il y a des restos, comme ici, où l'on songe à se retirer de temps à autre, non parce que la bouffe y est exceptionnelle ni parce qu'on y connaît le patron ou tout le personnel par leurs prénoms. Non. Simplement parce que c'est facile, sans complexité, généralement agréable, tout en imprimant un minimum de pression sur nos finances. C'est l'impression que nous laisse Un Thé au Sahara, à la salle minuscule, dotée du cachet «Quartier latin», au décor minimaliste mais plutôt réussi avec de nouvelles couleurs aux murs. Cela dit, la bouffe est mieux que convenable, certains plats comme la pastilla, mi-salée, mi-sucrée, réussissant sans problème à étonner nos papilles nord-américaines. Sans façon, une bonne cuisine marocaine. Ouvert le midi que les jeudis et vendredis.

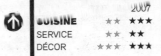

AMÉRIQUE LATINE-ANTILLES
BISTRO CARAMBA!

MIDI **30 $**
SOIR **55 $**

2007

CUISINE	★★	★★★
SERVICE	★★	★★
DÉCOR	★★★	★★★

MONTCALM/GRANDE ALLÉE
1155, RUE DE LA CHEVROTIÈRE
(418) 523-9191

2006-02-14

L'exotisme est triomphant au Caramba, car en plus des plats d'origine mexicaine ou espagnole (paella) et d'un décor délibérément exubérant en couleurs et en objets typiques, la maison offre le dépaysement linguistique issu d'un personnel mal à l'aise avec le français. Cela complique un peu la vie, mais l'affabilité et la bonne volonté compensent. La cuisine est honnête, certaines saveurs, tel le classique guacamole, étant mieux réussies que d'autres. On peut cependant déplorer un certain manque dans la variété: les petites crevettes et le saumon, par exemple, utilisés à profusion, entraînent une simplicité sinon une monotonie dans les tonalités culinaires offertes. Pour un petit tour ailleurs, sans prétention.

AMÉRIQUE LATINE-ANTILLES
DÉLI-MEX

MIDI **15 $**
SOIR **30 $**

2007

CUISINE	★★	★★
SERVICE	★★	★★
DÉCOR	★★	★★

BASSE-VILLE
300, RUE DE LA COURONNE
(418) 649-0830

2005-02-23

D'une fois à l'autre, ce resto vous en dévoile un petit peu plus sur la cuisine mexicaine; la chaleur humaine vous est donnée par surcroît. Du nouveau dans le décor? Quelques plantes de plus, dont un palmier nain, des figurines, des fleurs séchées, un hamac, des tiges de bambou appuyées dans une encoignure et, sur l'un des murs, une grande photographie, signée Pierre Bouchard, montrant une véritable mer rouge de piments séchant au soleil. Tout cela préfigure ce que vous allez vivre là: un peu de bon temps... bien relevé. Après une bonne bière épicée de Micheladas (condiments liquides qui font actuellement fureur au Mexique), du plus solide s'impose — riz et frijoles, tacos de bœuf, enchilada de maquereau, salade et salsa verde, guacamole et nachos maison. À essayer absolument: le cochinita pibil, plat typique du Yucatán, fait de porc déchiqueté, mariné, rosé, savoureux bien qu'un peu acidulé.

AMÉRIQUE LATINE-ANTILLES
LA SALSA

MIDI **20 $**
SOIR **30 $**

2007

CUISINE	★★	★★★
SERVICE	★★	★★★
DÉCOR	★★	★

LIMOILOU
1063, 3E AVENUE
(418) 522-0032

2006-03-10

Fajitas, burritos, tacos, quesadillas: ces mots résument bien l'essence de la cuisine latino (ou plus précisément salvadorienne/mexicaine comme ici) offerte dans nos pays nordiques. On trouve donc cet éventail à La Salsa, à la carte comme au menu du jour. Mais, contrairement à d'autres endroits, les saveurs ne sont pas étouffées dans un surplus pâteux, ce qui produit des mets sapides et agréablement consistants. Un service diligent et aimable qui sied bien à ce genre d'endroit où les habitués forment une part appréciable de la clientèle aide à passer par-dessus l'odeur prononcée de friture et une salle colorée mais arrangée de bric et de broc, dont l'entretien a été quelque peu négligé. Amateurs de fèves et de farine de maïs, à vos marques:

AMÉRIQUE LATINE-ANTILLES
SOL LATINO

MIDI **15 $**
SOIR **20 $**

2007
BASSE-VILLE
184, RUE SAINT-VALLIER OUEST
(418) 649-9333

CUISINE	★★ ★★
SERVICE	★★ ★★
DÉCOR	★★ ★★

2006-01-31

Il fait toujours bon se retrouver dans ce petit resto mexicain décoré de sombreros, d'un hamac suspendu au plafond et d'une étoile de bois rayonnant parmi des poupées de toile accrochées au mur. La cuisine toute proche vous met déjà en appétit, par les odeurs qui s'en échappent et par tous ces petits bruits que l'oreille tente de décrypter. La carte, colorée, propose toujours ses empañadas, quesadillas, enchiladas, chili con carne, sopé (sauce aux haricots noirs, poulet, laitue) et autres, sans oublier son guacamole presque imbattable. Les nachos, toutefois, sont invariablement trop salés. Le soir, on vous suggère de copieux menus pour deux (tel le taco feliz au poulet grillé). Aux vins et bières se sont ajoutés depuis peu des cocktails maison à base de tequila.

CHINE
GÉNÉRAL TAO

MIDI **40 $**
SOIR **65 $**

2007
SAINTE-FOY
7150, BOULEVARD HAMEL OUEST
(418) 861-9688

CUISINE	★★
SERVICE	★★
DÉCOR	★★

N 🌂

2005-11-13

Coquette de l'extérieur, avec son parterre de verdure, ses murs de briques rouges et ses tours, la maison se révèle tout aussi confortable à l'intérieur. L'accueil est simple, spontané; le service, gentil, s'avère parfois un peu trop rapide, presque fébrile. Comme dans la plupart des restaurants du genre, la carte est prolixe et décline à toutes les sauces la volaille, les entrées, les fruits de mer, le porc, le bœuf, les légumes et les nouilles. Ce sont autant de spécialités chinoises, cantonaises et széchuannaises (sic) apprêtées depuis peu par un chef venu directement de Chine. Épinards croustillants, wonton à la sauce d'arachide, boulettes de crevettes, dumplings, poulet... du général Tao, bien sûr, mais aussi aux litchis, à la sauce aigre-douce, au poivre et épinards, à la sauce saté, porc Mu Shu aux quatre crêpes, bœuf à l'orange ou à l'oignon. Une cuisine agréable et variée, somme toute, mais un peu inégale.

CHINE
ZEN

MIDI **25 $**
SOIR **50 $**

2007
MONTCALM/GRANDE ALLÉE
966, BOULEVARD RENÉ-LÉVESQUE
(418) 687-8936

CUISINE	★★★ ★★★
SERVICE	★★ ★★
DÉCOR	★★★ ★★

2006-01-05

Zen, il faut sans doute l'être légèrement lorsqu'on fréquente ce restaurant du quartier Montcalm pour apprécier la musique nouvel-âge, excuser les maladresses du personnel et les changements à la carte qu'on découvre dans l'assiette. Heureusement, ce qu'on y mange est savoureux et original. Le Zen offre une cuisine végétarienne asiatique composée de soupes-repas, riz frit ou garni, sushis, nouilles sautées, plats de légumes et plusieurs mets à base de tofu, soja et autres substituts de viande. À ne pas manquer en apéro, les délicieux jus de légumes qu'on choisira pour le plaisir de découvrir les mélanges ou pour les vertus décrites au menu. Il est à noter qu'aucun alcool n'est offert, mais vous pouvez participer à une cérémonie du thé, du lundi au vendredi.

| ESPAGNE-PORTUGAL **SOÑAR** | | | MIDI **25 $** |
| | | | SOIR **55 $** |

	2007		**MONTCALM/GRANDE ALLÉE**
CUISINE	★★★	★★★	1147, AVENUE CARTIER
SERVICE	★★★	★★★	(418) 640-7333
DÉCOR	★★★	★★★	2005-10-05

De plus en plus espagnol, Soñar renouvelle régulièrement sa carte et, au terme des rénovations entreprises il y a quelque temps déjà, ce restaurant-bar à tapas vous reçoit maintenant dans un décor plus épuré. Dans l'un des îlots tenant lieu de salons, de grandes affiches colorées évoquent l'univers des aficionados. Bœuf au porto, fruits de mer, sardines en croûte, calmars et champignons à la crème de parmesan font toujours partie des vedettes de la maison, sans oublier la cuchara de Tengrife, paradoxale et délectable, qui vous surprend d'une fois à l'autre. L'établissement est aussi un night-club, ce dont on s'aperçoit à mesure qu'avance la soirée. Choix de vins, de bières et d'alcools à prix plus qu'abordables. Service gentil et empressé.

| EXTRÊME-ORIENT **PERLE ASIATIQUE** | | MIDI **25 $** |
| | | SOIR **55 $** |

	2007	**MONTCALM/GRANDE ALLÉE**
CUISINE	★★	56, BOULEVARD RENÉ-LÉVESQUE OUEST
SERVICE	★★	(418) 649-1909
DÉCOR	★	2006-05-18

D'entrée de jeu, on vous reçoit en soulignant que les viandes proviennent des meilleures parties, que le glutamate monosodique est banni et que la maison offre aux amateurs d'étrangetés des produits rares, comme du serpent. Ainsi encouragés, vous choisirez une table dans un décor pour le moins défraîchi et résolument banal. La dégustation qui suivra confirmera la qualité des produits servis. Mais les cuissons trop longues donnent un riz un peu pâteux et des légumes manquant du croquant indispensable à la cuisine asiatique. Les sauces, quoique savoureuses, ont tendance à noyer les plats au point d'évoquer la bouillabaisse. Un curieux mélange de bonne volonté et d'amateurisme.

| EXTRÊME-ORIENT **THANG LONG** | | | MIDI **20 $** |
| | | | SOIR **40 $** |

	2007		**SAINT-JEAN-BAPTISTE**
CUISINE	★★★	★★	869, CÔTE D'ABRAHAM
SERVICE	★	★	(418) 524-0572
DÉCOR	★★	★	2006-01-17

On retrouve ici les saveurs et le croquant qui plaisent tant dans la cuisine extrême-orientale telle que pratiquée dans nos contrées. Qu'ils soient thaïlandais, vietnamiens ou chinois d'inspiration (avec deux ou trois références nippones), les plats servis à cette table sont copieux, et la maison offre plusieurs choix de soupes-repas. On y retrouve aussi une partie de l'ambiance faite de clinquant sympathique si typique de ces endroits. On peut cependant difficilement s'empêcher de remarquer la rouille rongeant le mobilier, le plastique tapissant les tables et, surtout, la friture ancienne que l'on sent et que l'on voit, évocatrice de casse-croûte à la hotte depuis longtemps négligée, comme le service.

INDE
SAVEURS DE L'INDE

MIDI **20 $**
SOIR **40 $**

	2007	SILLERY
CUISINE	★★★ ★★★	1980, RUE SAINT-MICHEL
SERVICE	★★ ★★	(418) 683-0006
DÉCOR	★★★ ★★★	2005-04-27

Rien ne semble devoir changer dans ce décor simple et confortable qui ne mise pas outre mesure sur l'exotisme et qui, sur le plan culinaire, a su jusqu'ici tenir ses promesses d'une cuisine simple, saine et bonne – nonobstant quelques réserves en ce qui concerne certains mets: cuisson pas toujours réussie du riz, pâte coriace des samosas, etc. C'est plutôt du côté des viandes et de certains fruits de mer que le chef donne ici sa pleine mesure, qu'il s'agisse des kebabs de bœuf, du curry d'agneau, des crevettes Bhoona, du poulet Balthi, de la farce même des samosas ou, en général, de tous les régals sortis du tandour. Rien à redire aux sauces, comme toujours délicieuses et souvent volcaniques. On souhaite (peut-être en vain) que le service se déride un de ces jours et que le personnel démontre un minimum de plaisir à vous recevoir.

JAPON
ENZÔ SUSHI

MIDI **30 $**
SOIR **60 $**

	2007	MONTCALM/GRANDE ALLÉE
CUISINE	★★★	150, BOULEVARD RENÉ-LÉVESQUE EST
SERVICE	★	(418) 649-1688
DÉCOR	★★★★	2006-04-25

Ce restaurant japonais occupe deux étages décorés avec goût, dans un style qui se veut à la fois zen et urbain. Des chefs souriants officient avec habileté derrière leur grand comptoir vitré. Un bar élégant et bien garni trône non loin de là. La cuisine propose des «dîners complets»: potage Sumashi, salade maison, crevettes tempura ou rouleaux Gyokai. À la carte, ce sont les entrées chaudes (brochettes de poulet, huîtres gratinées, gyozas...), les soupes, Nam Bu (sushis variés), les viandes et divers apprêts de volaille ou de fruits de mer, les plats Yakimono, les sushis, sashimis et tout ce que peuvent convoiter des yeux plus gros que la panse. Pour boire, vous avez le choix: bières, vins, sakés (chauds ou froids) et autres alcools. Accueil parfois irritant.

JAPON
GINKO

MIDI **30 $**
SOIR **65 $**

	2007	MONTCALM/GRANDE ALLÉE
CUISINE	★★★ ★★★	560, GRANDE ALLÉE EST
SERVICE	★★★ ★★★	(418) 524-2373
DÉCOR	★★★ ★★★	2005-06-11

Sur le plan de l'ambiance et de la gastronomie, ce restaurant ouvert à Québec au début de juin 2005 s'inspire du Ginko de Toronto et s'est donné pour mission de promouvoir une cuisine japonaise à la fois traditionnelle et innovatrice. Santé est donc son maître mot. Conquis par la politesse de l'accueil et les sourires de bienvenue – francs quoique discrets –, on se laisse peu à peu imprégner par la sérénité des lieux. Vous avez le choix entre le bar à sakés, le comptoir à sushis, la salle de réception, le salon tatami pour les repas intimes et, pour les amateurs de grillades à la japonaise, les tables Teppan Yaki situées à l'étage. Crevettes, légumes teppan, poulet, filet mignon, filet de saumon, pétoncles, autant de produits frais qu'on apprête avec art et qu'on vous présente avec une élégante simplicité. On ne peut que s'en trouver enchanté. Choix de vins, de bières et d'alcools.

JAPON
KIMONO

| | | | MIDI | **30 $** |
| | | | SOIR | **55 $** |

	2007	**MONTCALM/GRANDE ALLÉE**
CUISINE	★★★	1034, AVENUE CARTIER
SERVICE	★★	(418) 648-8821
DÉCOR	★★★★	Ⓝ

2006-04-01

La réputation du Kimono repose pour beaucoup sur ses sushis, et elle est bien méritée. Produits de base de toute première qualité et texture du riz au point produisent des bouchées raffinées et savoureuses. Hormis la liste à cocher bien connue des amateurs, la carte se fait plutôt sage. Les plats commandés sont savoureux à l'attaque, mais les sauces, toujours très sucrées, gomment parfois leur subtilité et les rendent monotones. Le design de la salle démontre un goût certain, mais la zone centrale, large corridor froid et quelque peu inconfortable encadré de comptoirs de service, gâte l'ensemble. Enfin, le service, manifestement inexpérimenté, a tendance à «tourner les coins ronds», tout cela nuisant à l'homogénéité du concept.

JAPON
MÉTROPOLITAIN

| | | | MIDI | **30 $** |
| | | | SOIR | **60 $** |

	2007		**MONTCALM/GRANDE ALLÉE**
CUISINE	★★★	★★★	1188, AVENUE CARTIER
SERVICE	★★★	★★★	(418) 649-1096
DÉCOR	★★★	★★★	

2005-05-18

Dans l'ambiance chaleureuse des fanas et des nouveaux accros des sushis, un personnel souriant et dévoué vous conseille et vous aiguille vers les dernières créations de la maison, combinaisons sans cesse renouvelées pour le plaisir des yeux et du palais. Évidemment, le talent et l'ingéniosité ne seraient rien sans la fraîcheur des produits, poissons et fruits de mer façonnés en sushis ou sashimis, ou encore cuisinés sous forme de tempuras. Ces mets donnent parfois lieu à des présentations propres à vous couper le souffle; lors de notre dernière visite, ils prenaient place à bord d'un grand bateau de bois qui faisait se tourner toutes les têtes. Les rouleaux impériaux, les soupes et les desserts ont plus d'un mérite et n'ont en général rien à envier aux autres plats. Choix de vins, de bières et d'alcools.

JAPON
SAMURAI

| | | | MIDI | **30 $** |
| | | | SOIR | **50 $** |

⬆		2007		**SAINT-JEAN-BAPTISTE**
	CUISINE	★★	★★★	780, RUE SAINT-JEAN
	SERVICE	★★	★★	(418) 522-3989
	DÉCOR	★★★	★★	⬆

2006-01-14

Heureuse surprise que la fraîcheur craquante de cette salade de nori (une algue) et la saveur délicate de ces cubes de tofu soyeux finement enrobés de farine de riz. La démonstration est faite que la cuisine japonaise offre bien plus que sushis, makis et autres sashimis qui constituent quand même une part importante de la carte du Samurai. Hélas! il y a parfois loin des baguettes aux lèvres. Le Samurai est desservi par une salle sans âme et un accueil hésitant, bien que le service soit plein de bonne volonté. L'effort auquel on doit consentir pour entrer et s'asseoir à table est un frein à la découverte d'une cuisine différente et savoureuse, très susceptible de charmer les palais blasés par les plats en sauce et les pâtes crémées.

MOYEN-ORIENT
CAFÉ BABYLONE

MIDI **15$**
SOIR **25$**

	2007	**BASSE-VILLE**
CUISINE	★★	181, RUE SAINT-VALLIER EST
SERVICE	★★	(418) 523-0700
DÉCOR	★★	

2005-11-03

Ce café rappelle ces petits établissements, autrefois plus nombreux, où se coudoyaient étudiants désargentés, promeneurs et amateurs d'échecs. Ici, pas de jardins suspendus, mais un décor un peu hétéroclite: tables et chaises, en plus des canapés et fauteuils aménageant un petit coin salon, des murs de vieilles briques, des bas-reliefs évoquant l'art hittite et, face à l'entrée, des caractères cunéiformes annonçant: «Cité de Babylone». Simple et bonne, la cuisine vous dépayse à coup sûr avec ses kachkasal (fromage artisanal au lait de brebis), bœuf séché, viande hachée épicée, soujouk, lahmajoum et pâte de piments. Parmi les desserts, on retrouve d'authentiques loukoums et des «Bouchées d'amour» (dattes farcies d'amandes et enrobées de chocolat noir).

MOYEN-ORIENT
CAFÉ MYRTINA

MIDI **25$**
SOIR **35$**

	2007	**SILLERY**
CUISINE	★★ ★★★	1363, AVENUE MAGUIRE
SERVICE	★★ ★★	(418) 688-2062
DÉCOR	★★★ ★★★	

2006-08-09

Contre vents et marées, le Café Myrtina poursuit son petit bonhomme de chemin, s'affine et se diversifie. C'était, au tout début, du café (toujours bon), des sandwichs, falafels, feuilles de vigne farcies et pâtisseries orientales. Encouragé par la réponse de sa clientèle, ce petit établissement a peu à peu mis sur carte des mets un peu plus élaborés, au point qu'aujourd'hui, on y trouve de tout... ou presque. Soupes, salades, linguinis (poulet ou saumon fumé), focaccia, kebbi, couscous royal, shish taouk, pitas diversement garnis, brochette de poulet mariné, etc., tout cela vous est servi avec la plus grande cordialité et avec un certain souci de la présentation. Bref, un petit café sympathique pour passer de bien agréables moments. Choix de quelques vins et bières.

MOYEN-ORIENT
LE KABOUL

MIDI **15$**
SOIR **40$**

	2007	**MONTCALM/GRANDE ALLÉE**
CUISINE	★★	1345, CHEMIN SAINTE-FOY
SERVICE	★★	(418) 683-7840
DÉCOR	★★	

2005-12-07

Une cuisine généreuse qu'on ne croirait pas née dans un pays peu gâté par son climat et sans cesse malmené par l'histoire! Elle a un peu hérité de l'Inde et de l'Iran, certes, mais elle a en quelque sorte raffiné ce legs. On redécouvre donc les kebabs (agneau, poulet et autres), ainsi que les crevettes sabzie, les karaie, les patates boloni et des mélanges de légumes aussi bien assaisonnés que le reste. Plats odorants, fumants, diversement colorés: autant d'expériences grisantes, parfois torrides. Accueil gentil, un peu timide; le service se révèle des plus prévenants. Dans ce décor sans recherche, de grands et magnifiques tapis tissés à la main, mollement étalés sur le mur du fond, ont de quoi estomper la grisaille de tous les bulletins de nouvelles.

THAÏLANDE
ERAWAN

MIDI **20 $**
SOIR **40 $**

	2007		**SILLERY**
CUISINE	★★		1432, AVENUE MAGUIRE
SERVICE	★★★		(418) 688-6038
DÉCOR	★★★		Ⓝ ⒤ ☂

2006-04-19

Accommodés de curry jaune, rouge ou vert, les plats de bœuf, de poulet et de fruits de mer vous sont servis à cette table avec la simplicité qui caractérise ce type de cuisine. Relevées ou non, soupes et sauces embaument. L'Erawan (selon un personnage mythique thaïlandais) cherche à se démarquer de la très homogène cohorte des restaurants «à l'asiatique» de Québec. Cela se manifeste par un décor misant sur plusieurs jolies pièces de décoration, une coutellerie agréable en main et un carrelage rehaussant l'ensemble. Le service, prompt et souriant, s'effectue dans un français joliment articulé facilitant la communication. Et la cuisine? Qu'en dire, à part qu'elle a le goût et la texture que connaissent déjà fort bien tous les amateurs de cubes de viande à demi immergés dans une sauce sucrée, épaisse et grasse, presque uniforme d'un plat à l'autre. Il n'y a guère plus à en dire que vous ne deviniez déjà.

THAÏLANDE
EXOTHAÏ

MIDI **25 $**
SOIR **50 $**

	2007		**SAINTE-FOY**
CUISINE	★★		2690, CHEMIN SAINTE-FOY
SERVICE	★★		(418) 652-8188
DÉCOR	★★		Ⓝ ☂

2005-08-31

Des statues et statuettes d'art sukhothaï, môn ou de Bangkok épandent sur toute chose leur imperturbable sérénité. On leur doit aussi, sans doute, la nonchalance de l'accueil et du service. Le décor est complété de grands parasols blanc-crème juchés près du plafond, de cocotiers en plastique, de sculptures animales et de tableaux en relief ici et là. La cuisine plus qu'honnête de ce resto se consomme sans extase, mais tout de même avec un certain plaisir. On ne note aucun réel souci en ce qui concerne la présentation des plats, mais ceux-ci, en général copieux, se révèlent en outre parfumés et goûteux, sans aucun excès d'épices ou d'aromates — rouleaux impériaux croustillants et peu gras, soupes odorantes, viandes juteuses et cuites à point. Voilà donc une petite table sans prétention qui, l'été, vous offre aussi le confort d'une terrasse.

VIETNAM
LE GRAIN DE RIZ

MIDI **20 $**
SOIR **50 $**

	2007		**BASSE-VILLE**
CUISINE	★★★ ★★		410, RUE SAINT-ANSELME
SERVICE	★★★ ★★★		(418) 525-2227
DÉCOR	★★★ ★★★		⒤

2006-01-11

Toujours simple et beau, le décor a été subtilement réagencé. L'aménagement lui-même n'a pas changé. L'épicerie s'est encore enrichie de denrées importées (riz, épices, thés de diverses provenances...) et les comptoirs vitrés exposent à la vue les victuailles maison, rappelant que l'établissement fait également office de traiteur. Dans la première salle à manger, on admire une belle collection de théières. La seconde, un peu plus grande, est décorée avec goût de tringles de bambou, de paravents de toile écrue, de petits aquariums et de draperies rouges mollement tendues à travers la pièce. Les spécialités, surtout vietnamiennes et chinoises, sont attrayantes et parfumées. Toutefois, lors de notre dernière visite, un midi, leur saveur laissait beaucoup à désirer.

Tout l'monde
debout!

Dès 6 h en semaine

Joanne Boivin
Alain Dumas
Jean Soulard
Linda Tremblay
David Lemelin
Jacques Renaud

rock détente
107,5 FM

OUTAOUAIS OTTAWA

Accords

vins & mets

AMÉRIQUE DU NORD

Difficile de cerner la cuisine nord-américaine. Une fusion de toutes les cuisines du monde (asiatique, française, cajun, québécoise, etc.) où tout est possible. De la fine gastronomie jusqu'à la cuisine familiale, en passant par les grillades et le poulet frit, voici tout un défi en matière de mariages vins-mets. Il s'agit, évidemment, d'y aller cas par cas. Les vins du Nouveau Monde viticole, des États-Unis et du Canada en tête, s'imposent.

HOMARD AUX AGRUMES
Sauvignon Nouvelle-Zélande, riesling Canada, sancerre France

TOURTIÈRE DU LAC-SAINT-JEAN
Meritage Californie, merlot Canada, coteaux-du-languedoc France

HAMBURGER DE BISON
Cabernet Californie ou Canada, shiraz Australie

STEAK DE THON
Pinot noir Californie ou Oregon, morgon et moulin-à-vent France

TARTE AU CITRON VERT (KEY LIME PIE)
Sauvignon blanc late harvest Chili, asti-spumante Italie

PRENEZ GOÛT
À NOS CONSEILS

SAQ

Lounge de l'hôtel ARC *Jason Duffy, chef et Pascal Couillard, maître d'hôtel*
Page 281

AMÉRIQUE DU NORD

À la question: «Existe-t-il une cuisine nord-américaine?», on a longtemps été tenté de répondre: «Yes, sir!» sans trop vraiment savoir ce qu'elle était et en espérant pouvoir s'abstenir de fournir des détails. Ce n'est certes plus le cas aujourd'hui et la cuisine québécoise est à l'avant-garde de ce changement. La première caractéristique du style de cette cuisine est sans aucun doute l'absence de barrières. Tout est possible et l'on redéfinit des classiques en les déstructurant (parfois même en les dynamitant) pour les restructurer de façon originale.

En Outaouais, c'est surtout du côté ontarien que se concentrent les tables de la section Amérique du Nord, la rive québécoise étant de longue date – pour le meilleur et pour le pire – associée à la tradition française. Ottawa, après s'être longtemps cantonné dans la cuisine lourde et sans raffinement de ses nombreux pubs anglais, a soudainement pris un virage mené par de jeunes chefs colorés et inventifs. Une cuisine qui fait la part belle aux produits locaux, souvent bios, que l'on marie et remarie au fil des saisons et des plus folles inspirations. Une cuisine à la fois dépouillée et excentrique, qui se vautre dans des lieux au décor léché, moderne, un peu «m'as-tu vu», souvent impressionnant.

AMÉRIQUE DU NORD
ALLIUM

MIDI **35 $**
SOIR **50 $**

	2007	
CUISINE	★★★ ★★★	**WESTBORO**
SERVICE	★★★ ★★★	87, AVENUE HOLLAND
DÉCOR	★★★ ★★★	(613) 792-1313

2005-04-20

Une petite découverte qui réconcilie avec le métier. Allium, récente addition du quartier branché de Westboro, fait dans la couleur et la fraîcheur. Une cuisine inventive, simple et bien faite. Jarret d'agneau braisé, caramélisé et fondant; salade folle de saveurs; canard au porto et risotto à l'huile de truffe blanche impeccables. Si le chef va chercher ses inspirations dans les différentes cuisines du monde, il ne s'égare nullement et sait tirer profit des produits régionaux. Le tout est servi avec élégance et convivialité, dans un décor dénudé, apaisant, très classe. Et à prix plus que raisonnables... Une bonne habitude à prendre!

AMÉRIQUE DU NORD
BECKTA

MIDI —
SOIR **100 $**

	2007	
CUISINE	★★★★★ ★★★★★	**OTTAWA/CENTRE-VILLE**
SERVICE	★★★★★ ★★★★★	226, RUE NEPEAN
DÉCOR	★★★ ★★★	(613) 238-7063

2005-09-06

Au printemps 2003, après avoir fait ses armes dans la Big Apple, le très encensé sommelier Stephen Beckta décidait d'ouvrir un restaurant de haute cuisine et une cave à vins du même calibre, au cœur de la Capitale. Le défi, dans une ville où l'on se fait de plus en plus exigeant, était de taille. Mais force est de constater, après ces quelque trois années de brillantes critiques, que le succès ne se dément pas: le plaisir est renouvelé à chaque visite. L'espace est agréable, le service impeccable. Si le talentueux chef des premières heures quitte au moment de mettre ce guide sous presse... son acolyte Michael Moffatt, sous-chef depuis les débuts, coiffera la grande toque et on nous promet la même exécution irréprochable, la même imagination débridée. Reste à espérer que le duo Moffatt-Beckta sera aussi complice et inspiré. Une adresse à surveiller.

AMÉRIQUE DU NORD
BENNY'S BISTRO

MIDI **40 $**
SOIR —

	2007	
CUISINE	★★★	**MARCHÉ BY**
SERVICE	★★★★	119, RUE MURRAY
DÉCOR	★★	(613) 789-7941

N

2006-01-31

Benny's Bistro a toujours eu l'heur d'attirer de jeunes chefs passionnés et fort talentueux. Étonnant pour un resto qu'on oublie souvent, son local sans fenêtres étant tristement caché à l'arrière d'une délicieuse boulangerie-pâtisserie. C'est d'ailleurs plutôt l'enseigne du Boulanger français que vous devrez chercher si vous voulez avoir accès aux bontés de Benny's. Et ne vous y aventurez pas le soir: on fait dans le petit-déjeuner (boulangerie oblige!) et le lunch du midi; ouvert en soirée pour les groupes seulement, sur demande. Qu'à cela ne tienne, il y a de ces midis où l'on mérite de se gâter: soupes copieuses, salades inspirées, ragoûts réconfortants, poissons finement apprêtés... et toujours du bon pain frais. Le matin, les croissants y sont ultra-beurre et les brunchs, invitants et colorés. Enfin, on ne saurait assez vanter le moelleux au chocolat: tout simplement divin.

AMÉRIQUE DU NORD
BLACK CAT CAFÉ

MIDI —
SOIR **90 $**

	2007		**MARCHÉ BY**
CUISINE	★★★	★★★	93, RUE MURRAY
SERVICE	★★★★	★★★★	(613) 241-2999
DÉCOR	★★★	★★★	

2005-06-11

La très jolie enseigne est à l'image de l'endroit: élégance sans prétention. Une petite salle aux teintes chaudes, un décor épuré, une invitante terrasse en arrière-cour, intime et rafraîchissante. Le chef Rene Rodriguez se joint au propriétaire et sommelier, Richard Urquhart, pour offrir une cuisine inspirée, colorée, distinguée. Quelques explorations déroutantes, comme le grilled-cheese au homard et mascarpone, n'ont plus à faire leur réputation; d'autres, aux éléments trop éclectiques, perdent un peu l'équilibre. Beaucoup de fruits, aussi, dans ses compositions, comme il arrive souvent chez nos amis ontariens, mais sans débordement: le dosage est généralement sûr. Tout comme le service, dont se charge souvent le propriétaire, pour notre plus grand bonheur.

AMÉRIQUE DU NORD
BLACK TOMATO

MIDI **25 $**
SOIR **55 $**

	2007		**MARCHÉ BY**
CUISINE	★★	★★	11, RUE GEORGE
SERVICE	★★★	★★	(613) 789-8123
DÉCOR	★★★	★★★	

2005-09-07

Une des terrasses les plus prisées du Marché By: grande cour intérieure entourée de murs de pierres que se partagent de nombreux restaurants pour une ambiance festive. Les midis y sont occupés; les soirées animées et toujours un brin «m'as-tu vu». On y choisira le Black Tomato pour sa cuisine éclectique qui réveille les papilles à coup sûr: si la jambalaya atteint le sommet de l'échelle des plats épicés — trop, c'est souvent comme pas assez!! —, les sandwichs décadents et colorés, les viandes et poissons inspirants et inspirés se font plus rassurants. Des brunchs tout aussi éclatés, dans la grande salle écho au décor sympathique, vous sortent de votre torpeur dominicale. Prêts pour une virée sur le canal ou une balade dans le marché!

AMÉRIQUE DU NORD
CAFÉ GAÏA

MIDI **20 $**
SOIR **25 $**

	2007		**HULL**
CUISINE	★★	★★	47A, RUE MONTCLAIR
SERVICE	★★★	★★★	(819) 777-9019
DÉCOR	★★★	★★	

2006-08-10

Une petite table de rien, café grano qui rappellera à plusieurs une jeunesse depuis longtemps passée... Mais petite table toujours tellement sympathique. De celles qui veulent notre bien... et celui de toute la planète: cuisine végétarienne, ingrédients bios et équitables. Le service est assurément sans chichi, jeune et haut en couleur. Les assiettes débordent d'imagination, de combinaisons folles, de parfums bigarrés; beaucoup de très belles salades, de copieux sandwichs, des soupes qui sustentent et des ragoûts qui réconfortent. On y mange sur place ou on rapporte au bureau ou chez soi les plats à emporter. Et pour qui veut s'informer, de la lecture «verte» est disponible.

AMÉRIQUE DU NORD
CAFÉ PARADISO
MIDI **25 $**
SOIR **55 $**

	2007		OTTAWA/CENTRE-VILLE
⬆ CUISINE	★★	★★★	199, RUE BANK
SERVICE	★★★	★★★	(613) 565-0657
DÉCOR	★★★	★★★	2006-05-26

Resto, bar, lounge, espace de concerts... Avec son éclairage rétro et ses fauteuils tout confort, Paradiso maintient le cap de l'éclectisme dans l'ambiance comme en cuisine. Le midi, la salle se remplit des gens d'affaires et fonctionnaires du coin, alors que le soir, on y croise le dîneur relax, l'amateur de vin... et le fan de jazz venu écouter l'un des nombreux bands à se produire ici les vendredis et samedis. Au fil des ans, la cuisine a eu ses hauts et ses bas, mais elle semble bien reprise en main et en a même gagné une étoile! Si la salade Paradiso, avec poireau sauté, chips de prosciutto, fromage asiago et vinaigrette orange-gingembre, est demeurée fidèle à elle-même: un pur plaisir de fraîcheur, l'ensemble du menu s'est raffiné, délaissant les plats de pâtes, souvent inégaux, au profit de viandes grillées et de poissons aux inspirations plus exotiques. Même les desserts sont maintenant faits maison!

AMÉRIQUE DU NORD
CAFÉ SOUP'HERBE
MIDI **30 $**
SOIR **30 $**

	2007		CHELSEA
CUISINE	★★	★★	168, CHEMIN OLD CHELSEA
SERVICE	★★★	★★★	(819) 827-7687
DÉCOR	★★	★★	2005-07-06

Finie la cuisine végétarienne lourde et les granolas sans saveur. Du fond de son boisé, Café Soup'herbe propose une table simple, fraîche, goûteuse, colorée. Le tout sans viande, bien sûr. Pizzas, salades, currys se déclinent à toutes les sauces. On y fait aussi de bien beaux desserts, et le brunch – pour ceux et celles qui peuvent se passer du bacon dominical!! – n'a plus à faire sa réputation. On y vient des deux côtés de la rivière, que ce soit pour un repas copieux, ou simplement pour siroter une bonne bière, sur la terrasse, après une randonnée dans le parc de la Gatineau.

AMÉRIQUE DU NORD
CHEZ ÉRIC
MIDI **25 $**
SOIR **35 $**

	2007		WAKEFIELD
CUISINE	★★	★★	28, CHEMIN VALLEY
SERVICE	★★★	★★★	(819) 459-3747
DÉCOR	★★	★★	2006-07-13

Il y a de ces petits bonheurs tout simples qui vous remettent à coup sûr le moral sur les rails. Chez Éric fait partie de ceux-là. Déjà, l'escapade jusqu'à Wakefield, en longeant la rivière Gatineau, émerveille. Le village, niché dans les collines, réjouit tout autant le touriste fraîchement débarqué du train à vapeur que le citadin du coin venu se mettre au vert: boutiques, cafés, sentiers pédestres. Et là, dans sa petite maison colorée, Chez Éric se démarque par sa cuisine simple et inventive, toujours fraîche, faisant la part belle aux plats végétariens, mais sans négliger le carnivore de passage. Sandwichs, pizzas, salades... et des desserts: gâteau au chocolat sous toutes ses formes et triangles aux amandes pur beurre font blêmir les meilleures pâtisseries! Le tout, dans une ambiance «petit café granole» qui rappellera de joyeux souvenirs aux 35 ans et plus. Quand un café porte le nom de son poisson rouge...!

AMÉRIQUE DU NORD
DOMUS CAFÉ

MIDI **55 $**
SOIR **105 $**

	2007		MARCHÉ BY
CUISINE	★★★★★	★★★★★	87, RUE MURRAY
SERVICE	★★★★	★★★★	(613) 241-6007
DÉCOR	★★★★	★★★★	

2005-09-02

Après avoir brièvement cédé ses cuisines à son jeune et très doué sous-chef Simon Fraser, John Taylor est de retour aux fourneaux. Domus Café est un phare de la gastronomie de la région; et qui dit phare, dit constance, stabilité, réconfort. Le travail de Taylor nous transporte vers des sommets: une cuisine vive, sûre, fraîche, vibrante. La philosophie: créer une véritable cuisine régionale canadienne n'utilisant, au fil des saisons, que des produits locaux et généralement biologiques. Des plats d'une simplicité souvent désarmante, mais toujours heureuse, une exécution soignée, le tout marié à de très beaux et bons vins canadiens dont on fait aussi la promotion, et un service à la fois décontracté et hautement professionnel. Un projet ambitieux, admirable, et tellement réjouissant. Le bonheur persiste!

AMÉRIQUE DU NORD
EIGHTEEN

MIDI **45 $**
SOIR **90 $**

	2007		MARCHÉ BY
CUISINE	★★★★	★★★★	18, RUE YORK
SERVICE	★★★	★★★★	(613) 244-1188
DÉCOR	★★★★★	★★★★	

2006-05-01

Une fois poussée l'imposante porte, le décor impressionne toujours: plafonds aériens, murs de pierre, mobilier moderne, accents rétro-kitsch parfaitement intégrés. On y vient pour le 5 à 7 branché ou pour le tête-à-tête amoureux dans une ambiance un brin «m'as-tu vu»: c'est le marché By! Service professionnel, cordialement bilingue, comme la carte. Côté cuisine, on joue de toutes les inspirations et on privilégie les viandes d'élevage régional, les légumes de nos maraîchers et le poisson frais. Le travail de Will Renaud en est un de funambule: le spectacle est coloré et souvent étonnant, mais les risques sont calculés, l'équilibre est maintenu. Le menu suit les saisons; l'été 2006 nous apportait crevettes pochées au thé vert, foie gras poêlé en croûte de cacao, autruche à l'espresso... Inspirant, non ?

AMÉRIQUE DU NORD
FLEUR DE SEL

MIDI **25 $**
SOIR **40 $**

	2007	HULL
CUISINE	★★★	59, RUE LAVAL
SERVICE	★★★	(819) 772-8596
DÉCOR	★★★★	

2006-03-22

L'enseigne annonce: «Fine cuisine végétarienne». Promesse tenue... ou presque. Car au végétarisme élégant du midi s'ajoutent, en soirée, poissons et fruits de mer. Né du rêve de la chef Lucie Maisonneuve de partager sa passion pour une cuisine à la fois saine et savoureuse, Fleur de Sel réjouit. L'espace restreint de la petite maison du Vieux-Hull est superbement mis en valeur par un décor sobre et léché, à des lieues des cafés granos auxquels nous a habitués le végétarien moyen. Le service est allumé, tout autant que la cuisine: couleurs, fraîcheur, saveur. Influences mondialisantes pour des currys relevés, des poissons fins et du tofu inspiré. L'expérience des premiers mois est pleine de promesses pour cette autodidacte de la casserole qui ne rêve que de prouver qu'absence de viande n'est pas synonyme d'absence de goût!

AMÉRIQUE DU NORD
FOUNDATION

MIDI **30 $**
SOIR **75 $**

	2007	MARCHÉ BY
CUISINE	★	18-B, RUE YORK
SERVICE	★★★	(613) 562-9331
DÉCOR	★★★★	

2006-02-15

L'espace en sous-sol a longtemps été occupé par quelque bar obscur. Voilà qu'une équipe dynamique et tout ce qu'il y a de branché a décidé d'en faire un resto-lounge où l'on aime voir et être vu. Il faut avouer que l'aménagement est réussi: imposants murs de pierre (les fondations d'origine – d'où le nom!), superbe verrière, ameublement design, toilettes avec écran télé et tous les pots de crème dont on peut rêver... À cela s'ajoutent une carte des vins plutôt belle et une impressionnante sélection de cocktails et autres martinis qui en font un favori de l'apéro ou du drink de fin de soirée. Le menu d'un éclectisme débridé semble par contre mal soutenu en cuisine. Approximation des cuissons, interprétations douteuses de certains classiques, créations manquant de tonus. Plutôt qu'en tête-à-tête romantique, on s'y retrouvera donc entre amis, à partager quelques entrées en sirotant un verre. Et en rêvant que les cuisines se prennent enfin en main.

AMÉRIQUE DU NORD
HY'S STEAK HOUSE

MIDI **55 $**
SOIR **100 $**

	2007	OTTAWA/CENTRE-VILLE
CUISINE	★★★ ★★★	170, QUEEN STREET
SERVICE	★★★ ★★★	(613) 234-4545
DÉCOR	★★★★ ★★★★	

2005-05-03

Entrer chez Hy's, c'est littéralement pénétrer dans le ventre de la machine gouvernementale canadienne! Ils sont tous là, hauts fonctionnaires et hommes d'affaires, à brasser chiffres et idées dans le décor cossu de ce steak house de luxe. Boiseries, fauteuils capitonnés, lourds drapés aux fenêtres et nappes immaculées. Le service est professionnel, vigilant, efficace. Au centre de la salle à manger trône une élégante cage de verre abritant le grand gril où seront préparés avec soin viandes et poissons. Rien de bien original dans la cuisine, par contre: le steak règne en roi et maître. Mais il est irréprochable....

AMÉRIQUE DU NORD
JUNIPER

MIDI **45 $**
SOIR **100 $**

	2007	WESTBORO
CUISINE	★★★★ ★★★★	1293, RUE WELLINGTON OUEST
SERVICE	★★★★ ★★★★	(613) 728-0220
DÉCOR	★★★★ ★★★★	

2006-08-09

2006 marque le 10e anniversaire de Juniper. Une table qui a su, au fil des ans, poursuivre sa mission: offrir une «nouvelle cuisine canadienne». Ingrédients toujours frais, faisant la part belle aux arrivages saisonniers, aux cultures et élevages locaux et aux produits biologiques. Les chefs-proprios Richard Nigro et Norm Aitken marient avec brio couleur locale et parfum exotique dans des menus alliant sobriété et créativité. Poissons splendides, viandes bien faites, plats végétariens inspirés... et inspirants. Une carte des vins bien bâtie et un service hautement professionnel – et souvent bilingue! – complètent l'expérience. Un incontournable pour le dîneur qui recherche une expérience haute en saveur, dans une ambiance élégante, décontractée, lumineuse.

AMÉRIQUE DU NORD
L'ANGE

MIDI **40 $**
SOIR **50 $**

	2007	
CUISINE	★★★	★★★
SERVICE	★★★	★★★
DÉCOR	★★	★★

OTTAWA/CENTRE-VILLE
109-B, RUE SPARKS
(613) 232-8883

2005-04-14

Ah! La Provence. Les Anglais semblent ne jamais s'en fatiguer!! L'Ange, petit bistro aux allures du Sud de la France, a donc profité de cet engouement pour les nappes colorées et le ciel bleu. Jouxtant une boutique de moutardes fines, le bistro de la rue Sparks occupe une salle noyée de lumière, tout ouverte sur un comptoir-cuisine aux cliquetis réjouissants. Un menu simple, où sandwichs frais et copieux côtoient canard confit et autres crevettes au pesto. Une cuisine plutôt éclectique, pas nécessairement de la plus pure tradition française, mais toujours follement sympathique. Et que dire du gâteau au citron sinon, qu'il rend heureux!

AMÉRIQUE DU NORD
L'ARÔME

MIDI **55 $**
SOIR **70 $**

	2007	
CUISINE	★★★	★★★
SERVICE	★★★★	★★★★
DÉCOR	★★★★	★★★★

HULL
3, BOULEVARD DU CASINO
(819) 790-6444

2006-05-28

Le restaurant de l'hôtel Hilton, au complexe du Casino du Lac-Leamy, propose grillades et fruits de mer, dans une ambiance à la fois élégante et conviviale. Une grande salle à manger avec vue sur les escarpements rocheux et le bassin d'eau de la carrière, un décor sobre, une magnifique terrasse... chauffée jusqu'à la fin octobre! En cuisine, le chef Hector Diaz travaille viandes et fruits de mer avec classe. S'il peut sembler ardu de tirer son épingle du jeu alors que le casino voisin propose, outre une table 5 étoiles, nombre de casse-croûte et buffets à prix modiques, L'Arôme, en optant pour les grillades, a pris un virage qui plaira tout autant à la clientèle du chic hôtel qu'à un large public de gens d'affaires et de petites familles. Le tout, sans jamais lésiner sur la qualité!

AMÉRIQUE DU NORD
LE BACCARA

MIDI —
SOIR **110 $**

	2007	
CUISINE	★★★★★	★★★★★
SERVICE	★★★★★	★★★★★
DÉCOR	★★★★	★★★★

HULL
1, BOULEVARD DU CASINO
(819) 772-6210

2006-09-05

Depuis son ouverture, il y a maintenant 10 ans, une pluie d'étoiles et de diamants ne cesse de tomber sur le Baccara. Logée à une adresse qu'on aime détester — le Casino du Lac-Leamy —, la très belle salle à manger est largement ouverte sur le bassin de la carrière et ses falaises rocheuses: boiseries aux teintes chaudes, ameublement tout confort, cuisines partiellement ouvertes créent une atmosphère moderne ancrée dans le classicisme. Mais c'est surtout pour la somptueuse cuisine du chef Serge Rourre, d'inspiration française, qu'on se déplace. Un style assuré, fin, toujours irréprochable. Poissons et fruits de mer y sont apprêtés avec une délicatesse qui ne peut qu'attirer les louanges; les viandes sont tout bonnement parfaites. Un pur bonheur!

AMÉRIQUE DU NORD
LE CAFÉ DU CNA

MIDI **40 $**
SOIR **90 $**

	2007	
CUISINE	★★★ ★★★	
SERVICE	★★★ ★★★	
DÉCOR	★★★★ ★★★	

OTTAWA/CENTRE-VILLE
53, RUE ELGIN
(613) 594-5127

2006-08-24

A mari usque ad mare: le Café propose une table toute canadienne! On n'en attend pas moins d'un restaurant ayant élu domicile au sein même du Centre national des Arts, institution fédérale. On retrouve donc au menu canard du lac Brome, bœuf de l'Alberta, saumon de la Colombie-Britannique, morue arctique, pétoncles de Grand Manan. L'intention est bonne, mais la prestation inégale, en cuisine comme en salle. Il faut dire que les soirs de spectacle, il n'y a pas que le théâtre qui fasse salle comble: la salle à manger au décor moderne — mais aux fauteuils fort encombrants! — et la magnifique terrasse bordant le canal Rideau offrent le spectacle de dîneurs souvent pressés et de serveurs débordés. Pour ceux qui peuvent attendre, une modeste table d'hôte — bœuf, saumon, poulet — est offerte après 20 h, pour un maigre 24,95 $.

AMÉRIQUE DU NORD
LE TWIST

MIDI **15 $**
SOIR **20 $**

	2007	
CUISINE	★★ ★★	
SERVICE	★★★ ★★★	
DÉCOR	★★★ ★★★	

HULL
88, RUE MONTCALM
(819) 777-8886

2005-09-15

Institution hulloise, Le Twist continue de séduire. Une salle colorée au décor follement *fifties*, un service convivial, une immense terrasse arrière qui peut accueillir jusqu'à 75 dîneurs. Un menu éclectique, où pâtes, moules, grillades se côtoient dans des exécutions simples mais parfois inégales. Qu'à cela ne tienne, on y vient et y revient pour les meilleurs hamburgers en ville! Ce sont eux qui font, depuis 20 ans, la réputation et la popularité de l'endroit. Toujours frais, toujours bons. Aux classiques «Vieux-Hull», avec cheddar et bacon, ou «Montréalais», au fromage à la crème, bacon, oignons et champignons sautés, on a ajouté un burger au poulet et un végétarien, pour ceux et celles qui se sentent moins carnivores... Et il y a toujours les frites, blondes à souhait!

AMÉRIQUE DU NORD
LES FOUGÈRES

MIDI **55 $**
SOIR **90 $**

	2007	
CUISINE	★★★★ ★★★★	
SERVICE	★★★★ ★★★★	
DÉCOR	★★★ ★★★	

CHELSEA
783, ROUTE 105
(819) 827-8942

2005-08-06

Fiers artisans d'une fine cuisine régionale, Charles Part et Jennifer Warren-Part font le bonheur des amoureux de nature et de bonne bouffe. Leur restaurant, niché en bordure de la forêt, entouré d'un superbe jardin de fleurs sauvages et d'une merveilleuse véranda à l'épreuve des moustiques, attire, depuis plus de 10 ans, les dîneurs venus des deux côtés de la rivière. Que ce soit pour le confit de canard au chèvre qui a participé à la réputation de l'endroit, pour les poissons habilement apprêtés, ou pour la très belle carte des vins, les excuses sont toujours bonnes pour se diriger vers Chelsea. Le service, à l'image de la cuisine, y est professionnel et sans prétention.

AMÉRIQUE DU NORD
LOUNGE DE L'HÔTEL ARC

MIDI **55 $**
SOIR **100 $**

	2007	OTTAWA/CENTRE-VILLE
CUISINE	★★★★ ★★★★	140, RUE SLATER
SERVICE	★★★★ ★★★★	(613) 238-2888
DÉCOR	★★★★ ★★★★	2005-08-19

Décor léché, résolument moderne. Bungalow californien de luxe où lounge et salle à manger ne font qu'un. Éclairage tamisé, murs capitonnés, fauteuils au look rétro, banquettes enveloppantes, couverts raffinés. Le tout dans un hôtel-boutique du centre-ville d'affaires, un peu no man's land en soirée, ajoutant au dépaysement de l'aventure. Si le décor plaît, la cuisine enchante. Produits régionaux de toute première qualité, imagination débridée, exécution irréprochable. Le nouveau chef Jason Duffy, qui succède au très aimé chef Bourghart, promet une cuisine tout aussi fine et belle. Une aventure à renouveler dans cet espace étonnant.

AMÉRIQUE DU NORD
LUXE BISTRO

MIDI **40 $**
SOIR **90 $**

	2007	MARCHÉ BY
CUISINE	★★★ ★★★	47, RUE YORK
SERVICE	★★★ ★★★	(613) 241-8805
DÉCOR	★★★★ ★★★★	2005-08-29

Après avoir abrité une décevante crêperie, puis un resto très moyen, la très belle adresse de la rue York, au cœur de l'action, s'est transformée en chic bistro. Décor léché, où l'abondance de fenêtres et de miroirs apporte luminosité et illusion de grandeur. Bar rutilant, nappes blanches bien empesées, banquettes accueillantes, lignes épurées; le coup d'œil est enchanteur. Le service, lui, bien qu'un peu vert, est sympathique et plutôt efficace. Aux fourneaux, le jeune chef Derek Benitz joue de toutes les inspirations pour une cuisine qui emprunte au bistro français, avec ses steak frites, moules et autres coq au vin; à la trattoria italienne, avec son osso buco, sa César et ses pâtes; au *diner* américain, avec ses burgers de luxe et son club sandwich! Le tout est réussi, pour une table rafraîchissante, colorée, juste.

AMÉRIQUE DU NORD
MAISON MAXIME

MIDI **40 $**
SOIR **75 $**

	2007	GATINEAU
CUISINE	★★	187, BOULEVARD LABROSSE
SERVICE	★★★	(819) 669-0909
DÉCOR	★★★	2006-07-07

Pour qui habite Hull, Aylmer ou Ottawa, le boulevard Labrosse, aux confins de Gatineau, semble à des lieues. Au-delà d'une zone commerciale un peu triste, on est surpris de trouver une si charmante maison de brique habilement rénovée, avec verrières, terrasse et, vive la banlieue!!, stationnement. Mais depuis 16 ans, l'endroit s'est bâti une solide clientèle d'habitués qui ne craignent pas les quelques kilomètres de plus pour savourer la cuisine des chefs Martin Doucet et Jean-Pierre Bouchard, tout en profitant des très courus concerts de jazz, de blues ou de musique du monde qui font la marque de l'endroit. «Fine cuisine du marché» où se côtoient gibier, volaille et poissons, habilement exécutés mais sans grandes surprises: conservatisme de la clientèle?

AMÉRIQUE DU NORD
PAR-FYUM

MIDI **40 $**
SOIR **85 $**

	2007	HULL
CUISINE	★★★	70, PROMENADE DU PORTAGE
SERVICE	★★★	(819) 770-1908
DÉCOR	★★★★	

2006-06-09

Nouveau-né du centre-ville de Hull, Par-fyum occupe l'espace du tristement défunt Bistro 1908. La grande salle aérée, vibrante, a été entièrement repeinte d'un blanc immaculé et décorée d'accents de rouge et d'orange, pour un effet moderne et lumineux. De l'atmosphère bistro, on est passé au glamour lounge des espaces new-yorkais. Petit frère du très beau Eighteen d'Ottawa, on sent que Par-fyum cherche un peu son identité du côté québécois de la rivière. Mais qu'à cela ne tienne, la cuisine, elle, s'est vite définie comme une expérience joyeuse, fine, pas toujours renversante, mais à coup sûr bien faite. Poissons et grillades impeccables, salades fraîches et généreuses, sauces au raffinement exquis. Une carte des vins générale-ment brillante permet de beaux mariages. Au moment de mettre sous presse, nous apprenons que l'excellent chef Stephen Vardy quitte Beckta pour se joindre à l'équipe de Par-fyum... le firmament pourrait bien s'étoiler davantage!

AMÉRIQUE DU NORD
PENSTOCK

MIDI **40 $**
SOIR **75 $**

	2007		WAKEFIELD
CUISINE	★★	★★	60, CHEMIN MILL
SERVICE	★★★	★★★	(819) 459-1838
DÉCOR	★★★★	★★★★	

2005-07-21

Le site est enchanteur: un vieux moulin à farine transformé en auberge, jouxtant une rivière et sa chute, un peu perdu au milieu des bois, dans le pittoresque village de Wakefield. La salle à manger principale du restaurant Penstock est tout indiquée pour le tête-à-tête hivernal, avec son foyer de pierres des champs; l'été, on lui préférera la terrasse, tout récemment transformée en superbe verrière: la vue y est magistrale, tout en tenant moustiques et bruits de cascades à distance! On souhaiterait toutefois un peu plus de constance et de raffinement en cuisine. Le menu, qui se dit de traditions française et québécoise, manque de punch. On pourrait avoir là une des plus jolies tables de la région... si on se décidait à y mettre l'effort.

AMÉRIQUE DU NORD
STONEFACE DOLLY'S ON PRESTON

MIDI **35 $**
SOIR **60 $**

	2007	LITTLE ITALY
CUISINE	★★★	416, RUE PRESTON
SERVICE	★★★	(613) 564-2222
DÉCOR	★★★★	

2006-06-28

Porté par le grand succès de son premier resto de quartier, avenue Bronson, le sympathique chef-propriétaire Bob Russell s'est lancé dans l'aventure d'une deuxième adresse. La surprise est de taille pour qui apprécie la convivialité de «l'original»: au cœur de la Petite Italie, un resto aéré, un décor moderne et léché, une superficie multipliée par trois et pouvant accueillir deux fois plus de dîneurs! Mais rassurez-vous, le résultat est presque aussi sympathique... et les files d'attente pour le brunch, nettement moins décourageantes! On propose toujours une cuisine éclectique, débordante de saveurs. Et les desserts — Key lime pie en tête —conti-nuent de faire des heureux. Une adresse réconfortante et, surtout, sans chichi.

AMÉRIQUE DU NORD
SWEETGRASS ABORIGINAL BISTRO

MIDI **30 $**
SOIR **70 $**

2007

CUISINE	★★★★	★★★★	
SERVICE	★★★	★★★	
DÉCOR	★★★	★★★	

MARCHÉ BY
108, RUE MURRAY
(613) 562-3683

2005-04-19

Oubliez la banique, la confiture de bleuets et les tipis. Sweetgrass sort fort joyeusement des sentiers trop battus du folklore autochtone. Phoebe Sutherland, jeune Crie de la Baie-James, et son très charmant mari Warren empruntent autant aux traditions culinaires canadiennes qu'à celles des Indiens navajos ou pueblos du Sud. Et c'est là un heureux mariage. Terrine de chevreuil, steak d'oie et carré de caribou sont interprétés avec savoir-faire et originalité. Les sauces, à base de gibier, sont goûteuses; les accompagnements, frais, colorés. Le décor aussi évite le cliché tout en faisant la part belle à l'art autochtone: on verse dans le moderne, à la fois dépouillé dans le style et chaleureux dans les teintes. Et une très jolie terrasse complète le tableau, les soirs d'été...

AMÉRIQUE DU NORD
URBAN PEAR

MIDI **40 $**
SOIR **75 $**

2007

CUISINE	★★★★	★★★★	
SERVICE	★★★★	★★★	
DÉCOR	★★★	★★★	

GLEBE
151, 2E AVENUE, UNITÉ C
(613) 569-9305

2006-08-03

Le midi, la salle est baignée de lumière naturelle; le soir, c'est le vert pomme des murs et la douceur du bois blond qui l'illumine. Un espace qui inspire jeunesse et fraîcheur: l'espace où Ben Baird et Summer Lichty, tous deux formés à la réputée Stratford Chefs School, s'abandonnent à leur art. Ils y travaillent les produits locaux, bios autant que possible, selon les arrivages. Folie et couleur sont toujours au rendez-vous d'un menu qui change quotidiennement, invitant le dîneur à s'aventurer encore et encore sur les chemins surprenants de l'imagination débridée des chefs. Mais c'est une créativité empreinte de rigueur et de savoir-faire qui nous est proposée, un équilibre fin et juste.

AMÉRIQUE DU NORD
WILFRID'S (HÔTEL CHÂTEAU LAURIER)

MIDI **45 $**
SOIR **95 $**

2007

CUISINE	★★★★	★★★★	
SERVICE	★★★★	★★★★	
DÉCOR	★★★★	★★★★	

OTTAWA/CENTRE-VILLE
1, RUE RIDEAU
(613) 241-1414

2005-03-22

Ah, la vie de château!! On ne peut pas tous se la payer, mais quand on passe par Ottawa, il serait malvenu de ne pas faire un détour par le Château Laurier. Hôtel mythique, son restaurant haut de gamme offre une cuisine à son image: chic, élégante, somptueuse... et bien canadienne! Sous les bons auspices du chef Marcel Mündel, le menu fait la part belle aux spécialités des différentes provinces, dans de succulents mariages: suprême de caille et hachis de dattes; longe de veau et confit de fenouil à l'orange; râble de lièvre au foie gras et truffe... Pour un tête-à-tête romantique, l'ambiance feutrée et la vue magnifique sur le Parlement et la rivière compléteront le tableau. Et si le cœur vous en dit — ou le portefeuille! —, les chambres sont tout à côté!...

Accords

vins & mets

FRANCE

La France propose un grand nombre de cuisines régionales qui allient, dans cette nouvelle ère de gastronomie française, plus de raffinement et de fraîcheur. Les vins français, ayant subi les mêmes transformations favorables, seront les incontestables favoris pour créer les combinaisons gagnantes. Les mariages régionaux, garants de succès, sont à notre portée grâce à la collaboration de notre société d'État (SAQ) qui offre une gamme quasi complète des produits viticoles de l'Hexagone.

FOIE GRAS POÊLÉ
Coteaux-du-layon ou sauternes France

BAVETTE À L'ÉCHALOTE
Bordeaux rouge ou coteaux-du-languedoc rouge France

PLATEAU DE FRUITS DE MER
Muscadet ou sancerre ou chablis France

CONFIT DE CANARD
Madiran ou cahors France

TARTE TATIN
Loupiac ou sainte-croix-du-mont ou bonnezeaux France

PRENEZ GOÛT
À NOS **CONSEILS**

SAQ

L'Argoät *Christian Pressburger, chef-copropriétaire et Lucie Maisonneuve, copropriétaire*
Page 286

FRANCE

Richesse et raffinement, précision et variété, il est difficile de qualifier le style de cette cuisine qui autrefois régnait en maître sur le paysage gastronomique de chez nous. Tout aussi délicat de déterminer les saveurs et produits principaux. Si certains éléments se détachent évidemment, crème beurre, truffe, vins, foie gras et fromages, d'autres sont apparus dans les versions modernes de cette cuisine éminemment traditionnelle. Surgissent à l'occasion quelques petits bistros sympathiques qui proposent des cuisines régionales faisant la part belle aux produits locaux, bien tournées et habilement adaptées aux goûts des fines fourchettes de chez nous.

Sombre constat pour la cuisine française en Outaouais. De nombreux établissements qui avaient longtemps attiré tout le gratin politique et diplomatique se sont vus soudainement désertés, certaines tables prestigieuses, contraintes de déclarer forfait après des décennies de loyaux services. Creux de vague ou malaise profond, ceux qui persistent doivent constamment se réinventer, dépoussiérer leurs menus, dynamiser leur vision, tout en perpétuant la tradition de l'impeccable exécution. En ressort une cuisine qui allie savoir-faire classique du Vieux Continent et modernisme empreint de saveurs locales, pour le plus grand plaisir des gourmets.

FRANCE
LA TABLE DE PIERRE DELAHAYE

MIDI **30$**
SOIR **70$**

		2007	PETITE-NATION
CUISINE	★★★★ ★★★★		247, RUE PAPINEAU
SERVICE	★★★★ ★★★★		(819) 427-5027
DÉCOR	★★★ ★★		

2006-08-06

Nos 4 étoiles vont ici à la constance: voici 21 ans que Jacqueline et Pierre Delahaye tiennent les rênes de cette table qui, si elle ne s'aventure pas trop dans les nouvelles modes, persiste à offrir une cuisine raffinée, une exécution irréprochable, un service policé. C'est dans sa maison que Madame nous accueille, avec tout le naturel d'une hôtesse d'expérience; ses conseils, souvent donnés sur le ton de celle qui en a vu d'autres, sont toujours justes. Et en cuisine, son cher mari s'applique, avec la rigueur de l'artisan, à travailler viandes et poissons avec doigté. Et que dire des sauces: il y a celles que l'on dirait typiquement vieille France, où crème et beurre se font gourmands, et celles, plus légères, qui allient jus de cuisson, petits fruits... et souvent calvados, péché mignon de ce colosse normand. Ne serait-ce que pour les ris de veau absolument fondants, il faut faire le détour au moins une fois.

FRANCE
L'ABSINTHE

MIDI **30$**
SOIR **45$**

		2007	WESTBORO
CUISINE	★★★ ★★★		65, AVENUE HOLLAND
SERVICE	★★★ ★★★		(613) 761-1138
DÉCOR	★★★ ★★★		

2006-08-28

Absinthe: le mot évoque les poètes, la douce folie créatrice, le mystère et l'interdit. C'est sur ce thème que le chef-propriétaire Patrick Garland a bâti son restaurant. Relents de bistro français dans le décor dépouillé où le zinc côtoie les grands miroirs et les vitrines lumineuses. Éclairage tamisé en soirée, qui permet au passant d'observer le dîneur bien calé dans son fauteuil. La salle est petite, conviviale, chaleureuse. Le menu aussi courtise la France, mais la réinvente aux goûts du jour: soupe à l'oignon, steak frites et crème brûlée, mais aussi quelques plats inspirés de l'Italie et des fromages fins canadiens. Et un service qui s'efforce de parler un français parfois hésitant, mais toujours souriant. Bref, une petite table gentille et réjouissante.

FRANCE
L'ARGOÄT

MIDI **15$**
SOIR **40$**

		2007	HULL
CUISINE	★★★ ★★★		39A, RUE LAVAL
SERVICE	★★★ ★★★		(819) 771-6170
DÉCOR	★★★ ★★★		

2006-01-12

Dans son petit local haut perché, L'Argoät surplombe la rue Laval, au cœur du Vieux-Hull. Rien de tel, un soir d'hiver, que d'entrer s'y réchauffer avec une «Normandie», galette de sarrasin fourrée de camembert et de patates grelots, ou avec une délicieuse et combien simple crêpe au beurre et sucre! Il y a de ces cuisines qui savent réchauffer le cœur et le corps; celle de Christian Pressburger, Breton pur laine, est de celles-là! Pour ceux que la crêpe ne convaincrait pas, les salades sont belles, tout comme les poissons et les quelques plats de viande. Le décor est tout de boiseries rustiques et chaudes; le service, avenant et sans chichi, s'exécute au rythme de quelques chansonnettes bien françaises.

FRANCE
LE SANS-PAREIL

			MIDI	**30 $**
			SOIR	**75 $**

	2007		HULL
CUISINE	★★★★	★★★★	71, BOULEVARD SAINT-RAYMOND
SERVICE	★★★★	★★★★	(819) 771-1471
DÉCOR	★★★★	★★★	

2006-08-26

Un des classiques de la région qui propose une cuisine belge et française de grande qualité. On y vient pour les moules, bien sûr, qui se déclinent à toutes les sauces; pour les frites, aussi, dorées et croustillantes. Mais il ne faudrait surtout pas négliger les viandes et poissons finement apprêtés... et les desserts chocolatés – ah, ces Belges!! Toujours sous l'habile supervision du chef-propriétaire Luc Gielen, les cuisines sont passées aux mains du jeune Alexandre Gonnot, qui ne fait pas déshonneur à la réputation de la maison. Le service y est toujours policé, mais sans faire empesé, tout comme le décor sobre, mais de bon goût. Une belle table classique, qui sait se tenir!

FRANCE
LE TARTUFFE

			MIDI	**40 $**
			SOIR	**70 $**

	2007		HULL
CUISINE	★★★★	★★★★	133, RUE NOTRE-DAME DE L'ÎLE
SERVICE	★★★★	★★★	(819) 776-6424
DÉCOR	★★★★	★★★	

2006-06-05

Une maison de brique élégante, une ambiance classique, une des plus belles terrasses du coin. C'est dans ce décor qu'œuvre le chef-propriétaire Gérard Fisher. Année après année, il sait allier les traditions de son Alsace natale aux produits de sa terre d'accueil et aux parfums des quatre coins du monde, pour offrir une cuisine soignée, inventive et colorée. Veau de Charlevoix, agneau, gibier, canard ont tous droit aux mêmes soins: cuisson irréprochable, sauces délectables. L'hiver apporte généralement sa saison des plats régionaux de France pour ceux et celles qui ont envie d'un rapide voyage dans la grande tradition culinaire; au rendez-vous: bouillabaisse, boudin blanc, moules, cassoulet... et, bien sûr, l'incontournable choucroute alsacienne!

FRANCE
L'ORÉE DU BOIS

			MIDI	**—**
			SOIR	**60 $**

	2007		CHELSEA
CUISINE	★★★★	★★★★	15, CHEMIN KINGSMERE
SERVICE	★★★	★★★	(819) 827-0332
DÉCOR	★★★	★★★	

2005-08-09

Avec l'avènement de la nouvelle cuisine, des fusions asiatiques et autres inspirations mondialisantes, on en a presque oublié la belle et traditionnelle cuisine française. Et ils sont plusieurs à encore rêver de ces viandes bien faites, de ces sauces réconfortantes, de ces desserts succulents. Le chef Guy Blain est là pour assurer des moments de bonheur à tous ces dîneurs nostalgiques. Mais attention! Qui dit cuisine traditionnelle ne dit pas cuisine dépassée! Loin de là. Chef Blain fut un des premiers promoteurs de nos produits régionaux, travaillant en partenariat avec de nombreux producteurs locaux, stimulant l'innovation et l'excellence, du champ à la table. De la tradition, il a gardé l'assurance de l'exécution, la constance. Il nous propose donc une cuisine combien réconfortante, dans un décor de sous-bois digne d'*Hänsel et Gretel!*

FRANCE
MÉTROPOLITAIN

MIDI **55 $**
SOIR **90 $**

	2007		**MARCHÉ BY**
CUISINE	★★★	★★★	700, PROMENADE SUSSEX
SERVICE	★★★	★★★	(613) 562-1160
DÉCOR	★★★★	★★★★	

2005-07-28

Une brasserie française au cœur du quartier touristique d'Ottawa. Miroirs et zinc rutilants, banquettes de vinyle bourgogne, tables nappées de blanc: tout y est pour recréer l'atmosphère parisienne. Même l'arrogance des serveurs — malheureusement peu versés dans la langue de Molière!... — ajoute à l'authenticité de la chose. Côté cuisine, tous les classiques qui font la réputation de nos cousins d'outre-Atlantique figurent au menu. Confit de canard, salade niçoise, coq au vin, steak frites et autres crème brûlée et tarte Tatin sont généralement exécutés dans les règles de l'art, mais... sans surprise. Sauf, peut-être, pour une bouillabaisse, superbe par son parfum et sa finesse. Nouveau venu de l'été 2005, Métropolitain saura faire sa place auprès des jeunes professionnels fatigués des pubs irlandais qui pullulent dans la région!

FRANCE
MICHEL REYMOND

MIDI **40 $**
SOIR **85 $**

	2007		**HULL**
CUISINE	★★★	★★★	222, RUE LAVAL
SERVICE	★★★	★★★	(819) 777-8883
DÉCOR	★★★	★★★	

2005-03-18

Après des années de cuisine fine et inventive, les propriétaires du Verlan ont décidé de lancer le tablier. Mais un autre aventurier, et pas des moindres, était là, prêt à prendre la relève. Michel Reymond, du nom de son chef-propriétaire, était né. On a conservé une table bien bâtie, avec un menu cinq services en soirée qui ne lésine pas sur la qualité. Une cuisine aux classiques revisités qui marie fraîcheur et créativité. Sympathique, ce Suisse d'origine n'hésite pas à se pointer en salle, question de prendre lui-même le pouls de sa clientèle. Pas toujours facile de subir la comparaison, mais le défi est relevé avec brio. Le temps nous dira si Michel Reymond aura su gagner le cœur des gastronomes de la région.

FRANCE
SIGNATURES

MIDI —
SOIR **155 $**

	2007		**CÔTE DE SABLE**
CUISINE	★★★★★	★★★★★	453, RUE LAURIER EST
SERVICE	★★★★★	★★★★★	(613) 236-2499
DÉCOR	★★★★	★★★★	

2006-08-22

La solennité de l'endroit nous enveloppe dès qu'on franchit la barrière menant à l'imposant manoir de style Tudor, joliment coloré de jaune beurre et de bleu. L'intérieur se fait tout aussi chic: boiseries et plâtres, hauts plafonds, tapis feutrés, salons privés et salle à manger aux fenêtres élégamment drapées et au mobilier classique — jusqu'au tabouret pour poser le sac de Madame! Le personnel y joue du flambé et de la cloche d'argent dans un bal attentif, discret, fleurant la bonne école. Et les cuisines, sous l'habile direction du chef Frédéric Filliodeau, font honneur à la réputation de l'École Cordon Bleu qui les abrite: un menu de tradition française, mais décliné au fil de saisons bien canadiennes, faisant la part belle aux produits locaux. Justesse de l'exécution et finesse de l'interprétation sont toujours au rendez-vous.

FRANCE **ST·ESTÈPHE**		MIDI **25 $** SOIR **60 $**
	2007	**HULL**
CUISINE	★★★ ★★★	711, BOULEVARD SAINT-JOSEPH (819) 777-5552
SERVICE	★★★ ★★★	
DÉCOR	★★★ ★★★	2005-08-18

Le chef Stéphane Paquet voyait grand quand il a ouvert le St-Estèphe: restaurant, lounge à cigares, salle de réception. La maison est imposante, perdant un peu en chaleur. Le décor est de facture classique, teintes naturelles et abondante fenestration. La cuisine, elle, à tendance française, est plutôt bien faite, mais manque parfois de piquant. Si les viandes sont impeccables, les accompagnements pèchent par absence d'originalité. Bref, c'est là une table sûre pour qui ne recherche pas nécessairement l'aventure, mais plutôt la stabilité et la rigueur d'exécution. Idéal pour les grands groupes où chacun y trouvera son compte à prix très raisonnable.

Accords

vins & mets

SAVEURS DU MONDE

Étant donné l'hétérogénéité des styles de nourriture représentés dans cette section, il aurait été difficile de donner en quelques lignes des indications cohérentes et vraiment pratiques pour réussir vos combinaisons gourmandes. Nous vous suggérons donc de vous référer à la fiche dans la section Montréal correspondant le mieux au restaurant de votre choix. Couvrant un très large registre des cuisines du monde (Afrique, Amérique latine et Antilles, Chine, Espagne et Portugal, Europe de l'Est, Extrême-Orient, Grèce, Inde, Japon, Moyen-Orient, Thaïlande et Vietnam), ces petits modes d'emploi vins et mets vous permettront à coup sûr d'orienter vos choix lors de vos prochaines escapades en gastronomie étrangère.

PRENEZ GOÛT
À NOS **CONSEILS**

SAQ

A'roma Meze *Michael Tatsis, chef-copropriétaire et Mathew Tatsis, copropriétaire*
Page 294

SAVEURS DU MONDE

Pour Outaouais-Ottawa, cette section regroupant des restaurants d'origines diverses et totalement distinctes sur le plan gastronomique, il serait illusoire de vouloir définir ou résumer «Style – Saveurs et produits principaux – Plats typiques» comme nous le faisons ailleurs.

Pour plus de détails sur un type de cuisine en particulier, vous pouvez toutefois vous référer aux explications fournies dans la page d'introduction de la cuisine visée apparaissant sous la région Montréal.

La région de l'Outaouais a longtemps été polarisée: le pub anglais sur une rive, la vieille France sur l'autre. Si nombre d'établissements se sont tranquillement «modernisés», s'ouvrant sur un chic *comfort food* et une cuisine traditionnelle revue aux goûts et saveurs du jour, l'ouverture sur le monde s'est aussi faite à travers les populations immigrantes qui se sont installées en grand nombre sur les deux rives. De très nombreux restaurants indiens, vietnamiens, sri lankais, éthiopiens, thaïlandais, grecs, nord-africains ou japonais sont venus s'ajouter aux établissements chinois et italiens établis. Pour qui ne craint pas l'aventure, ces cuisines authentiques sont désormais là pour briser les frontières, charmer les papilles et, à coup sûr, surprendre les sens.

AFRIQUE
CHEZ FATIMA

	2007		MIDI 15 $
			SOIR 30 $

			HULL
CUISINE	★★★	★★★	103, PROMENADE DU PORTAGE
SERVICE	★★★★	★★★	(819) 771-7568
DÉCOR	★★	★★	2006-02-22

Il y a toujours quelque chose qui mijote chez Fatima. Quelque chose que vous n'aurez pas commandé, ayant sagement opté pour le buffet varié et abordable, mais qui se retrouvera sur votre table. Parce qu'ainsi vont les choses dans cette casbah de la bonne humeur. Le buffet du midi fait la joie des cols blancs du coin; le soir, la clientèle d'habitués côtoie le passant vite adopté par une proprio tout sourire. Et sachez qu'ici, les enfants sont traités en princes: plat accessible ou sucrerie s'ajouteront souvent, pour s'assurer que leur aventure soit heureuse. La pastilla est fine, les tajines goûteux et parfumés, les desserts miellés à souhait. La qualité abordable dans un décor simple mais chaleureux.

AFRIQUE
EAST AFRICAN RESTAURANT

		MIDI 25 $
		SOIR 25 $

			CÔTE DE SABLE
	2007		376, RUE RIDEAU
CUISINE	★★	★★	(613) 789-7397
SERVICE	★★★	★★	
DÉCOR	★★	★★	2006-03-30

Le quartier de la Côte de Sable est pour le moins bigarré: étudiants, professionnels, diplomates, immigrants et quelques sans-abri de passage. Le genre de quartier qui semble prédisposé à accueillir une foule de petits restos tout aussi diversifiés que leurs clients. Pas étonnant, donc, que la baraque à patates frites côtoie le roi du shawarma et... le bistro éthiopien. East Africa s'est refait une beauté il y a quelques années, passant de taverne douteuse à resto propret. Le service toujours avenant a parfois des lenteurs ensoleillées, mais on en profite pour se laisser bercer par les chutes d'eau qui coulent sur de grands miroirs, en fond de salle. Et puis arrive l'immense plateau qui contient une sélection bien dosée de ragoûts de toutes sortes: poulet, agneau, bœuf, légumes et lentilles. Attention, papilles sensibles: c'est parfois incendiaire. Et point de fourchettes ici; on mange en s'aidant d'injeras, ces grandes crêpes traditionnelles. Les enfants adorent... les grands aussi!

AFRIQUE
LA GAZELLE

		MIDI 30 $
		SOIR 55 $

			HULL
	2007		33B, RUE GAMELIN
CUISINE	★★★	★★★	(819) 777-3850
SERVICE	★★★	★★★	
DÉCOR	★★★	★★★	2005-07-19

Ah, les parfums du Maroc! La Gazelle vibre aux couleurs et aux saveurs enivrantes de ce beau pays d'Afrique du Nord. Le décor a ce côté somptueux kitsch si plaisant, alors que le service, en costume traditionnel, est policé et souriant. La pastilla est un incontournable, avec sa pâte craquante et feuilletée. Sucrés, fruités, longuement mijotés, les tajines sont réjouissants, tout autant que les grillades et les copieux couscous. Si l'endroit est un peu excentré, près d'un centre commercial, il vaut tout de même le détour.

AMÉRIQUE LATINE-ANTILLES			MIDI	**25 $**
CALENDARIO AZTECA			SOIR	**50 $**

	2007		**MARCHÉ BY**
CUISINE	★★	★★	41, RUE WILLIAM
SERVICE	★★★	★★	(613) 241-6050
DÉCOR	★★★	★★★	2006-04-27

Exit les tex-mex au goût cartonneux, Calendario Azteca propose une cuisine mexicaine plus authentique, plus fraîche, plus franche. Les plats traditionnels que sont les guacamoles, quesadillas et tacos sont de la partie, bien sûr, mais avec chips et tortillas maison. Pour le reste, crevettes, bœuf, poulet sont offerts en versions incendiaires ou plus discrètes. Et les assiettes sont copieuses et colorées. Si c'est encore parfois un peu rustre dans la finition, ça ne manque pas de goût. Et le décor, mi-moderne, mi-folklorique, est tout en chaleur. On remarquera un léger laisser-aller dans le service, au demeurant fort sympathique, mais quelque peu nonchalant.

CHINE			MIDI	**25 $**
ROYAL TREASURE			SOIR	**25 $**

	2007		**CHINATOWN**
CUISINE	★★★	★★★	774, RUE SOMERSET OUEST
SERVICE	★★★	★★★	(613) 237-8827
DÉCOR	★	★	2006-02-09

Ils sont nombreux à se disputer la clientèle dans ce qu'on appelle de plus en plus le quartier «asiatique» d'Ottawa: japonais, vietnamiens, coréens se sont rapidement greffés à la multitude de petits restos chinois qui ont fait le Chinatown. Si la cuisine est réussie, le décor n'offre rien d'invitant: Royal Treasure n'échappe pas à cette règle!! Devanture de contreplaqué blanc, murs roses, fleurs en plastique se disputent la palme du mauvais goût. Les petites théières en inox n'ont rien de réjouissant non plus... Mais si on y vient − et l'achalandage le prouve! −, c'est pour une cuisine sûre, constante. Je ne le dirai jamais assez: la soupe hot & sour à elle seule vaut tous les détours!! Pour le reste, les traditions sichuanaise et cantonaise se partagent une carte vaste dans laquelle un service familial vous aidera à retrouver votre chemin.

ESPAGNE-PORTUGAL			MIDI	**20 $**
222 LYON			SOIR	**45 $**

	2007		**OTTAWA/CENTRE-VILLE**
CUISINE	★★★	★★★	222, RUE LYON
SERVICE	★★★	★★★	(613) 238-0222
DÉCOR	★★★	★★★	2006-05-22

222 Lyon: une adresse, un nom, un tout petit espace pour de tout petits plats! Cette charmante maison de brique, un peu à l'écart d'un centre-ville grouillant de restos de tout acabit, se spécialise dans les tapas. Les petites bouchées espagnoles, si populaires à l'apéro, deviennent repas que l'on partage entre amis, dans une atmosphère chaude et accueillante. Le nombre de places est restreint, mais le bar en U est invitant pour le tête-à-tête ou le repas en solitaire. Tous les classiques y sont − calmars, crevettes, chorizo, éperlans, tortillas −, bien faits, mais sans surprise; on demeure dans la tradition simple et efficace qui fait du chef un très bon exécutant... mais pas un artiste. Les vins espagnols sont bien sûr à l'honneur, sur la carte brève, et on propose un menu du jour, offert en table d'hôte, pour satisfaire les moins aventureux.

EXTRÊME-ORIENT
CHAHAYA MALAYSIA

MIDI **25 $**
SOIR **35 $**

	2007		OTTAWA EST
CUISINE	★★★	★★★	1690, CHEMIN DE MONTRÉAL
SERVICE	★★★	★★★	(613) 742-0242
DÉCOR	★★	★★	

2005-06-02

Aller manger en banlieue est toujours un acte de foi: il faut être sûr que le plaisir sera au rendez-vous. Longer des boulevards anonymes, s'éloigner du «m'as-tu vu», souffrir les décors un peu ringards des petits établissements sans cachet. Mais chez Chahaya Malaysia, Subut Abdullah s'assure que votre visite sera une aventure à chaque bouchée. Sa cuisine promet des feux de joie pour les papilles. De l'incendiaire bœuf Rendang au rafraîchissant Ice Kacang, tout est fait avec précision, constance et bonheur. Et le service, souvent assuré par le chef lui-même, est tout sourire. Une valeur sûre pour qui est prêt à sortir des sentiers battus.

EXTRÊME-ORIENT
SOUPÇON

MIDI **40 $**
SOIR **55 $**

	2007		WAKEFIELD
CUISINE	★★★	★★★	759, CHEMIN RIVERSIDE
SERVICE	★★★	★★★	(819) 459-1445
DÉCOR	★★	★★	

2005-08-18

On connaissait l'adresse qui vit naître Bélair sur la Rivière. Une petite maison sans cachet, mais aux cuisines enchanteresses. Et quand Alain Bélair décida de lancer le tablier pour poursuivre l'aventure à quelques pas de là, c'est Tanya Skeates qui prit la relève. Aventurière, celle-ci aura profité de voyages en Europe et en Thaïlande pour parfaire son art, et ramener chez nous savoir-faire et parfums exotiques. Une cuisine aux notes asiatiques, donc, où dominent coriandre, lait de coco, nouilles de riz, jasmin et wasabi. Les petits rouleaux de printemps végétariens sont d'une finesse craquante. Mais on ne renie pas pour autant sa région: la crème brûlée à l'érable est sublime, tout comme la tarte au citron caramélisée!...

GRÈCE
A'ROMA MEZE

MIDI **40 $**
SOIR **80 $**

	2007	OTTAWA/CENTRE-VILLE
CUISINE	★★★	239, RUE NEPEAN
SERVICE	★★★★	(613) 232-1377
DÉCOR	★★★	

2006-08-04

Ils sont beaux et ils sont bons. Le compliment sied tout autant aux merveilleux petits plats qu'au charmant personnel d'A'roma Meze! Nouveau venu sur la scène gastronomique outaouaise, l'équipe y transporte un peu de soleil de la Méditerranée. Le décor fait dans le rococo moderne, avec colonnes de faux marbre et ameublement élégant. Le service est charmant et charmeur — ah! ces Grecs! —, professionnel et sympathique. Le menu propose une multitude de petits plats que les Espagnols appellent tapas, mais qui deviennent meze ou mezedes chez les Grecs; petits plats que l'on partage entre amis, avec un verre de vin... ou deux... ou trois... et les heures passent, et on en fait finalement un repas! Des classiques feuilles de vigne aux dates farcies de foie gras et gorgonzola, le bal des fourchettes qui s'entrechoquent est inévitablement ponctué de gloussements de plaisir.

INDE
CEYLONTA

| | MIDI | **20 $** |
| | SOIR | **35 $** |

	2007		OTTAWA/CENTRE-VILLE
CUISINE	★★★	★★★	403, RUE SOMERSET OUEST
SERVICE	★★★	★★★	(613) 237-7812
DÉCOR	★★	★★	

2005-11-19

Ceylan: nature luxuriante, plage de sable fin... C'était avant les guerres et les violences qui ont secoué cette île qu'on appelle maintenant le Sri Lanka. Ceylonta, c'est la Ceylan d'avant, celle d'un paradis turquoise comme la mer. Une cuisine infiniment belle, parfumée, rêveuse. Les plats typiquement sri lankais se partagent ici la carte avec les traditions du Sud de l'Inde. String hoppers, kothu rotti et thali de légumes, viandes ou poissons font découvrir une cuisine qui joue de couleurs et de saveurs. Certains currys sont follement épicés; d'autres, plus doux, témoignent d'un art hautement maîtrisé. Le décor est simple, mais soigné; le service, tout sourire, est posé, discret, et toujours prêt à y aller de suggestions fort à propos. Très beau buffet le midi... à tout petit prix.

INDE
COCONUT LAGOON

| | MIDI | **20 $** |
| | SOIR | **40 $** |

	2007		OTTAWA EST
CUISINE	★★★	★★★	853, BOULEVARD SAINT-LAURENT
SERVICE	★★★	★★★	(613) 742-4444
DÉCOR	★★	★★	

2005-05-30

Un boulevard de banlieue, une maison un peu triste, un décor propret mais sans entrain. Nous sommes à des lieues des paysages féeriques qu'offre le Kerala, province du Sud-Ouest de l'Inde d'où est originaire le chef-propriétaire Joe Thottungal. Dans cette province, le cocotier est roi, et son huile autant que son lait se retrouvent dans la plupart des plats, finement aromatisés à la cardamome, au cumin, au gingembre. Une cuisine parfumée, bien relevée, parfois incendiaire. Ouvert en 2004, ce petit resto fait le bonheur des adeptes avec ses thalis et ses dosas. On livre même le petit-déjeuner à la maison, pour qui voudrait ajouter du piquant à son week-end!!

INDE
EAST INDIA COMPANY

| | MIDI | **25 $** |
| | SOIR | **40 $** |

	2007		OTTAWA/CENTRE-VILLE
CUISINE	★★★	★★★	210, RUE SOMERSET OUEST
SERVICE	★★★	★★★	(613) 567-4634
DÉCOR	★★★	★★★	

2005-07-27

East India Company, c'est une histoire de famille qui dure et dure, depuis plus de 30 ans. Un premier restaurant a vu le jour à Winnipeg, au début des années 70. Et puis, un rêve d'expansion amena la famille Mehra à lorgner vers l'est: ce sera Ottawa, puis Montréal. Dans la Capitale, ce qui frappe d'abord, c'est la beauté du décor, lumineux, épuré, aux couleurs chaudes, modernes, et aux artefacts somptueux. L'accueil aussi, assuré par un des fils Mehra, est tout sourire. Côté cuisine, on y viendra surtout pour le buffet, à la fois généreux et abordable: salades, chutneys, pickles, currys riches et parfumés, tandouri savoureux. L'ensemble est réjouissant, bien fait, authentique.

INDE
TAJ MAHAL

MIDI **20 $**
SOIR **40 $**

	2007	
CUISINE	★★★	**GLEBE**
SERVICE	★★★★	925, RUE BANK
DÉCOR	★★★	(613) 234-1280

N

2005-05-22

Au cœur du Glebe, un long défilé de restaurants indiens décore la rue Bank. On y trouve de tout: du bon... et du moins bon. Taj Mahal appartient au premier groupe. Décor soigné, voire élégant, malgré le toc des boiseries. Un beau mariage de kitsch indien et de confort suranné. Le service y est soigné, poli, efficace et tout sourire. Tout ce que l'on connaît et aime de la cuisine indienne est au menu: tandouri, currys, daal, nan; tous impeccables. Mais on propose aussi quelques plats «nouvelle vague», dont le chef va chercher les inspirations dans les cuisines créatives de certains restaurants de son pays. Cette section du menu change au fil des découvertes. Et si les résultats sont surprenants, ils sont rarement décevants. Le menu, comme le service, est bilingue, pour notre grand bonheur... Buffet tous les midis.

ITALIE
FRATELLI

MIDI **45 $**
SOIR **70 $**

	2007	
CUISINE	☆☆☆ ★★★	**GLEBE**
SERVICE	☆☆☆ ★★★	749, RUE BANK
DÉCOR	☆☆☆ ★★★	(613) 237-1658

2005-08-15

La scène gastronomique italienne bat de l'aile à Ottawa. Même les restaurants de la très vivante Corso Italia ont du mal à se sortir des lasagnes lourdes et des escalopes de veau trop panées. L'arrivée, il y a près de 10 ans, du premier Fratelli, rue Bank, se faisait brise rafraîchissante dans cette canicule *al forno*. Ricardo et Roberto Valente, deux frères, proposaient une cuisine simplifiée, vivante, tout en fraîcheur. Est-ce l'ouverture de deux nouvelles adresses qui a alourdi la recette? Les classiques sont toujours impeccables, les portions généreuses, mais on ne sent plus l'entrain des premières années... ou, mieux encore, du temps béni où ils officiaient au Café Spiga!

ITALIE
PIZ'ZA-ZA

MIDI **40 $**
SOIR **40 $**

	2007	
CUISINE	☆☆ ★★	**HULL**
SERVICE	☆☆☆ ★★★	36, RUE LAVAL
DÉCOR	☆☆☆ ★★★	(819) 771-0565

2005-07-18

Au cœur du Vieux-Hull, le quartier des bars et des petits restos sympas, Piz'za-za n'a plus à faire sa réputation. Si les quelques plats de pâtes ne sont pas toujours à la hauteur, les salades y sont fraîches et parfumées, et les pizzas, follement délicieuses. Escargots forestiers, merguez et confit de fenouil, poulet fumé et fondue de poireaux, truite fumée, pommes séchées et crème sure: les combinaisons sont infinies, classiques ou vaguement délirantes. Cuites dans le four à bois qui trône en roi au milieu de la salle, les croûtes sont fines et délicates, comme il se doit. Ajoutez une carte des vins vivante et bien garnie, des soirées dégustation et un service convivial, et vous avez un petit bistro qui réjouit.

ITALIE
STELLA OSTERIA

	MIDI	**40 $**
	SOIR	**80 $**

	2007	**MARCHÉ BY**
CUISINE	★★★	81, RUE CLARENCE
SERVICE	★★★★	(613) 241-2200
DÉCOR	★★★★	

Ⓝ 🎵 ⛄ 2006-08-24

Troisième établissement du groupe Fireston à élire domicile dans le marché (avec les Blue Cactus et Luxe Bistro), ce nouveau venu se lance dans la «cuisine italienne moderne». Et on lui souhaite tout le succès que méritent ses débuts prometteurs! L'espace laissé vacant par le défunt Café Clair de lune semble tout droit sorti d'un épisode de *Transformation extrême*: tons chauds, mobilier moderne, murs de briques, miroirs. Le coup d'œil est saisissant. En salle, l'accueil et le service sont jeunes, enthousiastes et compétents, alors qu'en cuisine, les chefs Pritchard et Benitz tiennent la barre de mains de maîtres. Une cuisine enjouée, bien exécutée, «moderne», mais toujours ancrée dans la tradition: pâtes, pizzas, viandes et poissons réconfortent à coup sûr.

ITALIE
VENTUNO

	MIDI	**35 $**
	SOIR	**50 $**

		2007	**WESTBORO**
CUISINE	★★★	★★★	1355, RUE WELLINGTON
SERVICE	★★★	★★★	(613) 729-9121
DÉCOR	★★★	★★★	

2005-01-27

Les restaurants italiens d'Ottawa font trop souvent dans la lasagne extra-fromage: cuisine lourde, savoureuse, certes, mais sans entrain. Mais voici que le clan Nicastro, mieux connu pour ses nombreuses épiceries fines, se lance dans l'aventure de la restauration. Son dernier-né est ce charmant resto-boutique, stratégiquement installé dans Westboro. Bois, céramique, immenses vitrines et plafonniers fous créent un décor organique et lumineux. L'accueil et le service reflètent la même chaleur à la fois chic et désinvolte. Ventuno propose une petite carte colorée: éperlans ou calmars frits en entrée; plats de pâtes d'une simplicité désarmante, mais combien goûteux; pizzas aériennes; quelques bons sandwichs le midi; viande, poisson ou risotto le soir. Rien de révolutionnaire, mais une cuisine italienne comme on l'aime: vivante, fraîche, colorée.

ITALIE
VITTORIA TRATTORIA

	MIDI	**25 $**
	SOIR	**60 $**

		2007	**MARCHÉ BY**
CUISINE	★★★	★★★	35, RUE WILLIAM
SERVICE	★★★	★★	(613) 789-8959
DÉCOR	★★★	★★★	

🎵 2006-08-10

Difficile, dans l'Outaouais, de trouver une cuisine italienne inventive, qui sorte des sentiers battus et rebattus d'une Italie américanisée... Mais ici, on peut au moins dire que la table est plus qu'honnête et la carte des vins, très invitante dans un décor où murs de pierre et modernité s'allient dans une ambiance décontractée. Pâtes classiques ou créatives — les cannellonis aux pommes de terre et champignons à l'huile de truffe et les tortellinis au gorgonzola et raisins frais sont des incontournables —, viandes et poissons généralement bien faits et fines pizzas sont au rendez-vous. Le service, parfois outrageusement familier, a le mérite d'être souvent bilingue...

plus de détails sur www.voir.ca/guiderestos

297

JAPON			MIDI	**25 $**
ICHIBEI			SOIR	**50 $**

	2007		**OTTAWA/CENTRE-VILLE**
CUISINE	★★★	★★★	197, RUE BANK
SERVICE	★★★	★★★	(613) 563-2375
DÉCOR	★★★	★★★	2005-08-11

La devanture ne paie pas de mine. Non qu'elle ne soit pas jolie; elle est plutôt... disons... discrète. Une lourde porte de bois, une fenêtre, une petite enseigne perdues entre restos et bureaux. Et, égoïstement, on n'oserait trop s'en plaindre. C'est qu'Ichibei fait partie de ces secrets qu'on aime garder pour soi et pour ses amis! Proprios, chefs, serveurs, décor et menu: tout est issu du Pays du soleil levant. Les sushis y sont irréprochables, la tempura légère; et si on laisse aux autres les grillades-spectacles, on se rabat sur un très charmant «à la carte», sorte de menu tapas à la japonaise où une bonne douzaine de plats sont offerts en petites portions d'une beauté désarmante. Le bonheur, quoi!

JAPON			MIDI	**35 $**
KINKI			SOIR	**75 $**

	2007		**MARCHÉ BY**
CUISINE	★★★	★★★	41, RUE YORK
SERVICE	★★★	★★★	(613) 789-7559
DÉCOR	★★★	★★★	2005-08-23

À la fois restaurant et lounge branché, Kinki ratisse large pour satisfaire sa clientèle, jeune et moins jeune. Le décor zen marie murs de pierre, lampes japonaises et banquettes de bois (moyennement confortables!), pour une atmosphère résolument moderne et naturelle. Les sushis sont à l'honneur, en versions classiques ou en créations originales; frais, beaux, savoureux. Mais le menu propose aussi thon, bœuf, crevettes et canard, dans des interprétations aux parfums de fusion asiatique. Si l'ensemble est bien exécuté, le service sûr et l'ambiance joyeuse, on aurait espéré un certain renouvellement dans la carte, question de ne pas toujours tergiverser autour des mêmes plats, année après année...

JAPON			MIDI	**30 $**
WASABI			SOIR	**45 $**

	2007		**MARCHÉ BY**
CUISINE	★★★	★★★	41, RUE CLARENCE
SERVICE	★★★	★★★	(613) 241-3636
DÉCOR	★★★	★★★	2005-08-16

Les restaurants japonais poussent comme des champignons shiitakes dans notre belle capitale! Qu'ils soient attrape-touristes ou zen classiques, ils semblent tous faire des heureux. Wasabi a donc élu domicile en plein marché By, dans un de ces locaux où les restos se suivent, mais ne se ressemblent pas. Cette fois, par contre, la formule semble gagnante. Elle fut rodée chez nos voisins du sud, puisque l'établissement fait partie d'une petite chaîne qui a su profiter de l'engouement pour le poisson cru et le gingembre mariné. Si le sushi classique est ici généralement bien fait, les créations maison laissent parfois perplexe, avec leur fromage à la crème et autres mélanges douteux! Mais tous les goûts sont dans la nature!! Par contre, la tempura est d'une légèreté divine, et la salade d'algues, un incontournable.

| MOYEN-ORIENT **LE MEZZÉ** | | MIDI **25 $** |
| | | SOIR **45 $** |

	2007	MARCHÉ BY
CUISINE	★★★	76, RUE MURRAY
SERVICE	★★★	(613) 241-1220
DÉCOR	★★★	**Ⓝ**
		2006-02-02

La capitale regorge de comptoirs à shawarma aux néons aveuglants et aux chaises de plastique inconfortables. Ils sont donc peu à pouvoir se targuer d'offrir une fine cuisine libanaise digne de ce nom. En fait, avec la disparition récente de Fairouz, Le Mezzé navigue maintenant en solitaire dans cette catégorie. Occupant l'espace laissé vacant par une crêperie qui n'avait d'attrayant que ses murs de pierre et son emplacement enviable, au cœur du marché, on trouvera peut-être que le décor manque d'exotisme. Mais est-il essentiel de faire dans le folklore pour offrir une cuisine libanaise délicate et colorée? La réponse est dans l'assiette: les grillades traditionnelles sont réussies, mais on ne sortira jamais perdant en optant pour une belle collection d'entrées — les fameux mezzés —, qui sont ici incomparables. Et de grâce, sortez des sentiers battus et rebattus des hummous et taboulé: fromage halloum grillé, kibeh dodus et purée de poivrons rouges sont tout simplement divins.

| THAÏLANDE **ANNA** | | MIDI **25 $** |
| | | SOIR **45 $** |

		2007	WESTBORO
CUISINE	☆☆☆	★★★	91, RUE HOLLAND
SERVICE	☆☆☆	★★★	(613) 759-8472
DÉCOR	☆☆☆	★★★	
			2005-08-04

Sur le point de devenir le quartier «in» d'Ottawa, Westboro ouvre une nouvelle porte sur la scène gastronomique de la capitale. Anna fait partie des restaurants qui font le bonheur des jeunes professionnels du coin, comme des fonctionnaires qui travaillent dans le complexe du Pré Tunney, tout à côté. Et pour cause: un décor une coche bien au-dessus de la plupart des restos asiatiques, un service poli et attentif, mais surtout, une cuisine fraîche, authentique, toujours goûteuse. Le chef-propriétaire Art Akarapanich propose des soupes parfumées, un pad thaï plutôt réjouissant et des currys solidement relevés.

| THAÏLANDE **CHEZ LE THAÏ** | | MIDI **20 $** |
| | | SOIR **40 $** |

		2007	HULL
CUISINE	☆☆☆	★★★	39, RUE LAVAL
SERVICE	☆☆	★★	(819) 770-7227
DÉCOR	☆☆☆	★★★	**⬆**
			2005-11-15

Voilà quelques années, la Thaïlande a pris d'assaut l'Outaouais québécois. En l'espace de quelques mois, pas moins de trois nouvelles adresses sont apparues dans le secteur fort prisé du Vieux-Hull. Chez le Thaï est de loin la plus sympathique. Couleurs chaudes, tables nappées, décoration d'un exotisme sobre. La cuisine est du même ton: colorée et bien faite. Les currys y sont relevés comme on les aime; le pad thaï, réjouissant; les sautés, frais et goûteux. Tous les classiques sont là et des menus dégustation fort bien pensés aideront le néophyte à s'y retrouver... et à tout goûter. Petite terrasse avant pour qui veut manger au cœur de l'action; terrasse arrière invitant à plus d'intimité.

THAÏLANDE **KHAO THAÏ**				MIDI **25$** SOIR **40$**

		2007	**MARCHÉ BY** 103, RUE MURRAY (613) 241-7276	
CUISINE	★★★	★★★		
SERVICE	★★★	★★★		
DÉCOR	★★★★	★★★★		2006-04-21

Thaïlandais élégant, au cœur du marché By. Le décor, exotique juste ce qu'il faut, est à la fois chic et convivial. Petit espace lumineux à l'avant, salle plus vaste et tamisée à l'arrière. Le bon goût était au rendez-vous quand Par Borle, la propriétaire, et son mari Cyril se sont lancés dans la rénovation de ce vaste espace. Les teintes sont chaudes, l'ameublement, confortable et sobre. Côté cuisine, la chef Nitaya Suwanachit fait des merveilles. Sa salade de papaye verte, grand classique, est un pur bonheur par un cuisant soir d'été: fraîche, croquante, parfumée. Le menu est vaste, allant des traditionnels pad thaïs et currys à des plats moins connus... mais qui gagnent à l'être. Tout est frais, tout est beau... et tout est bilingue, à ne pas négliger au cœur de notre capitale fédérale!

VIETNAM **NEW PHO BO GA LA**		MIDI **20$** SOIR **20$**

		2007	**CHINATOWN** 763, RUE SOMERSET OUEST (613) 233-2222	
CUISINE		★★		
SERVICE		★★★		
DÉCOR		★	Ⓝ	2006-07-15

Au cœur d'un quartier chinois qu'il faudrait plus justement rebaptiser «Asiatown», les petits troquets se suivent et se ressemblent: absence de décor, service qui privilégie l'efficacité. New Pho Bo Ga La ne fait pas figure d'exception. L'ancienne pâtisserie déménagée au sous-sol a laissé la place à une grande salle lumineuse où se côtoient petites tables et banquettes, sous un éclairage trop vif. Mais devant son bol de pho fumant, le dîneur passera outre cette absence de décor et de décorum! Le menu y est tout en soupes: pho aux nouilles de riz — la version traditionnelle — ou aux nouilles aux œufs, en plus de quelques soupes à tendance thaïlandaise ou japonisante. Toutes sont copieuses, savoureuses, réconfortantes. Et qu'on se le tienne pour dit: le format moyen nourrit largement son homme!!

VIETNAM **PHOENIX DU VIETNAM**			MIDI **15$** SOIR **25$**

		2007	**HULL** 234, RUE MONTCALM (819) 771-2481	
CUISINE	★★	★★		
SERVICE	★★★	★★★		
DÉCOR	★★	★★		2005-08-01

Les cuisines du monde ne sont pas légion du côté québécois de la rivière des Outaouais. Avec son quartier chinois, Ottawa tient nettement le haut du pavé. Mais qu'à cela ne tienne, Phoenix du Vietnam maintient sa réputation, année après année. Et s'est même permis une incursion dans le secteur Gatineau. Mais l'original demeure le préféré. Dans cette petite maison à la devanture un peu clinquante, et au décor tout ce qu'il y a de plus kitsch, on est sûr de trouver une cuisine fraîche et respectueuse des traditions. Rien d'exceptionnel, mais c'est bien fait et ô combien réconfortant. Avec des spéciaux du midi à moins de 10 $ et un service éclair, rien d'étonnant que l'endroit fasse le bonheur des gens d'affaires et autres fonctionnaires du coin!

RÉGIONS

AMÉRIQUE DU NORD / BAS-SAINT-LAURENT
AUBERGE DU CHEMIN FAISANT

MIDI ——
SOIR **100 $**

	2007	**CABANO**
CUISINE	★★★★	12, VIEUX-CHEMIN
SERVICE	★★★★	(418) 854-9342
DÉCOR	★★★	

Ⓝ 🍽 ☂

2006-06-09

Le chef Hugues Massey et sa compagne, Liette Fortin, incarnent les Mia et Klaus de la gastronomie. Lui aux fourneaux et elle à la sommellerie, ils nous emportent dans un voyage de découvertes gustatives qui atteignent leur apogée lors des festivals de la mer (juin) et du gibier (novembre). Tels des équilibristes, ils osent, risquent, persistent et signent leurs aventures avec succès. N'essayez même pas d'imaginer une soupe froide de melon, yaourt et demi-glace de moules en écume de homard ou encore un pétoncle poêlé sur chutney de fraises et coulis de chocolat noir au gingembre, il faut goûter. Ayant compris que l'expérience sensorielle doit être complète, le chef n'hésite pas à troquer le tablier contre la partition de piano en fin de soirée. Sans doute l'un des secrets les mieux gardés de l'Est du Québec.

AMÉRIQUE DU NORD / BAS-SAINT-LAURENT
LE 360 DEGRÉS

MIDI **30 $**
SOIR **50 $**

		2007	**RIMOUSKI**
CUISINE	★★★★	★★★★	150, RUE DE LA CATHÉDRALE
SERVICE	★★★★	★★★★	(418) 724-0360
DÉCOR	★★★★	★★★★	

🍽

2005-06-23

Au 360 degrés, situé au centre-ville de Rimouski, le chef Richard Duchesneau (anciennement de l'Auberge du Mange Grenouille) s'éclate plus que jamais avec une formule dégustation qui se distingue: que des entrées, des fromages et des desserts. Aucun féculent ne se retrouve dans la composition des plats: petite caille laquée, poisson du moment, tartare de gibier, confit de canard... Le tout magnifiquement accompagné de sauces suaves et de petits légumes de la région. La «carte alimentaire» change régulièrement, suivant les inspirations et les saisons. La carte des vins procède de la même façon. Dans un décor actuel et plutôt zen, c'est encore un secret bien gardé du Bas-Saint-Laurent... Un incontournable.

FRANCE / BAS-SAINT-LAURENT
AUBERGE DU MANGE GRENOUILLE

MIDI ——
SOIR **70 $**

		2007	**LE BIC**
CUISINE	★★★★	★★★★	148, RUE SAINTE-CÉCILE
SERVICE	★★★★	★★★★	(418) 736-5656
DÉCOR	★★★★	★★★★	

🍽 ☂

2005-06-20

Sise au cœur d'un cadre enchanteur, à quelques pas du Parc national du Bic, l'Auberge du Mange Grenouille demeure un des plus beaux rendez-vous romantiques de la province. Maintenant en poste depuis plus d'un an, le chef Jean-François Dritschler montre toujours un goût certain pour les contrastes. Sa cuisine regorge de saveurs inventives et séduisantes. Coup de cœur pour le tartare de saumon biologique, le magret de canard légèrement fumé et l'agneau de la ferme bio Rousseau braisé et rôti, jus de braisage et suc de genièvre. Les accompagnements sont aussi de première fraîcheur. Le décor théâtral qui fait la renommée de l'endroit a récemment été rafraîchi et les lieux agrandis pour recevoir des groupes corporatifs. Service et accueil d'une gentillesse exemplaire.

AMÉRIQUE DU NORD / GASPÉSIE
LE BRISE-BISE

	MIDI	**25 $**
	SOIR	**40 $**

	2007		**GASPÉ**
CUISINE	☆☆	★★	2, CÔTE CARTER / 135, DE LA REINE
SERVICE	☆☆☆	★★★	(418) 368-1456
DÉCOR	☆☆☆	★★★	2005-06-24

Le Brise-Bise est un des restaurants sympathiques du centre-ville de Gaspé. Reconnu pour sa superbe terrasse, ses expositions, et rendez-vous fidèle des artistes de la Gaspésie comme Kevin Parent ou Isabelle Boulay, sa table d'hôte a été renouvelée au cours de la dernière année. Les fruits de mer y sont bien représentés, mais il y a aussi un grand choix de burgers, de salades et plats variés au gré du jour. La carte des vins est un peu mince mais l'endroit est réputé pour son choix de bières de microbrasseries. Pour un charmant souper ou pour une soirée spectacle grisante, Le Brise-Bise est sans pareil pour son ambiance.

AMÉRIQUE DU NORD / GASPÉSIE
LE GÎTE DU MONT-ALBERT

	MIDI	**35 $**
	SOIR	**70 $**

	2007		**SAINTE-ANNE-DES-MONTS**
CUISINE	☆☆☆	★★★	2001, ROUTE DU PARC
SERVICE	☆☆☆	★★★	(418) 763-2288
DÉCOR	☆☆☆☆	★★★★	2005-06-22

Le Gîte du Mont-Albert demeure un des plus prestigieux établissements hôteliers de la Gaspésie, perdu dans un décor de rêve, dans le Parc national de la Gaspésie. Dans un pavillon de chasse offrant une vue imprenable sur le mont Albert, on y déguste une fine cuisine signée Yvano Tremblay. Les produits gaspésiens sont dignement représentés sur la carte: rouleau printanier de chevreau de la ferme Chimo, méli-mélo de champignons forestiers, carré de caribou à la saveur de conifère, dôme de saumon fumé du Gîte du Mont-Albert... Outre la composition de certains plats qui manque un peu d'originalité et la carte des vins qui pourrait être un peu plus recherchée, l'établissement garde toujours ses lettres de noblesse.

AMÉRIQUE DU NORD / CHARLEVOIX
CAFÉ CHEZ-NOUS

	MIDI	**15 $**
	SOIR	**40 $**

	2007		**LA MALBAIE**
CUISINE	☆☆	★★	1075, RUE RICHELIEU
SERVICE	☆☆	★★	(418) 665-3080
DÉCOR	☆☆	★★	2005-07-15

Voici un sympathique petit café ouvert du matin au soir et qui, pour les habitués, s'appelle aussi «Brûlerie Charlevoix» – même si la serveuse qui s'occupe de vous ne peut pas toujours vous renseigner sur la provenance des cafés qu'on vous propose ici. Les différents menus respirent la fraîcheur et la santé. Outre les bons et copieux petits-déjeuners accompagnés de fruits (muffins, jambon, œufs, céréales, crêpes, etc.), on confectionne ou cuisine pour le dîner et le souper des salades, des croque-monsieur, quiche lorraine, wraps, potages, pâtés (de poulet ou de gibier), gâteaux et autres pâtisseries. De grandes affiches décorent la salle à manger. De la terrasse extérieure égayée de pimpantes jardinières, on jouit d'une vue partielle sur le fleuve. Apéros, bières, vins et rhums: de quoi affronter toutes les soifs! Service attentionné, gentil et souriant.

AMÉRIQUE DU NORD / CHARLEVOIX
LE SAINT-PUB

MIDI **25 $**
SOIR **50 $**

	2007		**BAIE-SAINT-PAUL**
CUISINE	★★	★★	2, RUE RACINE
SERVICE	★★	★★	(418) 240-2332
DÉCOR	★★	★★	2005-08-10

Dominus Vobiscum blanche, ambrée ou «triple», Vache folle «Milk Stout» ou «ESB», telles sont les savoureuses bières artisanales maison, faites d'ingrédients naturels et «inspirées des abbayes belges». Le Saint-Pub prolonge, en quelque sorte, la Microbrasserie Charlevoix. On retrouve à son menu du lapin, du foie de veau de Charlevoix, du magret de canard grillé, de la soupe de gourganes, des poissons fumés, des moules, des pâtes, des grillades, du smoked-meat maison et quelques recettes à base de bière. Lors de notre visite, par une superbe journée d'été, l'immense terrasse était bondée – une affluence que la maison devrait apprendre à mieux gérer, car nous avons attendu plus de 45 minutes l'arrivée de nos premiers plats.

FRANCE / CHARLEVOIX
AUBERGE DES 3 CANARDS

MIDI ——
SOIR **110 $**

	2007		**LA MALBAIE**
CUISINE	★★★★	★★★★	115, CÔTE BELLEVUE, SECTEUR POINTE-
SERVICE	★★★★	★★★★	AU-PIC (418) 665-3761
DÉCOR	★★★★	★★★★	2005-05-27

L'histoire de l'Auberge des 3 Canards est jalonnée de distinctions prestigieuses. Pourtant, on ne trouve ici ni suffisance ni prétention, mais la franche cordialité d'un personnel heureux de faire votre bonheur. À cela s'ajoutent d'autres motifs d'une fierté bien légitime. Pour cet établissement coïncidaient récemment trois anniversaires marquants: le 100e de la construction, le 50e de l'auberge elle-même et le 25e de son acquisition par les propriétaires actuels. La carte des vins s'est encore enrichie d'excellentes bouteilles — pomerol, aloxe-corton, sancerre, gewürztraminer et autres suavités chargées d'arroser vos bombances. Les plats qui sortent des cuisines sont aussi plaisants à l'œil que joyeux en bouche: ballottine de lotte au canard fumé (sauce au foie gras), phyllo de canard confit aux pleurotes, caille fondante aux champignons sauvages, gratin d'escargots, poissons, fruits de mer, côte de cerf sauce Grand Veneur, sans oublier les glaces maison, les tartes au sucre ou aux pommes, les crèmes brûlées...

FRANCE / CHARLEVOIX
AUBERGE DES FALAISES

MIDI ——
SOIR **100 $**

	2007		**LA MALBAIE**
CUISINE	★★★★	★★★★	250, CHEMIN DES FALAISES
SERVICE	★★★★	★★★★	(418) 665-3731
DÉCOR	★★★	★★★	2006-06-22

Les «cailles en sarcophage» (au foie gras truffé et aux morilles), qui ont fait saliver tant de monde à la projection du *Festin de Babette*, figurent désormais au menu de cette auberge. Le chef ne prétend certes pas reproduire la recette «originale», mais réalise un plat joliment présenté, appétissant et fort savoureux. Volaille, gibier, poissons et fruits de mer figurent au nombre de ses spécialités: duel de foies gras, côte de biche aux effluves de porto, tartare d'émeu, mikado de crevettes... Et parce que la cave est ici généreuse et soignée, on opte volontiers pour un champagne (servi au verre) ou pour un vin jaune. Le personnel prend plaisir à vous accueillir et à vous servir. À l'extérieur, on dispose de deux magnifiques terrasses, dont l'une abritée.

FRANCE / CHARLEVOIX
AUBERGE LA MUSE
MIDI —
SOIR **95 $**

	2007	
CUISINE	★★★ ★★★	
SERVICE	★★ ★★	
DÉCOR	★★★ ★★★	

BAIE-SAINT-PAUL
39, RUE SAINT-JEAN-BAPTISTE
(418) 435-6839

2006-06-26

À La Muse, c'est à la fois la cuisine et l'environnement qui séduisent... avec la simplicité en prime. La galerie autrefois aménagée en terrasse a été transformée en une vraie salle à manger, vitrée à souhait et aussi confortable que la principale. Quelques marches à descendre, et vous voilà sur une terrasse en partie couverte par une tonnelle. Au-delà, c'est la grande cour plantée d'arbres fruitiers et la petite fontaine sculptée où l'eau coule sans cesse. De plus en plus inspiré par les produits de Charlevoix, le chef Hank Suzuki s'emploie inlassablement à leur faire honneur. S'il excelle particulièrement dans la préparation des légumes, des poissons et des fruits de mer, on ne saurait manquer de signaler sa blanquette d'agneau à l'estragon: un must!

FRANCE / CHARLEVOIX
AUBERGE LA PINSONNIÈRE
MIDI —
SOIR **160 $**

	2007	
CUISINE	★★★★★ ★★★★★	
SERVICE	★★★★★ ★★★★★	
DÉCOR	★★★★ ★★★★	

LA MALBAIE
124, RUE SAINT-RAPHAËL, SECTEUR CAP-
À-L'AIGLE (418) 665-4431

2006-06-23

Au tour de la Corporation de l'industrie touristique du Québec d'attribuer 5 étoiles à cet établissement bien connu de Cap-à-l'Aigle, déjà membre de la prestigieuse chaîne Relais et Châteaux. L'auberge ne compte désormais que des chambres et appartements luxueux. Pour ce qui est de la restauration, un nouveau chef a pris en charge les cuisines il y a quelques mois et s'emploie avec succès à maintenir la tradition d'excellence de cette table. Les produits de la région sont bien sûr à l'honneur: petits légumes, lapin, agneau, ris de veau, poissons, coquillages, crustacés... et la cave continue de faire le bonheur des épicuriens avec ses 12 000 bouteilles regroupées sous 725 étiquettes! Potages, sauces et desserts sont de véritables poèmes.

FRANCE / CHARLEVOIX
CRÊPERIE LE PASSE-TEMPS
MIDI **35 $**
SOIR **70 $**

	2007	
CUISINE	★★★ ★★★	
SERVICE	★★ ★★	
DÉCOR	★★★ ★★★	

LA MALBAIE
245, BOULEVARD DE COMPORTÉ
(418) 665-7660

2005-07-15

La terrasse couverte, qui fait presque le tour de la maison, se prolonge en direction de la rue d'une petite galerie en sol de brique agrémentée d'un foyer et de bancs de jardin. À l'intérieur, on mange dans un confortable décor champêtre composé de boiseries rustiques et de murs de brique. Affable et empressé, le personnel vous renseigne judicieusement. Longtemps réservées à l'automne et à l'hiver, les fondues figurent depuis quelque temps sur la carte au même titre que les savoureuses crêpes-repas (saucisse de veau de Charlevoix, saumon, fruits de mer) et crêpes-desserts (pêches et amandes grillées; crème de marrons, crème glacée et armagnac). Spaghettis, agneau, cassolette d'escargots, confit de canard et filet mignon font aussi partie des spécialités de la maison. Choix de scotchs, de vins, de cidres et de bières.

FRANCE / CHARLEVOIX
HÔTEL CAP-AUX-PIERRES

MIDI —
SOIR **60 $**

	2007	ISLE-AUX-COUDRES
CUISINE	★★	444, CHEMIN LA BALEINE
SERVICE	★★★	(418) 438-2711
DÉCOR	★★	

N ☂

2006-06-24

L'arrivée récente d'un nouveau chef, en l'occurrence Patrick Baudry, devrait contribuer à rehausser la réputation de cette table régionale. Outre une cuisine de type bistro (ravioli de lapereau, saumon fumé à la russe, entrecôte flambée au cognac, cuisse de canard à la façon du Périgord, etc.), on retrouve sur la carte des spécialités plus typiques de la région, notamment le gourmand «pâté croche» plein à craquer de viande hachée bien assaisonnée. L'établissement occupe une grande maison de campagne bordée en partie d'une galerie étroite qui s'élargit en terrasse. Pourvu d'une confortable verrière et d'une immense cour paysagère, il propose une foule d'activités pour toute la famille (piscine, tennis, etc.). Personnel gentil et, surtout, décontracté.

FRANCE / CHARLEVOIX
HÔTEL TADOUSSAC - LE WILLIAM

MIDI **30 $**
SOIR **100 $**

	2007		TADOUSSAC
CUISINE	★★★★	★★★★	165, RUE DU BORD-DE-L'EAU
SERVICE	★★★★	★★★★	(418) 235-4421
DÉCOR	★★	★★	

☂

2005-07-14

De retour dans cet établissement, le chef Fabrice Piquet y a repris la direction des cuisines, plus précisément celles du restaurant gastronomique Le William, qui loge dans une agréable verrière offrant une vue imprenable sur la cour, la terrasse proche, les jardins. Il arrive qu'on surprenne au loin, dans le fleuve, les cabrioles d'une baleine... à moins d'être trop accaparé par la carte et ses nombreuses tentations, produits de la terre et de la mer que le chef et son équipe vous transforment ou vous apprêtent avec autant de soin que de talent. Ce peut être un pigeon rôti entier (aux figues caramélisées), un magret de canard, une caille laquée, une «pintadine en deux façons», un «moelleux de flétan» parfumé à la mangue, un ragoûtant tajine de homard ou un carré de cerf mariné dont on apprécie les présentations agréables, l'originalité des apprêts et le bon équilibre des saveurs. Le personnel est accueillant et assure avec cordialité un service très professionnel. Choix de vins, de bières et d'alcools.

FRANCE / CHARLEVOIX
LA MAISON D'AFFINAGE MAURICE DUFOUR

MIDI **15 $**
SOIR **80 $**

	2007		BAIE-SAINT-PAUL
CUISINE	★★★★	★★★★	1339, BOULEVARD MGR DE LAVAL
SERVICE	★★★	★★★	(418) 435-5692
DÉCOR	★★	★★	

2005-08-10

Bien connue pour l'excellence de ses produits (Migneron et Ciel de Charlevoix), La Maison d'affinage Maurice Dufour s'est lancée en 2003 dans la restauration, se donnant d'emblée pour mission d'enchanter les plus exigeants. Pari tenu! Ne lésinant sur rien, on tâche que vos soirées soient de véritables envolées gastronomiques — des décollages judicieusement balisés de conseils et de suggestions, puis des atterrissages tout en douceur. Atterrit-on vraiment? Peut-être, mais pas immédiatement: pour un bon bout de temps, un petit nuage s'interpose entre le sol et vos semelles. Foie gras, bouquet d'asperges, volaille, bœuf, agneau, poissons, autant de produits frais et de première qualité, traités avec amour par le chef Patrick Fregny. Un unique et très beau lustre éclaire la salle à manger aux hautes fenêtres carrelées. Des tableaux colorés et un grand mur de briques rouge sombre égayent le décor qui n'en reste pas moins assez sobre. Personnel bien rodé et d'une infinie gentillesse.

FRANCE / CHARLEVOIX
LE MANOIR CHARLEVOIX

MIDI ——
SOIR **70 $**

	2007	
CUISINE	★★★	★★★
SERVICE	★★★	★★
DÉCOR	★★★	★★★

LA MALBAIE
1030, CHEMIN DU GOLF
(418) 665-4413

2006-08-01

La prise en main de la maison par ses nouveaux propriétaires s'est traduite notamment par un changement de chef en ce qui concerne la cuisine. À vrai dire, Francine Trudel, sous-chef de l'établissement depuis plusieurs années, a déjà montré ce qu'elle savait faire des produits de la région: de bons plats aromatisés tels que les combinaisons de légumes, le «marmiton d'émeu et ris de veau», la pintade farcie à la chair d'agneau et autres. Rien n'a donc vraiment changé à cette table. De la terrasse planchéiée, on a une vue magnifique sur la baie et sur une partie de Cap-à-l'Aigle. Bien que le personnel soit en général gentil et attentionné, il vous arrivera parfois de déplorer le manque d'expérience d'un serveur ou d'une serveuse. Choix d'apéros et de vins.

AFRIQUE / CHAUDIÈRE-APPALACHES
LE CASABLANCA

MIDI ——
SOIR **55 $**

	2007	
CUISINE	★★★	★★★
SERVICE	★★	★★
DÉCOR	★★★	★★★

SAINT-ANTOINE-DE-TILLY
3882, CHEMIN DE TILLY
(418) 886-2926

2005-06-25

À chaque visite, ses surprises: Le Casablanca ne change pas sur ce point. Et c'est avec le même enjouement qu'on vous reçoit et qu'on vous présente les nouvelles spécialités de la maison. Vous n'avez jamais fini d'admirer, de détailler — la statue de femme en bronze noir et or qui monte toujours la garde à l'entrée, les nouveaux tableaux évoquant, sur les murs, des scènes qu'on croit avoir déjà rêvées, le piano noir parfaitement intégré au décor. La terrasse s'est encore agrandie, sous un toit de treillis d'où pendent des lanternes colorées. Une paella aux sept poissons et fruits de mer (sur lit de riz au poulet) s'est ajoutée aux spécialités de la maison: taboulé, harira, pastilla, salade d'aubergines, couscous à toutes les viandes (agneau, poulet mariné, merguez) et tajines déclinés à toutes les sauces... Les objets, la musique, l'ambiance, la table et les parfums, c'est le Maroc, pour tout dire, comme si vous y étiez!

AMÉRIQUE DU NORD / CHAUDIÈRE-APPALACHES
LA CACHE À MAXIME

MIDI **30 $**
SOIR **65 $**

	2007	
CUISINE	★★	★★
SERVICE	★★	★★
DÉCOR	★★★	★★★

SCOTT
265, RUE DROUIN
(418) 387-5060

2005-07-07

Dans ce vaste ensemble agrotouristique, on trouve presque de tout: boutique d'objets divers (livres, savons de fabrication artisanale, accessoires pour la maison), comptoir de vente et de dégustation de produits régionaux (miels, vins et spiritueux), un restaurant prolongé d'un «coin cigare et porto», un vignoble qui en est encore à ses balbutiements et un immense terrain paysager que vous pouvez visiter, seul ou en groupe, à des prix raisonnables. La table a pour nom «Les Délices de Maxime» et vous donne à déguster, dans un beau décor champêtre, plusieurs produits de la région (rillettes, poissons fumés, fromages), et la maison a ses bons côtés — raviolis de chèvre et coulis de tomates, entrecôte de bœuf, côte de veau, filet de truite ou de porc, cannellonis de homard accompagnés d'escargots, etc. Lors de notre visite, le service s'est avéré gentil et infiniment long.

EXTRÊME-ORIENT / CHAUDIÈRE-APPALACHES
CAFÉ D'ORIENT

MIDI **20 $**
SOIR **50 $**

	2007		**LÉVIS**
CUISINE	★★★	★★★	78, CÔTE DU PASSAGE
SERVICE	★★★	★★★	(418) 833-6769
DÉCOR	★★★	★★★	

2006-08-02

Le Café d'Orient n'a plus du tout l'allure du petit établissement qui, jadis, se lançait modestement dans la confection de sushis. Il en prépare encore, et de très bons, mais sa carte s'est considérablement enrichie des spécialités habituelles de la cuisine asiatique. Soupes, gyosas et rouleaux impériaux, bœuf koral, poulet teriyaki, crevettes kroeung ou tempura, tout cela vous est apprêté avec un réel souci de satisfaire le goût autant que l'odorat. Par beau temps, les premiers arrivés optent spontanément pour la petite terrasse de quelques tables longeant le trottoir qu'elle surplombe de peu. On découvre encore, à l'intérieur, le comptoir à sushis et la salle à manger décorée de quelques tableaux, d'où l'on a une vue partielle sur les cuisines.

FRANCE / CHAUDIÈRE-APPALACHES
AUBERGE-MOTEL BENEDICT ARNOLD

MIDI **25 $**
SOIR **60 $**

	2007		**SAINT-GEORGES DE BEAUCE**
CUISINE	★★★	★★★	18255, BOULEVARD LACROIX
SERVICE	★★★	★★★	(418) 228-5558
DÉCOR	★★★	★★★	

2005-07-05

Avec sa large colonne de brique, ses lampes Tiffany, les pampres ornant ses murs de pierres grises, le décor de la salle à manger «L'Entrecôte» se révèle confortable et chaleureux. Et depuis l'arrivée de la jeune et talentueuse Marie-Claude Grégoire, qui a déjà fait ses preuves ailleurs, notamment dans un prestigieux établissement de la région, la table de cette auberge-restaurant reprend du poil de la bête. Viandes, poissons et fruits de mer se partagent presque équitablement une carte alléchante qui tient plus qu'honorablement ses promesses. Cela va du filet de porcelet aux crevettes et queues de langoustes, en passant par la côte de bœuf au jus, le faux-filet de bœuf Angus, les langoustines, le filet de flétan et la poêlée de pétoncles. Magret de canard et cuisses de grenouilles sont également de la partie. Desserts délirants. Personnel gentil, prévenant et bien renseigné.

FRANCE / CHAUDIÈRE-APPALACHES
CAFÉ BELLEFEUILLE

MIDI **15 $**
SOIR **55 $**

	2007		**MONTMAGNY**
CUISINE	★★★	★★★	59, AVENUE DE LA GARE
SERVICE	★★★	★★★	(418) 248-8158
DÉCOR	★★★	★★★	

2005-08-26

Ce petit bistro vaut à lui seul qu'on s'arrête au moins une heure ou deux à Montmagny. Doté d'une trentaine de places, il loge dans un local de dimensions modestes décoré avec goût de grands tableaux accrochés aux murs clairs et de tentures vert forêt contrastant avec les abat-jour rouges des lampes suspendues. Sur fond discret de musique classique, on déguste ici une cuisine à la fois simple et raffinée, joliment présentée. Les plats sont de volaille (caille, canard), de viande, de poissons ou de fruits de mer (agneau, saumon, pétoncles). Petite carte des vins; choix de cafés, d'infusions et de thés. Une boutique occupe la moitié de la pièce; on peut s'y procurer de la vaisselle signée, des théières originales, des gelées rares, etc. L'établissement n'ouvre que le soir, prenant la relève du tout aussi sympathique café Bleu Cobalt situé juste à côté, dont il est en quelque sorte le prolongement, et où l'on peut déjeuner, luncher, dîner.

FRANCE / CHAUDIÈRE-APPALACHES		MIDI	**20 $**
DU CÔTÉ DE CHEZ SWANN		SOIR	**25 $**

	2007		**SAINT-ANTOINE-DE-TILLY**
CUISINE	★★	★★	3897, CHEMIN DE TILLY
SERVICE	★★	★★	(418) 886-1313
DÉCOR	★★	★★	2005-05-25

C'est, en plein milieu d'un village tranquille, une petite crêperie bretonne pour le moins inattendue... et coquette dans son décor rustique de «bon vieux temps» qui se réduit à quelques paniers de fleurs accrochés au plafond, des rideaux blancs aux fenêtres, des chaises de bois, des nappes à petits carreaux rouges et blancs, un foyer réfugié dans une encoignure de briques rouges. Tout y est fait simplement, sous vos yeux: salades fraîches et croquantes, crêpes classiques et crêpes-desserts, de sarrasin ou de blé entier biologique, tout cela décliné à tous les modes: œuf et jambon, fromage, «crêpe du village» (aux poireaux et fromage «Coureur des bois»), «crêpe du pêcheur» (saumon fumé, fromage, câpres), etc. Et il y a, pour apaiser la soif, du thé, des tisanes «du terroir québécois», du chocolat belge chaud, de l'eau Perrier, du jus de pomme «traditionnel» et du café au lait. Service fort gentil.

FRANCE / CHAUDIÈRE-APPALACHES		MIDI	**30 $**
LA TABLE DU PÈRE NATURE		SOIR	**70 $**

	2007		**SAINT-GEORGES DE BEAUCE**
CUISINE	★★★★	★★★★	10735, 1RE AVENUE EST
SERVICE	★★★★	★★★★	(418) 227-0888
DÉCOR	★★★★	★★★★	2006-07-11

L'arrivée récente d'un nouveau chef n'a en rien modifié la vocation de ce restaurant de fine cuisine qui passe pour le joyau de la région. On y privilégie la fraîcheur et la qualité, comme son nom le laisse bien entendre. Dans une aile de l'édifice, on retrouve un marché (fruits frais, légumes, pains, charcuteries, huiles et vinaigres fins), en plus d'un petit café-bistro où l'on passe sa commande directement au comptoir. Dans la seconde partie, le restaurant comporte deux salles à manger, dont le «moulin» au plafond constitué de petits parasols disposés en rosace. Le personnel, compétent et stylé, vous renseigne judicieusement sur les spécialités de la maison (gibier, volaille, fruits de mer, poissons) et vous conseille les vins les plus appropriés.

FRANCE / CHAUDIÈRE-APPALACHES		MIDI	**30 $**
LE ST-CLAIR		SOIR	**65 $**

	2007		**SAINTE-CLAIRE DE BELLECHASSE**
CUISINE	★★★★	★★★★	37, BOULEVARD BÉGIN
SERVICE	★★★	★★★	(418) 883-1680
DÉCOR	★★★	★★★	2005-07-20

Le St-Clair n'a pas encore trois ans, mais il fait déjà l'orgueil de ce petit village de Bellechasse où le chef Franck Weissmuller exerce son art sans faire aucune concession sur la fraîcheur ou la qualité des produits. La maison date de 1797 et se trouvait de l'autre côté de la rue. Déplacée, restaurée et même rénovée, elle n'a pourtant rien perdu de son charme d'antan. On vous y reçoit avec une infinie gentillesse dans un très beau décor champêtre égayé de grands tableaux (Riopelle, Julie Couture, Pauline L'Heureux, Jacynthe Pellerin...). Deux grandes salles à manger, un salon et une verrière accueillent midi et soir la clientèle venue des environs ou de plus loin. Apprêtés de main de maître, foie gras, poissons et fruits de mer, volaille, côte de porc ou entrecôte de bœuf grillés sont chaque fois servis avec de beaux et savoureux accompagnements. Encore limitée, la carte des vins devrait s'enrichir peu à peu.

FRANCE / CHAUDIÈRE-APPALACHES
MAISON VINOT

	MIDI	**30 $**
	SOIR	**60 $**

	2007	**SAINT-GEORGES DE BEAUCE**
CUISINE	★★★	11525, 2E AVENUE
SERVICE	★★★	(418) 227-5909
DÉCOR	★★★	

Ⓝ 🅴 ⬆

2006-07-12

D'appétissants fumets vous racolent jusque sur les trottoirs. Une fois à l'intérieur, on se laisse gagner par le charme d'une grande et confortable maison de 1928, entièrement rénovée et aménagée en «Aubert et B&B». Côté resto, vous avez le choix entre deux salles à manger (type bistro et type lounge). La carte rappelle sans conteste l'objectif des proprios: mettre en valeur les produits de la région et vous rappeler qu'il fait bon vivre. Le chef réussit avec un égal bonheur ses plats de viande, de volaille ou de fruits de mer (osso buco, bison, steak de thon rouge, lapin, langouste et toutim). La carte des vins? Le joyau de la maison! Des humbles aux prestigieuses, presque toutes les bouteilles sont d'importation privée, avec parmi elles quelques «bio».

ITALIE / CHAUDIÈRE-APPALACHES
BISTRO DON CAMILLO

	MIDI	——
	SOIR	**65 $**

	2007		**SAINT-SIMON-LES-MINES**
CUISINE	★★★	★★★	452, RANG CHAUSSE-GROS
SERVICE	★★★	★★★	(418) 774-3999
DÉCOR	★★	★★	

🌂

2005-07-06

Dans cette minuscule chapelle convertie en restaurant, Cinzia Giacobbo et Fabio Alini Carlini continuent de faire le bonheur des amateurs de fine (et authentique) cuisine italienne, apprêtant au gré de leur joviale inspiration des plats de pâtes (maison), de viandes, de poissons et de fruits de mer comme on n'en mange pas ailleurs. Les assiettes rayonnent littéralement de bonne humeur, d'une bonne humeur à ce point contagieuse que des inconnus finissent par lier connaissance d'une table à l'autre, échangeant leurs commentaires à propos d'un plat de sanglier au vin rouge, d'une salade de cœur de bœuf ou de raviolis au saumon fumé et à l'encre de seiche. Pour l'apéro ou pour souper, on opte spontanément pour la grande terrasse aux allures de couvent, bordée d'un petit lac où s'ébattent des dizaines de poissons rouges. Choix d'alcools, de bières et de vins.

AMÉRIQUE DU NORD / ESTRIE
ANTIQUARIUS CAFÉ

	MIDI	**45 $**
	SOIR	**60 $**

	2007		**SHERBROOKE**
CUISINE	★★	★★	182, RUE WELLINGTON NORD
SERVICE	★★	★★	(819) 562-1800
DÉCOR	★★★	★★★	

🌂

2005-05-21

Beau grand café doublé d'un magasin d'antiquités, l'Antiquarius persiste et signe au cœur du coquet centre-ville de Sherbrooke (que les clients semblent déserter au profit des centres commerciaux). Cette double personnalité signifie qu'à la fin de votre repas, vous pouvez repartir avec le mobilier... à condition d'y mettre le prix. Le midi, vous avez le choix entre des salades, des paninis, des pâtes et «l'autre chose», c'est-à-dire cinq ou six plats de résistance comme un burger d'autruche, un pavé de cerf rouge, un filet de truite à la fleur d'ail, des tartares de bœuf ou de saumon. Le soir, le menu s'éclate. Le chef s'en donne à cœur joie, mû par un réel désir d'innover, même si l'on devine qu'il n'a pas encore atteint le sommet de son art. Après lui avoir pardonné quelques maladresses, on savoure l'ambiance du lieu, chaleureux et unique à souhait.

AMÉRIQUE DU NORD / ESTRIE
AUBERGE GEORGEVILLE

MIDI ——
SOIR **100 $**

	2007		GEORGEVILLE
CUISINE	★★★★	★★★★	71, CHEMIN CHANEL, RR6
SERVICE	★★★★	★★★★	(819) 843-8683
DÉCOR	★★★★	★★★★	2005-06-14

L'auberge est magnifique, ravissante comme une belle dame victorienne. La cuisine annoncée est tout aussi attrayante et la splendide carte des vins attirera bien des regards avec son impressionnante liste de crus californiens, une perle dans la région. La table, bien que très convenable, laisse un peu sur son appétit le client émoustillé par tant de promesses sur papier et tant de décorations aux murs. On sent que l'on veut beaucoup et l'on constate que l'on réussit moins souvent que prévu. Le cadre étant ce qu'il est, c'est-à-dire très beau, ces petits faux pas ne réussissent pas à gâcher le passage ici. D'autant plus que le service est assuré avec beaucoup de grâce et d'efficacité par des jeunes gens dynamiques et très appliqués.

AMÉRIQUE DU NORD / ESTRIE
AUBERGE RIPPLECOVE

MIDI **50 $**
SOIR **120 $**

	2007		AYER'S CLIFF
CUISINE	★★★★★	★★★★★	700, RUE RIPPLECOVE
SERVICE	★★★★	★★★★	(819) 838-4296
DÉCOR	★★★★	★★★★	2005-05-06

Cette vénérable maison fêtait son 60e anniversaire en 2005. Les rives du lac Massawippi en frémissent encore. Tout comme le gourmand qui sommeille en vous et qui apprécie un cadre bucolique pour prendre ses repas. L'arrivée du chef Charles Dufresne a donné une deuxième jeunesse à cette table qui en avait un peu besoin. Une cuisine allumée et qui puise des touches rafraîchissantes en Extrême-Orient; de très bons produits, travaillés avec beaucoup de goût et beaucoup de soin, des combinaisons osées tout en respectant un certain académisme, des assiettes montées avec un talent et une application remarquables. Cadre naturel évidemment magnifique, charme victorien de la maison, service élégant. Forfaits à examiner avec intérêt pour prolonger le plaisir éprouvé à table.

AMÉRIQUE DU NORD / ESTRIE
CAFÉ BLA-BLA

MIDI **25 $**
SOIR **40 $**

	2007		SHERBROOKE
CUISINE	★★	★★	2, RUE WELLINGTON SUD
SERVICE	★★★	★★★	(819) 565-1366
DÉCOR	★★★	★★★	2005-07-09

Repaire nocturne du centre-ville, le Café Bla-Bla, c'est d'innombrables cocktails, un vaste choix de vins, des bières importées et venant de microbrasseries, mais il s'agit également d'un endroit où l'on peut se régaler fort décemment. La cuisine maison qu'on y sert se contente de miser sur la fraîcheur des ingrédients et la simplicité des recettes. Ceci ajoute au sentiment de convivialité qui se dégage du lieu, déjà fort invitant avec ses larges banquettes et ses jolies chaises de fer forgé. Entre les soupes, sandwichs et autres pizzas, la variété de burgers est impressionnante avec ses options de viande de bison, d'agneau, de saumon ou de canard.

RÉGIONS

plus de détails sur www.voir.ca/guiderestos

311

AMÉRIQUE DU NORD / ESTRIE
CAFFUCCINO
MIDI **35 $**
SOIR ___

	2007	
CUISINE	✦✦ ★★	
SERVICE	✦✦ ★★	
DÉCOR	✦✦ ★★	

SHERBROOKE
1700, RUE KING OUEST
(819) 821-2346

2005-07-09

Tout comme ses succursales sœurs de Magog et de Rock Forest, le Caffuccino de Sherbrooke est un endroit où l'on peut tout aussi bien déjeuner, casser la croûte sur l'heure du midi ou le soir, organiser des 5 à 7 avec les collègues ou passer une soirée entre copains. Sans éclat particulier, le menu proposé est tout de même d'une qualité fort honnête avec ses pizzas à l'européenne ou sur bagel, ses pâtes, ses ciabattas et paninis et ses salades. Le café demeure toutefois la principale force de la maison. Torréfié sur place, il témoigne en effet d'une fraîcheur irréprochable et, qu'il s'agisse d'un espresso, d'un latte, d'un cappuccino ou de l'un des 17 cafés rehaussés d'alcool, il est préparé dans les règles de l'art par les employés consciencieux. Certains soirs, des musiciens ajoutent une touche jazz à l'ambiance.

AMÉRIQUE DU NORD / ESTRIE
CLASSYCO CAFÉ
MIDI **20 $**
SOIR **30 $**

	2007	
CUISINE	✦✦✦ ★★★	
SERVICE	✦✦✦✦ ★★★★	
DÉCOR	✦✦✦ ★★★	

SHERBROOKE
133, RUE FRONTENAC
(819) 565-4148

2005-06-15

Peut-être entré au Classyco Café pour admirer les toiles de Dominique Dubreuil, artiste en quasi-résidence ici, serez-vous tenté par les fumets sortant des chaudrons de Toussaint Attiave, le pétillant cuistot local. Une fois assis, vous ne voudrez plus quitter les lieux tant sa cuisine est attachante. Et soignée, et simple, et plus encore. On s'étonne de pouvoir manger aussi bien pour aussi peu, et les combinaisons offertes en soirée par M. Attiave remplissent d'allégresse. Poissons, fruits de mer et viandes sont traités aux petits oignons, avec force épices, douces ou viriles, mais toujours dosées avec justesse. Une belle découverte sur la rue Frontenac que l'on arpente désormais en fredonnant un petit air réunionnais plein de soleil.

AMÉRIQUE DU NORD / ESTRIE
JESSIE
MIDI **40 $**
SOIR **50 $**

	2007	
CUISINE	✦✦ ★★	
SERVICE	✦✦ ★★	
DÉCOR	✦✦✦ ★★★	

MAGOG
301, RUE PRINCIPALE OUEST
(819) 868-3857

2005-07-16

Incontournable tant il est visible sur la rue Principale, le Jessie fait le pari (plutôt réussi) de rassasier avec un menu qui ratisse très très large: grillades, pâtes, pizzas, produits de la mer et quelques spécialités: carré d'agneau au bleu, brochette de poisson grillé. Le tout reste honnête, les portions sont généreuses, mais les accompagnements gagneraient à offrir plus de variété. Un peu comme le menu, le décor est éclectique avec un charmant petit train qui passe occasionnellement au-dessus de la tête des convives. Fait plutôt rare et méritoire, on peut y déjeuner, dîner et souper.

AMÉRIQUE DU NORD / ESTRIE
LA TABLÉE DU PONT COUVERT

MIDI ——
SOIR **100 $**

	2007		**SHERBROOKE**
CUISINE	★★★★	★★★★	5675, ROUTE 147, MILBY
SERVICE	★★★	★★★	(819) 837-0014
DÉCOR	★★★	★★★	2005-07-09

Pénétrer dans l'univers du chef André La Palme, c'est s'offrir une expérience en symbiose avec le terroir de l'Estrie. Comme dans toute bonne formule de table champêtre, le client débarque avec son pinard sous le bras, et s'attable dans la maison privée du chef. Ce dernier, un passionné, un vrai, entretient de bonnes relations avec les producteurs locaux. En toute saison, il offre un menu de 4 ou 7 services où défilent porcelet de lait, cerf rouge, confit de canard du lac Brome, chevreau (qu'il élève lui-même) et autres viandes succulentes. Ce chef a un talent certain pour la cuisson de ces dernières. Résultat: des aliments qui conservent toutes leurs saveurs. En prime, vous pouvez repartir avec des produits sortis de son petit fumoir: truite, gouda, cheddar ou saucisse.

AMÉRIQUE DU NORD / ESTRIE
L'ANGÉLUS

MIDI **30 $**
SOIR **60 $**

	2007		**SHERBROOKE**
CUISINE	★★	★★	1165, RUE KING OUEST
SERVICE	★★★	★★★	(819) 566-4447
DÉCOR	★★★	★★★	2005-07-07

À une époque où la «fusion» est attaquée de toutes parts, l'idée qu'un resto se réclame de la cuisine californienne est en soi réjouissante. Dans ce cas-ci, on voit mal à quoi on fait allusion, sinon aux plats principaux joliment servis dans de grandes assiettes rectangulaires ou bien au faux «risotto», en quelque sorte déconstruit. On sent plutôt une influence espagnole, dont le menu ne fait pas mystère. Ajoutez la musique latine, et il y a de quoi être déboussolé. Les plats offerts en table d'hôte (que le client peut choisir à la carte) sont assez bien exécutés, mais le service du pain (lamentable) et les desserts quelconques mériteraient d'être revus. Cadre agréable et belle terrasse ayant cependant l'inconvénient de surplomber la très passante rue King.

AMÉRIQUE DU NORD / ESTRIE
PILSEN RESTAURANT & PUB

MIDI **30 $**
SOIR **50 $**

	2007		**NORTH HATLEY**
CUISINE	★★	★★	55, RUE PRINCIPALE
SERVICE	★★★	★★★	(819) 842-2971
DÉCOR	★★★	★★★	2005-07-02

La coquetterie de North Hatley, son charme «néo-anglais» et ses tables exceptionnelles ravissent les touristes, dont certains de marque – on pense aux Raffarin, Chirac, Charest... Pour ceux qui ne peuvent s'offrir un séjour quatre étoiles dans la localité, un arrêt au Pilsen Pub permet de frayer avec les résidents ou de se mirer dans les eaux limpides du lac Massawippi, sur lequel le pub est littéralement assis. Ancienne ferronnerie retapée avec goût, le pub propose un menu typiquement éclectique: nachos, moules frites, «burger Pilsen», assiette de campagne (une «ploughman's plate» revisitée), pâtes, sandwichs et plats plus élaborés, le soir venu. Et la bière? On ne peut s'appeler Pilsen sans en offrir une belle variété, dont certains produits locaux, telle la Massawippi.

AMÉRIQUE DU NORD / ESTRIE
PLAISIR GOURMAND

MIDI —
SOIR **100 $**

	2007	**HATLEY**
CUISINE	★★★	2225, ROUTE 143
SERVICE	★★★	(819) 838-1061
DÉCOR	★★	Ⓝ

2006-03-25

Deux amoureux dans la vie et aux fourneaux, Éric Garand et Jenny Dufour, ont concrétisé leur rêve d'ouvrir un restaurant dans un coin déjà réputé pour ses bonnes adresses. La table d'hôte est une invitation à découvrir les merveilles du terroir, les producteurs locaux sont d'ailleurs cités sur le menu. En entrée, le fondant de lapin au bleu unit très habilement deux saveurs sans masquer l'une ou l'autre. La spécialité du chef, le jarret d'agneau braisé, est un modèle du genre et le trio de desserts témoigne du soin apporté à chaque plat. Les travaux nécessaires, prévus pour 2006, devraient créer l'harmonie entre le contenu de l'assiette et l'expérience en salle. À suivre avec beaucoup d'intérêt.

AMÉRIQUE DU NORD / ESTRIE
RESTO-CLUB LA TOQUADE

MIDI **25 $**
SOIR **45 $**

	2007	**SHERBROOKE**
CUISINE	☆☆ ★★	196, RUE WELLINGTON NORD
SERVICE	☆☆ ★★	(819) 569-9164
DÉCOR	☆☆☆ ★★★	

2005-06-27

Jolie idée que de s'inspirer du caprice qu'est la «toquade», même si on est quand même assez loin des grandes toques. L'écrin est digne de mention: une belle salle au plafond haut, à la décoration moderne, au look industriel, quelques tables disposées sur le trottoir, à l'ombre de l'hôtel de ville. La carte oscille entre les plats bistro et café: sandwichs, hamburgers, salades, pâtes et grillades. Dans l'assiette, les résultats sont corrects, sans être renversants, mais on n'est pas à l'abri des bourdes. À preuve, cette vichyssoise plutôt fade servie bien... tiède. Le service un peu brouillon, qu'on sent hésitant, gagnerait à être resserré. Pour peu qu'on n'ait pas d'attentes gastronomiques démesurées, on passera malgré tout un bon moment à cette adresse.

FRANCE / ESTRIE
À LA PAIMPOLAISE

MIDI —
SOIR **80 $**

	2007	**MAGOG**
CUISINE	☆☆☆ ★★★	2760, ROUTE 112
SERVICE	☆☆☆ ★★★	(819) 843-1502
DÉCOR	☆☆☆ ★★★	

2006-08-26

Bien que le service soit parfois un peu empressé et que l'attente entre les différents plats soit quasi inexistante, ce qui nous laisse à peine reprendre notre souffle entre chaque étape du repas, les moments passés dans cette chaleureuse demeure ancestrale s'avèrent bien agréables, surtout quand la température se fait clémente et permet de s'attabler sur la terrasse extérieure qui jouxte un petit ruisseau. Si la maison est reconnue depuis maintenant plus de 20 ans pour ses crêpes, desserts ou repas, qu'un jeune cuistot exécute à la vue de tous derrière des parois de verre, on propose aussi un menu varié qui s'érige autour des produits locaux et des disponibilités saisonnières.

FRANCE / ESTRIE
AU P'TIT SABOT

| MIDI | **30 $** |
| SOIR | **60 $** |

		2007	**SHERBROOKE**
CUISINE	★★★	★★★	1410, RUE KING OUEST
SERVICE	★★★	★★★	(819) 563-0262
DÉCOR	★★★	★★★	

2005-07-08

Sorti des cuisines du Petit Extra à Montréal, le chef Marc-Olivier Eloy a quitté le tumulte de la grande ville pour tenter sa chance en région et diriger la destinée du resto de sa mère. Même si Au P'tit Sabot est l'un des établissements les plus anciens de Sherbrooke (déjà 35 ans), le chef a su lui insuffler un vent de modernisme, en proposant une carte bistro bien actuelle. Au menu: gigot de marcassin au miel et à l'ail, bavette de veau de lait sauce au vin et moutarde, pavé de cerf aux cerises rouges, aile de raie au beurre noisette et citron, etc. Les plats sont bien réalisés, le service est courtois et chaleureux, la maison a le charme d'une vieille centenaire un peu défraîchie mais ayant conservé toute sa verdeur. Un must!

FRANCE / ESTRIE
AUBERGE LE SAINT-AMANT

| MIDI | — |
| SOIR | **60 $** |

		2007	**NORTH HATLEY**
CUISINE	★★★	★★★	33, CHEMIN DE L'AUBERGE
SERVICE	★★★	★★★	(819) 842-1211
DÉCOR	★★★	★★★	

2005-08-19

Une jolie demeure ancestrale, bâtie à flanc de montagne pour mieux profiter des beautés du lac Massawippi. Trois chambres confortables. Une salle à manger campagnarde décorée avec amour. Une ambiance paisible, quasi monastique, où l'on chuchote sans savoir pourquoi. Un accueil tout en douceur, gestes lents et voix feutrée à l'appui. Les petits plats bien tournés de Jean-Claude Danzel (civet de lapin au nectar d'hydromel, cuisse de canard confite au citron vert et à la mélisse fraîche, nougats glacés et autres péchés sucrés). Puis ce menu spécial «santé» à base du fameux miso fabriqué dans la région. Oui, cela convainc que tel qu'annoncé, on a tout mis en œuvre ici pour faire honneur au sieur de Saint-Amant, patron des aubergistes et des hôteliers de France.

FRANCE / ESTRIE
BOULANGERIE-BISTRO OWL'S BREAD

| MIDI | **25 $** |
| SOIR | **60 $** |

		2007	**MANSONVILLE**
CUISINE	★★★★	★★★★	299A, RUE PRINCIPALE
SERVICE	★★★	★★★	(450) 292-3088
DÉCOR	★★★	★★★	

2006-01-14

Magnifique petit établissement où, côté pile, on trouve une sympathique boulangerie de village et, côté face, un rafraîchissant resto-bistro où l'on sert une cuisine de première qualité dans un décor sans prétention. Au menu: plusieurs spécialités du Sud de la France, un fondant au foie de canard pas piqué des vers, d'excellents sandwichs, salades et croûtes chaudes et, bien sûr, un choix complet de sucreries, gâteaux et scones qu'on vient à peine de sortir du four de la boulangerie voisine. Un petit bijou qui mérite amplement qu'on ajoute des kilomètres au compteur.

FRANCE / ESTRIE
CAFÉ MASSAWIPPI

MIDI —
SOIR **100 $**

	2007		**NORTH HATLEY**
CUISINE	★★★★	★★★★	3050, CHEMIN CAPELTON
SERVICE	★★★★	★★★★	(819) 842-4528
DÉCOR	★★★★	★★★★	

2006-08-25

Ici, tout concourt à nous faire vivre une soirée dont nous nous souviendrons longtemps. L'expérience commence dès l'arrivée entre les murs de cette maison ancestrale d'un petit village où le temps semble suspendu, alors que le personnel se montre courtois et détendu. Si le sommelier comme les serveurs savent aisément guider les clients vers une aventure gastronomique de haute voltige, c'est à Dominic Tremblay que doit revenir une grande part des honneurs. En chef généreux et allumé, il propose une table d'hôte renouvelée chaque mois selon la fraîcheur des produits de saison et où figure à tous coups une version des spécialités de la maison, soit le foie gras de canard poêlé (divin!) et le tartare de cerf rouge. Sa créativité n'a d'égale que son audace.

FRANCE / ESTRIE
LA DEVINIÈRE

MIDI **30 $**
SOIR **70 $**

	2007		**SHERBROOKE**
CUISINE	★★★	★★★	17, RUE PEEL
SERVICE	★★★	★★★	(819) 822-4177
DÉCOR	★★★	★★★	

2005-04-15

Une petite maison un peu en retrait du trafic, un décor très domestique et une cuisine très domestiquée, voilà de quoi satisfaire le gastronome local ou de passage. Cuisine française d'inspiration qui s'adapte aux ressources locales et adapte les produits du terroir québécois pour présenter des assiettes généreuses. Rien de révolutionnaire, mais du travail bien fait et beaucoup de soin. La chaleureuse bienveillance du service complète le tout. Les prix d'ami pratiqués à midi témoignent eux aussi des efforts déployés par les propriétaires pour faire de La Devinière une halte où l'on voudra revenir.

FRANCE / ESTRIE
LA TABLE TOURIGNY

MIDI —
SOIR **120 $**

	2007		**GEORGEVILLE**
CUISINE	★★★★★	★★★★★	4288, CHEMIN GEORGEVILLE
SERVICE	★★★★	★★★★	(819) 868-2894
DÉCOR	★★★★	★★★★	

2005-09-02

Étape gourmande chaudement recommandée, La Table Tourigny poursuit son évolution avec grâce. Le chef François Tourigny continue d'impressionner avec sa cuisine inventive où se retrouvent morilles, cèpes et autres chanterelles, ramenés des sous-bois environnants. Dernièrement, le chef a trouvé, sous une feuille de jeune fougère, Sophie, qu'il a également ramenée à la maison. Elle accomplit depuis des miracles, notamment avec le service et le très beau nouveau décor. Le jardin embellit, la maison également et cette table demeure l'une des deux ou trois meilleures de la région. En 2005, la maison a quitté, fort judicieusement selon nous, la catégorie «apportez votre vin» et offre maintenant une belle petite sélection mettant encore davantage en valeur la délicatesse des plats de monsieur Tourigny.

FRANCE / ESTRIE
LE CHOU DE BRUXELLES

MIDI ——
SOIR **45 $**

	2007	
CUISINE	★★	★★
SERVICE	★★	★★
DÉCOR	★★	★★

SHERBROOKE
1461, RUE GALT OUEST
(819) 564-1848

2005-07-06

Il faut un certain culot pour loger un restaurant à l'enseigne de ce légume mal aimé. On a ici affaire à un bistro au menu plutôt éclectique, voire classique, d'où ressortent certains plats aux accents résolument belges, comme le waterzooi. Accompagnées de frites, les moules sont servies à toutes les sauces, littéralement. Quant au «vin de Moselle», vous devrez l'apporter vous-même. Pendant qu'on est dans les références à Brel, disons que le service a des «langueurs» qui, sans être «océanes», évoquent les mers du Sud plus que les rives de l'Escaut. La cuisine, heureusement, n'a pas de prétentions démesurées, et l'on mange agréablement (et copieusement), à prix raisonnable.

FRANCE / ESTRIE
LE MCHAFFY

MIDI **40 $**
SOIR **70 $**

	2007	
CUISINE	★★★★	★★★
SERVICE	★★★★	★★
DÉCOR	★★★★	★★★★

COWANSVILLE
351, RUE PRINCIPALE
(450) 266-7700

2006-09-02

Sur le parcours des bonnes tables de la région, le McHaffy loge sans doute à une adresse privilégiée. Malheureusement, les espoirs que suscite cette belle demeure bourgeoise ne tiennent pas nécessairement la route. L'accueil est tiède, et le service a perdu de son vernis d'antan. Le chef-propriétaire Pierre Johnston décline un menu trois services pour deux personnes à 70 $ avant taxes, bouteille de vin incluse. Cette formule honnête – très populaire le week-end, peut-être en raison de la lenteur du service – ne pèche pas par excès d'originalité, mais a le mérite de ne pas égratigner le portefeuille. Les fins palais se rabattront sur le menu cinq services, qui se permet quelques exotismes du côté de la Nouvelle-Zélande ou du Japon. Ils regretteront tout de même que la carte des vins soit loin de se comparer à la qualité des plats. Espérons que la maison remédiera promptement à ces mauvais plis.

FRANCE / ESTRIE
LE PETIT PARISIEN

MIDI ——
SOIR **70 $**

	2007	
CUISINE	★★★	★★★
SERVICE	★★★	★★★
DÉCOR	★★★	★★★

SHERBROOKE
243, RUE ALEXANDRE
(819) 822-4678

2005-06-26

Avec sa salle aux murs vert foncé, parsemés d'affiches, cette élégante maison distille le charme un peu vieillot de la bourgeoisie. Contrairement à ce que laisse entendre son nom, le resto, qui agit aussi comme traiteur, fait dans les produits régionaux et affiche un net parti pris pour le gibier à poil et à plume (wapiti, cerf, pintade, canard), aussi offert, détail amusant, en fondue. Dans ces conditions, le poisson de service donne un peu l'impression de faire de la figuration. La table d'hôte, très complète, offre un bon rapport qualité-prix, en dépit de prestations inégales. Service courtois et professionnel. Le vin que vous apportez reçoit toute l'attention voulue. À noter, le souci des présentations et les desserts extrêmement soignés.

FRANCE / ESTRIE
L'ŒUF

MIDI **45 $**
SOIR **70 $**

	2007	
CUISINE	☆☆☆ ★★★	
SERVICE	☆☆☆ ★★★	
DÉCOR	☆☆☆ ★★★	

MYSTIC
229, CHEMIN MYSTIC
(450) 248-7529

2005-07-02

Hänsel et Gretel s'abandonneraient sûrement à la gloutonnerie dans l'adorable resto-auberge-crémerie-chocolaterie (ouf!) de Pierre Normandeau. La porte s'ouvre d'abord sur la boutique, véritable «capharnaüm de menus plaisirs» où déferlent friandises, chocolats maison et glaces artisanales. On passe ces tentations pour se retrouver dans une accueillante salle à manger et terrasse attenante, laquelle donne sur un jardin tout aussi sympathique. À table, une cuisine robuste et saine, qui puise dans le répertoire de l'Hexagone et qui trahit la générosité du chef. Comme le reste ici, elle a de quoi réjouir. On est bien, c'est paisible... Au lieu de reprendre la route, on est tenté de finir le bourgogne du vigneron Christian Menaut – ami de Normandeau – dans le confort moelleux d'un des lits de l'auberge.

FRANCE / ESTRIE
MANOIR HOVEY

MIDI **30 $**
SOIR **120 $**

	2007	
CUISINE	☆☆☆☆☆ ★★★★★	
SERVICE	☆☆☆☆☆ ★★★★★	
DÉCOR	☆☆☆☆ ★★★★	

NORTH HATLEY
575, CHEMIN HOVEY
(819) 842-2421

2005-09-02

Si la perfection était de ce monde, cette maison aurait 15 étoiles; pour l'instant, 14 suffiront, ce qui la place tout de même dans le petit peloton de tête très exclusif de ce guide et de nombreux autres. Cinq étoiles pour la cuisine inspirée et inspirante du chef Roland Ménard et de sa brigade. Une cuisine très classique, parfaitement maîtrisée. Cinq étoiles aussi pour le service, impeccable de subtile retenue et de professionnalisme éclairé. On se doute que la bienveillante et omniprésente houlette de Monsieur Lazar, archétype du maître d'hôtel distingué, y est pour beaucoup. Une magnifique carte des vins, très faible cependant en choix au verre, complète le portrait sur la nappe. Tout autour, «luxe, calme et volupté». On se croirait parfois revenus aux grands jours de Victoria. *Absolutely exquisite, my dear.*

FRANCE / ESTRIE
RESTAURANT AUX TROIS CANARDS

MIDI **30 $**
SOIR **90 $**

	2007	
CUISINE	☆☆☆ ★★★	
SERVICE	☆☆☆ ★★★	
DÉCOR	☆☆☆ ★★★	

KNOWLTON
78, RUE LAKESIDE
(450) 242-5801

2005-09-05

Superbe représentant de ce que la tradition anglo-saxonne a de plus attrayant, Knowlton a tout du paradis pour les touristes, les chasseurs d'antiquités et les gourmands en quête d'une halte dans un cadre idyllique. C'est donc avec bonheur que l'on s'accorde un moment de répit chez l'un des meilleurs «ambassadeurs» du canard de la région. Aux Trois Canards met en vedette le volatile élevé à quelques coups d'aile du village, à la ferme Canards du lac Brome. Que ce soit en confit, fondant et au goût intense; en magret, tendre et généreux; en cassoulet, en salade ou en terrine, l'oiseau récolte ici tous les honneurs. Pas fan de bêtes à plumes? Le reste de la carte, avec tartare, carré d'agneau et duo de fruits de mer, est tout aussi irréprochable.

FRANCE / ESTRIE
RESTAURANT FAUCHEUX

MIDI **50 $**
SOIR **100 $**

	2007	**GRANBY**
CUISINE ★★★★★ ★★★★★		53-2, RUE DUFFERIN
SERVICE ★★★★ ★★★★		(450) 777-2320
DÉCOR ★★★ ★★★		

2005-05-07

Si jamais vous vous perdez dans les Cantons-de-l'Est, remerciez les cieux puisque vous aurez ainsi l'occasion de manger chez Faucheux. En effet, les années passent, mais le plaisir de manger ici reste. Inchangé. Ou alors peut-être augmenté par l'assurance que prend l'impressionnante cuisine de Jean-Marc Faucheux. Ravioles de crevettes et de pétoncles au citron confit; tarte feuilletée aux pétoncles; mignon de veau de lait au foie gras et mangues grillées; suprême de pintade farcie oignons et pleurotes; ris de veau avec beurre citronné aux câpres. On sait, à peine passé à table, que l'on est dans une maison qui fait les choses en grand. Sauf au moment de l'addition qui reste très raisonnable pour les plaisirs procurés. Nouvelle sommelière et carte des vins à l'avenant.

FRANCE / ESTRIE
RESTAURANT LE LADY OF THE LAKE

MIDI ——
SOIR **55 $**

	2007	**MAGOG**
CUISINE ★★★★ ★★★★		125, CHEMIN DE LA PLAGE DES CANTONS
SERVICE ★★★★ ★★★★		(819) 868-2004
DÉCOR ★★★ ★★★		

2005-07-16

Le chef, Roland Michon, aime offrir de la variété: viandes et volailles, paella, poisson du jour, la liste est longue et invitante. Et il a fort à faire dans cet établissement qui est à la fois un bistro-microbrasserie, un restaurant plus conventionnel et une terrasse ouverte sur la plage en été. Dans tous les cas, l'accent est mis sur la fraîcheur et la qualité des produits choisis. Les desserts sont tout aussi raffinés, on se laisse tenter sans crainte par des classiques réactualisés comme le gâteau au fromage avec croûte de pistaches et miel. Service aimable et allumé. En été, quelques aménagements — comme remplacer les parasols aux marques de bière ou améliorer la ventilation — rendraient le site et la vue sur le lac encore plus agréables.

ITALIE / ESTRIE
L'EXPRESSO

MIDI ——
SOIR **70 $**

	2007	**ORFORD**
CUISINE ★★★ ★★★		1691, CHEMIN DE LA RIVIÈRE AUX CERISES
SERVICE ★★★ ★★★		(819) 843-7320
DÉCOR ★★★ ★★★		

2005-05-28

Cet Expresso propose une cuisine italienne traditionnelle plus onctueuse et crémeuse qu'épicée qui fait le bonheur des nombreux habitués. L'escalope de veau est d'une rare tendreté et se présente sous ses variantes familières, tout comme les pâtes. Le service est attentif et le parmesan généreux (on regrette cependant l'absence de vrais copeaux). Courte carte des desserts à laquelle vous devriez succomber, même si votre appétit est déjà largement comblé, si l'on vous offre la cassetta sicilienne, génoise parfumée à la fleur d'oranger, légère, emplie de fruits confits et finement bordée de chocolat. Tout dans le décor est très neuf, nul doute que le temps apportera un peu de patine.

ITALIE / ESTRIE
PIZZICATO

MIDI **20 $**
SOIR **60 $**

	2007	
CUISINE	★ ★ ★	★ ★ ★
SERVICE	★ ★ ★	★ ★ ★
DÉCOR	★ ★	★ ★

SHERBROOKE
61, RUE KING OUEST
(819) 562-1029

2005-07-09

Charmant petit resto qui occupe un étroit local s'étirant en longueur à la décoration sobre et harmonieuse. Les vendredis et samedis soir, c'est une ambiance survoltée qui règne en ces lieux alors que couples, groupes d'amis ou familles avec de jeunes enfants font halte avant de passer la soirée au cinéma situé juste à côté. Le grand comptoir de service et la cuisine ouverte se situent au centre de l'endroit, ajoutant à la frénésie générale. Même en période achalandée, le service est assuré avec une impeccable efficacité. La pizza à pâte mince y est reine et les nombreuses combinaisons offertes vont des plus conventionnelles aux plus audacieuses... des combinaisons auxquelles on peut également incorporer les ingrédients de son choix. Entrées, salades et plusieurs plats de pâtes complètent la carte.

JAPON / ESTRIE
SUSHI EXPRESS

MIDI **25 $**
SOIR **50 $**

	2007	
CUISINE	★ ★ ★	★ ★ ★
SERVICE	★ ★	★ ★
DÉCOR	★ ★	★ ★

SHERBROOKE
40, BOULEVARD JACQUES-CARTIER NORD
(819) 823-2333

2005-07-09

Si l'on se méfie généralement des comptoirs de sushis à emporter, plusieurs n'offrant qu'un produit sans personnalité, c'est en toute confiance qu'on pourra s'en remettre aux jeunes gens qui ont ouvert celui-ci au cours de 2005. Les nigiris, sashimis, makis et compagnie y sont concoctés avec un évident souci de perfection et d'originalité en ce qui a trait à la préparation comme à la présentation. La maison, qui renouvelle constamment la carte, offre des créations inspirées de la tradition japonaise, mais sait aussi faire preuve d'originalité. On pense au Maki méditerranéen avec ses tomates séchées, olives, fromage de chèvre, saumon fumé et miel, ou au Récif, sushi dessert composé de chocolat, guimauve, banane, noix de coco, ananas, papaye et abricot sauce épicée. Quelques tables disposées dans un décor épuré permettent de manger sur place.

AMÉRIQUE DU NORD / ÎLES-DE-LA-MADELEINE
AU VIEUX COUVENT

MIDI **20 $**
SOIR **70 $**

	2007	
CUISINE	★ ★ ★	★ ★ ★
SERVICE	★ ★ ★ ★	★ ★ ★ ★
DÉCOR	★ ★ ★ ★	★ ★ ★ ★

HAVRE-AUX-MAISONS
292, ROUTE 199
(418) 969-2233

2005-08-22

C'est maintenant dans le cadre d'un hôtel haut de gamme que le restaurant Au Vieux Couvent continue d'accueillir une clientèle toujours au rendez-vous pour déguster les moules toutes saveurs et quelques nouveautés qui valent vraiment le détour comme le flétan parfumé au fenouil ou le requin mariné à l'huile vierge et aux poires. Au chapitre des entrées, l'assiette de poissons fumés des Îles, le tartare de saumon de même que les calmars au parmesan ou au curry remportent encore la faveur d'un grand nombre d'habitués. Le rapport qualité/prix demeure excellent et le nouveau décor un brin plus stylisé n'altère en rien l'ambiance, qui reste toujours décontractée et sympathique. Le bar Chez Gaspard, à l'étage au-dessous, a considérablement réduit son niveau de décibels pour s'adapter au nouveau contexte hôtelier de l'établissement. Un endroit où l'on revient toujours avec plaisir.

CAFÉ LA CÔTE
SOIR **75 $**

	2007	**ÉTANG-DU-NORD**
CUISINE	★★★ ★★★	499, CHEMIN BOISVILLE OUEST
SERVICE	★★★ ★★★	(418) 986-6412
DÉCOR	★★★ ★★★	2006-08-15

Le Café La Côte, établi à demeure au port de L'Étang-du-Nord, profite de la proximité de l'animation qui s'y déroule à toutes les heures de la journée, qu'il s'agisse du va-et-vient des pêcheurs ou des nombreuses activités culturelles à l'agenda en saison estivale. La cuisine, originale et tout en fraîcheur, fait une belle place aux saveurs locales et la pizza à la morue salée ainsi que le hareng pomme à l'huile constituent maintenant des classiques de la maison. Les copieux petits-déjeuners servis jusqu'à l'heure du midi vous permettront de faire le plein d'énergie pour une randonnée de quelques heures le long du magnifique littoral qui jouxte le port de pêche en direction de la Belle-Anse. En soirée, la table d'hôte propose des plats de poissons et de crustacés cuisinés avec raffinement.

AMÉRIQUE DU NORD / ÎLES-DE-LA-MADELEINE   MIDI —

LA PETITE BAIE
SOIR **75 $**

	2007	**HAVRE-AUX-MAISONS**
CUISINE	★★★ ★★★	187, ROUTE 199
SERVICE	★★★ ★★★	(418) 969-4073
DÉCOR	★★★ ★★★	2006-08-16

Sans tambour ni trompette mais toujours avec la même régularité, Luc et Réjeanne accueillent tous les soirs, dans leur belle maison centenaire, une clientèle fidèle au rendez-vous qui sait qu'elle pourra trouver ici une halte tranquille et une bonne cuisine à base de produits de la mer comme la morue homardine, les pétoncles à la crème ou, pour les plus audacieux, le bourguignon de loup-marin, par exemple. Au chapitre des entrées, laissez-vous tenter par les buccins et couteaux de mer sur feuilletage ou encore par la tartiflette de Pied-de-Vent (le fromage des Îles) et vous ne serez pas déçus. Pas de grande aventure du côté de la carte des vins, très courte, mais dans l'ensemble, de quoi passer une très agréable soirée.

AMÉRIQUE DU NORD / ÎLES-DE-LA-MADELEINE   MIDI —

LA TABLE DES ROY
SOIR **100 $**

	2007	**ÉTANG-DU-NORD**
CUISINE	★★★★ ★★★★	1188, ROUTE 199, LA VERNIÈRE
SERVICE	★★★★ ★★★★	(418) 986-3004
DÉCOR	★★★★ ★★★★	2005-08-12

La Table des Roy ne cesse de nous étonner par une cuisine raffinée et toujours renouvelée qui sait s'adapter aussi bien aux arrivages quotidiens qu'aux plus récentes tendances de la gastronomie. Ainsi, les entrées d'inspiration asiatique telles que le sashimi de pétoncles au sésame et gingembre ou la soupe vietnamienne au crabe et à la coriandre sont un pur régal. En plat principal, on craque pour des classiques de la maison comme la poêlée de ris de veau, pétoncles et homard au porto ou encore une savoureuse version de la bouillabaisse de Marseille avec rouille et aïoli. La carte des vins comporte une belle sélection qui fait preuve d'originalité. Le service, courtois et professionnel, ainsi que le décor, à la fois élégant et chaleureux, contribuent à l'ambiance de la soirée. Une adresse incontournable.

AMÉRIQUE DU NORD / ÎLES-DE-LA-MADELEINE
LE BISTRO DU BOUT DU MONDE

MIDI —
SOIR **100 $**

	2007		**HAVRE-AUBERT**
CUISINE	★★★★	★★★★	951, ROUTE 199
SERVICE	★★★★	★★★★	(418) 937-2000
DÉCOR	★★★	★★★	

2005-08-06

Comme quoi un petit bistro peut abriter une grande table. Le Bistro du bout du monde, qui a ouvert ses portes à l'été 2005 sur le site de la Grave, constitue la plus agréable nouveauté gastronomique de la saison aux Îles-de-la-Madeleine. La cuisine de Luc Jomphe allie avec maestria inspiration méditerranéenne et arrivages de la mer, ce qui nous vaut de déguster, selon les caprices de la marée, une exquise salade de fenouil et pétoncles fumés ou un délicieux risotto au homard et basilic frais, croquant et moelleux. Le décor épuré s'ouvre sur la baie de Plaisance qui teinte l'atmosphère de toute une gamme de bleus océaniques jusqu'à assez tard en soirée, grâce à l'heure atlantique. Le service, amical et professionnel, génère une ambiance très conviviale qui incite à prolonger le plaisir jusqu'au digestif. Une nouvelle adresse vivement recommandée.

AMÉRIQUE DU NORD / ÎLES-DE-LA-MADELEINE
LES PAS PERDUS

MIDI **45 $**
SOIR **65 $**

	2007		**CAP-AUX-MEULES**
CUISINE	★★★	★★★	169, CHEMIN PRINCIPAL
SERVICE	★★★	★★★	(418) 986-5151
DÉCOR	★★★	★★★	

2006-08-19

Depuis son ouverture à l'été 2000, cet établissement a réussi le double pari de concilier les formules auberge, café, restaurant et bar musical tout en intéressant visiteurs et gens des Îles, jeunes et moins jeunes. Au menu, toujours aussi éclectique, on retrouve la soupe thaïlandaise, les fajitas et le burger de requin mariné, mais le nouveau chef, un jeune Madelinot revenu dans ses Îles avec un bon bagage d'expériences culinaires acquises sur le continent, propose également en soirée une délicieuse poêlée de pétoncles à la japonaise cuits et assaisonnés juste comme il faut, ou encore un excellent risotto de homard bien garni et crémeux à souhait. À partir de 22 h 30, c'est place à la musique et aux nouveaux artistes de la scène musicale alternative de Montréal ou d'ailleurs. C'est ici que ça se passe, quoi!

FRANCE / ÎLES-DE-LA-MADELEINE
AUBERGE LA MARÉE HAUTE

MIDI —
SOIR **90 $**

	2007		**HAVRE-AUBERT**
CUISINE	★★★	★★★	25, CHEMIN DES FUMOIRS
SERVICE	★★★★	★★★★	(418) 937-2492
DÉCOR	★★★	★★★	

2005-08-16

Le chef d'origine dijonnaise Patrick Mathey est encore fidèle à la tradition qui consiste à offrir à sa table un maximum de saveurs locales, des plus attendues aux plus originales, et ce, toujours avec audace et créativité. Au vaste menu, le filet de loup-marin fumé et le carré de sanglier avec cèpes au poivre noir côtoient le filet de maquereau au petit blanc et les pétoncles grillés au beurre de coriandre, pour ne nommer que ceux-là. C'est une cuisine généreuse qui pourra satisfaire les palais les plus aventureux comme les plus classiques. Le service, chaleureux et attentionné, contribue à la signature de la maison. Le restaurant fait maintenant partie d'une belle auberge avec vue sur la baie de Havre-Aubert dans le prolongement du site historique de la Grave.

FRANCE / LANAUDIÈRE			MIDI	**50 $**
AUBERGE DU LAC TAUREAU			SOIR	**70 $**

	2007		SAINT-MICHEL-DES-SAINTS
CUISINE	★★★	★★★	1200, CHEMIN BAIE DU MILIEU
SERVICE	★★★	★★★	1 877 822-2623
DÉCOR	★★★★	★★★★	2005-05-21

Ce magnifique complexe hôtelier en bois rond, niché en pleine forêt et surplombant le réservoir Taureau, offre tout ce qu'il faut pour s'oxygéner les poumons ou se livrer à la relaxation totale, loin, très loin des soucis du bosseur surmené. Après avoir flirté avec l'épinette et humé la terre des sentiers, on investit, l'appétit aiguisé, une superbe salle à manger qui joue la carte du luxe campagnard et des panoramas enchanteurs. Un séjour à l'Auberge n'est pas donné, disons-le; on pourrait donc s'attendre à une cuisine dépassant celle du restaurant français conventionnel. Un filet de sole et son riz façon pilaf, une pièce de viande et ses petits légumes... tout cela est savoureux et préparé dans les règles de l'art, mais ne surprend en rien le palais. Des lieux majestueux appellent un repas époustouflant. C'est ce qu'on espère lors d'une prochaine visite.

FRANCE / LANAUDIÈRE			MIDI	**50 $**
L'ÉTANG DES MOULINS			SOIR	**90 $**

	2007		TERREBONNE
CUISINE	★★★	★★★	888, RUE SAINT-LOUIS
SERVICE	★★★	★★★	(450) 471-4018
DÉCOR	★★★★	★★★★	2005-07-15

Planté au beau milieu d'un décor très fin 18e siècle — le Vieux-Terrebonne, où se trouve le magnifique étang des Moulins et son grand parc de saules centenaires —, cet établissement se trouve dans une maison ancestrale très bien conservée qui attire depuis un quart de siècle une clientèle fidèle appréciant le charme un peu poussiéreux des vieilles pierres. Le chef a une réputation solide, acquise au fil des ans et édifiée sur une cuisine faite de classiques et de plats plus modernes qu'il ne cesse de renouveler au fil des saisons. Service efficace mais qui manque peut-être d'un peu de dynamisme. En été, n'oubliez pas de compléter votre repas par une longue promenade dans le parc.

AMÉRIQUE DU NORD / LAURENTIDES			MIDI	**30 $**
AU P'TIT COCHON SANTÉ			SOIR	—

	2007	ROSEMÈRE
CUISINE	★★★	236, CHEMIN GRANDE-CÔTE
SERVICE	★★★	(450) 971-4449
DÉCOR	★★★	2006-05-18

La surprise est grande de trouver, perdu au milieu des innombrables comptoirs de restauration rapide qui poussent dans le coin, ce petit établissement éminemment sympathique. Il règne en effet ici une belle ambiance conviviale et le client se sent le bienvenu dès qu'il pousse la porte, le matin pour le déjeuner ou à midi. La carte est sans prétentions autres que celle de proposer une cuisine santé et revigorante. Petits plats, salades et sandwichs, boissons naturelles et énergisantes, tout est soigné et présenté avec application. Le service prend ici tout son sens puisque sourire, bonne humeur et efficacité semblent être les mots d'ordre de tout le monde. Une des belles découvertes de cette année dans la catégorie «Mangeons détendus».

AMÉRIQUE DU NORD / LAURENTIDES
AUBERGE CARIBOU

MIDI **20 $**
SOIR **70 $**

	2007	LAC-SUPÉRIEUR
CUISINE	★★★★ ★★★★	141, TOUR DU LAC
SERVICE	★★★★ ★★★★	(819) 688-5201
DÉCOR	★★★★ ★★★★	

2005-09-04

On adore les plats que concocte la chef Suzanne Boulianne, des plats cuisinés bourrés de personnalité et de saveurs ensoleillées! Entre ses mains, gibier, poissons, légumes, fruits, fromages et herbes fraîches se transforment en fête pour nos papilles. Sa cuisine du marché simple, généreuse, goûteuse et sans prétention est servie dans un décor néo-rustique où chaque détail compte: l'eau se présente dans une belle bouteille où flottent quartiers de lime et de citron et quelques feuilles de menthe; des petits pains chauds au levain s'entassent dans un pot de grès; des olives sont servies en amuse-bouche dans des petites assiettes blanches en forme de losange et coiffées d'une branche de romarin... En prime, on a le soleil qui se couche sur les flots tranquilles et sauvages du lac Supérieur. Que demander de plus pour faire du bien à nos sens et à notre âme? Rien de plus, vraiment.

AMÉRIQUE DU NORD / LAURENTIDES
LA ROCHE DES BRISES

MIDI ——
SOIR **100 $**

	2007	SAINT-JOSEPH-DU-LAC
CUISINE	★★★★ ★★★★	2007, RUE PRINCIPALE
SERVICE	★★★★ ★★★★	(450) 472-2722
DÉCOR	★★★ ★★★	

2005-07-17

En 1993, Gina Pratt et Jean-Pierre Bélisle prenaient le pari de faire pousser du raisin et de fabriquer du vin dans la superbe région pomicole de Saint-Joseph-du-Lac. Douze ans, 35 000 pieds de vigne et plusieurs prix plus tard, le vignoble est devenu «domaine» avec auberge, salle de dégustation des vins et resto, le tout étreint par les montagnes gorgées de fleurs ou de fruits, selon la saison. C'est un brin de folie que l'on s'offre en venant ici, tant pour le cadre féerique que pour une cuisine virevoltante et tout sauf banale qui marie délicatesse asiatique, légèreté californienne et chaleur «comfort-foodienne». La carte des vins fait, bien sûr, la part belle aux produits de la maison tels que l'inusité Maribriand ou un cidre de glace assez réussi — ces derniers mis en valeur par de jolies préparations culinaires.

AMÉRIQUE DU NORD / LAURENTIDES
LE CAFÉ DES ARTISANS

MIDI **25 $**
SOIR **25 $**

	2007	PRÉVOST
CUISINE	★★ ★★	3029, BOULEVARD LABELLE
SERVICE	★★ ★★	(450) 224-2337
DÉCOR	★★ ★★	

2005-05-04

De savoureuses salades, quelques bons sandwichs, un ou deux plats chauds, des desserts bien sucrés, des déjeuners copieux, une ambiance baba cool et une petite scène pour chauffer la salle durant les week-ends: ce petit troquet sympathique, bon marché et sans prétention a tout pour plaire à sa clientèle un peu éclectique, qui se recrute dans presque toutes les tranches d'âge. Bien sûr, la proximité de la route 117 est un peu déprimante et même la petite terrasse n'y change pas grand-chose. Mais une fois à l'intérieur, le service, jeune et souriant, prend efficacement le relais.

AMÉRIQUE DU NORD / LAURENTIDES		MIDI	**25 $**
RÔTISSERIE AU PETIT POUCET		SOIR	**45 $**

	2007	**VAL-DAVID**
CUISINE	✩✩ ★★	1030, ROUTE 117
SERVICE	✩✩ ★★	(819) 322-2246
DÉCOR	✩✩ ★★	2006-06-10

Pendant que, dans une foule de restaurants, des chefs s'évertuent à réinventer la gastronomie, Au Petit Poucet, on perpétue sans complexe les traditions culinaires du Québec. Dans cet esprit, les nostalgiques retrouvent donc au menu, à la carte ou en buffet les samedis soirs d'été, du ragoût de pattes, du cipaille, de la tourtière (pâté à la viande), des fèves au lard, du ketchup aux fruits, de la tarte au sirop d'érable et du pouding chômeur. La spécialité demeurant encore et toujours un délicieux jambon maison, fumé à l'érable. Intergénérationnel, l'établissement au décor rustique réunit les familles, des grands-parents aux petits-enfants. Le repas terminé, tout ce beau monde peut se diriger vers la boutique pour faire provision de victuailles, dont le fameux jambon et des confitures de fraises maison.

FRANCE / LAURENTIDES		MIDI	**25 $**
À L'EXPRESS GOURMAND		SOIR	**60 $**

	2007	**SAINTE-ADÈLE**
CUISINE	✩✩✩ ★★★	31, RUE MORIN
SERVICE	✩✩✩ ★★★	(450) 229-1915
DÉCOR	✩✩✩ ★★★	2005-08-27

Après sept ans de bons et loyaux services partagés entre Le Bistro à Champlain et les cuisines privées des grands de ce monde, le chef d'origine bourguignonne Didier Gaildraud tente sa chance en ouvrant son propre restaurant. Il a choisi pour ce faire une charmante maison de bois à Sainte-Adèle, qu'il a rénovée avec élégance et simplicité. Dans son nouvel environnement, il offre une cuisine du marché bistro créative qui, sans révolutionner le genre, constitue un plus dans le paysage gastronomique du village de Séraphin. Le chef fait lui-même ses courses à Montréal dans les marchés publics, pour concocter un menu hebdomadaire qui change au gré des produits disponibles. Prélude suggéré avant de s'engouffrer dans une des salles du cinéma Pine, situé non loin de là.

FRANCE / LAURENTIDES		MIDI	—
AUBERGE LAC DU PIN ROUGE		SOIR	**60 $**

	2007	**SAINT-HIPPOLYTE**
CUISINE	✩✩✩ ★★★	81, LAC DU PIN ROUGE
SERVICE	✩✩✩ ★★★	(450) 563-2790
DÉCOR	✩✩✩ ★★★	2005-07-22

L'auberge reprend tout son éclat en se faisant restaurant sous l'impulsion de nouveaux propriétaires. Cuisine française classique et impeccable avec de petits clins d'œil aux origines alsaciennes du chef. On y vient sur réservation seulement, que l'on prend espacées aux 30 minutes afin de permettre au chef, Albert Orth, de peaufiner chacune des assiettes. Tout cela donne une ambiance intimiste et paisible magnifiée par la vue plongeante sur le lac. On y brunche fort bien le dimanche, toujours sur réservation. Un de ces endroits que l'on voudrait garder pour soi tant on s'y sent privilégié.

FRANCE / LAURENTIDES
AUX TRUFFES

MIDI **50 $**
SOIR **150 $**

2007

			MONT-TREMBLANT
CUISINE	★ ★ ★ ★ ★	★ ★ ★ ★ ★	3035, CHEMIN DE LA CHAPELLE
SERVICE	★ ★ ★ ★	★ ★ ★ ★	(819) 681-4544
DÉCOR	★ ★ ★ ★	★ ★ ★ ★	

2006-08-12

Martin Faucher, le chef de cette maison réputée, exécute avec brio des plats qui rendent heureux de l'entrée au dessert. Audacieux et doté de bien des talents, le chef marie les classiques français avec les merveilles du terroir québécois et parsème le tout de délicates saveurs orientales. Rien n'est banal ici. On frôle la perfection dans l'art de la présentation et de la cuisson des viandes, poissons et des légumes qui se révèlent bien plus qu'un accompagnement. Notons tout spécialement une sauce à l'hydromel réduite à un niveau de concentration qui fait redécouvrir ce produit sous un jour des plus radieux à nos palais conquis. Une excellente raison de se rendre dans ce village qui n'en est plus un.

FRANCE / LAURENTIDES
BISTRO À CHAMPLAIN

MIDI ——
SOIR **140 $**

2007

			SAINTE-MARGUERITE DU LAC
CUISINE	★ ★ ★	★ ★ ★	MASSON
SERVICE	★ ★ ★ ★	★ ★ ★ ★	75, CHEMIN MASSON (450) 228-4988
DÉCOR	★ ★ ★ ★	★ ★ ★ ★	

2006-08-19

L'établissement renommé pour sa fabuleuse cave à vins et sa collection d'œuvres de Riopelle s'est doté d'un nouveau chef, Luc Gilbert, dont les origines gaspésiennes assurent aux clients l'arrivage de poissons et de crustacés frais en provenance de son coin de pays. Homard, crabe, morue et compagnie se retrouvent au menu, aux côtés de bêtes à plume et à poil, caribou, bœuf Angus, pintade et canard. Dans les assiettes, les créations sont de facture assez classique et sans esbroufe. On imagine que le chef a choisi de laisser toute la place à la vedette des lieux: le vin. Et la star sur le plancher est sans conteste le sommelier, Sean, un être exquis qui traite tous les convives sur un pied d'égalité, des fins connaisseurs aux simples quidams de passage. Les seuls pré-requis: la curiosité et un portefeuille bien garni.

FRANCE / LAURENTIDES
HÔTEL LA SAPINIÈRE

MIDI **50 $**
SOIR **120 $**

2007

			VAL-DAVID
CUISINE	★ ★ ★ ★	★ ★ ★ ★	1244, CHEMIN LA SAPINIÈRE
SERVICE	★ ★ ★ ★	★ ★ ★ ★	(819) 322-2020
DÉCOR	★ ★ ★ ★	★ ★ ★ ★	

2006-08-30

Cette maison est l'exemple parfait de ce que l'on obtient avec beaucoup de travail, beaucoup de sérieux et beaucoup de talent. Et au fil des ans, elle demeure dans le groupe des tables que l'on inscrit dans le circuit gastronomique des Laurentides. C'est-à-dire des très bonnes tables. Le chef Daniel Saint-Pierre garde le cap à la barre de ce gros trois-mâts plein de charme. Le cadre champêtre idyllique joue aussi dans le plaisir que l'on éprouve à manger ici, mais c'est surtout la cuisine qui y est pour beaucoup, cuisine classique, interprétée de main de maître et soignée dans les moindres détails. La carte des vins est un modèle d'intelligence, même si elle est d'une regrettable et inexplicable radinerie en vins offerts au verre. À suivre.

FRANCE / LAURENTIDES
HÔTEL SPA RESTAURANT L'EAU À LA BOUCHE

MIDI ——
SOIR **180 $**

	2007	
CUISINE	★★★★★ ★★★★★	**SAINTE-ADÈLE**
SERVICE	★★★★★ ★★★★★	3003, BOULEVARD SAINTE-ADÈLE, ROUTE 117 (450) 229-2991
DÉCOR	★★★★ ★★★★	

2006-08-10

Cette maison demeure une étape incontournable pour qui fait un circuit gastro-nomique dans l'Est du continent. En effet, cette cuisine irréprochable permet toujours de goûter les meilleurs produits de la région, cuisinés avec brio et une grande sensibilité, présentés au mieux de leurs possibilités. Anne Desjardins donne de plus en plus de place à son fiston aux fourneaux et celui-ci porte haut le flambeau que lui tendent les bras meurtris de la grande gouroute laurentienne. En salle, le service est toujours assuré avec justesse et cette carte des vins continue de susciter l'admiration. Seule ombre au tableau, un décor aujourd'hui défraîchi et en total désaccord avec le reste de la prestation.

FRANCE / LAURENTIDES
LE CHEVAL DE JADE

MIDI ——
SOIR **100 $**

	2007	
CUISINE	★★★★ ★★★★	**MONT-TREMBLANT**
SERVICE	★★★★ ★★★★	688, RUE DE SAINT-JOVITE (819) 425-5233
DÉCOR	★★★★ ★★★★	

2005-07-03

Le couple Olivier Tali et Frédérique Pironneau ne cesse d'étonner et de ravir. Même si leur chaleureuse maison est le meilleur établissement de Saint-Jovite, ils redoublent d'efforts pour innover. Ainsi, au cours de la dernière année, le chef est devenu maître canardier. Avec ce titre, il perpétue une recette centenaire de caneton à la rouennaise, sauce flambée au cognac et liée au beurre de foie gras. Autre nouveauté: les menus dégustation et découverte. Le menu régulier continue d'offrir des poissons et crustacés, la spécialité de la maison. Les plats de résistance sont avantageusement précédés par des entrées fines et conclus par des desserts orgasmiques. L'ensemble est ourlé de menus détails qui témoignent d'un réel professionnalisme, amuse-bouche, mignardises, service courtois, accessoires élégants et accueil amical.

FRANCE / LAURENTIDES
LE RAPHAËL

MIDI ——
SOIR **70 $**

	2007	
CUISINE	★★★ ★★★	**PRÉVOST**
SERVICE	★★★ ★★★	3053, BOULEVARD CURÉ-LABELLE (450) 224-4870
DÉCOR	★★★ ★★★	

2005-05-07

Un vent de renouveau souffle sur Le Raphaël. Papa DeRoubaix, qui officiait depuis plus de 15 ans aux fourneaux, a passé la cuillère de bois à fiston Raphaël. Ce dernier, qui jusqu'à tout récemment jouait le rôle de pâtissier, a hérité d'une triple toque: chef cuisiner, chef pâtissier et chef d'entreprise. Ce qui n'est pas une mince affaire. Côté carte, il a conservé les spécialités françaises qui ont fait la réputation de l'établissement: sole de Douvres, cuisse de lapin, magret de canard, mignon de bœuf, etc. Tout est exécuté à la minute, avec des produits frais du marché. Cela explique en partie la tendreté des viandes et le bon goût des sauces. Cela peut également expliquer que le service soit un peu lent, les soirs de grand achalandage. Soyez patients, l'attente en vaut la chandelle.

FRANCE / LAURENTIDES
L'ÉTAPE GOURMANDE

MIDI ——
SOIR **85 $**

		2007	**SAINTE-ADÈLE**
CUISINE	★★★★	★★★★	1400, BOULEVARD SAINTE-ADÈLE
SERVICE	★★★	★★★	(450) 229-8181
DÉCOR	★★★	★★★	

2005-07-29

«Cuisine du patron», est-il écrit sur la carte. Mais comme on les aime, cette cuisine et son patron! Le chef-propriétaire, Denis Généro, est un passionné qui prépare lui-même pour ses clients, et ce, avec un talent évident, foie gras, saumon fumé, magret et divin nougat! Assiettes magnifiques et excellents produits parfaitement maîtrisés et harmonisés en fonction des saisons. Si le décor est souligné (presque trop) par d'élégantes bouteilles d'eau, c'est vers la carte des vins qu'on lorgnera si les moyens le permettent. Mention spéciale aux irrésistibles desserts et à la qualité du chocolat utilisé. Une étape? Pas seulement: une destination gourmande.

FRANCE / LAVAL
DERRIÈRE LES FAGOTS

MIDI ——
SOIR **130 $**

		2007	**SAINTE-ROSE**
CUISINE	★★★★	★★★★	166, BOULEVARD SAINTE-ROSE
SERVICE	★★★★	★★★★	(450) 622-2522
DÉCOR	★★★★	★★★★	

2005-11-25

Nouvellement en charge des cuisines de cette maison, Gilles Herzog a déjà imprimé sa marque sur la carte des Fagots. Une belle marque, très française et très contemporaine: des plats allumés, une technique hors pair et un sens très vif de l'équilibre et de l'élégance. Cette maison demeure ainsi dans le trio d'adresses exceptionnelles qu'offre Laval aux gastronomes. Le service continue d'être assuré avec le sérieux et la chaleur que l'on s'attend à trouver dans un établissement aussi remarquable. Seule ombre au tableau, au fil du temps, la carte des vins s'est envolée vers la stratosphère, du moins en termes de prix. À travailler d'urgence pour la remettre en parfaite harmonie avec la cuisine et avec... le portefeuille de la majorité des clients qui ne sont pas des millionnaires.

FRANCE / LAVAL
LE MITOYEN

MIDI ——
SOIR **140 $**

		2007	**SAINTE-DOROTHÉE**
CUISINE	★★★★★	★★★★★	652, PLACE PUBLIQUE
SERVICE	★★★★	★★★★	(450) 689-2977
DÉCOR	★★★★	★★★★	

2005-06-24

Laval a au moins un excellent restaurant. En fait, pas Laval mais Sainte-Dorothée-de-Laval qui, comme Montréal, est une banlieue immédiate de Laval. Ce qui est surtout intéressant ici, c'est la cuisine du chef Richard Bastien, leader spirituel de plusieurs établissements de la Métropole. Au fil des ans, la cuisine du Mitoyen a acquis une belle maturité et atteint aujourd'hui un niveau de raffinement qui lui permet de se classer parmi les établissements les plus étoilés de la province. Produits frais, travail allumé, haut niveau de créativité devant les fourneaux. Beaucoup de sérieux aussi dans tout ce qui est accompli. Y compris dans le service qui est assuré ici comme il doit l'être dans un établissement de cette classe. Et cette petite maison canadienne a vraiment beaucoup de charme. Jolie terrasse en été.

FRANCE / LAVAL **LE SAINT-CHRISTOPHE**			MIDI **40 $** SOIR **90 $**
	2007		**SAINTE-ROSE**
CUISINE	★★★★	★★★★	94, BOULEVARD SAINTE-ROSE EST (450) 622-7963
SERVICE	★★★★	★★★★	
DÉCOR	★★★★	★★★★	2005-08-18

La cuisine du Saint-Christophe est une bénédiction pour les gastronomes en quête de paix. La famille Jalby tient cette adresse avec beaucoup de goût depuis plus de cinq ans. Cuisine impeccable, des hors-d'œuvre aux desserts, service irréprochable, cristal et cotonnades sur les tables, plateau de fromages digne des plus grands établissements, carte des vins éclairée et éclairante. Le papa est aux fourneaux, le petit au service et à la sommellerie, la maman est partout avec grâce. On retrouve ici les classiques de la cuisine française traités avec déférence ainsi que le bonheur que l'on avait jadis à s'asseoir au restaurant. Et ce n'est pas tous les jours non plus que l'on peut goûter ce bonheur pour une vingtaine de dollars à midi. Toujours aussi chaude recommandation.

FRANCE / LAVAL **LES MENUS PLAISIRS**			MIDI **30 $** SOIR **90 $**
	2007		**SAINTE-ROSE**
CUISINE	★★★	★★★	244, BOULEVARD SAINTE-ROSE EST (450) 625-0976
SERVICE	★★	★★	
DÉCOR	★★★★	★★★★	2005-07-03

Par où aborder cette ambitieuse maison, où menu de dégustation et choix de fondues chinoises se côtoient allègrement? Le cadre est idyllique, en particulier la jolie terrasse boisée et fleurie; l'intérieur, décomposé en plusieurs pièces, se prête à la détente. À noter, la charmante salle de dégustation, pendant d'une cave à vin de rêve, où le gourmand aux moyens limités retrouvera malgré tout des bouteilles sagement tarifées et un choix de demi-bouteilles comme on en voit rarement. Quoique sympathique, le service, pour reprendre un cliché sportif, manque un peu de «fini»; en cuisine, les prestations, sans être banales, manquent elles aussi de constance. Bref, il suffirait de presque rien pour que les menus plaisirs deviennent plus grands.

MOYEN-ORIENT / LAVAL **KAROUN**			MIDI **20 $** SOIR **40 $**
	2007		**CHOMEDEY**
CUISINE	★★★	★★★	411, BOULEVARD CURÉ-LABELLE (450) 682-6820
SERVICE	★★★	★★	
DÉCOR	★★	★★	2006-06-03

Le mont Ararat à Laval? Qui l'eût cru! En fait, il s'agit plutôt d'un établissement tout simple établi dans une modeste maisonnette en bordure d'un boulevard passant. On y sert des spécialités libanaises désormais archiconnues comme le shish taouk, auxquelles s'ajoutent des mets arméniens nettement moins convenus, comme un délicieux plat à base de kafta appelé hantaki. En gros, il s'agit de grillades, de sandwichs, de hors-d'œuvre (mezze) et de salades. Des plats humbles mais bien préparés et extrêmement savoureux qui vous font chanter les papilles. À déguster sur place (il y a quelques tables à l'intérieur et sur la terrasse) ou à emporter. On sert même l'arak, délicieux alcool anisé. De quoi vous détourner à jamais des restos minute.

| THAÏLANDE / LAVAL **CHANCHHAYA** | | MIDI **25 $** SOIR **50 $** |

	2007		**CHOMEDEY**
CUISINE	★★	★★	327, BOULEVARD SAINT-MARTIN OUEST (450) 967-9466
SERVICE	★★★	★★★	
DÉCOR	★★★	★★★	2006-07-30

Chanchhaya, c'est le nom d'un pavillon du Palais royal de Phnom Penh où sont présentés des spectacles de danse traditionnelle cambodgienne. Au lieu du Mékong, on a ici droit à un boulevard commercial passant. Pas le moindre sampan en vue. L'exotisme, on le trouvera dans le décor plutôt chic, presque bourgeois, et dans la carte, même si on sent très nettement que les plats proposés ont été adaptés aux délicats palais occidentaux et, pour tout dire, assagis et adoucis. Sauf exception, le piment se fait discret, comme d'ailleurs les aromates propres à la cuisine thaïlandaise, genre galanga. Le client a toujours raison, dit-on. Dans ce cas-ci, il a l'air très satisfait, d'autant plus qu'on l'accueille et qu'on le sert bien gentiment, avec le sourire.

| AMÉRIQUE DU NORD / CENTRE-DU-QUÉBEC **AUBERGE GODEFROY** | | MIDI **40 $** SOIR **80 $** |

	2007		**BÉCANCOUR**
CUISINE	★★★	★★★	17575, BOULEVARD BÉCANCOUR, SECTEUR SAINT-GRÉGOIRE (819) 233-2200
SERVICE	★★★	★★★	
DÉCOR	★★	★★	2005-08-20

Sur la rive sud du Saint-Laurent, à moins d'une minute du pont Laviolette, l'Auberge Godefroy est une véritable institution dans la région. La salle à manger est à la taille du reste de la maison: gigantesque. Et pour le moins surprenante dans un endroit aussi éloigné des grands flux touristiques. La cuisine est par contre sans grandes surprises, ou alors quelques agréables, déclinaisons classiques et plats préparés avec un soin évident. Carte des vins très hors de l'ordinaire et service particulièrement courtois et attentionné. L'établissement, dont la cuisine à saveur régionale a reçu plusieurs distinctions, est également réputé pour ses brunchs copieux servis le dimanche et pour ses buffets proposés sur l'heure du midi en semaine.

| AMÉRIQUE DU NORD / MAURICIE **CASTEL DES PRÉS** | | MIDI **40 $** SOIR **85 $** |

	2007		**TROIS-RIVIÈRES**
CUISINE	★★★	★★★	5800, BOULEVARD GENE-H.-KRUGER (819) 375-4921
SERVICE	★★★	★★★	
DÉCOR	★★★	★★★	2005-08-22

Autrefois, le Castel des Prés abritait sous son toit deux restaurants distincts: un bar à vins (L'Étiquette) offrant un menu bistro simple et sympa ainsi qu'une grande table (Chez Claude) se consacrant à une gastronomie puisant son inspiration dans la tradition française en utilisant une vaste gamme de produits locaux et de saison. Depuis quelques mois, on a fusionné les deux entités et la décoration de la salle à manger principale a subi des rénovations qui, sans atténuer le chic dont elle témoignait, lui donnent des airs beaucoup plus modernes. Les plats-vedettes de chaque section se retrouvent donc maintenant sur un seul menu.

AMÉRIQUE DU NORD / MAURICIE
L'AUBERGE DU LAC SAINT-PIERRE

MIDI **40 $**
SOIR **100 $**

	2007	
CUISINE	★★★★ ★★★★	
SERVICE	★★★ ★★★★	
DÉCOR	★★★ ★★★	

TROIS-RIVIÈRES
10911, RUE NOTRE-DAME OUEST
(819) 377-5971

2006-06-02

Un service hors pair, une carte aux ressources quasi illimitées... Ce chic établissement au bord du grand lac Saint-Pierre offre un menu gastronomique qui vaut assurément le détour. L'atmosphère feutrée de la salle à manger, avec vue sur le jardin, invite au recueillement... même si sa décoration ne brille pas par son originalité. C'est dans l'assiette qu'il faut plonger! On a peine à composer son menu, même à partir de la table d'hôte en quatre ou cinq services, avec toutes les options offertes. L'escalope de foie gras de canard poêlée est cuite avec justesse et finesse, tout comme les viandes très tendres qu'agrémente un bel assortiment de légumes frais. Le poisson en sauce au cari et coriandre est, lui, on ne peut plus délicat. Et que dire des desserts savoureux, gâteaux, crèmes savantes ou sorbets, sinon qu'ils renouvellent l'envie de manger qu'on n'a pourtant plus, repu que l'on est déjà!

AMÉRIQUE DU NORD / MAURICIE
LE LUPIN

MIDI **25 $**
SOIR **90 $**

	2007	
CUISINE	★★★ ★★★	
SERVICE	★★★ ★★★	
DÉCOR	★★ ★★	

TROIS-RIVIÈRES
376, RUE SAINT-GEORGES
(819) 370-4740

2005-08-19

Le Lupin se niche sur les deux étages d'une charmante résidence ancestrale du centre-ville et sa décoration simple et discrète rend le lieu intime et accueillant. On s'y sent à l'aise de prendre son temps pour profiter jusqu'à la dernière goutte de la bouteille qu'on aura choisi d'apporter. Le personnel sait se faire parfaitement attentionné sans imposer outre mesure sa présence. La carte proposée se décline tout en variété: les crêpes bretonnes (repas ou dessert) côtoient une fine cuisine régionale qui, tout en demeurant classique, n'hésite pas à jouer d'audace et de fantaisie. Par beau temps, on prendra plaisir à s'installer à la petite terrasse aménagée sur la galerie avant pour boire paisiblement un apéro.

FRANCE / MAURICIE
AUBERGE LE BÔME

MIDI —
SOIR **80 $**

	2007	
CUISINE	★★★★ ★★★★	
SERVICE	★★★★ ★★★★	
DÉCOR	★★★★ ★★★★	

GRANDES-PILES
720, 2E AVENUE
(819) 538-2805

2005-08-20

Au fil des ans, l'Auberge Le Bôme tient le haut du pavé en Mauricie. Un lieu d'escapade très prisé par les citadins d'ici ou d'Europe stressés à la recherche de paix et de tranquillité. En plus de constamment améliorer le confort de leur auberge, les propriétaires ont accordé un soin particulier à leur table au cours de la dernière année. Ainsi, l'arrivée d'un jeune sous-chef, vaillant et attentif, ajoute au plaisir d'être à la table de Matilde. Le travail de la dynamique beluette, amie du beluet second, se sent aussi en salle où les choses tournent rondement. Le Bôme propose toujours sa belle petite cuisine inspirée, sans artifices et sans faux pas. On vient ici pour se reposer et se détendre. On ne veut plus partir.

FRANCE / MAURICIE
LE BALUCHON

MIDI **30 $**
SOIR **70 $**

	2007			**SAINT-PAULIN**
CUISINE	★★★	★★★		3550, CHEMIN DES TREMBLES
SERVICE	★★★	★★★		(819) 268-2555
DÉCOR	★★★	★★★		

2006-03-06

Ici, on fait tout pour vous garder et vous garder en forme! L'auberge est un vrai centre de villégiature axé sur les activités de plein air et de santé-détente. On y vient seul pour se ressourcer dans un cadre bucolique, à deux pour roucouler ou en famille pour les vacances. Il y a des forfaits pour tous les goûts... Le chef Patrick Gérôme officie en cuisine depuis ses tout débuts en 1990. Dans la grande salle à manger, le feu crépite dans la cheminée et l'ambiance est feutrée, avec de petits paravents préservant l'intimité de chacun. La carte est à l'image du lieu, orientée vers les produits du terroir, souvent bios, intégrés à un menu gastronomique classiquement français ou à trois menus très santé: végétarien, «mieux vivre» (avec gras réduits) et, une première au Québec, sans gluten.

FRANCE / MAURICIE
LE FLORÈS

MIDI **80 $**
SOIR **120 $**

	2007			**GRAND-MÈRE**
CUISINE	★★★★	★★★★		4291, 50E AVENUE
SERVICE	★★★★	★★★★		(819) 538-9340
DÉCOR	★★★	★★★		

2005-08-19

Au pays de Caleb et de ses filles, Le Florès est une institution très achalandée. Le grand stationnement servi en apéritif en atteste. La salle à manger, ou plus précisément les salles à manger résonnent des échos de convives venus y célébrer les plaisirs de la table. La grande amabilité du service pallie le manque d'originalité de la carte, entrées, plats principaux et desserts. En cuisine, les choses sont quand même faites avec application et l'on sent que l'on est ici dans une maison où le sérieux est une vertu mise de l'avant. Et, quoi qu'il en soit, même si les plats manquent parfois de cet élan qui rend le passage à une table inoubliable, on est ici très au-dessus de la moyenne en matière de restauration.

AMÉRIQUE DU NORD / MONTÉRÉGIE
BAZZ JAVA JAZZ

MIDI ——
SOIR **100 $**

	2007		**SAINT-LAMBERT**
CUISINE	★★★★		591, AVENUE NOTRE-DAME
SERVICE	★★★★		(450) 671-7222
DÉCOR	★★★★		

2006-04-01

Le nom suggère une grosse boîte ultramoderne, tout en chrome et en inox, très design. On a plutôt affaire à une sympathique vieille maison respirant le confort bourgeois bien plus que les excès des adresses branchées. Le décor est joli, sobre et de bon goût, sans ostentation. Bazz Java Jazz s'inscrit dans le courant des restos «apportez votre vin» aux visées ouvertement gastronomiques. Pari tenu, comme en témoignent des plats préparés avec soin qui, sans trop de recherche, misent sur des produits nobles et de qualité, et la présence des membres de la bonne société de Saint-Lambert, que n'arrêtent pas des prix tout de même un peu jazzés. Service très professionnel. Bref, le moment de sortir la petite bouteille des occasions spéciales.

AMÉRIQUE DU NORD / MONTÉRÉGIE
BISTRO DES BIÈRES BELGES

MIDI **20 $**
SOIR **50 $**

	2007		SAINT-HUBERT
CUISINE	★★	★★	2088, RUE MONTCALM
SERVICE	★★	★★	(450) 465-0669
DÉCOR	★★	★★	

2006-04-11

Comme tout bistro belge qui se respecte, celui-ci offre un éventail impressionnant de grands crus houblonnés qu'on peut accompagner, comme il se doit, d'une montagne de frites, de moules ou encore d'une traditionnelle carbonade. L'ambiance est festive le midi, alors que les bureaux et les petites industries du coin déversent ici leur lot de travailleurs affamés, et un peu plus calme le soir, même si l'endroit reste en général très fréquenté, entre autres parce qu'il peut accueillir plus d'une centaine de clients sur deux étages et une terrasse. Les gaufres, ensevelies sous une montagne de crème glacée et de fruits, méritent toute votre attention.

AMÉRIQUE DU NORD / MONTÉRÉGIE
FOURQUET FOURCHETTE

MIDI **25 $**
SOIR **80 $**

	2007		CHAMBLY
CUISINE	★★★★	★★★★	1887, RUE BOURGOGNE
SERVICE	★★★	★★★	(450) 447-6370
DÉCOR	★★★★	★★★★	

2006-06-19

Au cœur du Vieux-Chambly, ce restaurant-brasserie offre un cadre magnifique en bordure de la rivière Richelieu… surtout si l'on prend place en terrasse durant l'été pour admirer le coucher du soleil sur le bassin de Chambly! L'accent a été mis sur l'ambiance Nouvelle-France, avec chanteurs-conteurs en habits d'époque, à l'extérieur comme à l'intérieur du restaurant, une bâtisse industrielle de 1920 au décor rustique-chic, joliment rénovée. Ici, on marie bière et bonne chère, y compris dans l'assiette. Au menu, le magret de canard local voisine avec la viande de gibier (bison notamment) bien mise en valeur par des sauces aux petits fruits et plantes sauvages. Une assiette «amérindienne» goûteuse à souhait apporte une belle touche d'originalité à la carte. Dommage que le service manque un peu de classe!

AMÉRIQUE DU NORD / MONTÉRÉGIE
LA STATION

MIDI ——
SOIR **80 $**

	2007		LONGUEUIL
CUISINE	★★★★	★★	356, RUE SAINT-CHARLES OUEST
SERVICE	★★★	★★★	(450) 928-7131
DÉCOR	★★★	★★★	

2006-07-29

«Qui trop embrasse mal étreint»: on a l'impression que ce proverbe s'applique à La Station, qui essaie de faire trop de choses pour trop de gens. Resto ou night-club? L'arbitrage est parfois délicat. Et la cuisine y perd au change. Le menu, qui ne manque pas d'ambition, s'inspire allègrement du courant «fusion». Pas de problème. Mais où est la citronnelle dans les «pogos» de saumon? Où est le chipotle dans la sauce du steak frites? D'où sort ce pain anémique et mou? Les plats ne sont pas si mal faits mais, à la lecture du menu, on s'attend à plus. L'ambiance, en revanche, est branchée à souhait: jolies serveuses tout de rouge vêtues, élégants serveurs tout de noir vêtus, décor contemporain, D.J… Vu l'affluence, le concept a ses partisans.

AMÉRIQUE DU NORD / MONTÉRÉGIE
L'ÉCHOPPE DES FROMAGES

MIDI **20 $**
SOIR **40 $**

		2007	**SAINT-LAMBERT**
CUISINE	★★★	★★★	12, RUE ABERDEEN
SERVICE	★★★	★★★	(450) 672-9701
DÉCOR	★★	★★	

2005-06-23

Bien sûr, il y a tous ces superbes fromages, traités avec le soin qui leur est dû et présentés de façon fort intelligente. Mais on peut également savourer ici de belles petites choses qui permettent de se restaurer intelligemment. Pains craquants, antipasti, croûtes chaudes et sandwichs frais, tout ce qui est offert est de très bonne qualité et l'on peut soi-même choisir les combinaisons fromage-charcuterie qui nous conviennent le mieux. Quel que soit le choix, les portions sont au-delà de la générosité et on finit son assiette avec difficulté tant elle est remplie. Service allant d'énergique à distrait, selon la personne. Choix judicieux de vins au verre et minuscule terrasse extérieure, côté rue. Ouvert jusqu'à 18 h et jusqu'à 21 h les vendredis et samedis.

AMÉRIQUE LATINE-ANTILLES / MONTÉRÉGIE
TAMALES

MIDI **30 $**
SOIR **55 $**

		2007	**SAINT-LAMBERT**
CUISINE	★★★	★★★	652, AVENUE VICTORIA
SERVICE	★★★	★★★	(450) 671-9652
DÉCOR	★★★	★★★	

2005-01-15

Un petit coin ensoleillé du Mexique s'est curieusement retrouvé dans ce resto de banlieue sans prétention mais agréable, bien tenu, coloré et invitant pour les enfants. Le menu décline tous les classiques auxquels on s'attend, en plus de quelques spécialités locales plus relevées en épices et en goût. Personne ne sera surpris, mais personne ne sera déçu: les assiettes sont copieuses, les saveurs jamais extrêmes, les prix un peu limites pour de la cuisine aussi simple, mais compte tenu du fait qu'on est dans une municipalité au taux de taxation également pas mal épicé... Un bon point pour le service empressé et efficace et le décor chaleureux qui tranche avec la grisaille environnante. Mariachis énergiques les mercredis et jeudis. Idéal pour les sorties en famille.

CHINE / MONTÉRÉGIE
JARDIN DU SUD

MIDI **20 $**
SOIR **25 $**

		2007	**BROSSARD**
CUISINE	★★	★★	8080, BOULEVARD TASCHEREAU,
SERVICE	★★	★★	GREENFIELD PARK (450) 923-9233
DÉCOR	★★	★★	

2006-01-03

Dans un minuscule centre commercial en bordure de l'horrible boulevard Taschereau se cache cette petite adresse étonnante, qui accueille surtout des ressortissants chinois et se spécialise dans la nouille et la soupe vite faites, bien faites et toujours fraîches. L'espace est joyeusement habité, d'une agréable propreté, et les week-ends, des grappes d'ados chinois viennent y siroter d'étranges et exotiques boissons en feuilletant des revues inaccessibles au commun des mortels occidental. Décoiffant, sympathique et vraiment pas cher.

FRANCE / MONTÉRÉGIE
AU TOURNANT DE LA RIVIÈRE

MIDI —
SOIR **115$**

		2007	CARIGNAN
CUISINE	★★★★	★★★★	5070, RUE SALABERRY
SERVICE	★★★	★★★	(450) 658-7372
DÉCOR	★★	★★★	

2006-08-10

Pas si fréquent d'être étonné culinairement, surtout des amuse-bouches jusqu'au dessert! Le chef Jacques Robert ne vous fera pas regretter le déplacement vers son ancienne grange au décor un peu vieillot, au bord de l'autoroute 10. On s'y enferme pour un recueillement pieux sur son assiette. En préambule, des rouleaux à l'agneau légèrement acidulés croustillent sous la dent. La soupe est réinventée, avec une délicate crème d'asperges aux escargots et un somptueux bavarois de chou-fleur au foie gras flottant dans une crème d'artichauts... Suivent, en divines entrées, un feuilleté bien beurré aux pétoncles et homard et un ris de veau poêlé aux morilles. En table d'hôte, le pavé de caribou voisine ensuite avec la dorade aux olives et le veau aux langoustines. Au temps des desserts (glorieux), la crème brûlée parfumée au pollen de fenouil et accompagnée d'une originale crème glacée à la coriandre aura raison des plus blasés. Aux amateurs de chocolat, on ne saurait trop conseiller le moelleux soufflé au chocolat coulant.

FRANCE / MONTÉRÉGIE
CHEZ NOESER

MIDI —
SOIR **90$**

		2007	SAINT-JEAN-SUR-RICHELIEU
CUISINE	★★★	★★★	236, RUE CHAMPLAIN
SERVICE	★★★	★★★	(450) 346-0811
DÉCOR	★★★	★★★	

2005-06-11

Chez Noeser est une histoire de famille: aux fourneaux, aux tables, à la terrasse, les Noeser sont partout! Dans leur grande maison ancestrale aux nombreux recoins, on sert une cuisine gourmande, alsacienne à ses heures et toujours bourgeoise qui ne décoiffera personne, mais qui a le mérite d'être authentique et savoureuse. Un bémol: le service un peu chaotique et, pour certains serveurs, carrément amateur. Et un autre: la facture, un peu lourde pour un établissement sérieux, certes, mais qui n'a quand même pas l'étoffe d'une grande table. Ouvert du jeudi au dimanche à partir de 18 heures. En été, demandez une place à la terrasse, bien ombragée et agréablement campagnarde.

FRANCE / MONTÉRÉGIE
HOSTELLERIE LES TROIS TILLEULS

MIDI **80$**
SOIR **160$**

		2007	SAINT-MARC-SUR-RICHELIEU
CUISINE	★★★★	★★★★	290, RUE RICHELIEU
SERVICE	★★★★	★★★★	(450) 584-2231
DÉCOR	★★★	★★★	

2006-09-07

Ah, les rives paisibles du Richelieu! Le paysage est si beau que, une fois installé à table, on en vient presque à oublier le décor un peu ringard et à l'occasion franchement fané de cette maison. Il faut dire que la cuisine est bien faite, techniquement irréprochable et en règle générale très satisfaisante. Belles déclinaisons de plats classiques et introductions à propos de produits locaux bien traités. À défaut de choix éclairés pour budgets moyens, la carte des vins offre de nombreuses possibilités d'épater la galerie. On continue à regretter que les abondantes toiles d'araignées des toilettes nuisent au séjour gastronomique ici, car les assiettes de cette hostellerie, servies avec grâce et attention, pourraient justifier à elles seules le déplacement.

FRANCE / MONTÉRÉGIE
LE TIRE-BOUCHON

MIDI **40 $**
SOIR **100 $**

	2007	
CUISINE	★★★★ ★★★★	**BOUCHERVILLE**
SERVICE	★★★ ★★★★	141-K, BOULEVARD DE MORTAGNE
DÉCOR	★★★ ★★★★	(450) 449-6112

2006-01-21

Oubliez le centre commercial. Garez-vous et poussez la porte. Déjà, vous vous sentirez mieux. On se sent toujours mieux quand c'est beau, élégant et sans prétention. Vous vous sentirez encore mieux quand vous verrez la délicatesse du service. Et vous vous sentirez vraiment très, très bien quand arriveront les assiettes. Le Tire-bouchon offre beaucoup à ce chapitre également. Une cuisine du marché préparée avec beaucoup de soin, beaucoup de goût et beaucoup de générosité. Des compositions classiques, tirées du répertoire français, et quelques plats d'origine maghrébine — couscous aux merguez mon frère (!) et tajine de jarret d'agneau. Belle carte des vins et un choix d'eaux très original. On aime beaucoup et on sait que vous aimerez.

FRANCE / MONTÉRÉGIE
LES CIGALES

MIDI **35 $**
SOIR **60 $**

	2007	
CUISINE	★★★ ★★★	**SAINT-LAMBERT**
SERVICE	★★★ ★★★	585, RUE VICTORIA
DÉCOR	★★★ ★★★	(450) 466-2197

2005-04-14

En retrait de la rue Victoria, le restaurant Les Cigales ne s'aperçoit pas au premier coup d'œil. Cachée derrière une haie de cèdres, la façade blanche offre à la vue ses colombages — une curiosité dans l'environnement anglo-saxon de pierre grise et de brique rouge de Saint-Lambert. Le chef-propriétaire Roger Antoine y officie depuis presque un quart de siècle. Il y propose des classiques de la cuisine bistro, incluant foie de veau, salade de confit de canard, bavette à l'échalote, etc. Un restaurant tout usage, où l'on peut luncher rapidement pour pas cher, et souper tranquillement, pour un peu plus cher. Le tout est sans prétention, correctement exécuté, mais sans surprises.

FRANCE / MONTÉRÉGIE
LOU NISSART

MIDI **30 $**
SOIR **60 $**

	2007	
CUISINE	★★★ ★★★	**LONGUEUIL**
SERVICE	★★★ ★★★	260, RUE SAINT-JEAN
DÉCOR	★★★ ★★★	(450) 442-2499

2006-06-10

Contre toute attente, la Provence et son légendaire art de vivre, éloquemment chantés par Peter Mayle et consorts, se portent bien... dans le Vieux-Longueuil. Lou Nissart propose en effet, dans un cadre aux couleurs du Midi empreint d'une grande simplicité, des plats typiques de Nice ou de la région et d'autres plus «hexagonaux». Outre une table d'hôte à l'accent bien chantant, où figurent des spécialités sympathiques, on trouve des salades, des pizzas et des pâtes réussies. Et, pour ce qu'on mange, ce n'est pas trop cher, peuchère. Le cadre est charmant, l'ambiance agréable, le service avenant. Si le carafon de rosé bien frais ne vous suffit pas, la maison offre, en plus de sa carte, une douzaine de bouteilles en importation privée.

FRANCE / MONTÉRÉGIE				MIDI	**30 $**
OLIVIER LE RESTAURANT				SOIR	**80 $**

	2007		**LONGUEUIL**
CUISINE	★★★	★★★	679, RUE ADONCOUR
SERVICE	★★★	★★★	(450) 646-3660
DÉCOR	★★	★★★	

🍷 🌂   2006-08-26

Charmant endroit que cet Olivier, établi dans un secteur isolé et verdoyant de Longueuil. La salle un peu passe-partout ne brille pas par son originalité, mais elle est aérée et on s'y sent bien. Même remarque pour le menu d'inspiration française, où figurent des plats, comme la soupe de poissons et le foie de veau, dont la seule évocation fait du bien. L'exécution en cuisine dénote une belle maîtrise. À noter, une imposante carte des vins, empreinte d'un réalisme réconfortant. Difficile par ailleurs de résister aux charmes des tartes maison (honni soit qui mal y pense) qui vous font de l'œil dès l'entrée. Comme quoi on peut clore son repas sur une note agréable et sucrée sans excès de recherche. Serveurs prévenants, mais pas envahissants.

FRANCE / MONTÉRÉGIE				MIDI	**40 $**
RIVE GAUCHE				SOIR	**85 $**

	2007		**BELŒIL**
CUISINE	★★★★	★★★★	1810, RUE RICHELIEU
SERVICE	★★★	★★★	(450) 467-4477
DÉCOR	★★	★★	

🍷 🌂   2005-09-08

Ne vous fiez pas aux apparences: si le lieu est très sage (une auberge de région confortable mais sans grand panache), la cuisine, elle, l'est beaucoup moins. Maki de foie gras, bar en croûte, rouleau de thon tempura, cerf au porto, prosciutto et fromage de chèvre: le chef, qui officiait auparavant au chic et branché resto Soto, à Montréal, a transporté ici son grand talent et son amour manifeste de l'art culinaire japonais. Le résultat est étonnant: un menu, disons, franco-nippon, avec plusieurs poissons mais également de solides pièces de viande et de petits plats jouissifs en entrée. La carte des vins est élaborée (entre 40 $ et 2 500 $ pièce) et le service, sympathique. Mais attention! Il faut savoir que le resto se trouve dans un établissement situé à un jet de pierre de la rivière Richelieu mais aussi de l'autoroute 20 et qu'une bonne partie de sa clientèle est faite de groupes, de mariages et de partys de bureau!

ITALIE / MONTÉRÉGIE				MIDI	**25 $**
HISTOIRE DE PÂTES				SOIR	—

	2007		**SAINT-LAMBERT**
CUISINE	★★★★	★★★★	458, RUE VICTORIA
SERVICE	★★★	★★★	(450) 671-5200
DÉCOR	★★★	★★★	

2005-02-08

Prendre un repas de midi à Saint-Lambert peut être une joie. Histoire de pâtes est l'exemple parfait de ce qui peut être fait dans la catégorie «petit et joli». Et si bon que l'on se déplace de Montréal pour venir goûter les gnocchis préparés par les propriétaires, frère et sœur, qui officient aux fourneaux. À midi, à peine deux ou trois tables où l'on peut déguster, pour trois fois rien, quelque spécialité de la maison. Produits d'une fraîcheur remarquable, sauces soignées et créations maison toutes plus savoureuses les unes que les autres. C'est tellement bon et si peu cher qu'on se demande bien pourquoi on prend la peine de cuisiner soi-même quand Histoire de pâtes est là. En fait, on cuisine de moins en moins et on emporte de plus en plus.

ITALIE / MONTÉRÉGIE
PRIMI PIATTI

MIDI **40 $**
SOIR **80 $**

	2007	
CUISINE	★★★ ★★★	
SERVICE	★★ ★★	
DÉCOR	★★★ ★★★	

SAINT-LAMBERT
47, RUE GREEN
(450) 671-0080

2005-02-08

Dans la belle ville ressuscitée de Saint-Lambert, on tourne un peu en rond quand vient le moment d'aller au restaurant, les nouveautés apparaissant plus rarement que les fusions et les défusions. Installé à un coin de rue connu des gens du quartier, Primi Piatti profite un peu de cette confusion et, sans aller jusqu'à réécrire l'histoire de la pasta, en propose de fort acceptables. Et toute la panoplie des classiques italiens auxquels nous sommes exposés ici. Le tout est un peu inégal et va de très ordinaire un midi à très agréable un autre soir. Le service est pratiqué un peu en dilettante, ce qui est toujours dommage pour la maison, mais on sent une réelle volonté de bien faire et de belles dispositions. Nous reviendrons sous peu.

JAPON / MONTÉRÉGIE
KINJA

MIDI **25 $**
SOIR **40 $**

	2007	
CUISINE	★★★	
SERVICE	★★	
DÉCOR	★★	

LONGUEUIL
326, RUE SAINT-LAURENT OUEST
(450) 674-6722

N

2006-05-11

Le nouveau proprio de ce modeste mais sympathique restaurant du Vieux-Longueuil a choisi de poursuivre dans la voie de son prédécesseur. Même décor, même service discret et efficace et un plaisir très semblable dans l'assiette. La différence: le menu coréen s'est dégonflé et la portion japonaise a pris du coffre. Le chef vous présente donc l'essentiel des sushis classiques avec en prime quelques variations de son cru. Et tout ça dans la plus pure tradition nippone: fraîcheur, précision, saveur.

JAPON / MONTÉRÉGIE
ZENDO

MIDI **40 $**
SOIR **55 $**

	2007	
CUISINE	★★★ ★★★	
SERVICE	★★★ ★★★	
DÉCOR	★★★ ★★★	

LONGUEUIL
165, RUE SAINT-CHARLES OUEST
(450) 670-8588

2005-01-29

Certainement l'un des meilleurs restos de sushis de la Rive-Sud. Tous les produits marins sont d'une fraîcheur irréprochable, les préparations soignées et les présentations élaborées. Comme son petit frère jumeau à Boucherville, Zendo version Longueuil mise aussi sur un service jeune, efficace, empressé mais discret. D'accord, le décor n'a pas le panache qu'affichent certaines adresses montréalaises et à moins d'être un vieux routier du 450, il faut se fouetter un peu pour traverser le pont Jacques-Cartier… Mais la carte faite de spécialités japonaises, thaïlandaises et de quelques trouvailles du chef en entrée vaut amplement les kilomètres que vous ajouterez au compteur de votre automobile. Beaucoup de lumière, clientèle relativement jeune et prix raisonnables.

JAPON / MONTÉRÉGIE
ZEND'O

		MIDI	**30 $**
		SOIR	**70 $**

	2007		**BOUCHERVILLE**
CUISINE	★★★ ★★★		450, BOULEVARD DE MORTAGNE
SERVICE	★★★ ★★★		(450) 641-8488
DÉCOR	★★★★ ★★★★		2006-08-28

Sise dans un petit centre commercial, en bordure d'un boulevard, cette maison au décor à la fois chic et confortable a de quoi séduire. Et pour cause... À la lecture du menu, où les sushis et autres plats d'origine nippone (gyozas, crevettes et légumes tempura, etc.) côtoient des spécialités thaïlandaises et même le désormais inévitable général Tao et son poulet, on sent la volonté de plaire au plus grand nombre. Les sushis sont bien exécutés, même si, en bouche, ils manquent un peu d'éclat. Même remarque pour le reste: on souhaiterait notamment que le pad thaï soit plus relevé, plus savoureux. À souligner, les jolis plats de service et, esthétique zen oblige, le soin apporté aux présentations. Service courtois et rapide, presque expéditif.

MOYEN-ORIENT / MONTÉRÉGIE
SAMAR

		MIDI	**25 $**
		SOIR	**60 $**

	2007		**LONGUEUIL**
CUISINE	★★		171, RUE SAINT-CHARLES OUEST
SERVICE	★★★		(450) 670-0289
DÉCOR	★★	**N**	2006-01-20

Seul resto du Moyen-Orient à des kilomètres à la ronde, Samar fait le bonheur des amateurs de douceurs libanaises du Vieux-Longueuil depuis de nombreuses années déjà. Au menu, la gamme complète des plats grillés, acidulés, relevés et épicés qui font la réputation de cette cuisine très typée et savoureuse. On accorde à la maison une excellente note pour la composition des plats, la fraîcheur des produits et le respect des recettes originales. Mais il faut bien le dire, l'addition est un peu corsée pour le produit qu'on offre. Service compétent et professionnel, décor exotique.

AMÉRIQUE DU NORD / SAGUENAY–LAC-SAINT-JEAN
CAFÉ DE LA POSTE

		MIDI	**50 $**
		SOIR	**50 $**

	2007		**SAINTE-ROSE-DU-NORD**
CUISINE	★★ ★★		308, RUE DU QUAI
SERVICE	★★ ★★		(418) 675-1053
DÉCOR	★★ ★★		2006-07-29

Votre séjour à Sainte-Rose-du-Nord ne serait pas complet sans une pause sur la magnifique terrasse de ce coquet café-restaurant. La vue sur le majestueux fjord du Saguenay, l'odeur de pain frais provenant de la boulangerie artisanale attenante et la simplicité d'un menu à saveur régionale auront tôt fait de vous séduire. Le service à la bonne franquette, pouvant parfois traîner en longueur, se prête toutefois bien à une clientèle touristique souhaitant justement ralentir la cadence... La carte, très succincte, mise sur des valeurs sûres: hambourgeois de bison, croque-monsieur, salades, saumon, spaghetti italien, quiches, etc. Souvent accompagnés d'une simple salade, les plats offerts sont savoureux et santé. Somme toute, un rapport qualité-prix plus que respectable pour un établissement essentiellement touristique.

REGIONS

AMÉRIQUE DU NORD / SAGUENAY–LAC-SAINT-JEAN
LA CUISINE

MIDI **25 $**
SOIR **80 $**

	2007	CHICOUTIMI
CUISINE	★★★ ★★★	387, RUE RACINE
SERVICE	★★ ★★	(418) 698-2822
DÉCOR	★★★ ★★★	2006-04-13

La Cuisine est située dans la partie la plus tourbillonnante de la rue Racine, en plein centre-ville de Chicoutimi. Elle présente une carte variée, des classiques français jusqu'aux essentiels de la cuisine asiatique, permettant ainsi de satisfaire les appétits les plus hétéroclites. Les plats offerts en table d'hôte ont généralement un petit côté santé avec leurs accompagnements de légumes craquants et leurs portions raisonnables. Malheureusement, La Cuisine a parfois quelques problèmes de constance au niveau du service et de la présentation dans les assiettes, surtout le midi, mais on le lui pardonnera, vu ses prix abordables, ses vins nombreux, son ambiance à la fois contemporaine et chaleureuse ainsi que ses délicieux desserts, dont la fameuse tarte chaude aux poires, cuite au four sur commande.

AMÉRIQUE DU NORD / SAGUENAY–LAC-SAINT-JEAN
OPIA

MIDI **25 $**
SOIR **80 $**

	2007	LA BAIE
CUISINE	★★★ ★★★	865, RUE VICTORIA
SERVICE	★★★ ★★★	(418) 697-6742
DÉCOR	★★★ ★★★	2006-03-24

Depuis son ouverture en 2005, l'Opia est rapidement devenu un incontournable petit bijou à La Baie. Offrant une cuisine évolutive qui s'inspire des bases de la tradition culinaire française, on y sert des plats simples, mais toujours originalement apprêtés et franchement savoureux. On remarque d'ailleurs le souci du détail des deux chefs de l'établissement, un couple de Québec venu s'installer au Saguenay et qui, de toute évidence, forme une excellente équipe. Confortablement attablé dans cette vieille maison restaurée et chaleureusement décorée, enveloppé par la musique d'un quatuor de jazz tous les jeudis et souvent les vendredis, on se croirait dans un bistro à la mode de n'importe quelle grande ville, facture salée en moins. Le service est chaleureux et attentionné, et la carte des vins s'avère succincte mais pour toutes les bourses.

FRANCE / SAGUENAY–LAC-SAINT-JEAN
AUBERGE DES CÉVENNES

MIDI ——
SOIR **60 $**

	2007	L'ANSE-SAINT-JEAN
CUISINE	★★★ ★★★	294, RUE SAINT-JEAN-BAPTISTE
SERVICE	★★★ ★★★	(418) 272-3180
DÉCOR	★★★ ★★★	2006-02-22

À quelques pas du fjord du Saguenay et de la baie de L'Anse-Saint-Jean, membre de l'Association des plus beaux villages du Québec, l'Auberge des Cévennes ne dépare pas du tout le paysage. Bien au contraire! La maison patrimoniale a conservé simplicité et charme un peu vieillot tout en offrant à longueur d'année des chambres confortables donnant sur une longue galerie. À table, si l'on ne fait pas dans la grande dentelle, les plats d'inspiration française sont tout de même relevés de notes originales. Le gibier est à l'honneur avec de légères sauces fruitées, comme le steak de caribou sauce à la gelée de gabelles ou le chevreuil sauce aux bleuets locaux. Une adresse de choix pour une cuisine du terroir à prix vraiment doux.

plus de détails sur www.voir.ca/guiderestos

GR[X] 340
2007

FRANCE / SAGUENAY—LAC-SAINT-JEAN
AUBERGE VILLA PACHON
MIDI ——
SOIR **100 $**

	2007		**JONQUIÈRE**
CUISINE	★ ★ ★ ★	★★★★	1904, RUE PERRON
SERVICE	★★★	★★★★	(418) 542-3568
DÉCOR	★ ★ ★ ★	★★★★	

2006-08-25

La Villa Pachon, du nom de son chef-propriétaire Daniel Pachon, peut se targuer d'avoir une solide réputation au Québec, tant pour la qualité de sa table que pour le désormais incontournable cassoulet de Carcassonne que l'on y sert. L'établissement compte d'ailleurs une toute nouvelle cuisine réservée uniquement à la préparation de ce dernier plat qui est maintenant offert toute l'année en salle à manger et pour emporter. Contraste intéressant, chez Pachon, les classiques de la cuisine française sont présentés dans une ambiance vieille Angleterre propre aux lieux. Les plats sont toujours empreints d'une délicate originalité, de détails subtils et de saveurs locales. Carré d'agneau, médaillon de cerf rouge et foie gras poêlé ne sont qu'un aperçu des plats exquis offerts par la maison, qui propose également un menu dégustation élaboré incluant le vin en accord avec chaque service, ainsi que les tout nouveaux services d'un sommelier.

FRANCE / SAGUENAY—LAC-SAINT-JEAN
L'ABORDAGE - HÔTEL CHÂTEAU ROBERVAL
MIDI **25 $**
SOIR **60 $**

	2007		**ROBERVAL**
CUISINE	★★★	★★★	1225, BOULEVARD MARCOTTE
SERVICE	★★★	★★★	(418) 275-7511
DÉCOR	★★	★★	

2006-08-24

Dans ce restaurant d'hôtel d'apparence banale se cache une table intéressante où les spécialités et ingrédients régionaux tels que la ouananiche, le doré, le wapiti, la fameuse tourtière du Lac-Saint-Jean et les bleuets sont à l'honneur. Les mélanges culinaires proposés au menu sont heureux et originaux, comme, entre autres, l'excellent filet de ouananiche que l'on sert au gratin de cheddar Perron. En général, bien que les plats soient apprêtés avec soin, les accompagnements s'avèrent ordinaires. Le service, quant à lui, est diligent, familier et chaleureux, rappelant celui d'un restaurant de quartier. Il s'agit d'une adresse très fréquentée et reconnue dans la région pour le rapport qualité-prix honnête de sa table et son atmosphère très conviviale.

FRANCE / SAGUENAY—LAC-SAINT-JEAN
L'AUBERGE DES 21
MIDI **30 $**
SOIR **100 $**

	2007		**LA BAIE**
CUISINE	★★★	★★★★	621, RUE MARS
SERVICE	★★★	★★★	(418) 697-2121
DÉCOR	★★★	★★★	

2006-02-21

Été comme hiver, on prend place dans la spacieuse salle à manger ou sur la terrasse de cet établissement avec vue imprenable sur la baie... de La Baie, ouvrant sur le fjord et ses falaises escarpées. Le chef-propriétaire Marcel Bouchard a l'air d'un bon vivant, ce qui est toujours rassurant. Sa réputation, qui dépasse les frontières du Saguenay, n'est pas surfaite... surtout lorsqu'il donne aux gibiers et poissons de sa région de singuliers accents autochtones. Sa prédilection marquée pour les champignons, herbes, légumes et fruits sauvages lui vaut une bonne note d'originalité et de finesse. Pour aller plus loin, on descend au sous-sol où l'homme se fait régulièrement «éducateur» lors de sympathiques démonstrations culinaires.

FRANCE / SAGUENAY–LAC-SAINT-JEAN
LE MARGOT

MIDI **25 $**
SOIR **100 $**

	2007	
CUISINE	★★★★ ★★★★	**LAROUCHE**
SERVICE	★★★ ★★★	567, BOULEVARD DU ROYAUME
DÉCOR	★★★★ ★★★★	(418) 547-7007

2006-02-21

Drôle de lieu que le village de Larouche – entre Alma et Saguenay – pour un drôle de restaurant aux allures de galerie d'art! L'un des copropriétaires de cette maison ancestrale, tout de blanc vêtue, caresse depuis longtemps l'idée de faire de Larouche un «village muséal». Passionné d'art moderne, le galeriste québéco-new-yorkais Claude Simard ne pouvait manquer d'exposer antiquités et œuvres en tout genre dans le décor, aussi sobre que contemporain, de ce restaurant de fine cuisine française. On y fait la part belle aux produits du Québec (veau de grain, agneau, cerf rouge), avec une attention particulière apportée aux desserts. Le tout nouveau chef, Jean-Marc Etzel, a fait ses classes à Mont-Tremblant.

FRANCE / SAGUENAY–LAC-SAINT-JEAN
LE PRIVILÈGE

MIDI ——
SOIR **130 $**

	2007	
CUISINE	★★★★ ★★★★	**CHICOUTIMI**
SERVICE	★★★ ★★★	1623, BOULEVARD SAINT-JEAN-BAPTISTE
DÉCOR	★★★ ★★★	(418) 698-6262

2006-04-21

Le Privilège est un véritable joyau de la gastronomie régionale où chaque visite est une expérience unique. Diane Tremblay, chef-propriétaire de l'établissement, qui qualifie sa table de fine cuisine intuitive, prend en effet plaisir à innover et créer, offrant à sa fidèle clientèle des plats hors de l'ordinaire, tant au niveau des saveurs que de la présentation. Entrée de lasagne tiède de lapin ou mignon de cerf rouge, tout est d'une originalité et d'un raffinement rafraîchissants. La maison offre également, en plus d'une table d'hôte constamment renouvelée, un menu dégustation imposant, mettant en valeur plusieurs richesses du terroir local, le tout pouvant s'harmoniser avec un choix soigné de boissons non alcoolisées. Pour les amateurs de vin, il faut apporter le vôtre, alors n'hésitez pas à faire honneur à vos bonnes bouteilles.

ET L'ADDITION, S'IL VOUS PLAÎT

Les prix indiqués – midi ou soir – sont pour deux personnes, excluant taxes, service et boissons. Il s'agit, bien évidemment, d'un prix moyen que le lecteur devra ajuster en fonction de son appétit, de sa soif et de sa générosité à l'endroit du personnel en salle. Dans tous les cas, les prix apparaissant ici sont le reflet de ce qu'ils étaient lors de notre visite.

Quant aux établissements ouverts ou fermés à midi ou en soirée, compte tenu du fait que nombre d'entre eux modifient leurs heures d'ouverture sans préavis, il nous est impossible de fournir cette information avec certitude. Les ouvertures, midi et soir, indiquées ici le sont donc au meilleur de notre connaissance au moment d'aller sous presse. Il est toujours préférable de téléphoner pour s'assurer des heures d'ouverture réelles.

GR1603

Montréal
107,3 FM

Québec
107,5 FM

Gatineau/Ottawa
94,9 FM

Estrie
102,7 FM

Mauricie
94,7 FM

Saguenay
96,9 FM

Rimouski
102,9 FM

La vraie vie

JEAN-MICHEL ANCTIL
DOMINIQUE BERTRAND

Dès 16 h

PARTICIPEZ AU CONCOURS
GUIDE RESTOS VOIR

Courez la chance de gagner les trois certificats-cadeaux **«Les Grandes Tables du Québec»** de 200 $ chacun dans une des six régions ci-dessous.
(Vous pouvez cependant cocher deux choix en page 13.)

VOICI LA LISTE DES RESTAURANTS PARTICIPANTS :

SAGUENAY–LAC-SAINT-JEAN :
AUBERGE DES CÉVENNES (294, rue Saint-Jean-Baptiste à L'Anse-Saint-Jean) page 340; **LE MARGOT** (567, boulevard du Royaume à Larouche) page 342; **OPIA** (865, rue Victoria à La Baie) page 340.

QUÉBEC :
L'UTOPIE (226-1/2, rue Saint-Joseph Est à Québec) page 246; **LA NOCE** (102, boulevard René-Lévesque Ouest à Québec) page 238; **ÉCLECTIQUE** (481, rue Saint-Jean à Québec) page 223.

MAURICIE :
AUBERGE LE BÔME (720, 2ᵉ Avenue à Grandes-Piles) page 331; **L'AUBERGE DU LAC SAINT-PIERRE** (10911, rue Notre-Dame Ouest à Trois-Rivières) page 331; **LE BALUCHON** (3550, chemin des Trembles à Saint-Paulin) page 332.

ESTRIE :
RESTAURANT FAUCHEUX (53-2, rue Dufferin à Granby) page 319; **MANOIR HOVEY** (575, chemin Hovey à North Hatley) page 318; **RESTAURANT LE LADY OF THE LAKE** (125, chemin de la Plage des Cantons à Magog) page 319.

MONTRÉAL :
BRONTË (1800, rue Sherbrooke Ouest à Montréal) page 163; **JUN I** (156, avenue Laurier Ouest à Montréal) page 186; **IL MULINO** (236, rue Saint-Zotique Est à Montréal) page 170.

OUTAOUAIS/OTTAWA :
JUNIPER (1293, rue Wellington Ouest à Ottawa) page 278; **PAR-FYUM** (70, promenade du Portage à Hull) page 282; **LOUNGE DE L'HÔTEL ARC** (140, rue Slater à Ottawa) page 281.

Les six gagnants des certificats-cadeaux **«Les Grandes Tables du Québec»** seront réunis lors d'un événement en juin 2007 pour procéder au tirage au sort du Grand Prix : un cellier d'une valeur de 5 000 $ offert par Vinum Design.

Règlements complets sur : **www.voir.ca/guiderestos**

Valeur totale des prix : 8 600 $

Vinum design
www.vinumdesign.com

GR1588

✕ montréal

ERRAZURIZ

INDEX**montréal**

XGR 346
2007

ERRAZURIZ

ERRAZURIZ

✕ québec

INDEXquébec

ERRAZURIZ

✕ outaouais-ottawa

ERRAZURIZ

INDEXoutaouais-ottawa

✕ bas-saint-laurent / gaspésie

✕ charlevoix

ERRAZURIZ

✕ chaudière-appalaches

✕ estrie

✕ îles-de-la-madeleine

✕ lanaudière / laurentides

ERRAZURIZ

ERRAZURIZ

🍴 saguenay – lac-saint-jean